尼山世界儒学中心
中国孔子基金会
丛书

陈来 王志民 主编

四书解读

孟子解读（下）

齐鲁书社
·济南·

离娄下

王中江 解读

　　《离娄下》这一篇总体上也和我们如何过一种好的生活密切相关。我们讲解的方式和《离娄上》一样，先概括每一章的宗旨；然后是释文，对这一章疑难的文字、人物、典章制度等作出简单的说明，提供一些背景；第三个是释义，就是解释这一章主要讨论的问题，它的义理是什么；最后讨论一下我们从中得到了什么样的启示，这是我们要引申讲的内容。
　　我们看《离娄下》这一篇总体上的文本形式。大家在读这一篇的时候会发现，它主要是孟子的语录，这也是《孟子》整部书的主要体例。语录分了几种情况。第一种是直接的，也就是"孟子曰"，其中的话有长有短。第二种是在一些故事、事件里面，讲孟子怎么看，那里面也有"孟子曰"。第三种是对话所产生的"孟子曰"，其中提问的大部分是孟子的学生，个别的也有同时代的其他人，他们和孟子有交往，相互讨论问题。后两种情况在《离娄下》显得要多一些，里面涉及孟子对人物和事件的评价。孟子怎么看同时代的人物，怎么看之前的历史人物,这是我们要关注的。就像我们现在评价历史人物一样,怎么看,总会有我们的立场、我们的观点。孟子是怎么评价的,怎么看的,我们可以进行讨论。

我们继续看这一篇文本形式的特点。我们知道,上一篇引用了很多的诗,就是《诗经》里面的诗句。它们是用来帮助论证的,我们称之为引经据典。就是说,要提出一个问题、一个观点,得考虑有没有历史的依据,有没有早期经典的依据。孟子引用《诗经》的诗,来加强自己的论证,这种情况在上篇是比较明显的。但在下篇没有。在论证方面,《离娄下》整篇都没有引诗这种形式了。这也是下篇和上篇不同的地方。

此外,上篇引用了孔子的话,并且这些话在别的地方是看不到的。也就是说,《论语》和其他的典籍都没有记录这些话。那孟子引用的这些话是从哪里来的呢?这些话在别的地方没有,但孟子引用了,我想孟子一定是有根据的。孔子的弟子很多,我们都知道孔门弟子有三千,贤者七十二,这些弟子都在不断地传承、光大孔子的思想。他们在不同的时间、不同的地方,把孔子讲的话记录了下来。我想孟子是看到了一些记载,那些材料后来没有传下来,但通过《孟子》保存下来了。对研究孔子的思想来说,这是很重要的佚文。在《离娄下》这一篇,这种话语引用得比较少,好像只有一处。这也是它和上篇不同的地方。

这一篇的内容总体上仍然是讨论人的品德,讨论如何修身养性,如何行事、处事,如何发展人与人之间的关系。人生活在社会之中,时时刻刻都在与他人进行交往,交往有交往的方法，有交往之道。在这个部分，孟子也讨论了交往之道，讨论了如何建立一种好的公共生活，同时还涉及他对儒家经典的一些看法。我们知道，《孟子》是"十三经"之一，但在先秦时期，儒家只有"六经"的概念，也就是《诗》《书》《礼》《乐》《易》《春秋》。《乐》是讲解音乐的经典，后来失传了，所以到了汉代实际上成了"五经"。有人说先秦时期根本就没有"六经"，这个说法不对。因为在《庄子》里面，在先秦的很多文献里面，都有关于"六经"的记载。有人说，这些全是传世文献记载的，还是不可靠。现在我们在战国时期的遗迹里发掘出一些竹简，比如发现于湖北荆门的郭店楚简，里边有相当一部分都是儒家的典籍。在这些材料中，我们发现了传世典籍中所没有的孔门后学的作品。也就是说，当年孔子的弟子、后学所写的作品被埋了两千多年，今天我们挖了出来，可以重新看到。在这些作品里，就有关于"六经"的记载，还有关于"六经"的讲解，说明在当时儒家都要学习这六部经典。那么，在《离娄下》这一篇，孟子也会讲到"六经"当中《诗经》和《春秋》的问题。

我们下面就具体解读《离娄下》。首先看第一章。

8·1 孟子曰："舜生于诸冯，迁于负夏，卒于鸣条，东夷之人也。文王生于岐周，卒于毕郢，西夷之人也。地之相去也，千有余里；世之相后也，千有余岁。得志行乎中国，若合符节。先圣后圣，其揆一也。"

第一章主要是通过舜和文王的一贯之道，来讨论治理方式的连续性和统一性。这一章文字上并不长，但有个地方比较麻烦，就是涉及很多古代的地名：诸冯、负夏、鸣条、岐周、毕郢。关于这些地名，有些注释的书说不可考，就是说现今已弄不清是什么地方了。中国历史上的地名很复杂，有的是一个地方好几个名字，有的是一个名字好几个地方在用，并且许多地名都在不断地演变。不过，对这一章提到的几个地方，我们还是可以大概指出是在什么地方。诸冯，一般认为是指现在山东菏泽以南五十里的地方。负夏、鸣条，可能都是在山西的南部。负夏可能是指山西南部的垣曲新城，这个城现在还传说是舜的故乡，舜在那里有活动。鸣条可能是指山西的运城。"生于诸冯，迁于负夏，卒于鸣条"，是说舜出生在山东菏泽一带，后来去了山西的垣曲，最后去世于山西运城，这是舜大概的活动空间。《史记》里边还有记载："舜耕历山，渔雷泽，陶河滨，作什器于寿丘，就时于负夏。"他的活动空间是移动的，从这些地名来看，大概也就是从山东到了山西，这两个地方和舜的关系比较密切。再来看文王。文王出生在岐周，岐是指岐山，在陕西那边，周是指周国。中国历史上的朝代名大部分是来源于地名，就好像有些姓氏也是来源于地名，被分封到什么地方，后来就以这个地方的地名作为他们的姓氏。文王后来是去世在毕郢，毕郢在什么地方呢？有些注释说毕郢就是毕程，在陕西咸阳市的东北。

舜和文王是两个地方的人，一个是东夷之人，一个是西夷之人。后来在中国文化里面有华夷之辨，就是华夏与夷狄之辨,这是区分文明中心和边缘地区的一种观念。古代文明的中心是在中原地区,也就是华夏,这个地理的空间是比较小的。中原的四周怎么称呼呢?一般是东夷、南蛮、西戎、北狄,有时候也不作区分,统称为夷狄或夷。不管怎么说,都是要突出中心地区和边缘地区的不同。起初这个"夷"的概念其实没有贬义,但后来就带有贬义了,具有一定的否定性,意思是说没有文明的地方、野蛮的地方。华夷之辨就意味着华夏地区是文明地区,而华夏之外的四周都是野蛮的地方。夷狄一方面在文化上是落后的,另一方面也经常和中原地区发生矛盾冲突。

中国近代以来,和西方的交往多了,那时候我们对西方的了解还比较少,也把西方人称为夷狄。在那个时候,西方到中国来的主要有三种人。第一种是军人,他们是来征服中国的,靠坚船利炮,从南部沿海来。过去威胁中原地区的都是西北部的少数民族,但是近代以来外族人是从南部来。第二种是跟着军人而来的商人,到中国来主要是为了谋利。第三种是传教士,他们来是为了向中国人传教,希望从宗教上征服中国。当时中国人和这三种人交往,都很容易起冲突。人们都认为他们用武力征服我们,掠夺我们的利益,还想从宗教上来侵略我们,都是邪恶的。当然我们现在的看法已不是那么简单了,特别是对当时传教活动的看法。近代以来西方传教士的传教活动,确实使中国发生了很多变化,比如说中国医学的发展,便和传教士密切相关,是他们将西方的医学带到了中国。另一个是教育。中国近代教育的发展和传教士的关系也很密切。所以现在我们对传教士的看法就不像过去那样，完全是负面的评价。其实他们也有积极的作用，对中国近代文明的发展也做出了一定的贡献。但不管如何，当时的中国人就认为这些人都是夷狄、野蛮人，甚至一看到他们的肤色不一样，就认为这些人都是邪恶的外族人，其实这些都是歧视。

孟子这里说的东夷之人、西夷之人，是没有否定意义的，只是地理空间上的一种区分。舜是东夷之人，文王是西夷之人，孟子提到这两个人物，要讨论什么问题呢？孟子说，在空间上，两位圣人相距很远，"千有余里"。我们可以估算一下，从山东菏泽到陕西咸阳，可能有六百多公里。在时间上，他们相差"千有余岁"。舜大概是在公元前2277年出生，公元前2178年去世。文王是公元前1152年出生，公元前1056年去世。他们相差了一千多年。可以说，两位圣人在时空上都相距很远。孟子接下来便强调，他们虽然在时空上相距遥远，但他们治理国家、治理天下的方法有共同的地方，"得志行乎中国，若合符节"。他们都推行仁政、善政，建立一种非常好的天下秩序。"若合符节"，就是强调文王之道和舜之道是非常吻合的。这里涉及符节的概念，笼统地说，这是古代朝廷传达命令、调兵遣将或举行各种事务时需要的一种凭证。制作符节的材料有很多，可以是金属，比如说铜、金，也可以是其他的，比如玉、角、竹子等。制作的方法一般是一分为二，将符节分开两半，以后做某件事情时则需要两半相吻合。比如征调兵将的兵符，便是朝廷留一半，将帅留另一半，要调遣军队时，如果合上了，就说明传达的命令是可以执行的。严格来说，其实"符"和"节"是不一样的。"符"的使用侧重于军事方面,"节"的使用则侧重于外交。我们现在做事的凭证是什么呢?是盖章,主要看有没有章,包括中央办公厅发文件,组织部发文件,都得看有没有章。

孟子说"若合符节",是想说明舜的道和文王的道,具有非常高的一致性和连贯性。所以他说,"先圣后圣,其揆一也"。"揆"是指法度、准则,在这里相当于"道"。这句话是说,他们所奉行的道是一致的,即便他们在时空上相距很远。我们说,历史的发展、文明的发展有一种传承性,有一种连续性,而孟子在这里想要强调的便是这样的一种传承。前人发展的文明成果,如果后人不继承,都是重新开始,大家想想,那将是多么的艰难啊。有人曾经做了一个假设,如果我们的教育停止一百年,我们的孩子生下来,我们不去进行教育,不仅学校的教育停办,包括图书馆的书籍也不去看,都是出生以后自己去摸索,那么请大家想象一下,结果会怎样。那一百年以后,什么文明都断了,人类的文化遗产,后人都不知道,别说小汽车,连马车也不知道。所有人、所有事情都要重新摸索,就好像我们遥远的先祖那样,想一想确实挺可怕的。所以,文明的传承是绝不能停止的。

孟子特别强调文明的连续性,当然,他在这里主要强调的是如何治理社会、如何获得良好秩序的问题。他认为,在这一问题上,文王用的方法和舜用的方法是高度一致的。确实是这样,从这种意义上讲,我们始终要牢记历史、学习历史。我们前面也讲到了这个问题,当时我们强调要借鉴历史的经验教训，那只是广义历史的一部分；在此基础上，我们还要重新发展我们的文明，提出新的东西。这个基础始终是不能断的，这是一个基本的立场，也是儒家的立场，这种立场在今天仍然要坚持。过去我们可能犯了一个错误，就是近代以来，特别是新文化运动以来，我们对传统的否定非常激烈。我们认为古代中国的文明都是落后的、没用的，我们只能去学习西方现代的东西，包括他们的科学技术、经济发展模式、政治制度、教育制度等，要完完全全按照西方的那一套来发展中国。鲁迅有句话大家都知道，说儒家讲仁义讲了几千年，最后从仁义里面看到的只是吃人。这是一种非常极端的言论。有人说，中国的线装书要统统扔到厕所里，不要再去看什么线装书了。这也是非常极端的立场。

否定中国古代创造的文明，有没有道理？有片面的道理。就是说中国自公元1500年以来，还是在延续过去的东西，而西方在此之后则发生了很大的变化。但是在公元1500年以前，中国文明在当时世界上是最先进的。这不是我们自己的吹嘘，西方人就认为在此以前，中国的文明是当时世界上最先进的。公元1500年前后，是中西方文明发展的一个分界线。这时候西方已开始发生很大的改变，但我们还是按过去的节奏发展，虽然也有一些变化，但是变化很小，不是革命性的变化。所以后来西方就发展得非常迅速，几百年之后在很多方面都把我们抛得很远了。可我们还不知道西方有这个发展，因为在19世纪前，中国的对外交往是非常少的。特别是从乾隆开始，我们奉行闭关锁国的国策，传教士不让来，其他的西方事物也不能来,我们也就自我封闭起来了。所以说,中国的文明在过去是高度发达的,可我们后来没有很大的进展,相比于西方变得落后了。即便这样,也不能拿这个理由把过去中国的事物全给否定了。

确实,我们要看到历史的连续性,但也要看到历史的变化。历史是一个双向的运动,一方面是继承,另一方面是改变。不可能是原封不动的继承,也不可能是毫无继承的改变。作为一个个体,我们的人生其实也是这样。一方面我们保持一个自我,一个一生的自我,在学习,在工作,在生活,但同时我们也在变化,不仅我们的年龄变化了,我们的身心也在变化。我们不断获得各种各样新的东西,包括知识、学问、能力,都在变化,不可能始终是原来的那个样子。如果说我始终是那个样子,那么这是从一个相对的意义来讲,是说那个我是一个连续的个体。但那个我又是一个不断变化的连续的个体,所以每一个人都在不断地提升,精神上也在不断地升华。

孔子也讨论过历史发展的这种二重性。孔子的弟子问,十世可知吗?一世三十年,就是说三百年前和三百年后的事情我们能不能知道。三百年前的事情我们通过学习历史能知道,三百年后的事情我们怎么知道呢?通过预测。用现代的说法,则是想象未来。孔子怎么回答呢?孔子说,对于以前的事情,我们能知道;那么对于未来的事情,我们同样能知道。他说,商代继承了夏代,同时也有改变的地方,后来周代继承商代,也是这样的情况。这种改变,孔子称之为损益,也就是减少和增加。到了后代,一方面遵循前代的文明,另一方面也有改变,也有损益。益是指增加一些新东西,损是指减少那些在当今时代不需要的东西。比如在西周时期,礼乐制度非常复杂,如果把西周的礼乐制度都搬到现在,我们的生活就非常困难了。在那个时代,生活的情况不一样,而到了现在,我们的制度就须作出调整和改善。礼是需要的,但是每个时代的礼都有不同,可以减少,也可以增加,也就是可以调整,和当时的生活相适应。所以,周代对商代的继承也一样,也有因循和损益的两个方面。那周代以后呢?孔子说,也是这样。这就是历史发展的两面性。

近代以来我们在处理传统和现代关系的时候,其实走了很多的弯路,我们对过去的东西否定得太多,认为过去的都是坏的,都是落后的,都是封建主义。于是有人提出要全盘西化,要完全照搬西方的模式。从某种意义上讲,新中国成立以后我们走的道路也有这样的教训,对传统的否定非常多。那时候大家的历史观是一种简单的立场,就是说现在是好的,未来是更好的,而过去全是不好的。就像一个人,除非过去确实走错路了,才可以这样说,但是一般来讲,人人都是连续的,不能把每个人的过去给全盘否定。如果全盘否定,那自我从什么地方出发呢?这个社会的历史也是一样,如果全盘否定了过去,那么文明从哪里发展起来呢?可以说,整个近代以来的历史都变成了历史的未来主义。现在,我们有了经验教训,大家都学习经典,传承文明。在中国的传统文化中,经典是重要的一个部分,仍然值得我们好好学习。现在的企业家经营企业,当然需要现代的技术、现代的管理方法,但是企业管理不是一件单一的事情,现在很多企业家也在学国学,从中国的传统文化里面寻找智慧和资源。这些东西,可能会成为我们在对外贸易交往时的长处。所以,不能简单地否定传统,当然我们也不是完全照搬过来。总的来说,在这一点上我们采取两重性的立场,既有传承的一方面,也有做出改变的一方面。

孟子在这里主要强调的是传承这一方面,他"言必称尧舜",每每强调要学习尧舜。所以说,这一章的重点是在连续性,变化的地方则关注得比较少。其实荀子也是这样认为,法先王、法后王,都是说要效法以前的圣王。有人说古今不一样,荀子便说古和今怎么会不一样呢?古代的圣王跟前代的圣王治理之道都是一样的,古今是连续统一的,"百王之无变,足以为道贯"。这就是第一章的内容,主要是讲历史的传承和改变这个两重性的问题。

8·2 子产听郑国之政,以其乘舆济人于溱洧。孟子曰:"惠而不知为政。岁十一月,徒杠成;十二月,舆梁成,民未病涉也。君子平其政,行辟人可也,焉得人人而济之?故为政者,每人而悦之,日亦不足矣。"

第二章主要是以子产为例,说明什么是好的治理方法,说明一个政治家应该如何从事政治,如何处理行政上的问题。在这里,我们要适当讲一下子产这个人,看他是不是一个不知为政的人。子产是春秋时期郑国人,姓姬,做郑国的宰相,相郑简公、郑定公二十余年。他当宰相的时间很长,二十余年,相当于现在至少四任了。我们现在总理一般是五年一任,有可能会连任,加起来就是十年。这个子产当了二十多年的国家总理,说明这是一个非常能干的人。如果真像孟子所批评的,他不知为政,那他靠什么当总理当了二十多年,而且还把郑国治理得很好?传说子产去世的时候,郑人都痛哭流涕,就好像失去自己的亲人一样,三个月都没有进行音乐活动。大家想一想这个场景,就可以知道子产在郑国人心目中是什么样的地位。可以说,民众在内心里尊敬子产,子产是真正赢得了人心。我们知道,当年周总理去世的时候也有这样的情况,举国悲痛,国人皆哭,说明周总理也是赢得了人心。

子产在当时赢得了郑国上下的人心,但是在这个故事里面,孟子却批评子产,说他不知为政,原因是什么呢?可能是孟子看到了一个记载,或者是听到了一个传说,说子产"以其乘舆济人于溱洧"。"乘舆"就是车辆,子产用他的专用车辆帮别人渡河。"溱洧"是两条河流,也就是溱水和洧水。溱水在今天河南密县那个地方,洧水在河南登封。这两条河在一个地方合流了,那里没有桥,百姓要过河,怎么办?子产路过那里,便用自己的专车去帮助百姓渡河。想象一下,这"乘舆"怎么能当船用呢?我也觉得奇怪。将它改造成船吗?现在的小汽车密封很好,放在水里面,一时之间水不会进来,但时间长了,水仍然会进来。那一架乘舆,也就是古代的车辆,放在水里,怎么渡河呢?或者说,木头是轻的,但仍然需要一个方法。不管如何,如果这个故事是真的,实际上是说明了子产急人所急。

但孟子评价说,子产"惠而不知为政"。就是说,子产做的只是小恩小惠,给百姓带来小的便利,却不知道从根本上解决问题。根本上解决问题的方法就是建桥。所以孟子说,"岁十一月,徒杠成;十二月,舆梁成,民未病涉也"。你十一月建一座行人的小桥,十二月就可以建成一座行车的大桥。十一月、十二月,这是古代历法的概念。古代的历法和现代不一样。夏、商、周三代,每一年的岁首是不一样的。岁首的确定是以北斗星运转的斗柄为根据的,它指向什么地方,便是一年的开始。西周是建子,商是建丑,夏是建寅。也就是说,夏历是以阴历正月为岁首,殷历是以十二月为岁首,周历是以十一月为岁首。那孟子这里说的十一月、十二月,若是按周历来算,则相当于夏历也就是阴历的九月、十月。一般来说,我们夏天不会去建桥,因为夏天的时候河水比较大,所以要到秋季以后,河水减少,才会去建桥,这样更便于施工。杨伯峻先生说,十一月会不会太晚了,这时候天气冷,太冷了也不利于施工。他说这里的十一月、十二月应该是指阴历九月、十月,也就是前面说到的周历折算为阴历。什么时候适合来建桥,我们可以暂时放下不说。孟子是要强调,桥建成了,大家过河都方便,这才是解决问题的根本方法,不要用那些小恩小惠。

然后孟子就进一步说到"君子平其政",意思是把问题从根本上解决了,处理得很好了,那么"行辟人可也"。"辟"通"避",避开的意思,就是说出行的时候,可以清场,可以鸣锣开道,让大家都避开,老百姓也不会有怨言。能够做到这样,又何须人人皆济之?张三过不了河,你帮助;李四过不了河,你也帮助；那怎么有精力人人皆济之呢？所以要从根本上解决问题。最后，孟子便得出了结论："为政者，每人而悦之，日亦不足矣。"意思是，作为一个最高行政长官，要处理大事，要解决根本的问题。只要抓到根本了，就可以把国家治理得很好。这便是孟子对子产的一个评价。

从总体上看，治理社会确实是这样。最高行政长官要做大事，要抓住根本，这是你的角色所决定的。角色不一样，处理事情的方式就不一样。如果角色地位很高，却去做那些很具体、很烦琐的事情，抓小放大，看见芝麻忘了西瓜，长此以往，国家肯定是治理不好的。我们要区分角色，要讲求效率。所以，我们说急人民之所急，为人民办各种各样的事情，像菜篮子工程，这些事情都很具体，最高层只能做出根本性的决策，不能张三缺菜了，就给他买点菜，李四缺油盐酱醋了，就给他买点油盐酱醋。比如，古代的帝王要亲耕，每年春天要开耕了，帝王会举行一个开耕的仪式。但这种做法是象征性的，绝不是说把自己的精力都用在那上面。再比如，一个企业家要治理好企业，便要做出战略的决策，时时刻刻抓这个根本的事情，不能陷入日常琐细的事务中。有人说，比尔·盖茨一年中有三个月会把自己封闭起来，要"闭关修炼"。大家想想，他的生意那么大，如果陷入琐碎的事务中，那肯定忙不开，完全抽不开身去"闭关"。可是为了能够做出重大的决策，他就要将自己关起来，用很长的时间去思考，去研究战略的发展。如果陷入日常事务里，那确实不是一个好的方法。

所以说，孟子对子产的批评有一定的道理。但是子产真的是经常陷入具体的事务中吗？或者说,他真的是经常做这种小事,以获得一点好的声誉吗？客观来说,孟子可能是只关注到某一点,而忘了子产在政治上大的作为。我们知道,春秋时期是个大变动的时代,各个诸侯国都在谋发展。不发展、不强大,就要被兼并,就要亡国。在这样的形势下,郑国是一个比较早进行改革的诸侯国。改革什么呢？第一是田制,在土地制度上作出变革。第二是公布法律,在这一方面也是郑国率先改革的。在以前,法律都是秘而不宣的,不向百姓公布,所以老百姓不知道法律具体有什么规定。郑国率先公布法律,让所有人都知道哪些行为是法律允许的,哪些行为是法律不允许的。当时,把法律条文铸在一个鼎上,放到广场中,让大家都可以看到。当然,铸在刑鼎上传播起来不方便,所以后来晋国的法律就不再铸在刑鼎上,而写在竹简上,传播起来就方便多了。子产因为主持变法,很有作为,赢得了人心,所以郑国的百姓都很拥戴他。

所以说,子产在政治上的作为还是很了不起的,而孟子的评价可能只针对那一点具体的事情。那件事情也许是偶然发生的,总体上来说,子产并不会陷入琐碎的事务,他是那种能抓住治理根本的人。他在即将去世的时候,把治国经验传给后人,提出了一个非常重要的看法:施政要宽猛相济、刚柔结合,对那些有德的人,实行宽容的治理方法,但对那些德行不够的人,采取的方法可能就要硬一点、猛一点。他举了个例子,说火燃烧起来非常烈,人看到都害怕,会避开它,所以火伤人比较少,但是水不同,水很柔和,很平静,所以人们没那么怕水,可溺水的人就多了。所以说,治理国家要做到宽猛相结合,不能一味宽容。因此孔子对子产的评价很高,认为子产很爱民,有古代士大夫的遗风。而且孔子还说,子产提出了宽猛结合,这种两相结合的方法非常好,如果只有一种方法,就不行了。孔子说:"善哉!政宽则民慢,慢则纠之以猛;猛则民残,残则施之以宽。"(《左传·昭公二十年》)如果太宽容,百姓容易懈怠,这种情况下就要加些严厉的措施;但是如果过猛了,会伤害到百姓,这时候就应该宽松一点。所以孔子还说:"宽以济猛,猛以济宽,宽猛相济,政是以和。"(《孔子家语·正论解》)宽严相济,刚柔结合,就会把国家治理得很好。这就是孔子对子产的评价。子产在当时还有其他的一些作为,比如子产不毁乡校的故事。当时人们在乡校里议论时政、批评政府,子产的臣僚就认为这个地方太乱,要把乡校关掉。子产说,这个很好,不能关。为什么呢?如果人家的批评是对的,那么我们就应该虚心接受,这样可以帮助我们把事情做好,所以不能把别人的批评轻易地看成有敌意、别有用心。大家可以看到,在处理这件事情上子产很开明,很包容。

总的来看,我想孟子的评价有一定的道理,但也不是很全面,他没有从整体上评价子产这个人。其实,子产是一位了不起的政治家。对待孟子也是一样,一方面我们尊敬孟子,认为孟子是圣人;另一方面我们也不能说孟子讲的必然都是对的,我们也要有一个客观的立场。这是我们学习过程中应有的态度,就像我们前面所讲的历史的发展具有两面性一样。这就是本章的主要内容,也就是说什么样的为政之道才是最好的。

孟子讲的为政之道没有错，并且子产所做的那件事情也恰恰符合孟子所讲的。当然，这里说的事情只是一个偶然的例子，不能一概而论，我们要全面地看待子产。

8·3 孟子告齐宣王曰："君之视臣如手足，则臣视君如腹心；君之视臣如犬马，则臣视君如国人；君之视臣如土芥，则臣视君如寇仇。"

王曰："礼，为旧君有服，何如斯可为服矣？"

曰："谏行言听，膏泽下于民；有故而去，则君使人导之出疆，又先于其所往；去三年不反，然后收其田里。此之谓三有礼焉。如此，则为之服矣。今也为臣，谏则不行，言则不听；膏泽不下于民；有故而去，则君搏执之，又极之于其所往；去之日，遂收其田里。此之谓寇仇。寇仇，何服之有？"

第三章主要是讲君臣之间的关系，也就是君臣之间如何建立一种发自内心的信任关系。用儒家的伦理观念来说，臣要做到"忠"，要忠于君王，忠于国家，要尽职尽责，同心同德。古代有一个矛盾，叫忠孝不两全。儒家强调以孝为先，所以对国家、对君主的忠诚，有时候还要做出让位，要做到以孝为先。古代的大臣确实有这样的情况。比如，某位大臣的父亲病故了，他就要离职去守孝三年。从我们现在来看，肯定是不行的，你的政事都搁下了，那么多的工作由谁来做？这是不合乎现代生活的。但儒家强调以孝为先，认为只有那些能尽孝的人，才能忠于国家、忠于君主，才能做到尽职尽责。

孟子在讲君臣关系时,我们会看到他的立场比较严厉。孟子对君主的批评很严厉,在这一点上孔子就显得温和一些。孟子前后接触过梁惠王、齐宣王等一些国君,那都是诸侯国的最高领导人,但孟子对他们说话,一点都不客气。在这些对话中,我们能看到孟子的自我尊重、自信和作为士的一种独立精神。也就是说,我始终是老师,你得高度尊重我;并且,我提出批评意见,你要接受,说话难听,你也不要生气。所以孟子的言论总是比较严厉,很不客气。他在这个地方讲君臣,在其他地方还讲过"民为贵,社稷次之,君为轻"。儒家里面其他人物一般不怎么讲这种话,这可以说是孟子思想中很具有代表性的言论。

孟子说:"君之视臣如手足,则臣视君如腹心。"君臣关系是双向的,君对臣好,臣对君也好;君对臣不好,臣也可以反过来对君不好。但我们仔细读,实际上君主还是具有优越性,当君把臣看成手足的时候,臣便会把君看成腹心,也就是臣对君更加尊敬,把君主看成自己的腹心,那当然是更忠诚了。后面说的情况也一样,也是君高臣低,臣对君的尊重要高于君对臣的尊重。不过,虽然程度上有差别,但是要臣尽忠,君也要对臣尊重,这才能建立好的君臣关系。

孟子说的这句话,齐宣王其实不愿听,君做得好,臣就反馈为尊重,君若稍做得不好,臣就会不满意,好像是要以眼还眼,以牙还牙。所以齐宣王就不再谈这个问题,而是追问一个具体的礼的问题,当然这个问题和君臣关系也有关系。他说按照礼仪,"为旧君有服,何如斯可为服矣?"就是说,君主去世了，已经离职的臣子要不要为他服丧？一般来说，服丧只限于血缘关系、朋友关系，有时候也出现在国丧。那么具体到君和臣，君主要怎么做，才能使离职的臣子为之服丧呢？孟子说："谏行言听，膏泽下于民；有故而去，则君使人导之出疆，又先于其所往；去三年不反，然后收其田里。此之谓三有礼焉。"臣有进谏，君主要听从，去改变自己不好的行为。"膏泽下于民"，是说治理的恩德，百姓能够享受到。如果在某种特殊情况下他不得不离去，那么君主要帮助他离开，给他安排交通工具，然后又先到他去的地方，安排他的生活。如果三年之后不回来，那么就可以收回他的土地和房屋。如果能这样对待臣工，那么他即便离职了，也会为旧君服丧。与之相反的是，进谏不听，老百姓得不到实惠；他在不得已、有故而去的时候，却把他抓起来，把他要去的地方弄得很窘迫，故意刁难；刚走不久，就把他的田地和房屋收回了。这样的话，那国君就是寇仇，就是敌人，臣不可能为之服丧。

　　这一章的内容都是在讲君臣关系。在政治生活里面，君臣关系是非常重要的，处理得不好，很容易产生危机。所以儒家要讨论怎么样处理君臣关系，什么样的君臣关系才是好的关系。在我们现今的政治生活里，一个地方会有两个一把手，一个是党的，一个是行政上的。如果这两个人的关系处理不好，既是他们的不幸，也是这一个地方的不幸。一个说东，一个说西，这当地的百姓一定是受害者。他们个人肯定也有损失，但实际上受伤害更大的是社会大众。领导之间、负责人之间，老闹矛盾，我们称之为内耗，损失是非常大的。公司里面也是一样,总是闹矛盾,处理不好,公司就垮了。所以大家强调相互信任、高度的默契,这就是核心的存亡之道。孟子讲的这个关系,某种意义上在现今仍然是个问题,而且是最难处理的一个问题。在这个问题上,孔子也特别强调过"君君臣臣",就是君要合乎君道,臣要合乎臣道。若非如此,就是"君不君,臣不臣",名不副实。可以看到,孟子对这一问题的看法和孔子具有一致性,他们都主张君臣之间要各尽其责,按其道而行,当然这两个道彼此之间是紧密联系的。

8·4 孟子曰:"无罪而杀士,则大夫可以去;无罪而戮民,则士可以徙。"

8·5 孟子曰:"君仁,莫不仁;君义,莫不义。"

现在我们把第四章、第五章合起来讲。这两章比较短,并且内容上密切相关,主要是讲君主和士大夫的关系问题。孟子认为应如何处理他们的关系呢?其实也存在一个各尽其职、各尽其道的原则。他在这里提出的主张是,如果君杀害一个无罪的士,那么更高一层的大夫可以离开君主;如果君杀害了无辜的百姓,那么与百姓关系更密切、身份上更接近的士就可以离开君主。后面一章说:"君仁,莫不仁;君义,莫不义。"则是从正面说,君主仁义,所有人就会跟着仁义。这种观点在前面的很多地方都有表现,这是一种感化的、示范的政治。有人说儒家的伦理学是一种示范伦理学,强调德行的表率,要做出一个示范,然后大家会受到感化。人人都受到感化,人人都去学习榜样,那么天下自然就治理好了。

前一章是说反面的情况,治理得不好,大家就会离开,近者不悦,远者不来。我们想一想,孟子怎么会有这样的说法呢?"无罪而杀士""无罪而戮民",为什么会出现这样的情况呢?一般来讲,如果有罪,当然是要进行惩罚的。但无罪的话,为什么会受到惩罚呢?从常识上说不过去。明知他无罪,却要惩罚他,加害于他,把罪责转移给无辜的人,有时候我们称之为替罪羊。孟子说的应该不会是那种明知无罪的情况,应该是说实际上他无罪,但是判断失误,认为他有罪,这从法律上来说就是冤假错案。或者老百姓都认为那个人没罪,可是法官根据他的经验,根据他掌握的证据,认为那个人有罪。

大家知道,多年以前美国发生了一个轰动全世界的案件——辛普森谋杀案。李昌钰参与了案件的侦破,他被称为神探。最后,李昌钰得出的结论是辛普森有罪,可是法院判定他无罪。美国人,包括其他国家的人都认为辛普森是有罪的,一定是他策划的谋杀案,但是最后法院为什么判他无罪呢?李昌钰在案件审理中是辩护方的成员,他是为辛普森辩护的团队成员之一。他说辩护方胜诉了,但他作为辩护方的成员,一点都不高兴。李昌钰是一个非常正直的人,是一个有良知的神探。他认为辛普森有罪,可最后检方提供的证据不能证明辛普森有罪。为什么检方拿不出足够的证明呢?因为检方和公安系统在侦查的时候犯了错误,他们无意中把一些重要的证据破坏掉了。那些能够证明辛普森有罪的证据拿不出来,而拿出来的证据证明不了他有罪。民众都认为他有罪,但最后也只能判他无罪。有时候真正的凶手得不到应有的惩罚，可是反过来也会出现不是凶手的人却给判了有罪的情况，造成冤假错案。所以，法律要讲证据，特别是谋杀罪等可能判处死刑的罪行，必须要有高度可靠的证据，不能轻易剥夺一个人的生命，但有时候仍然会出现错误。

回到孟子这里，那些被杀的大夫和士，是不是确实有过错？如果不是，那么可能是被仇家陷害，但君主调查得不是那么彻底，没有弄清楚，就判断有错，就实行了惩罚。孟子所讲的无罪而杀之，应该就是指这种情况。这种情况让人心冷，让人感觉不公正，那么大夫和士当然会选择离开。此外，我们知道臣对君要忠诚，要进谏，但进谏的时候，君主可能会杀害忠臣。这种情况也可以说是臣子无罪，但触怒了君主，君主一气之下对其进行惩罚，这也是有可能的。比如，纣王非常邪恶，大臣们进谏他不听。微子、箕子等一些贤臣，要么离开他，要么装疯卖傻。比干去进谏，态度非常坚定，最后被纣王杀害了。纣王听说圣人心有七窍，就想把比干的心剖开，看是不是这样，这是非常邪恶的。他们都是忠臣，有的还是纣王的亲人，或是叔叔，或是兄弟，但被纣王如此对待，所以国人都很愤怒，这也是后来周武王能够推翻纣王统治的一个重要原因。

8·6 孟子曰："非礼之礼，非义之义，大人弗为。"

第六章是讲礼和义的问题。为什么要讲"非礼之礼""非义之义"，我们要思考一下这个道理。我们说，是礼、义就是礼、义，不是礼、义就不是礼、义，为什么会说不是礼的礼、不是义的义呢？这里是说，有些东西似是而非，看起来好像是礼、义，实际上却不是礼、义，也就是说，那些不是真正的礼，不是真正的义。理解的时候这里要加个"真正的"。有人说它是礼、义，但它不是真正的礼、义，是一种变了质的东西，有德行的人当然不会去做。

形式上好像是，实际上却不是，这样的情况其实很多。春秋时期礼崩乐坏，不是没有礼，而是没有按照礼去做，没有按照真正的礼去做。比如舞蹈，天子观赏的舞蹈是八佾舞，六十四个人分八排，每排八人。这是天子才能用的舞蹈，而诸侯用的则是六排。可是到了春秋时期，诸侯势力强大以后，他们就僭越，也来享受天子之礼，也用这个八佾舞。从这里来看，也就是"非礼之礼""非义之义"了。它也是一种音乐表现形式，也是一种礼，但不是诸侯能用的，所以便是"非礼"。

还有一种理解，不合乎礼的礼、义，不是真正的礼、义，是指那些不是发自内心的礼、义。儒家的礼、义实际上都是要发自内心，从内到外地表现出来。真心的礼有一种虔诚、一种敬畏，从内心自然而发，表现出来的礼就是身体上的动作。如果我们没有内心的这种虔诚和敬畏，我们在表现的时候，也就是形式化的、表面化的。比如说丧礼中痛哭流涕，看起来是在流泪、痛哭，可是内心并没有悲哀，这便是内外不一。丧礼是亲人之间情感的体现，情感在这时候要自然真实地表现出来，场面的大小其实不太重要，只要发自内心就可以了。可是有些人希望表现得很隆重，或者场面做得很铺张，认为这就是尽孝了。为了把丧礼办得非常好,便聘用哭丧队。哭丧队是外人,无亲无故,就是表演,就像演一场节目一样。他们确实会表演,哭得比亲人都厉害,哭声震天,可这实际上不合乎儒家的礼,不符合孟子的思想,也不符合孔子的思想。孔子说礼是发自内心的,如果不是发自内心的,这种形式宁可不要。孝也一样,不是说给父母端碗饭就是孝,孝应该是一种发自内心的对父母的敬。"非礼之礼""非义之义",语言上并不复杂,但为什么会这样讲,为什么会出现这样的情况?我们要想想这背后寄托的思想是什么。

8·7 孟子曰:"中也养不中,才也养不才,故人乐有贤父兄也。如中也弃不中,才也弃不才,则贤不肖之相去,其间不能以寸。"

第七章主要是讲好人会起到好的表率作用。儒家也讲好人政治。我们都说,我们要做个好人,那好人是怎么产生的呢?一种是相互影响,一种是有一个示范性的好人。教育的目的就是要培养我们的心性发展,培养我们的人格,培养好人。孟子说人人都希望有贤良的父母,为什么呢?因为有了这样的父母,孩子一定是幸福的。好的父母对孩子产生好的影响,让孩子享受到爱,享受到亲情,受到好的影响。反过来,父母不好,子女就会受到不好的影响。把这个道理扩大到社会层面也一样,好的人会起到好的作用。在这一章孟子具体提出,"中也养不中,才也养不才"。"才"是指有才能的人。

"才"不是一个道德概念,但前面的"中"应该是一个道德概念。"中"在儒家里面非常重要,大家知道,儒家讲中庸、中和、中道。从形式上理解,"中"意味着不会走极端,保持中间,既不偏向左,也不偏向右。但这样的理解不能机械化,不是说像一把尺子一样,中间的位置存在具体的数据。实际上,"中"是一种方法,意味着做任何事情都做到适中适度,无过无不及。比如,我们不能竭泽而渔,竭泽而渔就是极端,规定休渔期就是为了休养生息,产生良性循环。经济发展也一样,如果破坏了环境,就会影响到长远的利益,所以对环境的利用也要适度。

那些能坚持中庸之道、中庸之德的人,当然也是贤良的人,他们会影响到其他人。有才能的人去帮助那些才能相对不够的人,这样大家的能力都会得到提高。这是社会发展的良好方向。反之,就是一种不好的倾向了。有能力的人只顾自己,不管别人;有美德的人洁身自好,也不去管别人;那么,"贤不肖之相去,其间不能以寸",贤能与不肖之间的距离就很近了,近得不能用寸来衡量,也就是他们之间的区分几乎没有了。一个人可能是贤能的,但是他没有去帮助别人,那实际上他并不是贤能的。因此,人与人之间要相互帮助。遇到他人需要帮助的时候,我们要伸出援助之手。总的来说,这一章主要是强调相互帮助。我们人生活在社会的群体里面,都会有需要帮助的时候,所以我们不能傲慢,不要轻视他人,要平等对人,以同情心对待别人。

8·8 孟子曰:"人有不为也,而后可以有为。"

8·23 孟子曰:"可以取,可以无取,取,伤廉;可以与,可以无与,与,伤惠;可以死,可以无死,死,伤勇。"

第八章和第二十三章,我们可以结合起来讲,这两章都是讲关于选择的问题。人生总是要做出各种各样的选择,社会的发展也有选择。怎样的选择才是好的呢?第八章说"人有不为也,而后可以有为","为"和"不为"是一组相对的概念。还有第二十三章,在取和不取之间、与和不与之间、生和死之间,我们又当如何选?我们来看孟子是怎么思考的。

人生是有限的,我们也不可能无所不能。我们不能做所有的事,也不能成就各种各样的事。我们要有所成就,就要有所放弃,甚至有时候放弃很多,才能成就我们最想得到的那一部分。好东西非常多,社会的诱惑也非常多,有人认为多多益善,好事、好东西越多越好。可上天是公平的,社会要安排得公正,不能把好的东西都让某人拥有,不能所有的好事都让某人占据,而别人都没有。我们现在社会分工很明确,如果简单概括一下,可以说有三大类的工作:政治、经济和学术文化。那我们想一想,我们有没有可能既做好官员,又能经商,还能当思想家呢?基本上是不可能的。但有时候我们还真是这样想,既想做官也想发财,还想做点学术,当个教授,等等。这就不符合孟子的立场,一是社会有分工,二是我们能力有限,特别是现在社会非常复杂,任何领域都非常专业化。就学术来说,过去好像存在某种全才,但现在我们只能在某一个领域里下功夫钻研，做得精专一些，才能有所成就。可是有时候我们觉得自己能力强，为什么不能拥有全部好的事物呢？孟子说不可能，只能是有不为，然后才能有为，成就你想成就的那部分。从这种意义上来说，我们就得学会放弃。如果这也想做，那也想做，甚至轻易去做一些自己不熟悉的事情，不仅将精力分散了，更加大了风险，稍有不慎，还会失去已有的。比如有些企业家盲目扩张，好像自己力量很大，那都是危险的。孟子说有所不为，有所放弃，才能有所得。如果什么都想得到，结果可能是一无所有。

生活当中我们也会接触到一些人，他们不知道人生该选择什么，从学校出来，到社会上去，想经商，又想从政。好像这两条路走了很长时间，后来又回来做学术了。这些人其实就是没有想清楚究竟要做什么，人生失去了方向。别人四五十岁的时候，一心一意做一件事情已经做成功了，而这些人还在晃晃悠悠，还在犹豫不决，很有可能最终一事无成。总之，我们不能什么都想有，什么都想做，若是什么都想有，什么都想做，最后很可能哪一样都做不好，以至于人生无所成就。我们做任何事情，不管大事小事，都应该专一，坚持不懈。前面我们讲《离娄上》的时候，其实也涉及这个问题。这个是大道理，可是有时候选择起来还真不是那么容易。

第二十三章讲具体的取和与的问题，也就是关于获得和给予的问题。一个是说自己得到，另一个是说给予他人。在孟子看来，这两种其实都要有理性，都要有方法，不是那么简单的。比如我们做慈善，想施与别人，但施与得不好，人家也不会接受。孟子讲的"嗟来之食",不就是这个道理吗?你给他食物,可是你高高在上的模样让他觉得你轻视他,他很生气。所以说,不是有好心就一定能把事做好的,要讲究方法。孟子说,可以取也可以不取的时候,你取了,就是伤了廉洁。也就是说,在两可之间的时候,孟子认为就不要去取了,不取更好。在可以与,也可以不与的时候,孟子认为给予了便是有损恩惠。这一点理解起来可能有点困难。为什么可以给也可以不给的时候,孟子的选择是不给?为什么给了就会"伤惠"呢?大家想想,在什么情况下会出现这个问题。

最后一个是说可以死,也可以不死,如果选择了死,便是"伤勇"。就是说,在可生可死之间,选择死,会伤及勇敢。为什么死会伤勇呢?因为这个"勇"是要在真正需要的时候才能去表现,不应该轻易去死。所以说,见义勇为也要讲究技巧,不能轻易伤害自己。生命是珍贵的,不要去做无谓的牺牲。比如说遇到歹徒,要用智慧的方法,不要莽撞地直接斗争。不是必须表现勇敢的时候,你不要表现无谓的勇敢。我们有是非之心,善恶分明,我们确实有时会愤怒,有时候就是直接去表现这种勇气。但在孟子看来,这不是一个理性的选择,或者说我们不用付出那种代价,我们可以采取更好的方法去做。我想这是一门"选择学",一门关于选择的学问。

生活当中有些情况很复杂,除了会面临两可的选择,还会面临两难的选择。这个关头很折磨人,特别是人生重大关头的选择。这时候我们会很痛苦,但我们又必须做出选择,而且不能长期犹豫不决。那么,在面对这种情况的时候,我们首先要给予高度重视,其次要分析比较,深思熟虑。一段时间之后,要迅速地做出决断,迅速克服两难。我想大家在不同程度上都出现过两难选择的痛苦,这样做不好,那样做也不好,然后就无所适从了。我们知道,当我们做什么事情都很清楚、内心没有矛盾的时候,是最轻松、快乐的。但是,当我们内心有矛盾,特别是关键时刻不知道该怎么选择的时候,我们就需要深思熟虑。不要想着两全其美,有时候必须学会放弃,然后从这里面摆脱出来。以上是我们根据孟子所讲的内容,引申出来的关于选择的问题。

8·9 孟子曰:"言人之不善,当如后患何?"
8·10 孟子曰:"仲尼不为已甚者。"
8·11 孟子曰:"大人者,言不必信,行不必果,惟义所在。"

这三章可以结合起来讲解。可以说,这几章都是人生格言一类的,是孟子提出的一些具有哲理性的名言,里面的内容主要涉及为人处事之道、修身之道。第九章说:"言人之不善,当如后患何?"意思是谈论别人的不好,会给自己招来后患。从道理上来讲,如果一个人不好,或者说不是我一个人认为他不好,而是很多人都认为他不好,那么这时候说那个人不好,也是一个客观的事实,并没有造谣。那这种做法有没有错呢?也许是没什么大过错。如果当事人知道了,对自己的错误可能会有所反省,也可能不会。如果这个人不去反省,而认为是别人针对他,与他为恶,那他可能会采取手段报复说他不好的人。这就是孟子说的"后患"。但是,如果是因为个人的好恶,认为某个人有问题,那我们是不是要去传播呢?或者说,我们觉得他不好,但大部分人都认为这个人还是不错的,那我们还要不要去传播?如果传播了之后,他对我们有意见,就会产生孟子讲的"后患"了。这时候我们可能就要反省了。这一章的内涵是多元性的,可以从不同的层面去理解。一般来讲,我们都希望与人为善,儒家也讲扬人之善,避免轻易批评别人。别人有过错,如果他已经反省了,或者说他已经改过了,我们就要宽容,不能求全责备。

第十章讲"仲尼不为已甚者"。这和前面讲的中庸之道有联系,就是要做到适度和适中,不要过分。"不为已甚者",意味着我们要采取中道,这在各个方面都能体现出来。就一般的生活而言,我们处事不能走极端,社会分配也不能走极端,要让所有人都能获得应得的利益。如果只让一部分人获得利益,另一部分人得不到他们应得的,这种不公正就是一种极端。全面否定传统其实也是一种极端。任何事物都不是绝对的好,也不是绝对的坏,所以我们要更加包容、开放。否则,越是极端,排他性就越强,我们的空间就越小。交朋友也一样,朋友多了,空间就大了。如果排他性太强,为人处事很极端,大家都不愿和他交朋友,那他就收缩了,自己的空间就变小了。包容是海阔天空,狭隘实际上就是一寸之地。

第十一章说:"大人者,言不必信,行不必果,惟义所在。"一般来说,我们言行要一致。我们前面讲到"口惠而实不至",说得好听,可是最后不去兑现,几次之后别人就不会再信任你了。

老子也讲"轻诺必寡信",老是允诺别人的人一定是缺少信用的。言行一致,这是原则性立场。这里孟子却讲"言不必信,行不必果,惟义所在",说言行可以不一致,这就不符合一般的道德观念了。那怎么去理解呢?比如,男女授受不亲,可嫂子溺水了,这种情况下要用权变的方法。这里的"言不必信,行不必果",其实也是在讲权变。言必信,行必果,意味着必须得这样做。反过来,"不必"则意味着不是时时刻刻都要言必信、行必果,在特殊情况下可以采取权宜之计。

那么,我们就想想什么情况下可以权变。男女授受不亲是原则,可嫂子溺水了,必须把她救上来。嫂子溺水是特殊情况,不会经常发生,所以说那是权变。同样道理,"言不必信,行不必果"也只是特殊情况,不能扩大化。有人把这种情况扩大化了,讲境遇伦理学,认为所有伦理道德都是在特殊情况下适用的。也就是说,在这个地方一个做法,在那个地方一个做法,不需要一个原则,这就是伦理相对主义了,其实也就是没有了原则。所以,我们还是要遵循言必信、行必果的原则,但在特殊情况下可以权变。比如,在与人交往时,不说谎是原则,但如果亲人得了重病,不对他说实情也是允许的。但这是特殊情况,一般来讲,与人交往应该诚实守信。

总的来说,这里是讲做人做事的变通之道。原则上我们要言行一致,要言必信、行必果,这是合乎义的;在特殊情况下,我们可以适当变通,也是合乎义的,所以孟子说"惟义所在"。

8·12 孟子曰：“大人者，不失其赤子之心者也。”

第十二章讲的"赤子之心"，也可以理解为童心。儒家讲童心，道家更讲童心，特别是老子，讲赤子之心、婴儿之心。那么赤子之心具体是指什么心呢？就是纯朴的心、真诚的心。一般都认为小孩就是自然而然的，他们说话、想事情没有弯弯绕绕。我们说小孩子容易吐真言，为什么呢？因为他们的计较和分辨少。小孩长大之后，计较和分辨就多了，所以有时候会"言不必信，行不必果"，那就是失去了纯朴之心、真诚之心。所以在做人做事上，有人说，做事尽量复杂，做人尽量简单。胡适曾说：做学问到处都要疑，无疑处也要有疑，可是做人不能有疑，有疑处也不疑。做学问如果不怀疑的话，找不到问题，写的东西就没有价值，所以一定要找到问题，在别人认为没有疑问的地方发现问题，这样才有价值。如果大家认为都是这样，好像都是定论，已经成为真理了，那我们还要研究什么呢？所以恰恰要在大家都认为是真理的地方，在没有怀疑的地方去怀疑，找出问题的所在。怀疑是学术研究发现问题的一个重要方法。但是做人不一样，要在有疑处也不疑。与人交往时，轻易怀疑，容易伤害彼此的信任。本来是没有问题的，怀疑多了，也会出问题。还有个哲学家说，大脑要复杂，心灵要简单。人与人之间应该以诚相见，做人要简单，不失赤子之心。

8·17 孟子曰：“言无实不祥。不祥之实，蔽贤者当之。”

第十七章大概是说,讲的东西不实际,这是不好的;这种不好的结果,孟子看得很重,认为是"蔽贤者当之"。那么这个"蔽贤者当之"应该怎么理解呢?杨伯峻先生这样解释,"这种不好的结果,将由妨碍贤者进用的人来承当它"。这种解释可能不太好,谁妨碍了贤者,就得承担这个不祥的结果,这理解起来有点奇怪。我的解释是,说话没有实际性的内容,结果是不好的,就好像是把一个贤能的人压制起来,不选用他一样。这样解释会不会更好?孟子说"不祥",那么"不祥"的程度是多少呢?就像是一个贤人,被压制了,故意不用他。这种行为不好,和那个言无实的行为可以相提并论。有些人有时候为了获得利益去骗人,没有被识破的时候,大家都认为他说的是真话,可一旦被识破,慢慢大家就会发现其实他说的都是骗人的,说的都是不实的东西。

实话实说是生活中的一种理性,也是一种道德价值。我们说实事求是,可是实事求是有时候做起来并不是那么容易。"实事求是"这个词是汉代河间献王提出来的,现在已经成为执政者的一个重要理念。孟子说"言无实不祥",要做到"实"的确不容易,但我们做人做事还是要坚持言有实,国家发展从长远来讲也要做到言有实,这是一个基本原则。

我们在前面的讨论中指出,孟子思想的中心是让人提升自己的美德,让人发展自己的精神生活。孟子既讲人生之道,也讲人的处事之道和交往之道。《离娄下》前面这些章中很多是一些格言,或者说是一些有哲理性的名言,比如,第九章、第十章、第十一章、第十二章、第十七章等。这些格言有很深刻的哲理和思想，能启发我们去思考问题，帮助我们去建立好的人生观和价值观。比如第十七章说的"言无实不祥"，它强调"实"。我们说言之有物，就是说人出言必须有内容、有实质性的东西；如果空话连篇，我们的言论就没有建设性。有个词叫老生常谈，这些常谈，当然不能说它们错，但它们是常识性的东西，是大家都知道的，不能停留在这些常谈里，要讲出有实质意义的新的东西，要言之有物。

有的人言之无物，看起来好像有道理，实际上可能就没有道理。比如诡辩，听起来好像有道理，但其实有意义的东西很少。孟子善辩，但他整体上采取说理的方法来论证道理，我们一般不会说孟子是诡辩。当然有的地方，比如我们在《告子上》中会看到，孟子和告子辩论人性是不是善的，孟子推出人之性即牛之性，这样的推论严格来说不合乎逻辑，有跳跃性，或者有偷换概念的情形，但整体上孟子是严格说理的。当时的名家公孙龙讲"白马非马"，不合常识。我们说白马是马，从这种意义上讲，"白马非马"这个言"无实"。从概念上说，马是一个概念，白马是一个概念，马的概念和白马的概念是不一样的。从这种意义上讲，可以说白马的概念不是马的概念，或者说白马不等于马。为什么呢？马的概念，它的外延是广的，包括了各种类型的马，白马、黑马，还有其他什么马，不管从颜色上如何区分，它都是马的一种，外延上都是属于马。但是内涵上，马的概念再加上白的概念，这个马更具体了。这样限制之后，白马的外延是小了，但是内涵变大了。所以这里面也不是完全没有实。

我们前面讲到了子产。子产是一位很了不起的政治家，他要制订法律，要建立一个实。当时郑国还有一个名家人物——邓析子，他喜欢诡辩。他怎么诡辩呢？他的诡辩就是"两可"。我们说一个事要么是、要么非，要么这样、要么那样，但他是"两可"，都可以。那他怎么选择这个实呢？有个故事说，当时新郑那边有一条河叫双洎河，夏天发洪水，水很大。有个有钱人在河里面溺死了，一个水性好的人就把他的尸体捞了上来。捞上来之后，溺水者的家人当然要感谢他了。可是这个人想发笔财，意思是我把尸体捞上来了，你这感谢的酬劳太轻了，希望多给些钱。那家人觉得他敲诈，不愿给。谈不拢，怎么办？溺水者的家人就去找邓析子，说你给我想个办法，怎么不让他敲诈我。邓析子出了个主意：他捞了具尸体，夏天放在自己家里，还能卖给谁呀？无处可卖。你别着急，只管耐心等待，到时他会主动找你。于是那家人不着急了，捞尸体的人开始着急了。捞尸体的人也去找邓析子，问邓析子怎么让那家人把尸体尽快买走。邓析子也给他出了个主意：不要着急，这样的东西他想买也无处可买啊，所以你们最后还是要进行交易的。这就是"两可"之说，意思是两边都可以。那么这种是言之有实还是言之无实呢？我们说这种就是诡辩。

8·13 孟子曰："养生者不足以当大事，惟送死可以当大事。"

8·30 公都子曰："匡章，通国皆称不孝焉。夫子与之游，

又从而礼貌之,敢问何也?"

孟子曰:"世俗所谓不孝者五:惰其四支,不顾父母之养,一不孝也;博弈好饮酒,不顾父母之养,二不孝也;好货财,私妻子,不顾父母之养,三不孝也;从耳目之欲,以为父母戮,四不孝也;好勇斗很,以危父母,五不孝也。章子有一于是乎?夫章子,子父责善而不相遇也。责善,朋友之道也;父子责善,贼恩之大者。夫章子,岂不欲有夫妻子母之属哉?为得罪于父,不得近。出妻屏子,终身不养焉。其设心以为不若是,是则罪之大者,是则章子已矣。"

我们将第十三章和第三十章合起来讲,这两章都和孝的话题有关。《离娄上》其实已经讲了一些关于孝的问题,包括"不孝有三"的问题。第十三章特别强调慎终追远,第三十章则讨论了什么是不孝。有个人叫匡章,似乎是有不孝的行为,孟子的学生说举国都认为这个人不孝,但孟子的看法和一般人不一样。这一章主要是讨论这个问题。

这两章在语言文字上没什么大问题。第三十章有个"屏"字,是摒弃、抛弃的意思。这里涉及一个人物,叫匡章。这个人是齐国的一位将领,他也是孟子的学生,齐威王末年他当过将军,打败了秦国的进攻。

第十三章孟子讲到,奉养父母算不上什么大事,能够给父母送终才是大事。孟子为什么会说奉养父母更容易一些,而为父母送终才是大事,才是困难的呢?这是什么道理呢?因为父母在世的时候,有社会舆论的监督,或者说父母在眼前,即便有时候不愿意承担赡养的义务,好像也不能完全不做。但是送终的事就不同了,父母已经不在了,子女做得好与不好,主要是看自觉性。因此,出于内心的孝,把父母的丧事办得非常好,也就显得更难一些。

古人认为人死之后成为鬼神,中国古代的祖先崇拜就是跟这个观念联系在一起的。中国古代有三种信仰,第一种就是最高神的信仰,天的信仰。第二种就是祖先信仰,从皇家到诸侯到地方,都有各自的祖先神,自己的先祖到故去的近亲,特别是去世的父母,都是祖先神。曾子说"慎终追远",就是长辈去世后要送终,还要定期进行祭祀。第三种是自然神,自然神的概念是非常广的,各种自然事物、自然现象都可以被看成是神,比如山有山神,井有井神,河有河神,对这些自然神也要进行祭祀。我们古代最大的皇家祭祀,就是祭天祭地,其中地就是自然神了,具体来说是谷神或者土地神。之所以要不断地哀思悼念逝世的亲戚先祖,就是因为古人相信人去世以后成为鬼神,还继续存在于阴间,和天、自然神一样是有知的。但是,人去世之后究竟有没有知呢?一般来说,无神论认为根本没有,人死之后生命结束了,精神和灵魂也结束了。但是更大的传统认为人死后是有知的。当时孔子的弟子对这个问题有疑惑,就去请教孔子,问人死了以后究竟有没有知。这个问题回答起来很难,因为我们没有经历过就没法判断,但是等我们经历了,又已经不是阳间的人了。对此,孔子好像是采取了实用主义的立场。他说,如果我说人死后有知的话,就意味着你要是不去尽孝,你去世的父母就会找你算账,这时候你会害怕,你可能会倾家荡产地去送葬,做得非常隆重,这样一来,反而对活着的人不好。这一点也是后来墨家批评儒家的一个原因,墨家认为厚葬久丧的做法会让在世者的生活变得更困难。如果说人死后有知,可能就会产生这种不利影响。但如果我说人死了之后无知,你可能就不会去送葬,不会去祭祀,那就是不孝,当然也是不对的。孔子最后说,这个问题,你死了之后就知道了,现在咱们不去说。孔子的回答可能也不是非常好,只是很巧妙。孟子说送死不容易,这一句话看起来很简单,但它背后的问题很复杂,涉及祖先神的信仰,人去世后有知还是无知的问题。

现在来看第三十章,"不孝者五"。前面讲孝的时候有讲到"不孝有三"。在这里,主要是公都子提出了一个问题。对匡章这个人,当时举国都说他不孝,孟子却和他交往,并且关系好像还不错。公都子就大感不解了,大家都知道孟子是特别强调孝的,怎么会跟一个不孝的人交往?我们知道,儒家整体上都强调孝,但是不同的思想家对孝的理解还不是完全一样。孟子在很多篇目、文章里都讲孝的问题,为什么呢?我想这可能和孟子的个人经历有一定关系。孟子在很小的时候父亲就过世了,母亲将他抚养成人。孟母特别了不起,颇懂得如何教育子女。孟子从内心里高度感恩和敬仰他的母亲,所以他会特别强调孝。现在我们回到匡章这里。孟子说一般认为不孝者有五种:为人懒惰,不去赡养父母,这是一不孝;吃喝玩乐,不去赡养父母,二不孝;只管自己聚财,只对妻子好,那是三不孝;追随耳目之欲,不管父母,甚至对父母造成伤害,这是四不孝;最后一种,好勇斗狠,不爱护自己的生命,让父母心疼,甚至由此危及父母,这是五不孝。接着孟子就说,这五种不孝,匡章是一种都没有的。那为什么有人会说他不孝呢?是因为他和父亲的关系没搞好,和父亲有矛盾。他的父亲把他的母亲给杀了,埋在马棚里,匡章有想法,但他也不敢去给母亲修一个好的墓。别人建议说,匡章你是一个了不起的军人,你立功了,你应该给你母亲改葬。匡章说,不是我不想做,但我不能违背父亲的意志。这个矛盾可能比舜和瞽瞍的矛盾还要严重,或者说差不多。我们前面讲过,舜有个后妈,象是后妈的儿子,可能是瞽瞍夫妇偏爱象,所以瞽瞍和象老想谋害舜。这是一个很极端的事例。匡章所处的情况,也和他母亲有关系。他母亲有什么过错,咱们不知道,史料里没有记载。但是他父亲的行为很过激,匡章又不敢去违背父亲的意志,和他父亲之间的矛盾便不好解决。

就像舜一样,匡章怎么尽孝也感化不了他的父亲。于是匡章用了苦肉计,为了和自己的父亲重归于好,他休掉了妻子,抛弃了儿子。想和父亲恢复关系,为什么就要伤害自己的妻子、儿子呢?如果妻子和儿子做了错事,可以惩罚他们,但是他们没有犯错,怎么会牵连他们呢?这个故事只讲到这里,并未告诉我们原因。这一章主要就是讲这个问题,情况有点复杂,但孟子认为匡章这个人并非不孝。

8·14 孟子曰:"君子深造之以道,欲其自得之也。自得之,则居之安;居之安,则资之深;资之深,则取之左右逢其

原,故君子欲其自得之也。"

8·15 孟子曰:"博学而详说之,将以反说约也。"

8·18 徐子曰:"仲尼亟称于水,曰:'水哉,水哉!'何取于水也?"

孟子曰:"源泉混混,不舍昼夜。盈科而后进,放乎四海,有本者如是,是之取尔。苟为无本,七八月之间雨集,沟浍皆盈;其涸也,可立而待也。故声闻过情,君子耻之。"

我们这里将第十四章、第十五章和第十八章结合起来讲。这三章所讲的道理有相通之处,并且这些道理都是很高明的,我们要特别重视这几章。第十四章在语言文字上没什么大问题。其中,"资之深"的"资"是凭借、借助的意思。再一个是"道"的概念。孟子讲"道"的地方比较少,在这个地方出现,我们要重视。第十五章文字上的问题主要是"约"字怎么理解。"约"和前面的"博"相对,一般来说,博是广博,约是简约,这是大意。这里的"约"还有一层意思,是指关键,或者说更实质的东西。第十八章中,关于"源泉混混"的"源",有的注本写作"源",但有的本子写作"原",应该是带三点水的"源"。"混"通"滚","混混"就是"滚滚","滚滚洪流"的"滚滚"。"盈科"的"科",是指洼地、小坑。"沟浍",是指田间的小沟。还有就是"亟",在这个地方念 qì,屡次的意思。以上是关于文字的情况。关于人物,这里出现了徐子,也就是孟子的弟子徐辟。

这几章概括起来,主要是强调追求学问、追求真理和实现自我的道理。孟子从水的隐喻来讨论这个问题，强调事物都有其根源性，所以君子要务本。我们具体来看一看这个道理。孟子说"君子深造之以道"，首先我们说一下"道"的概念。儒家讲"道"，道家也讲"道"，但是他们所讲的"道"的含义很不同。儒家讲的"道"基本上是围绕伦理道德展开，大概有以下几个方面的意义。第一，"道"的本义是道路，由此引申出来，"道"是指真理。第二个意思，是指一种价值，这种意义上"道"和"德"的概念就有了统一性。"德"是指一系列的真理性的原则，仁、义、礼、智、信等，而"道"则是指这些原则的统一的伦理价值。也就是说，仁、义、礼、智、信，都属于"德"的范围，也属于价值的范围，德性本身就是价值。"道"的第三个意义是指方法。做任何事情要有方法，有原则，不是胡乱做的。孔子不是讲了吗，谁能出不由户呢？我们出入这个家，是从门走的，不能翻窗户。钱锺书说，出入不由户，老是翻窗户，这是偷情，窗户的作用是用来偷情的。他的这个说法，我们当然不会接受，他是夸大其词了，我们的窗户是用来采光的。不过，不走正门而翻窗户，确实是不正当行径，这是不合乎道义的。

　　以上我们简单分析了儒家之"道"的三个意思。那么，"深造之以道"，意思是一个人追求真理、追求价值，并且要培养一种好的方法去追求这些真理、这些价值。这也是实现自我的方法和途径。实现自我叫"自得"，这个概念我们在前面已经讲了。通过自己的亲身体会，努力获得知识，提高造诣，便是自得之道。那么，不断地自得，就会心安理得，这叫"居之安"。在这个过程中我们不断积累,积累越多,能够凭借的东西就越多,于是取用起来将"左右逢其原",所以孟子说君子一定要"自得"。我们说,儒家的学问是生命的学问,它的核心是不断提升自己,不断实现自己,也就是"自得",这是儒家追求的一个最高的或者说普遍的观念。

从这一点来说,我们做任何事情都是不断自得的过程。这个过程不能中断,中断了就前功尽弃了。有人说"有志者,事竟成",这是大实话,人人都知道。为什么没有志就不能成呢?首先是不能坚持。汉代有人说:"行之苟有恒,久久自芬芳。"就是强调"恒"。道家和儒家都强调"恒"的品质。孔子说:"人而无恒,不可以作巫医。"做一个巫医都需要恒心,因为那里面很多技术、很多经验都要逐步积累,所以没有恒心做不了巫医。孟子也强调"恒","深造之以道",就是要坚持,要有恒心。我们说,人是意志自由的,我们可以去选择我们最喜欢的东西,但是选择的过程必须坚持一个意志、一个斗志。一旦松懈下来,可能我们就获得不了。孟子也讲到了前功尽弃的问题,也就是"自暴自弃",前面我们已经讲过。那什么叫有斗志呢?斗志有各种各样的,有自愿的,可能也有被动的。儒家讲了很多关于"志"的观念,比如"诗言志",诗歌是抒发我们的志向和情操的。有了志才会有目标,有了目标,通过志,又能够不断坚持去做。所以我们看《荀子》,第一篇叫《劝学》,就是倡导大家要不断去学习。志要从小就培养起来。我们的出生不是由自己的意志决定的,不是我们自己决定要来到世间的。人离开这世界也不是自己能决定的,我们不想走,但最后也不得不走。来决定不了,走也决定不了,只有中间这部分,我们能自己决定。但其实中间这部分也有很多影响因素,很多时候我们自己也决定不了。不过一般来讲,人的自由意志是表现在人生的过程之中的。有一位哲学家也讲,人都有生存意志,可能一般情况下表现不出来,但是在关键时候能表现出很强烈的生存意志和生存斗志。其实我们平时使用的自身的能量是比较少的,大多只有百分之五十,甚至连百分之四十都没有发挥出来,不过在关键时候潜能就表现出来了。虽然人的能力不可能无限,但也远远大于我们实际运用的那部分。从这种意义上来讲,我们的意志有多强大,就决定了我们能运用的自身能量有多少。在这一点上,孟子也是特别强调人的斗志。大家知道,孟子的思想很豪放,有浩然之气,有大丈夫的风范,这和孔子不一样,和荀子也不一样。之所以如此,是因为孟子特别强调意志和斗志。在这一点上,孟子确实能够激发我们的意志和斗志,让我们发挥更多的潜能。

第十五章是讲如何学习的问题。大家知道,学习知识从基础的训练到很高程度的掌握并不容易。孟子说"博学而详说之",就是要广博地学习,还要很清晰地懂得里面的道理,能够详细地说明它。不过,这样还不够,还要做到"将以反说约也"。这句话读起来很拗口,其实简单来讲,就是"将以反约",意思是,通过广博的学习,有了深入的了解和掌握,大的概念产生了,但可能有些漫无边际,所以还要回过头来对它进行简化、概括,抓住它的核心和要旨,这就叫"约"。这个也很重要。孔子讲过"学"和"思"的关系,只学习不思考不好,只思考不学习也不好。只学的话，把知识记下来了，也能把记下来的讲出来，但它究竟是什么意思，可能并不清楚，所以一定要加上思考。但只是思考，不去学习，就是空想，也不行。所以，对一个具体知识，要认真学习，还要仔细思考，真正领会里面的道理，特别是要抓住它的核心，这是非常重要的。老子说，"言有宗，事有君"，就是说言论都有宗旨，做事也都有根本。孟子在这里也是强调类似的道理，要广博地学习，但又不能一直陷在琐碎的知识里面，要概括出它们的纲领，抓住核心的思想。所以我们有时候看一部长篇小说，会关心它核心的东西是什么，或者说我们从中能领会到什么精神呢？这就需要我们去思考，去抓住它的灵魂。人生也一样，要抓住根本问题，有一个明确的价值目标去追求。

第十八章讲到了徐子问孟子关于水的问题。孔子多次称赞水，为什么呢？徐子好像不太明白，孟子就给他解释。孟子说，从源头流出的水滚滚向前，昼夜不停，流动的时候，它把坑洼灌满之后继续前进，最后汇入大河，流入大海。这是水的一个自然表现。那为什么水能够昼夜不停地向前流？是因为有本源。孟子在下面讲了，孔子赞许的就是水的这种具有本源的情况。我记得我们小时候去泉水边玩耍，老用手把泉眼盖住。那当然盖不住，因为泉水有一个源头，它会滚滚地往上流，这也就是它能够流成河的一个根本。孟子就强调一定要有本，河流才不会断；失去了本，它就会断掉。然后他还举了个例子：七八月下雨，水很多，路上都是水，田地里也是水，可是天一晴，水就断了。雨水就是这样子，它没有根源，是不能连续的。如果雨连续下的话，下一个月，我们也受不了。雨下得太多，水也会源源不断，那就成涝灾了。当然，这里孟子主要是强调要有源泉。朱熹有首诗："半亩方塘一鉴开，天光云影共徘徊。问渠那得清如许，为有源头活水来。"这首诗很著名，大家都知道。因为有"源头活水"不断地流进来，所以这"半亩方塘"才不会干涸，总是清澈。

我们将这里和前面的内容结合起来，就是说学习、修养一定要有连续性。"深造之以道"是说我们要不断地加深造诣，"博学"是说我们要不断地获取丰富的知识。讲水的例子也一样，是说要立本，才能连续不断，一定要坚持涵养这个本源，不能中断，一旦断了，就会前功尽弃。所以陆王心学就强调，人生就是要"先立乎其大者"，要立一个原则、立一个根本，然后我们沿着它去走。他们批评程朱说，程朱虽然博学，但是没有本。在这里，孟子就是强调一个本，没有本，就是没有根基，做事情便不能坚持下去。

后面孟子又说："声闻过情，君子耻之。"有一种人，名声很大，声望很高，但是可能与他实际的学问不符，这就是徒有虚名。和前面结合起来，就是说这个名声没有根本，虚张声势，制造舆论，这种东西是很容易断绝的。因为时间长了，人们就能判断这个名实是不是相符。具有盛名，但实际情况与之不符，就是孟子讲的"声闻过情"。我们再追问，为什么有那个声名呢？为什么声名不符呢？这里面涉及两个问题。第一就是，人生在世，追求很多东西，比如权力、财富、美德等。人们都追求声誉，希望受到别人的赞扬，谁也不希望老被谩骂。可是这个好名声怎么来呢？按照孟子所讲，就是要有实有名，或者说有本有名。一个人确实很有学问，造诣很高，那人们自然而然就会称赞他、敬重他，而不用他自己去鼓吹。可是有时候就会产生矛盾。有些人特别希望有好名声，可是事实上造诣又不高，甚至差得很远，看到别人名声很大，就特别羡慕，然后就通过夸大其词、制造舆论来获得一个名声，而不是实实在在地去提升自己。我想，这种情况在各行各业可能都有，尤其在选举中，有些人总是嫌自己名声小，就采取各种方法去造势，但实际情况与之不符，就是"声闻过情"了。这个"情"是"实"的意思，名声超过了事实，这是可耻的。用在我们身上，也就意味着我们要实实在在地学习，不断提升自己，不要弄虚作假，不要"声闻过情"。否则，长此以往就是无源之水，一定会干涸的。

8·16 孟子曰："以善服人者，未有能服人者也；以善养人，然后能服天下。天下不心服而王者，未之有也。"

8·19 孟子曰："人之所以异于禽兽者几希，庶民去之，君子存之。舜明于庶物，察于人伦，由仁义行，非行仁义也。"

8·20 孟子曰："禹恶旨酒而好善言。汤执中，立贤无方。文王视民如伤，望道而未之见。武王不泄迩，不忘远。周公思兼三王，以施四事；其有不合者，仰而思之，夜以继日；幸而得之，坐以待旦。"

现在来看第十六章、第十九章和第二十章，这三章的关系很密切，可以结合起来解读。这里主要是讲如何做一个好的领导，做一个好的统治者，或者说怎样能够让部下、大众心悦诚服，获得他们的支持和拥护。

首先看第十六章，这里面涉及一个"善"的概念。孟子说"可欲之谓善"，这是孟子的一个著名定义，意思是，我们希望得到的、值得去追求的东西，就是"善"。我们说善恶是非，一正一反，这里面有个价值判断，我们当然是追求"善"。

这一章前面两句相对应，乍一看也许有点奇怪。"善"的就是好的，用它去说服人，让别人接受它，这不是很合情合理吗？为什么要把"以善服人"和"以善养人"对立起来呢？为什么说用"善"去使别人服从就行不通，但是用"善"去熏陶别人就不仅能折服人，还能使天下归顺呢？按朱熹的注释，还有焦循《孟子正义》的注释，大概意思是，以"善"自居，一副居高临下的姿态，总是想着教育别人，让别人听从，这种做法其实不能服人。如果一个人确实有德行，就是好为人师，有点盛气凌人，那别人一般也会虚心向他学习，但可能还是有点不舒服，不是很佩服这个人。如果是用善行熏陶人、教养人，也就是潜移默化，春风化雨一般，最终就能感化天下，使天下人都心甘情愿地归顺你，都由衷地跟随你向善。所以，也可以将这里的问题解释为善言和善行的区别：用善言去说服人，不能服人；用善行去熏陶人，就能够使天下人归顺。也就是说，一个人自己没有实际行动，只说应该怎么做，教育别人怎么做，是很难让别人接受的。关键还是要有实际行动，就像我们前面说过的，空有好名声，没有实际行动也不行。大家再来看这句话,传统的注释说,一个人采取的方法不对,虽然动机是好的,人家也不愿接受。这也就是孔子所讲的"己所不欲,勿施于人"。那反过来说,己所欲,施于人,这样行不行呢?这里面也有个问题,天下人是不是同心、同理?是不是所有人都有相同的爱好?事实是萝卜白菜各有所爱。人和人是有差异的,不是所有人都喜欢同样的东西、厌恶同样的东西。我们要好好想想这个道理,想想怎么样才能服人。

第十九章主要是讲人和动物的区别。在中国哲学里面讨论人和物的关系时,有两种理论:一种是人和物的区分,叫人物之辨;一种是人和动物之间的区分,叫人禽之辨。在这里,孟子是强调人和禽兽的区别,属于后者。孟子之前讲过,人天生具有"四端",但这里孟子又说"几希",意思是人和禽兽不同的地方其实很少。现代我们基本上有一个共识,即人是自然的一部分,我们也是自然生命,所以人也是动物的一种。可是人和动物又不一样。哪里不一样呢?关于这个问题可能会有很多的讨论。有人说人是社会性动物,或是语言性动物。可是,自然界里除人之外,就没有其他动物具有社会性、语言性了吗?当然不是。只是人类的语言比较复杂,社会性也比较复杂。其实我们现在研究动物世界,发现相当一部分动物也有语言,它们不会书写,但是它们能通过语音进行交流。动物也有群居的,它们相互之间会有合作,有的甚至表现出高度的组织性和协同性,某种意义上,这样的一种群居动物也可以套用社会的概念。现在世界上有一个生态主义的思潮,讲环境伦理学、生态伦理学,强调动物的权利、动物的价值。一般来讲,过去并没有这样的观念。古代批评一个人,就说他禽兽不如,我们现在还有这个习惯,就是因为人们认为动物是没有美德的。在这里孟子说,人和禽兽的区别很少,实际上是警示我们一定要努力存养人性,扩充四端,因为可能稍不小心,我们就和禽兽一样了。一般的人可能没有自觉,丢弃了它;但君子有自觉,意识到了,就去存养它。

后面还提到了舜,孟子认为舜在这一方面做得非常好。舜了解事物的规律,明辨人伦的道理,顺着内心的仁义去行动,而不是把仁义当成一个工具、一种手段去使用。这是一个很重要的问题,"由仁义行"和"行仁义"有很大的区别。在孟子看来,道德是首要的,道德本身就是价值,就是目的,不能为了别的目的,把仁义当作一种工具、一种装饰。我们知道,庄子批评儒家仁义的时候,说过"诸侯之门,而仁义存焉",越有权势的人名号就越响亮,因为他们只把仁义当成一种包装,进行宣传,所以他们就有"仁义"了。大家看魏忠贤,这个名字很好,但他是历史上奸邪大臣的代表之一,一点也不忠,一点也不贤。然而,他有权力,所以他能用仁义来包装自己,让别人觉得他很好。这就是"行仁义",把仁义当成一种工具、手段,并不是真正以它为目的、价值。当然,我们说事情都是相互关联的,没有一个绝对的目的,也没有绝对的手段。手段和目的像是个链条,在链条的某个地方,可能这个是手段,那个是目的,但是在另一个地方,可能目的变成了手段,手段又变成了目的。所以这个区分其实从某种意义上讲也是相对的。

孟子特别强调,不要把仁义当成手段去使用。就好像他对梁惠王说的,不要讲利,首先要讲仁义,不要以为追求利似乎就能带来仁义。仁义和功利,是不是始终矛盾呢?道德价值和人的物质生活是什么关系?我们现在进行精神文明建设,说社会文明的发展要通过教育培养产生出来。但是国家的发展战略还会强调,人们的物质生活提高了,随之会带来各种各样更加文明的行为。这一点古人就讲得非常清楚了,"仓廪实而知礼节"。所以,文明的精神生活和物质之间应该是协调的、同步发展的。有人说人穷志短,是不是也是这个意思?但儒家会说,就算穷,咱也不能志短。小人穷则乱矣,而君子虽穷也能保持自己的情操。不过,社会大众都能做到吗?不太可能。所以说,伦理道德的标准还不能定得太高,否则只是少数人做到,那它实际上还是无效的。在这一点上,孔子也好,孟子也好,他们都有一种比较高的理想主义。当然儒家也会说,标准很高,你做不到,也不会完全否定你,关键看你是不是去做了。如果说标准太高,不能一下子成为圣人,那我们可以努力成为贤人,成为君子,成为别人能够信赖的人。也就是说,我们达不到最高的标准不要紧,关键是要去行动,不断提升自己,而不是自暴自弃。

我们看第二十章。这一章讲到了禹、汤、文王、武王和周公,前面四位都是圣王,周公是一个非常著名的大臣。这一章主要是讲他们各自治理朝政的特点。第一个是大禹,他对酒有一种戒心,自己不喝酒,喜欢好的言论。要是帝王老喜欢喝酒,大臣也喜欢喝酒,大家都不理朝政,那这个国家可能就离灭亡不远了。东汉末年,曹操喜欢喝酒,他当政的时候有人就劝他说,喝酒误事,关键的时候你醉了很麻烦,所以对酒要警惕。

第二个是商汤,他能够"执中",意思是能够掌握一个好的原则,坚持中正之道。他不搞教条主义,选拔贤人不拘泥于常规,对特殊人才就用特殊方法去选拔。反观现在我们招收人才的时候,首先要看的一个基本条件是学历。去大公司,要求有高学历;到高校去,要求有博士学位。上学也一样,想读硕士研究生,要本科毕业;想读博士,得要硕士毕业。但是有时候确实有些人自学成才,那就应该破格。这就和前面所讲的经和权的问题有关,特殊情况下应采取特殊措施。

接下来讲到了文王和武王。文王看待百姓,就好像他们都受了伤一样,抚慰他们,不加侵害,特别爱民;追求真理唯恐自己实现不了,毫不懈怠。武王则是"不泄迩,不忘远"。关于这里的"泄"字,有种说法认为它通"媟",意思是轻慢。但"泄"字在先秦时期这个意思用得很少,到了汉代以后才开始使用,所以通"媟"字可能有问题。我后来调查,它是通"亵渎"的"亵",是宠信、亲近的意思。这句话是说武王对身边的人不会过于宠信、亲昵。亲昵、宠信容易没有界限,有时候就会误事。武王不会过于宠信近臣,不会闭目塞听,也不会忘掉远处的敌人。最后是周公,这是一位贤能的大臣。他兼学夏、商、周三代君王的长处,继承他们的功业,遇到问题时昼夜不停地思考,弄明白了,就坐着等天亮,天一亮就马上去实行。还有个故事说周公"吐哺握发",求贤若渴。有一次,周公吃饭的时候有人给他推荐人才,他马上吐出嘴里的食物,赶紧去接见;有一次洗头发的时候,有人给他推荐人才,他马上停下来,握着头发去接见。这个故事已成为求贤若渴的典型了。这些事例都说明古代的圣王和贤臣有很了不起的地方。

8·21 孟子曰:"王者之迹熄而《诗》亡,《诗》亡然后《春秋》作。晋之《乘》,楚之《梼杌》,鲁之《春秋》,一也。其事则齐桓、晋文,其文则史。孔子曰:'其义则丘窃取之矣。'"

第二十一章具体讲到了儒家经典的问题。我们知道儒家有一个大的传统,叫经学。春秋战国时期儒家学习"六经",后来不断发展,到宋代的时候《孟子》列为经,发展成"十三经"。孟子在这里提出了一个观点,"王者之迹熄而《诗》亡,《诗》亡然后《春秋》作"。这里的"王者之迹"是指什么呢?"迹"有遗迹、事迹等意思,但在这个地方具体是指西周时代的采诗官制度,采诗官把民间的诗歌收集起来,整理成了《诗经》。到了春秋以后,这个制度慢慢就消失了。我们学习《诗经》的时候都知道,现在留下来的是孔子删减编撰的三百零五篇。其实这只是此前所采诗歌的一部分,在其他的经典里面,比如《左传》里就有很多佚诗,都是当时流传的,但孔子没有选入。春秋以后没有了采诗官,《春秋》一类的史书就出现了。当时很多诸侯国都有自己的史书,名称也不太一样。比如,晋国的称为《乘》;楚国的称为《梼杌》,梼杌原本是指传说中的怪兽;鲁国的称为《春秋》。但这些史书本质上都是一样的,记载的是齐桓、晋文那个时代所发生的事情,所采取的也是一般写史书的方法。

接下来引了孔子的一句话,"其义则丘窃取之矣"。孔子是取什么义呢?孔子作《春秋》的目的是什么呢?孔子说:"知我者其惟《春秋》乎!罪我者其惟《春秋》乎!"为什么?《春秋》是鲁国的编年史,记载了从鲁隐公到鲁哀公十二位君主、二百四十二年的历史。有种说法认为"仲尼厄而作《春秋》",意思是孔子周游列国,遭受了很多挫折,晚年回到鲁国,培养弟子,编撰经典,作《春秋》。孔子说,"载之空言,不如见之于行事之深切著明也",意思是我说些空话,不如把当时的一些事件、人物记载下来,从这里面分辨是非善恶,这样大家就能看得更明白了。所以孔子就说,写《春秋》是继承了《诗经》中褒善贬恶的原则。后来这种写作方式被称为"春秋笔法"。我们知道,春秋时期是一个混乱的时代,所以孔子作《春秋》是对所有统治者的一个警告,或者说一种启示,希望他们能从那个时代吸取经验教训,建立一个好的秩序。孔子的这种写史态度后来受到了司马迁的肯定,司马迁说《春秋》"上明三王之道,下辨人事之纪,别嫌疑,明是非,定犹豫,善善恶恶,贤贤贱不肖,存亡国,继绝世"。这一评价非常好。

《诗经》在当时影响是很大的,后来《春秋》的影响也大了,并发展出"三传"(《左传》《公羊传》《穀梁传》)来解释《春秋》。再后来,《春秋》和"三传"都被列入了"十三经"。"三传"当中最著名的是《左传》,是仿照《春秋》体例来写的,传说作者是左丘明。另外两传则是发挥微言大义。西汉的时候,《公羊传》在董仲舒的推崇下成为春秋学的主流,后来东汉的何休又作出了进一步发展。到了近代,康有为也发挥公羊学的义理。公羊学为什么会这么重要呢?因为它和政治生活紧密联系在一起,特别强调政治的改革。比如,康有为就是借春秋公羊学说孔子是要求改制的,写了一部《孔子改制考》。社会发展过程中需要改革的时候就要作出变革,而公羊学提供了改革的理论基础。

8·22 孟子曰:"君子之泽五世而斩,小人之泽五世而斩。予未得为孔子徒也,予私淑诸人也。"

这一章主要是讲一个人的影响会有多长多远,还有孟子"私淑"孔子的情况。孟子说君子的影响大概能持续五代,小人的影响大概也能持续五代。五代是多长时间呢?一代三十年,五代就是一百五十年。一百五十年说起来似乎也挺长,但我觉得还是太短了。一般来讲,一个伟大人物的成就非常了不起,或者说这个人学问很好,当时声名远扬,但是如果他没有著书,就没办法把他的东西传下去,他的影响就断了。为什么说小人的影响也是五世呢?古时候说小人,并不像我们现在带有很强的贬义,主要是指没有社会地位的人。而君子或者大人,则是指那些有社会地位、有职务或有身份的人。说到那些没什么社会地位的人,他们的言行、事迹只有他们的家人、邻居才会记得,五代人之后也就没有人记得了。

按当时的观念,有身份、有地位的人觉悟也高,道德境界也高;而那些地位比较低的人,好像文化水平没那么高,道德境界也比较低。这两种人大概有这样一个对应关系。孔子说"女子与小人为难养也",虽然也有人说这里的女子和小人都不是带有很强贬义,但这句话后来还是成为一些人批评孔子的一个重要根据。孔子的很多话其实都有特殊语境,我们理解时须结合他说话的背景。比如"吾未见好德如好色者也"这一句,《论语》没有记载说话的背景,但别的地方有提到,这句话是孔子和南子见面之后说的。孔子本来不愿见南子,可她是卫国国君的夫人,地位很高,并且特别崇拜孔子,要见孔子,所以孔子不得已去见了。《孔子》这部电影里就专门拍了这个场景。我们在修改剧本的时候,问这个一定要拍吗?他们说这个好看。我们还问道,孔子一定要成为武林高手吗?他们也说这个好看。所以在一个加入的故事里面,孔子作为武林高手的角色出现了。我们认为剧本写得不好,便说你们别拍电影了,但最终还是拍了。剧本写不好,导演水平再高也没有用啊。所以说,好的电影后面一定要有一个好的剧本做基础。一开始写剧本,境界就上不去,怎么去修改?"粪土之墙不可圬也",这才是最根本的问题。那主演是谁呢?是周润发。周润发很投入,但要演好一个伟人不容易。人追求不朽是中国历史上的一个大概念,其中有一种说法叫"三不朽"。有人说我有权势、有地位、有财富,是不朽。这不对。"三不朽"是说"太上立德,其次立功,其次立言",这才可以称为不朽。这个不朽具有长期的影响,可以供后人学习。所以孟子这句话可能是说,一般的人时间长了,也就没什么影响了,但是伟大的人可能不是这样。

孟子敬仰孔子,他当然希望成为孔子的学生。但因为俩人生活的时代隔得有点远,孟子只能"私淑诸人"。我们看"私淑"这个词,现在有个说法叫私淑弟子,便是从这里来的。"私淑"是私下向某人学习,而非受他亲自教诲。后来"淑"变成名词,也就有了私淑弟子的说法。在这里孟子是表达他对孔子的敬仰,虽然没法亲见其人,但可以"私淑诸人"。实际上,历史都是在时间上、空间上不能直接接触的,某种意义上,我们学习历史就是私淑历史、私淑伟人。

8·24 逄蒙学射于羿,尽羿之道,思天下惟羿为愈己,于是杀羿。孟子曰:"是亦羿有罪焉。"

公明仪曰:"宜若无罪焉。"

曰:"薄乎云尔,恶得无罪?郑人使子濯孺子侵卫,卫使庾公之斯追之。子濯孺子曰:'今日我疾作,不可以执弓,吾死矣夫!'问其仆曰:'追我者谁也?'其仆曰:'庾公之斯也。'曰:'吾生矣。'其仆曰:'庾公之斯,卫之善射者也;夫子曰吾生,何谓也?'曰:'庾公之斯学射于尹公之他,尹公之他学射于我。夫尹公之他,端人也,其取友必端矣。'庾公之斯至,曰:'夫子何为不执弓?'曰:'今日我疾作,不可以执弓。'曰:'小人学射于尹公之他,尹公之他学射于夫子。我不忍以夫子之道反害夫子。虽然,今日之事,君事也,我不敢废。'抽矢扣轮,去其金,发乘矢而后反。"

第二十四章主要是讲师生关系的问题。这里涉及以下一些问题:什么是好的师生关系?什么是不好的师生关系?如果师生关系不好,是老师的责任,还是学生的责任?过去说师徒如父子,是非常亲密的,但是建立一个好的师生关系并不容易。就像前面说的,教育孩子是一门难度很高的艺术,其实老师培养学生也是一样,不是轻易能够做好的。

这一章讲到了逄蒙和羿等人物。"蒙"也有写成"门"的。逄蒙是羿的学生。传说羿是夏代有穷国的国君,射日的英雄。逄蒙跟随羿学射箭,后来把羿给杀掉了。公明仪是孟子的弟子,他向老师请教这个问题,说逄蒙怎么可以把自己的老师杀掉呢?孟子说羿作为老师有过错。公明仪就不理解,认为老师应该没什么过错。学生把老师杀了,怎么可以说老师有过错呢?孟子就说,老师的过错可能比较少,但怎么会一点也没有呢?然后孟子就讲了一个故事,说明羿的过错在什么地方。他说郑国人让一个叫子濯孺子的去侵略卫国,卫国就派庾公之斯去追。被追的时候,子濯孺子说:今日我病了,拿不了弓,我必死无疑了。然后他就问他的仆从:谁在后面追我?仆人说是庾公之斯。他马上又说:那今天我还能活命。为什么呢?他说:庾公之斯跟尹公之他学射箭,尹公之他是跟我学的。尹公之他是一个正直的人,他选择了庾公之斯做他的学生,那庾公之斯一定也是品行端正的人。确实,庾公之斯追上来之后就问子濯孺子:先生您为什么不执弓?子濯孺子回答:我今天"疾作,不可以执弓"。然后庾公之斯就说:我向尹公之他学习,尹公之他向您学习,我怎么能用从您弟子那里学的东西反过来伤害您呢!但是他又说:我今天为君主做事,不能什么也不做。于是他就把箭抽出来,拿箭在车轮上敲,把箭头去掉,然后发了几支空箭就走了。子濯孺子因此没有被射杀。孟子就说,从这个故事里面我们可以看出来,羿没有选好学生,所以最后被学生杀害了,他自己也有过错。孟子的看法大概就是这样。

　　选拔学生确实是一件很难的事情,尤其是选德才兼备的学生不容易。有的人能力强,但为人不一定好;有的人为人好,但能力不一定强。而且有时候人的能力强,就容易傲慢,甚至连老师也轻视。当然,老师也有各种各样的,也不能说老师都是很好的,老师也不是什么都能做得很好。有时候老师不能够反省,只是一味追究学生的过错,也不利于建立良好的师生关系。所以大家都要不断地修身养性,不断地追求更高的境界。这里给大家讲一个故事,也是关于师生关系的。这故事说,动物世界里猫是老虎的老师,关系本来很好,后来猫教了老虎很多本领,老虎的力量大了,要把猫抓住吃掉。猫怎么办?跑到树上去了。这一招没有教给老虎,所以老虎不会爬树。老师为了保护自己,留了一手。那羿有没有留一手?逢蒙"尽羿之道",看来后羿无所保留。一般来讲,真正好的师生关系是不会留一手的,老师会把本事尽数传给学生。还有一个故事,说一个哲学家和一个学生到郊区游玩,突然遇到了熊。怎么办呢?老师保护学生,或者学生保护老师?都没有。哲学家先跑了,学生跟着跑,熊在后面追。学生说,老师你别跑那么快,你跑不过熊的。然后老师就说,我不用比熊跑得快,我比你跑得快就可以了。这个故事也许不是真的,但它展现的就是不好的师生关系。我们现在大学里的师生关系也是一个迫切的问题，或许可以从这一章里得到一些启发。

8·25 孟子曰："西子蒙不洁,则人皆掩鼻而过之。虽有恶人,齐戒沐浴,则可以祀上帝。"

第二十五章文字上没什么问题。从义理上来说,一般我们都认为一个人的内在美和形式美要统一起来,但孟子在这里是强调外在美,看起来要整洁干净。我们说一个人非常邋遢,不修边幅,那么大家看到他的感觉和印象都不会好。就算是西施这大美人,如果很脏,大家也不愿意接近她。反之,如果一个人长得丑陋,但是很整洁,斋戒沐浴之后,他也可以去祭祀上帝。对于不熟悉的人,我们很难在短时间内判断其内在,往往只能通过外在的直观印象来判断。所以,相比于内在,外在也很重要。只有表里如一,拥有内在美的同时也注重外在美,别人才会愿意靠近你,进而去发现你的内在美。

8·26 孟子曰："天下之言性也,则故而已矣。故者以利为本。所恶于智者,为其凿也。如智者若禹之行水也,则无恶于智矣。禹之行水也,行其所无事也。如智者亦行其所无事,则智亦大矣。天之高也,星辰之远也,苟求其故,千岁之日至,可坐而致也。"

第二十六章主要是讲"性"和"智"的问题。文字上有两个字要适当解释,一个是"故",一个是"利"。"故"这个字意思很多，在这里强调根由、根源的意思。"利"字不好解释，朱熹解释为顺，利者以顺为本，顺就是顺从、遵循。但是先秦时期"利"字似乎没有用作"顺"的情形。我更倾向于解释为有利，进一步来说，便是适合的意思，在先秦有这种用法。

　　孟子在这里讲到"性"的问题。这个"性"的意思可能很广了，可以是指事物的本性，所有事物都有它的本性、特质。对于任何一件事物，我们都要用适合其本性的方法去发展它。然后孟子说到，为什么会讨厌小聪明、小技巧呢？因为这些是穿凿的，不是适合的方法，是违背事物本性的。比如大禹治水，和他的父亲鲧就很不一样。鲧采取了堵的方法，可是堵不住，所以最后治水没有功效，受到了惩罚。大禹继承了他父亲的治水工作，但他采取的方法是导水，挖河道，让水顺着河道流走。他遵循水的本性，因势利导，不用很费事，水就给治住了。就是说，智者做事，会遵循事物的规律、事物的本性，用适合其本性的方法去做，不用很费力，就会收到很好的效果。然后孟子又说，虽然天很高，星辰很远，但如果求到其中的法则、根由，那我们就可以推测未来，推测出一千年以后的冬至。也就是说，我们要遵循事物的本性，不能违背它。教育人也是这样，要遵循儿童的天性，按照教育的规律去做，这样才有成效。

　　事物有各种各样的本性，人也有明智和不明智之分。明智的做法是，我们要通过学习获得更多的知识，掌握各种各样的事物本性，然后遵循它们，遵循事物的法则、规律就是最好的捷径。这种法则其实不只是自然界有，社会里面也有，我们都要遵循。遵循这个法则，不仅能把握现在，也能预测未来，因为法则有它的持续性。有人说未来不可知,但孟子不是这样看的。孟子认为只要掌握了规律就有可能推测未来。其他学派也有这方面的说法,比如墨子有个学生认为未来不可知,墨子就说不对,未来可以推知。学生问,为什么呢?他就举个例子说,现在有一件紧急的事情要派一个人去一个很远的地方,有两匹马,一匹是快马,一匹是慢马,如果派你去的话,你是选择快马还是选择慢马?那位学生说,我当然选择快马了,因为快马能够尽快到达那个地方。墨子说,看,你的选择说明行为是可以预期的,未来是可知的。我们掌握了这个道理,掌握了好的方法,做事就更容易达到目的。人了不起的地方是能预测未来,结果都是之后产生的,但是人类通过理性,能知道手段和目的之间具有对应性,然后可以预测出它的结果。虽然有时候我们不一定能达到我们预期的效果,但是在一般情况下,我们人类的秩序安排让我们有可能实现它。当然,这要具备很多条件,比如社会要安定,要有良好的秩序,等等。所以说,我们要达到目的,遵循事物的本性、规律是最好的方法。

8·27 公行子有子之丧,右师往吊。入门,有进而与右师言者,有就右师之位而与右师言者。孟子不与右师言,右师不悦曰:"诸君子皆与𫘤言,孟子独不与𫘤言,是简𫘤也。"

孟子闻之,曰:"礼,朝廷不历位而相与言,不逾阶而相揖也。我欲行礼,子敖以我为简,不亦异乎?"

第二十七章主要是讲人和人的交往之道。大夫公行子的儿子病逝了,右师前去吊丧。右师就是王骧,之前我们讲过这个人。吊丧的时候,其他的客人遇到王骧,都跟他打招呼,他坐下之后,别人还上前去打招呼。孟子后来也去了,可是孟子去的时候就没理他,不和他打招呼。事后,王骧就向别人抱怨,说孟子对他不尊重,别人都给他打招呼,很友好,就是孟子不给他打招呼。可能孟子对王骧有看法,想敬而远之。孟子听到这话之后,还是找了个说法,他说,按照礼,"朝廷不历位而相与言"。"历位"就是越位。在朝堂上大臣在一起的时候不会越过自己的位置去和另外的人打招呼,在台阶上也不会越过台阶去作揖,这是礼的规定。孟子说,我按照礼去做,没有越位和王骧打招呼,他却说我不合乎礼,这很奇怪。

这么说起来,孟子似乎是找到根据了。可是孟子说的礼是朝堂上的礼,严格来讲,孟子是拿朝堂上的礼节去解释丧礼上不给人打招呼的行为,有点不合适。我们知道,孟子是很懂礼的。不过,大家也知道孟子休妻的故事。有一次孟子进屋,发现妻子在屋里面坐得不端正,叉着腿坐着。为这一件事情,孟子认为妻子不懂礼,要休妻。孟母就批评孟子说,你说你妻子不懂礼,首先是你不懂礼。"将上堂,声必扬。"进门都没有敲门,大家都不知道。人家在屋里何必那么端正呢?在家里休息一下,为什么也要严格地按照在外面的礼去做呢?这个故事是不是真的,不确定,但是古书中有这个记载。孟子在这件事情上受到了他母亲的批评。

8·28 孟子曰:"君子所以异于人者,以其存心也。君子以仁存心,以礼存心。仁者爱人,有礼者敬人。爱人者,人恒爱之;敬人者,人恒敬之。有人于此,其待我以横逆,则君子必自反也:我必不仁也,必无礼也,此物奚宜至哉?其自反而仁矣,自反而有礼矣,其横逆由是也,君子必自反也,我必不忠。自反而忠矣,其横逆由是也,君子曰:'此亦妄人也已矣。如此则与禽兽奚择哉?于禽兽又何难焉?'是故君子有终身之忧,无一朝之患也。乃若所忧则有之:舜,人也;我,亦人也。舜为法于天下,可传于后世,我由未免为乡人也,是则可忧也。忧之如何?如舜而已矣。若夫君子所患则亡矣。非仁无为也,非礼无行也。如有一朝之患,则君子不患矣。"

第二十八章讲到君子和一般人不同的地方,就是能够长存爱人、敬人之心。这一章在文字上没有什么困难。义理上主要是讲如何做人,如何成为君子的问题。这一章的最后讲到了舜,并说,舜是人,我也是人,我们都有意志自由,都有道德能力。那么,舜能做到的,我们都能做到。这里孟子又特别提出一个反省的概念。孟子说,如果你对别人好,别人对你不好,那你要反省。如果你自己是讲礼的,别人还没有感受到,那你要反省。如果你做得很好了,别人还是没有反应的话,那要反省自己是不是忠诚。如果以上你都做好了还是不行,这时候你才可以说这个人就是一个妄人,是不值得交往的。这样的人不可教化,得不到他的尊重也没关系了。

然后,孟子还特别强调,我们人要有忧患意识。忧患什么呢?忧患我们能不能真正做一个自己希望做的人,像舜那样,努力去做,一生都去追求。这一点和前面讲的内容其实是类似的,也是在强调我们要努力追求,坚持不懈,强调人生要有一个目标,要有一个志向。并且他的志向是追求人格的美、人格的完善,而完善自我的方法,具体来讲就是要向舜学习。

8·29 禹、稷当平世,三过其门而不入,孔子贤之。颜子当乱世,居于陋巷,一箪食,一瓢饮,人不堪其忧,颜子不改其乐,孔子贤之。孟子曰:"禹、稷、颜回同道。禹思天下有溺者,由己溺之也;稷思天下有饥者,由己饥之也,是以如是其急也。禹、稷、颜子易地则皆然。今有同室之人斗者,救之,虽被发缨冠而救之,可也。乡邻有斗者,被发缨冠而往救之,则惑也,虽闭户可也。"

8·31 曾子居武城,有越寇。或曰:"寇至,盍去诸?"曰:"无寓人于我室,毁伤其薪木。"寇退,则曰:"修我墙屋,我将反。"寇退,曾子反。左右曰:"待先生如此其忠且敬也。寇至,则先去以为民望,寇退,则反,殆于不可。"沈犹行曰:"是非汝所知也。昔沈犹有负刍之祸,从先生者七十人,未有与焉。"

子思居于卫,有齐寇。或曰:"寇至,盍去诸?"子思曰:"如伋去,君谁与守?"

孟子曰:"曾子、子思同道。曾子,师也,父兄也;子思,臣也,微也。曾子、子思易地则皆然。"

第二十九章讲到了大禹、后稷、孔子、颜回等几个人物,他们的特点不一样。后稷不是具体的历史人物,是位谷神,将他和另外几个圣人列在一起,好像是把他也看成一个历史人物。禹和稷三过家门而不入,大公无私,只考虑天下的事情,孔子很推崇他们。颜回"当乱世,居于陋巷",自我修养的境界很高,但是孟子说,颜子没有参政。可能有人肯定禹,而对颜回有微词,认为颜回做得不好。孟子则认为,他们都是同道。大禹一想到天下还有人溺水,就像自己溺水一样,后稷一想到天下还有饥民,就像自己也在挨饿一样,所以他们都很着急,想着去挽救天下的人。这就像家里的人发生争斗的时候,你可能不等做好准备,匆匆忙忙就去劝解了。但如果是邻人发生争斗,可能我们就没有那么着急了,孟子说把门关起来也可以。这个比喻好像有一点不合情理。如果邻居发生了暴力争斗,为什么不去管呢?不过孟子的大概意思是说有的情况比较急迫,而有的可能就没有那么急迫了。但是不是可以这样做,我想就另当别论了。总体上来讲,孟子认为禹和稷遇到的问题比较紧急,所以他们要去救治,而颜回不处在那样的情况下,所以他没那样做。如果让颜回处在禹和稷那种情况,颜回也一定会那样做。意思是,他们都很伟大,只是因为他们处的时代不一样,境地不一样,所以做法上也就显得不同。

第二十九章和第三十一章可以结合起来看。第三十一章讲到了曾子和子思的故事。当时曾子居住在武城,越国侵犯武城,守城大夫侍奉曾子既忠且敬。但是侵略者来的时候曾子就躲避了,侵略者退却之后曾子又很快就回来了。当时左右的人就说这样做是不是不好?沈犹行说老师做得没错。过去有人来攻打我们的城,在那个时候,跟从老师的有七十人,老师的做法也差不多。对"未有与"这个词的解释存在分歧。一种解释是七十人早早走开了,这个解释可能不好。另一种则是把"与"解释成争斗、起冲突,"未有与"是说不去搏斗,没有起冲突,也就是说,没有和敌人正面交锋。沈犹行认为,当时老师的做法和这次实际上没有差别。接下来就讲到了子思的情况。子思居住在卫国的时候,齐国军队来侵略卫国,有人让他走,他不走,说我要是走了,谁和君主一起来守卫国家呢?有人就认为,比起曾子,似乎子思的境界更高些。但孟子不这样看,他认为曾子和子思是"同道"。但是为什么曾子可以走,子思不能走呢?孟子解释说,曾子是师长、父兄,地位很高,他先走,有带领民众避难的意思;而子思在当时是臣,地位较低,所以应该留下来。

　　孟子是基于同情的立场来看问题,没有像别人一样,一味地批评曾子、赞扬子思。他认为,曾子和子思在各自的情境下,选择的做法不一样,但都符合他们各自的身份地位。在这里,孟子揭示了一个道理:针对一些看起来类似的事情,不同的人物在不同的时候确实有不同的选择,他们的做法可以不一样。这里面的情况很复杂,我们不能一概而论,评价人物一定要考虑具体的情境,考虑它的特殊性,孟子在这里主要是强调这一层意思。

8·32 储子曰:"王使人瞷夫子,果有以异于人乎?"
孟子曰:"何以异于人哉?尧舜与人同耳。"

现在来看第三十二章。"王使人瞯夫子","瞯"就是窥视的意思。有人说通"瞰",是窥看的意思。我认为不用通假,"瞯"这个字本身就有窥视的意思。这里是说,孟子可能是给齐宣王留下了比较深的印象,齐王觉得孟子这个人非常有个性,不好交往,于是派储子去看孟子,看看他和别人到底有什么不同的地方。孟子告诉储子:我和别人没什么不一样的,即便是尧舜,也和普通人一样。孟子提到了尧舜,用的是类比,意思是尧舜很伟大,但他们和别人也没有什么不同。我们不要看现象,不要看一些表面的东西,要看本质。我们都有仁义之心,差别只在于我们有没有努力去做。大家的本性都是一样的,有的人努力去做,有的人不去努力,就变得不一样了,这也就是孔子所讲的"性相近,习相远"。这一点便是孟子强调的人格平等论——在人格上我们都是一样的,尧舜也是人,尧舜能做到的事情,我们也能做到,关键是我们要去做,去行动。

8·33 齐人有一妻一妾而处室者,其良人出,则必餍酒肉而后反。其妻问所与饮食者,则尽富贵也。其妻告其妾曰:"良人出,则必餍酒肉而后反;问其与饮食者,尽富贵也,而未尝有显者来,吾将瞯良人之所之也。"

蚤起,施从良人之所之,遍国中无与立谈者。卒之东郭墦间,之祭者,乞其余;不足,又顾而之他——此其为餍足之道也。

其妻归,告其妾曰:"良人者,所仰望而终身也。今若此。"与其妾讪其良人,而相泣于中庭。而良人未之知也,施施从外来,骄其妻妾。

由君子观之,则人之所以求富贵利达者,其妻妾不羞也,而不相泣者,几希矣。

最后一个故事讲的是家庭生活里面发生的事情。这一章大概说的是,齐国有个人,有一妻一妾,但这位做丈夫的不是一个值得信赖的人,虚荣心很强,后来他的妻妾认识到了这一点,便不再信任他了。这一章里有几个字词需要解释。"餍",是饱的意思。"施",意思是暗地里跟随。后面那个"施施",则是指喜悦自得,和前面的"施"读音一样,但是意思不一样。"讪",意思是讪笑、耻笑。"墦",是坟墓的意思。

这个故事说,齐国有一个良人(古代称丈夫为良人),经常从外面酒足饭饱以后才回来,还告诉妻妾说,我在外面结交的朋友都是些富贵的人,有身份、有地位的人。但是妻妾发现从来没有显贵之人到家里来,她们就产生了怀疑。然后她们就商量,看看丈夫究竟是和什么人交往。第二天一大早这个人出门的时候,他的妻子就悄悄地跟随他,看他究竟要去什么地方,和什么人交往,最后发现了事情的真相。原来他并没有结交什么富贵的人,而是每天去坟地里吃那些供奉的祭品。某种意义上这就是一种乞讨的生活,可是他好像吃得很好,很满足。妻子把这件事情告诉了妾。她们就说,原来我们托付终身的竟是这样一个人,这个人还值得我们信赖吗?所以她们就一起痛哭。

孟子讲这个故事,要说明什么道理呢?一个很直接的道理,就是丈夫应该是一个顶天立地、值得信赖的人。中国古代是一夫一妻制,夫妻之间有分工,男耕女织;有时候家庭条件好了,丈夫还可以纳妾,甚至妻妾成群。但是这个人,他家里好像也没有什么财富,没有什么地位,可他还能纳妾;并且,他好像还自认为很了不起,可实际上过的是一种没有基础的生活。在过去,男人都要承担起养家糊口的责任,有人说那不只是经济的问题,同时还是人格的问题。倘若没有这种能力,便不能承担这种责任,图虚荣是不行的。孟子讲的这个故事中的男主人公就很虚荣。他生活并不富裕,怎么还能有一妻一妾呢?这一点我们不好理解,也许他以前还有点经济基础,后来就不求上进了,最后还落得个乞讨混饭吃。如果这样的话,就是不负责任了,也就失去了别人对他的信任。

以上我们对《孟子·离娄下》展开了解读,从这里我们可以得到很多的启发,可以学到孟子的修身之道、人生观和价值观,此外我们也可以了解到一些历史人物和故事。总体上来说,《离娄》篇的内容非常丰富,同时这些内容和《孟子》其他篇章也有很多联系,所以我们在学习其他篇章的时候可能也会涉及《离娄》篇。

万章上

梁涛 解读

《孟子·万章》篇是以孟子的弟子万章命名的,《万章上》共九章,除第四章外,其他八章都是孟子和万章之间的对话,所以就以"万章"命名。万章是孟子的弟子,他对《孟子》的成书做出了很大的贡献,据司马迁《史记·孟子荀卿列传》,孟子晚年"退而与万章之徒序《诗》《书》,述仲尼之意,作《孟子》七篇"。所以说,《孟子》实际上是孟子在万章等人的帮助下编订而成的,我们今天能读到《孟子》,不应该忘记万章的贡献。

需要说明的是,《孟子》的成书与《论语》有一定的关系。我们知道,孟子一生最崇拜孔子。他说,"乃所愿,则学孔子"。我的愿望,就是向孔子学习。但是孟子生活的时代距离孔子已经一百多年了,他没有机会向孔子本人问学。孔子有个儿子叫孔鲤,没有太大的成就。但孔鲤有个儿子叫孔伋,很了不得,是历史上一位著名的儒者。孔伋字子思,因此人们一般称他为子思。但是,孟子离子思生活的时代也比较久远了,也没有机会向子思本人请教。他"受业子思之门人",通过向子思的弟子学习,了解到孔子的思想。孟子说"予私淑诸人也",我是私下从别人那里学习到孔子思想的。所以,孟子可以说是孔子的私淑弟子。

孔子在世的时候,并没有想着把自己的言论、思想编订成书。他去世之后,他的弟子为他服丧三年,个别弟子,像子贡,甚至服丧六年。这时候孔子的弟子各奔东西,要到不同地方或去讲学,或去经商,或去从政。弟子们说,我们离开老师以后,老师的思想会不会就此失传了呢?不同人的理解会不会出现分歧呢?不行,我们要编一本书,编一本《论语》吧。"论"是记载的意思,把我们老师的思想、学说,把他平时对我们的教诲记载下来。这就是《论语》这本书的由来。所以我们要知道,《论语》是在孔子去世后编订的。

孟子一生,以孔子为榜样,立志向孔子学习,其中就包括编订一本类似《论语》的书。所以说《孟子》是孟子在世时编订的,孟子亲自参与了书的编订。既然是编订,就不是到了孟子晚年才开始撰写,而是把孟子对弟子的教诲,孟子与弟子以及当时国君、大臣、士人的对话记录下来。这些教诲和对话最初并没有记录成文字,而是在孟子弟子中口耳相传,记忆在他们头脑中,有些可能已经记载在竹简上了,等孟子晚年与弟子编订《孟子》时,将这些材料回忆、整理出来,编订成册。所以说,《孟子》和《论语》有很密切的关系。有学者提出,《孟子》在章节的安排、内容的编订上都有意模仿《论语》。大家读《孟子》时,可以体会一下,二者是否有一种模仿的关系?

孟子编《孟子》时,万章是参与其中的,而《万章》主要记录孟子与万章的对话,所以说《万章》是很重要的。不过在很长一段时间,我对《万章》没有感觉,思想上也不重视。读《万章》不像其他章,如"知言养气"章、"鱼我所欲也"章、"大丈夫"章,这些章读来铿锵有力,振奋人心,而读《万章》没有这种共鸣。这是我曾经的一个感受,不知大家有没有同感?《万章》主要讨论孝悌,尤其是天子舜的孝行,有些内容看上去甚至有些不近情理。所以很长一段时间,我对《万章》重视不够,匆匆一看就过去了,获得启发不多。

但是最近几年,《万章》是我关注最多的一章,也是我用力最多的一章。我的感觉,如果我们要全面了解孟子的思想,尤其是孟子思想的复杂性,非认真阅读《万章》不可。我们今天一起来读《万章》,看看它主要讨论了哪些内容,如何看待、评价这些内容。《万章》文字上的问题不多,我们简单梳理一下即可,关键是万章对孟子提出的问题,以及孟子又如何回答这些问题。这比较关键,涉及对经典文本的理解。

美国耶鲁大学的金安平教授就曾表示,她非常喜欢万章,因为万章很会提问题。对此我深有同感。

现在让我们进入《万章》的文本。我们先把文字简单地梳理一下,当然,读经典不是说把文字读通就行了,关键是经典中讨论的问题,这些问题对我们有什么启发?今天我们该如何理解这些问题?进而我们该怎样阅读《孟子》这样一本经典?

我们先来看《万章上》的第一章。

9·1 万章问曰:"舜往于田,号泣于旻天,何为其号泣也?"

孟子曰:"怨慕也。"

万章曰:"'父母爱之,喜而不忘;父母恶之,劳而不怨。'然则舜怨乎?"

曰:"长息问于公明高曰:'舜往于田,则吾既得闻命矣;号泣于旻天,于父母,则吾不知也。'公明高曰:'是非尔所知也。'夫公明高以孝子之心,为不若是恝:我竭力耕田,共为子职而已矣,父母之不我爱,于我何哉?帝使其子九男二女,百官牛羊仓廪备,以事舜于畎亩之中,天下之士多就之者,帝将胥天下而迁之焉。为不顺于父母,如穷人无所归。天下之士悦之,人之所欲也,而不足以解忧;好色,人之所欲,妻帝之二女,而不足以解忧;富,人之所欲,富有天下,而不足以解忧;贵,人之所欲,贵为天子,而不足以解忧。人悦之、好色、富贵,无足以解忧者,惟顺于父母可以解忧。人少,则慕父母;知好色,则慕少艾;有妻子,则慕妻子;仕则慕君,不得于君则热中。大孝终身慕父母。五十而慕者,予于大舜见之矣。"

"万章问曰:'舜往于田,号泣于旻天,何为其号泣也?'"万章一开始就向孟子提出这个问题。从文字上看,是说舜到田野中去,对着苍天哭泣。"旻天"就是苍天的意思。他为什么要哭泣呢?这是万章提出的问题。大家可能会问,万章为什么会提出这样一个问题?要理解这一点,就要看一下《万章上》第二章,也就是9·2章,这样就容易理解万章的问题了。我告诉大家一个经验,我们读《孟子》时,当然可以按照

《孟子》的顺序,一章一章往下读。但是读到一定程度,读这一章的时候,要想到另外一章,把若干章放到一起来阅读,这样才能把《孟子》读通,对《孟子》有真正的理解。只是死记硬背,机械地一章章地看,是不够的。

大家如果有我的《孟子解读》,可以看一下。我在"解读"中经常说,读这一章的时候一定要看另外一章,要放在一起看,光看某一章是不行的,要联系在一起。我们读《孟子》可以有两条线索:一是时间线索,这一章和另一章记载的事件,时间上有关联,放在一起的话,有助于我们理解孟子的生平活动,了解他言论的背景。二是思想线索,这一章和另一章的内容有思想上的关联,放到一起的话,就容易理解了;分开的话,就不容易对其思想有一个整体把握。

读《孟子》要会读,中国古代的经典往往有实质的体系,没有形式的体系,所以只是一章章地读不行,还要把握其实质的体系。当然,这要求我们对文本非常熟悉,在熟悉文本的基础上去把握其整体思想。

我们知道,舜是儒家所推崇的一个圣人,但他生活在一个很不幸的家庭。他有一个很坏的父亲叫瞽瞍。从字面上看,瞽瞍就是瞎子。不是真瞎,是睁眼瞎,是说瞽瞍是非不分。舜还有一个同父异母的弟弟叫作象。象这人太坏了!舜品质很好,道德崇高,所以被称为圣人,后来做了天子,成为圣王,可他的弟弟象太坏了。

当时尧是天子,他想考察舜。古代最早的时候实行的是禅让制,天子年老的时候,不是把王位传给自己的儿子,而是传给一个大家公认的有才能、有德行的人,叫禅让。当时尧要考察舜,便把自己两个女儿都嫁给了舜。可是舜的弟弟象心生妒忌,一心想把自己两个貌美如花的嫂子占为己有,多次设计陷害舜。在这种情况下,作为父亲的瞽瞍,本应该主持公道。舜是这么好的一个孩子,众人拥护,天子欣赏,可是瞽瞍不断偏袒象,不仅拉偏架,而且帮助象设计陷害舜。有一次象对舜说:哥哥,咱家的粮仓坏了,咱俩去修一修吧。舜说好,架着梯子就爬到粮仓上面去了。象和瞽瞍一看,赶紧把梯子撤走,想把舜困在粮仓上头,然后点一把火要把舜烧死。古代的粮仓是用稻草覆盖遮雨的,很容易点着。

对于这件事,司马迁《史记·五帝本纪》有详细的记载。舜刚好戴着斗笠,他把斗笠当作降落伞,从粮仓上跳下来,成功逃脱了。象一计不成,又施一计,说:哥哥,咱们给家里挖口井吧,吃水方便。舜是个好孩子,他以大局为重,于是就去挖井了。挖到一定深度,一天舜刚下去,象就把井填埋了,想把舜活活埋死在井里。可是这一次舜又成功地逃脱了。怎么逃脱的呢?《孟子》中没有说明,据司马迁《五帝本纪》记载,原来舜已经发现了象的阴谋,而且知道父亲瞽瞍帮着象一起来陷害自己。可是他们毕竟是自己的亲人,碍于情面,没办法,只好提前做准备。他在挖井的时候,提前在井里挖了一条暗道,留了条后路,所以当象把井掩埋以后,舜就顺着暗道跑回家了。

这一次象认为舜是必死无疑了,太好了,我可以去搂搂两个貌美如花的嫂子了,于是撒腿向舜的房子跑去。可是一开门,舜就坐在床边,低头弹琴。象一看,很震惊,扭捏不好意思了,连忙说:哥哥,我想你了。舜说:弟弟,我也想你了,来,请坐吧。

看了9·2的话,你就可以理解,万章为什么提出这个问题。舜为什么对着苍天来哭泣?当然是有原因的。他生活在这样一个不幸的家庭中,面对着这样一个父亲和弟弟,他内心能不痛苦吗?可是儒家重视血缘亲情,重视孝悌,孝是针对父亲,悌是针对兄弟。从道德义务上讲,舜要对父亲尽孝,对兄弟尽悌,这是他的义务。可是父亲和弟弟又是这样的人,时时要加害于他,要置他于死地,舜内心能不痛苦吗!他该如何面对这一切?这是本章的背景。万章为什么一开始就提出这样的问题?原因就在此。

我们来看孟子是怎么回答的。孟子用了两个字:"怨慕。"怨是抱怨,慕是思慕。舜是既抱怨又思慕。"怨慕"两个字非常重要,不要小看这两个字,孟子是有用心的,他不是只说怨。遇到这种情况,我们的第一反应当然是抱怨。我抱怨我的父亲、我的弟弟,他们怎么这样对待我?或者我对老天抱怨,抱怨命运为何对我这么不公?这是抱怨,但是孟子并没有只说抱怨,他还加了一个慕,慕是思慕、思念。只有抱怨,没有思念,亲人间的感情就疏远了,不存在了;只有思念,没有抱怨,面对这样的委屈也无动于衷,这不符合人情。所以,孟子用"怨慕"两个字,把舜当时复杂的心情表达出来了。

"怨慕"两个字,反映了孟子对家庭伦理的一个基本态度,他更强调的是慕,思慕,对亲人、对自己的父母兄弟的思念、思慕,尽管也可以抱怨。

我要说一下,"怨慕"这两个字,在后儒的解释中,往往都是把它解释为抱怨自己,而思慕父母兄弟。比如赵岐就是这样讲的。我们读《孟子》,几种古人的注是必须要知道的,第一种是赵岐的《孟子章句》。赵岐是东汉人,他的《孟子章句》是我们可以看到的最早的《孟子》注本。第二种是南宋朱熹的《孟子集注》,还有一种是清代焦循的《孟子正义》。这三种古注是必须知道的,一定要参考。但是我不主张初学者一开始就去看这些古注,还是从今人代表性著作入手比较好,古注可做进一步学术研究之用,初学者还是看今人的注本比较好。

赵岐注"怨慕"说,"言舜自怨遭父母见恶之厄而思慕也";朱熹说,"怨己之不得其亲而思慕也"。不管是赵岐还是朱熹,他们都认为怨是抱怨自己,抱怨自己不受父母的喜欢,慕是思慕自己的父母兄弟。我以前写《孟子解读》的时候,也是采用他们的注。我现在的看法是,赵注和朱注是有问题的,必须改过来。怨并不是抱怨自己,而是针对象和瞽瞍而言的,是对亲人的怨。怨应该这样去理解。你们一次次地设计来陷害我,我能不能抱怨?当然能。但是仅有抱怨行不行?显然不行。孟子认为亲情还是必须维护的,所以说"怨慕",既抱怨又思慕,这是一种复杂的心情。

在家庭生活中,我们都遇到过类似的情况。在父母那受到了委屈,甚至父母责罚了我,我内心有没有抱怨呢?有。那么,我对父母是不是只有抱怨呢?当然不是。父母和一般的人不同,他们毕竟对我们有养育之恩,即便我们有所抱怨,还应对他们有一种思慕,有一种感恩。不是说抱怨完了就形同陌路了,我们还应尝试着与父母沟通,缓和彼此的关系,修复我们之间的亲情,和好如初,这是儒家反复强调的。

但是《孟子》提出的是一个极端事件,与一般的情况有所不同。象和瞽瞍千方百计陷害舜,在这种极端事件中,我们还有没有道德勇气,还敢不敢承认和维护我们对亲人的爱?《孟子》实际是提出这样一个问题。

我们再往下看,万章问,"'父母爱之,喜而不忘;父母恶之,劳而不怨。'然则舜怨乎?"父母喜爱我们,我们高兴不敢忘记;父母憎恶我们,我们忧愁不敢抱怨。"劳而不怨"的"劳",是忧愁的意思。"父母爱之"四句加了引号,因为它们不是万章的主张,而是另外一个儒者,孔子弟子曾子(曾参)的话,见于《大戴礼记》中的《曾子大孝》。现在大家喜欢谈思孟学派,按照传统的说法,思孟学派的传承谱系是:孔子→曾子→子思→孟子。韩愈的《原道》讲,儒家的道统从尧、舜、禹、汤、文、武、周公依次相传,中经孔子传给曾子,曾子传给子思,子思传给孟子,他们之间有一个传承的谱系。所以说曾子的思想,孟子也是接受和认可的,于是万章就用其作为自己立论的根据。

为什么说万章很聪明呢?他其实想讨论这样一个问题,就是作为子女,能不能去抱怨、怨恨父母?如果你认为不可以的话,那我马上举出反例,舜当年为什么就是这样做的呢?所以说万章很会提问题,他就等着孟子回答。当孟子回答"怨慕"时,他马上把曾子的话抛出来。曾子不是说了吗,父母不喜欢我们的话,我们也不应去抱怨,"然则舜怨乎?"那么,舜为何要抱怨自己的父母呢?

对于万章的问题,孟子并没有直接回答,而是引了公明高和长息的一段对话,用这段对话来回答万章的问题。我们阅读这一章的时候,有两点值得注意:一是孟子回答万章提问的方式。他没有直接回答,而是引用了他人之间的对话。二是我认为孟子实际有意无意地回避了万章的问题,并没有正面回答这一问题。在怨和慕之间,他更强调的是慕,而没有直接回答怨的问题。

我们来看一看孟子是怎么说的。"长息问于公明高曰:'舜往于田,则吾既得闻命矣;号泣于旻天,于父母,则吾不知也。'公明高曰:'是非尔所知也。'"公明高是曾子的弟子,长息又是公明高的弟子,他们之间是师徒关系。因为万章引了曾子的这一段话,所以孟子就引用曾子弟子(公明高)与弟子的弟子(长息)之间的对话,来回答万章的问题。孟子说,长息对公明高说,舜为何到田野中去,我已经了解了。但是舜对着苍天哭诉,我就不理解了。为什么不理解呢?舜到底有没有抱怨自己的父母?舜对待父母是什么样的态度?这一点我还不太明白。能不能请老师再给我解释一下?公明高说:这不是你能理解的。

以上是公明高与长息之间的对话,下面是孟子发表自己的看法。"夫公明高以孝子之心,为不若是恝。""恝",通"忿"字,上面一个"介"字,下面一个"心"字,忽略和淡漠的意思。孟子说公明高认为,孝子对自己父母的用心,不能这样淡然处之：仅仅认为，"我竭力耕田,共为子职而已矣"。我尽力耕种田地,恭敬地尽了我做儿子的职责或者义务就可以了。"共"读作"恭",恭敬的意思。"父母之不我爱,于我何哉？"可是父母还讨厌我,不喜欢我,那就不是我的过错了。这是一般人的想法,一般人的心理。我尽了做子女的职责,尽了做子女的义务,我尽力工作,恭敬地奉养父母,可是你们还处处看我不顺眼,还纵容你们的坏儿子、我的坏弟弟来谋害我,这与我何干？对不起,这不能算是我的过错,而是你们做父母的不是。但孟子认为,一个真正的孝子不能这样去看问题,他的境界应该更高些。

孟子接着讲,"帝使其子九男二女,百官牛羊仓廪备","帝"指尧。"仓廪"是粮仓,这里指粮食。"备"是动词,完备。尧欣赏舜,想考察舜,把天下禅让给舜,便让他的九个儿子、两个女儿,还有百官、牛羊、粮食都齐备,到田野中来侍奉舜。当时舜还是个平民、布衣,他躬耕于畎亩之中,是个普通人。但是他有才华,有能力,尤其以孝闻名。

"天下之士多就之者,帝将胥天下而迁之焉。""帝"还是指尧。"胥",全部。天下的士人很多都来跟从舜、亲近舜,尧想把天下全都传给舜。当时舜处在什么样的状况？用我们今天的标准来衡量,他的事业顺利不顺利？顺利。他的感情美满不美满？美满。他的地位崇高不崇高？崇高。舜方方面面都很成功：事业顺利,爱情幸福,众人拥护。这些他都拥有了。

"为不顺于父母,如穷人无所归。"但是舜最大的遗憾,是没有处理好与父母的关系,没有能够让父母顺心,结果他所拥有的一切都显得无足轻重了,自己像个乞丐,一个贫穷无家可归的人。说明在舜的心目中,家庭、亲情最为重要。没有了家庭、亲情,事业的成功、爱情的美满、地位的崇高,都没有了意义,不值一提。

"天下之士悦之,人之所欲",天下的士人喜爱我们,是人人都想得到的。得到社会的承认,他人的认可,这种成就感是人所希求的。"而不足以解忧",却不足以消除内心的忧愁。什么样的忧愁呢?没有得到父母的认可,没有让父母顺心。

"好色,人之所欲",我们不要用后世道学家的眼光来看"好色",古人认为"食色,性也",娶个漂亮的老婆,这是"人之所欲"。"妻帝之二女,而不足以解忧",舜娶了天子两个如花似玉的女儿,这两个女儿,据史书记载,一个叫娥皇,一个叫女英,但还是不能化解舜内心的忧愁。为什么呢?因为家庭是最重要的,亲情是最重要的。

"富,人之所欲",富有是人人想要得到的。"富有天下,而不足以解忧"。可是舜拥有了天下,成为天子,还是不能化解内心的忧愁。"贵,人之所欲",尊贵是人人想要得到的。"贵为天子,而不足以解忧。"人是社会化的动物,人处于社会之中都想拥有更高的地位,得到更多人的尊敬。舜贵为天子,你说尊贵不尊贵?当然尊贵。地位高不高?当然高!但还是不足以化解舜内心的忧愁。

孟子接着讲:"人悦之、好色、富贵,无足以解忧者,惟顺于父母可以解忧。"士人的喜欢,漂亮的妻子,财富和地位,这些舜都拥有了,但还是不足以化解他内心的忧愁。表面上看,舜好像拥有了很多,但由于没有处理好与父母的关系,这一切都变得没有意义了。怎么办呢?"惟顺于父母可以解忧",只有处理好与父母的关系,才能化解内心的忧愁。解铃还须系铃人,我内心的忧愁是由于与父母、兄弟失和造成的,只有重新建立起良善的家庭关系,与父母、兄弟重归于好,才可以真正消除内心的忧愁。孟子用一句"惟顺于父母可以解忧",把问题的实质点出来了。

孟子接着说,"人少,则慕父母",这句话很重要。我刚才说了,万章问孟子,我们到底可不可以抱怨父母?父母对我们不公的时候,我们可不可以抱怨?在孟子看来,这个问题本身就有问题。你不要老是想着可不可以去抱怨父母,所谓"怨慕",关键不在"怨"而在"慕"。所以孟子这里就讲"慕"。人小的时候,每天都想念自己的父母。这次我来邹城讲课,把儿子也带来了,他今年16岁了。他小的时候,我们住在社科院家属院。我每天下班坐班车回到家,他跟小朋友在院子里玩,一见到我,大喊一声:爸爸!一路飞跑过来,一头扑到我怀里。有时候我与我爱人外出,没有带他,他找不着我们了,很着急,就让姥姥给我们打电话。他问:爸爸、妈妈,你们在哪里?我说:我们在外面办事,很快就回去了。他说:不好、不好,没有带我,要带我。他小的时候是时刻想着、依恋着自己的父母,但等他长大一点了,再想带他出来,就不太可能了。这次带他来,也是做了半天工作,因为把他一个人放到家里的话,他肯定是该吃饭的时候不吃饭,该起床的时候在睡觉。孩子一旦有了独立性,他和父母的关系就疏远一些了,小时候他是思慕父母的。

"知好色,则慕少艾",等他稍微成熟一点,年龄再大一点,到了谈恋爱的时候,每天想的是自己女朋友。"少艾",是年轻漂亮的女子。每天想着女朋友,自然不会想父母了。现在儿子还小,等他明年上了大学,他可能更少想父母了。

"有妻子,则慕妻子",以后娶了老婆,整天想的是老婆孩子热炕头。民间的说法,娶了媳妇忘了娘,更不会想父母了。

"仕则慕君",一旦有了工作以后,每天想的是怎么跟领导搞好关系,甚至是逢迎、巴结,现在很多年轻人都是这样,这与职场的竞争有一定关系。"不得于君则热中",领导如果不欣赏我,不器重我,我内心会很焦虑。父母对他不满意,他无所谓,根本不在乎。可是领导对他有些看法,他很重视,"热中"这个词用得好,把内心焦虑表达得很形象。

"大孝终身慕父母。五十而慕者,予于大舜见之矣。"一个真正的孝子,他一生都在思念自己的父母。不是说小的时候,见到爸爸妈妈就扑上去;稍微长大了,你别打扰我;等有女朋友了,电话都懒得打了;娶了媳妇,更是要啃老了。这是目前很普遍的现象。可是孟子说了,一个人到五十岁的时候,还在思念自己的父母,我只是在舜的身上看到了。舜的伟大、与众不同就体现在这里。

以上是本章的内容。那么,孟子有没有回答万章的问题呢?我认为没有直接回答。万章想问,作为子女能不能抱怨父母?如果你认为不能,那么,舜为什么又抱怨了呢?万章想问的是这样一个问题。孟子之所以不愿正面回答万章的问题,是怕他钻牛角尖,年轻人往往会有这样的问题。孟子想把问题转一下,说舜是"怨慕",抱怨和思慕。可以抱怨,没有问题。我不同意一些后儒把"怨"解释为抱怨自己,自己有什么可抱怨的?在舜的故事中,我实在看不出舜自己有什么可抱怨的。赵岐、朱熹连这一点都不敢承认,实在迂腐。在孟子看来,抱怨可以,但是关键还是要思慕。如果只有抱怨没有思慕,父子、兄弟间的亲情就不存在了,被消解了。

所以孟子强调的不是怨,而是慕,重点在慕。孟子的意思是说,万章你听好了,如果你聪明,好好理解我的话,就该明白子女应怎样对待自己的父母,而不是纠缠在抱怨上。一般人随着年龄增长,渐渐都会疏远自己的父母的。但是对于儒家来说,作为一个孝子,应该终身去思念自己的父母,舜就是一个典范。尽管他的父亲、弟弟对他有那么多伤害,可是到五十岁的时候,舜依然思念着自己的父母。

舜是儒家极力推崇的圣人,孟子对他也有很多称赞,但是,舜到底伟大在哪里?其实在《孟子》中,包括其他典籍中,我们并没有看到舜有什么惊天动地的伟业。舜的伟大在于他的孝心,在于他用自己的孝子之心,打动了他冥顽不灵的父亲和弟弟,使一个破碎的家庭重归于好,这是舜的伟大之处,也是孟子树立舜这一典范的用意所在。

儒家讲修、齐、治、平,治国、平天下固然轰轰烈烈,但是真正难以处理,也更为重要的还是家庭关系,这里更见一个人的本色。孟子强调的是这一点。

读《孟子》9·1章,我有一个感触,孟子说"大孝终身慕父母",我们这代人做不到了。但这一传统在历史上确实存在过,在传统文化积淀深厚的地方,比如农村,依稀可以看到一些影子。讲到这让我想起我的父亲,他是一名党员、部队的干部,也是一个孝子。小时候,奶奶住在我家,父亲不管早晚,每天都要向奶奶请安,后来我知道这叫晨昏定省。父亲不管对别人是什么样子,对奶奶永远是和颜悦色。那时候家里住宿不是很宽裕,奶奶来的时候就和我们几个孩子睡在一起。每天早上醒来,就看见父亲坐在奶奶的床边,拉着我奶奶的手说话。晚上睡觉的时候,还是看到父亲向奶奶问候、请安。可是父亲的孝行没有传下来,我家三个孩子都是"不孝之子"。我一直在思考,这是什么原因造成的?为什么这个传统就中断了?第一,我父亲那一代人没有意识要把孝行传下去,他身上的孝行更多是一种积淀、积习,可他所受的教育、所处的环境,都不鼓励他这样去做。第二,社会环境变化了,我们是在"文革"时出生的,那是传统文化被破坏最严重的时候。我们上学的时候,也没有这样的教育,久而久之,这个传统就中断了。现在国学热,大家重视传统了,那么能不能教导我们的孩子讲孝悌呢?我看还是难。现在所谓"孝子"都是孝顺儿子,家里大人、老人围着孩子转。我与我爱人在孩子教育问题上经常有争论。她的观念是孩子学习好就可以了,其他事他不用做,我帮他做了。但是孩子已经长大了,该他做的事情,就应该让他做。在这一点上,我们最近达成了一致。这次我们来邹城,行李箱让他拎,一个一米八几的大小伙子,为什么不能拎呢?不能说我只要学习好就行了,别的都不用做了。现在的应试教育存在种种弊端,我们提倡素质教育、国学教育,就是要纠正这一弊端,增加人格教育、成人教育的内容,而孝悌无疑是一个重要内容。至于孟子所树立的舜这一孝悌的榜样,是否还适合现代社会,这个问题我们放在下一章讨论。

现在我们来看9·2章。

9·2 万章问曰:"《诗》云,'娶妻如之何?必告父母'。信斯言也,宜莫如舜。舜之不告而娶,何也?"

孟子曰:"告则不得娶。男女居室,人之大伦也;如告,则废人之大伦,以怼父母,是以不告也。"

万章曰:"舜之不告而娶,则吾既得闻命矣;帝之妻舜而不告,何也?"

曰:"帝亦知告焉则不得妻也。"

万章曰:"父母使舜完廪,捐阶,瞽瞍焚廪;使浚井,出,从而掩之。象曰:'谟盖都君咸我绩;牛羊父母,仓廪父母,干戈朕,琴朕,弤朕,二嫂使治朕栖。'象往入舜宫,舜在床琴。象曰:'郁陶思君尔!'忸怩。舜曰:'惟兹臣庶,汝其于予治。'不识舜不知象之将杀己与?"

曰:"奚而不知也?象忧亦忧,象喜亦喜。"

曰:"然则舜伪喜者与?"

曰:"否。昔者有馈生鱼于郑子产,子产使校人畜之池;校人烹之,反命曰:'始舍之,圉圉焉;少则洋洋焉,攸然而逝。'子产曰:'得其所哉!得其所哉!'校人出,曰:'孰谓子产智?予既烹而食之,曰:得其所哉!得其所哉!'故君子可欺以其方,难罔以非其道。彼以爱兄之道来,故诚信而喜之,奚伪焉!"

古人说话经常引用《诗》,万章引的是《诗经·齐风·南山》。古人引《诗》常常断章取义,不一定要顾及诗的原意,只是起兴的作用,引出自己要讨论的问题。"娶妻如之何?必告父母。"万章所引的这两句是说,娶妻怎么做?必先告父母。然后问,"信斯言也,宜莫如舜。舜之不告而娶,何也?"相信这句话的,没有人比得上舜了。可是舜不告诉父母就娶了妻子,这是为什么呢?

前面讲了,尧想把他的两个女儿嫁给舜,可是瞽瞍偏爱他的小儿子象,一心想把两位未来的儿媳妇抢下来给象,所以他是不同意这门婚事的。舜没有办法,只好"不告而娶",没有告诉自己的父母,就成了婚。孟子是怎么回答万章的呢?

孟子说,"告则不得娶"。告诉父母的话,就娶不到媳妇了。"男女居室,人之大伦也",男女成婚,是人生的一件大事。"如告,则废人之大伦",如果告诉父母,就废弃了人之大伦。"以怼父母,是以不告也",请注意"怼"字,"怼"是怨的意思。会怨恨父母,因此就不告诉父母了。所以,孟子并不否认子女是会抱怨父母的。男女成婚是人生的一件大事,如果父母反对,使你无法完成这件大事,自然会怨恨自己的父母。孟子讲得很清楚,子女是可以怨恨父母的,或者是可能会怨恨父母的。但是孟子强调,我们应该避免对父母的怨恨,所以说"是以不告",干脆我就不告诉父母,我先成婚再说。

万章接着问,"舜之不告而娶,则吾既得闻命矣;帝之妻舜而不告,何也?"舜不告诉自己的父母就娶了妻子,这点我明白了。可是帝尧要把自己的女儿嫁给舜,为什么也不告诉舜的父母呢?他的意思是,你帝尧要跟舜的父母结为亲家了,应该去告诉舜的父母一声。舜告诉自己父母,肯定通不过。你帝尧还是应该去说一下的,可是为什么也不说呢?

孟子说,"帝亦知告焉则不得妻也"。帝尧也知道,如果告诉舜的父母,女儿就嫁不成了。舜的父母还是不会同意,所以就不告诉他们了。然后万章就讲到我们前面提到的舜的故事,瞽瞍和象怎样来设计陷害舜。所以读《孟子》,要将相关各章联系起来。如果我们先读9·2,再去读9·1,就容易理解了。前面我对舜的故事只是串讲了大意,下面我再对照文本做一下梳理。

万章说:"父母使舜完廪,捐阶,瞽瞍焚廪;使浚井,出,从而掩之。""完"是修葺的意思,"廪"是粮仓。舜的父母让舜修理粮仓。"阶"是梯子,"捐"是除去。"捐阶"之前省略了一句:舜上去了以后。然后瞽瞍抽掉了梯子,放火烧了粮仓,想烧死舜。后面也省略了,当然是没有成功,舜逃脱了。司马迁《史记·五帝本纪》对此事记载比较详细,可以参看。"使浚井",让舜去挖一口井。"浚"是深挖的意思。"出",这里省了主语,指瞽瞍和象出来了。舜还没出来,舜还在井里面呢。"从而掩之",瞽瞍和象把井掩埋了,想害死舜。

"象曰:'谟盖都君咸我绩;牛羊父母,仓廪父母,干戈朕,琴朕,弤朕,二嫂使治朕栖。'""谟盖"读作"谋害",指谋害。

二者音近相通，是同音假借关系。我们读古籍时要注意，不仅要注意字形，从字形分析字义，因形而求义，也要注意字音，因音而求意。古书尤其是近些年地下出土的竹简中，可以发现很多音近同义的现象。古人往往用同音字假借，音近，字义往往也相同。"都君"，指舜。象说，谋害舜都是我的功劳。谋害舜以后，牛羊归父母，粮食归父母，舜平时使用的武器归我。象用了一个"朕"字自称。"朕"本是古人自称之辞，在古代不论贵贱都可以自称"朕"，后来成了皇帝的专用自称。《尔雅·释诂下》说：朕，我也。舜平时弹的琴、使用的弓箭也归我。"弤"是舜的弓箭名。我的两个嫂子以后为我铺床叠被了。

"象往入舜宫，舜在床琴。"象于是跑到舜的房子里，舜坐在床边弹琴。象本以为舜已被自己害死了，想来搂搂自己的两个嫂子，结果一开门，舜一个大活人坐在床边，还弹着琴。

"象曰：'郁陶思君尔！'忸怩。"象先是紧张，又不好意思，说：哥哥，我想你了。"郁陶"，思念的样子。但是又"忸怩"，很不自然。

"舜曰：'惟兹臣庶，汝其于予治。'""惟"，一种解释是思念，或者说"惟"是语气词，没有实义。"兹"是此，这些。"臣庶"，臣下，臣民。"汝"，你。"其"，有祈使的意思。"于"，为、替的意思。这两句是说，我惦念这些臣民，你替我来管理吧。或者是说，这些臣民，你替我来管理吧。这时舜手下已经有一些人，有一些追随者，舜称其为臣庶。舜摸透了象的心思：你不就是想取代我吗？你不就是想夺取你嫂子吗？你不就是想拥有我的臣民吗？嫂子不能给你，但我的臣民可以让你管理。

"不识舜不知象之将杀己与？"以上都是万章的话，到最后他把一个尖锐的问题抛到孟子的面前，难怪金安平教授说万章很会提问题。万章问，难道舜不知道象要杀害自己吗？象跑到舜的房前，推开门，想抱自己两个嫂子，可是看到舜就坐在床边，于是他换了一副态度，说哥哥我想你了，我来看你。可是舜是怎么做的呢？舜是劈头盖脸地把象臭骂一顿吗？甚至把他打翻在地吗？没有。舜反而说：弟弟，我也想你了。我手下有些臣民，你替我来管理吧。舜反而宽慰象，给他一个台阶下。万章觉得这样不合情理，所以对孟子抛出这个问题。孟子是怎么回答的呢？

孟子说，"奚而不知也？象忧亦忧，象喜亦喜"。怎么会不知道呢？舜这么聪明的人，当然知道了。但是舜与象是兄弟，他们之间有一种血缘关系，中国人说血浓于水。尽管象多次想设计杀害舜，可是舜对弟弟的亲情还在，还想极力维护这种亲情，还把象当作弟弟看。所以象忧愁，舜也忧愁；象开心，舜也开心。

万章紧追不放，接着问："然则舜伪喜者与？""伪喜"，假装高兴。舜是虚伪地装出一副高兴的样子吗？你看万章很会提问题，是喜欢较真的学生，他不是人云亦云，老师说什么就是什么，而是独立思考，有疑问的地方一问到底，不肯轻易放过。他问孟子，舜的表现是否真诚，是否只是一种伪装？

孟子说，"否"，不是这样。但孟子没有正面回答万章的问题,而是又讲了一个故事。这次他讲的是子产的故事,用子产的故事来间接地回答万章的问题。"昔者有馈生鱼于郑子产,子产使校人畜之池",当初有一个人给子产送了一条活鱼,子产让手下的一个小吏把鱼养到池塘里。"校人烹之,反命曰:'始舍之,圉圉焉。'"可是这个小吏把鱼煮了吃了,然后回来报告说,刚把鱼放到水里的时候,它好像还不适应,还不太灵活。"圉圉焉",是疲惫的样子。"少则洋洋焉,攸然而逝。""洋洋焉",是舒展的样子。过了一会儿,鱼就摇着尾巴游开了,一转眼就不见了,不知道跑哪里去了。实际上被他吃到肚子里去了,他撒了个谎,欺骗了子产。"子产曰:'得其所哉!得其所哉!'"子产说,鱼到了它该去的地方!到了它该去的地方!没关系,找不到就找不到吧。他不知道鱼是到了小吏的肚子里去了。

"校人出,曰:'孰谓子产智?'"小吏出来之后,一脸得意的样子说,谁说子产有智慧?子产是历史上很有名的贤人,连孔子对他都非常尊敬,称他为"古之遗爱"。"予既烹而食之,曰:得其所哉!得其所哉!"他让我养鱼,我把鱼吃掉了,他却说它到了该去的地方了。鱼是到了该去的地方了,它到我肚子里来了。

以上是孟子用子产的故事对万章的回答。后面两句结论很重要:"故君子可欺以其方,难罔以非其道。"君子会不会被欺骗呢?是会被欺骗的,只要你找出合理的借口,君子就会信以为真。但是君子很难被不合常理的诡计愚弄。"罔"是蒙蔽的意思。只要你的借口或方式不合理,君子很快就会识破,不会被蒙蔽。所以子产的故事只是个话头,是个引子,是来说明君子也是会被欺骗的,但君子只会被合理的借口欺骗,而不会被阴谋诡计蒙蔽。

"彼以爱兄之道来,故诚信而喜之,奚伪焉!"孟子这段话很重要,也很容易引起争议。我们来分析一下,孟子讲得是否有道理,恰当不恰当。"彼"指象。象用想念哥哥的名义来看舜,舜自然也就相信他,并感到高兴,哪里说得上是虚伪呢?读到这里,我们马上产生一个疑问,象是不是抱着想念哥哥的目的来看舜的?从前面的内容看,显然不是。他是冲着自己两个嫂子来的,"二嫂使治朕栖",想让两个嫂子替自己铺床叠被,他不是抱着"爱兄"的目的来的。但是孟子为什么说"彼以爱兄之道来"?显然,孟子指的不是象的动机,而是他的借口。象见到舜之后说,哥哥,我想你了。既然象以"爱兄"为借口来看自己,作为哥哥,舜自然也就应该相信他。这种相信是从维护兄弟亲情的角度讲的,是试图缓和、修复与象的关系。舜的这一想法是真诚的,所以不能算是虚伪。

这就涉及前面的两句话,"君子可欺以其方,难罔以非其道"。你可以用合理的借口来欺骗我,但不能以阴谋诡计来蒙蔽我。象的阴谋诡计,舜知不知道?当然是知道的,了解得一清二楚,否则他不可能两次逃离危险。但是即使到了这个时候,舜依然把象当作自己的弟弟,把瞽瞍当作自己的父亲,在感情上没有放弃他们;不仅没有放弃,而且试图用真诚来感化他们,重新建立和谐的家庭关系,舜真正的用心在这里。理解了舜的用心,才能真正理解舜的选择和做法。所以上面两句中，"欺"和"罔"很重要，二者可能有程度的差别。"欺"可以是外在的，你欺骗我，我心里也明白，但我不点破，顺着你说，似乎被你欺骗了；"罔"则是内在的，是对是非曲直的误判，是绝对被蒙蔽。象以"爱兄"的借口表面上可以"欺骗"舜，但他的阴谋诡计绝对不会"蒙蔽"舜，所以舜每次都逃脱了，没有伤到一根汗毛。

概括一下，舜事业成功，爱情美满，众人拥护，但是舜还有一个很大的缺憾，他的家庭关系是残破的，是不美满的。而这种家庭亲情、天伦之乐，在儒家看来是最最重要的，是什么都代替不了的。所以舜在拥有了人人想拥有的财富、地位、爱情之后，他仍不能安心，不能排解内心的忧愁，他还想用他的真诚打动他的父亲、弟弟，获得他最想得到的天伦之乐、人间亲情。而他终于做到了，这时他的人生才是真正完美的，故舜被看作圣人。那么，什么是一个圣人呢？显然在孟子看来，圣人是能真正处理、化解家庭矛盾的人。舜一方面是不幸的，他出生在一个充满矛盾的家庭，面对的是瞽瞍、象这样的亲人；另一方面舜又是伟大的，他凭着自己的真诚，凭着自己的孝悌之心，最终打动了自己冥顽不灵的亲人，使一个本已残破的家庭竟然重归于好。所以舜的伟大表现在齐家上，齐家看似平凡，却是对人的意志、品质的最大考验，舜经受了这一考验，所以成为圣人。在儒家看来，人的成圣之旅，首先是从修己、齐家开始的。

《孟子》9·2章给我们提出这样一个问题：当家庭关系破裂，亲情受到损害的时候，我们该怎么办？当然，我们每个人都会想到,应该去修复与家人的关系,缓和与亲人的矛盾,甚至用真诚去打动他们,与亲人重归于好。但是孟子把问题推到了极致,他列举的舜的例子,不是发生一般性的家庭矛盾、家庭纠纷,而是到了一种敌对的状态,瞽瞍、象试图谋害舜,伤及舜的生命。这时作为一个孝子,该怎么做?孟子认为,还是应该把亲情看作最珍贵的,依然不能放弃这份亲情,坚持用真诚去打动自己的亲人,用孝悌之心去感化他们。孟子这样主张,当然是因为他把孝悌看作人的终极关怀,看作人生的最高目标、最高的德。孟子对孝悌的推崇和重视,反映、说明了什么?今天我们该如何理解和评价?这个问题,我们下一章再讨论。

我们现在来讲9·3。通过9·1和9·2,我们可以发现,在以上两章中孟子非常重视血缘亲情,强调孝悌的重要性,并且把维护血缘亲情,当作人生的终极关怀、其思想的核心内容,这与我们对孟子的理解有点不太一样。学界一般认为,孟子思想的核心是仁义。孟子讲"居仁由义"(13·33),"由仁义行,非行仁义"(8·19)。仁是什么呢?孟子说:"仁,人心也。"(11·11)仁就是我们的心。这个心当然是道德本心,而不是经验心。所以孟子说,恻隐之心、羞恶之心、恭敬之心、是非之心,"人皆有之"(11·6)。人有这四种心,或者叫四端之心。扩充四端之心,就是仁、义、礼、智四德。所以孟子的仁有广义、狭义之分,狭义的仁是"恻隐之心,仁也"(11·6),广义的仁则包括了恻隐、羞恶、恭敬、是非之心,是"仁,人心也"之仁。广义的仁从横的方面包括四端之心或仁义礼智,从纵的方面则包括了从四端到四德的扩充、发展过程,所以孟子的仁(广义的)是一个"致广大而尽精微"的概念。我们说孟子思想的核心是仁或仁义,就是针对广义的仁而言的。但是我们读《万章》,感觉似乎孟子更重视的是孝,反复强调的也是孝,孟子思想的核心也应理解为孝,而不是仁或仁义。这涉及孟子思想中一个非常复杂的问题,即孟子思想到底是以仁为核心,还是以孝为核心?表面看二者似乎不矛盾,可以或者应当统一起来。孟子讲"亲亲而仁民,仁民而爱物"(13·45),他是一步步向外推,从亲亲到仁民,从仁民到爱物,也是要将亲亲与仁爱统一起来。但是放到具体的语境和问题中,以仁还是以孝为核心又是存在一定冲突和紧张的。如果以仁为核心,孝就不是最高的,要服从于仁。仁是爱人,不只是爱我的家人、我的亲人,还要爱天下之人,其实质是将所有的人都当作人,强调将心比心,推己及人。仁往往联系着义,义的一个含义是公正、正义,所以从仁或义出发,所关注的往往是社会的整体利益,对亲亲之情、家族利益的过分关注、强调就不合理了,不符合正义。相反,若是以孝为核心,那么势必将血缘亲情、家族利益放在首要位置,社会伦理不过是孝悌的放大、推广而已。我曾写过一篇《"仁"与"孝"——思孟学派的一个诠释向度》,收在我的《郭店竹简与思孟学派》一书中。在这篇文章中,我提出孟子思想可能存在前期、后期两个阶段,前期孟子受重孝派的影响,突出、强调孝,以孝悌为思想核心;后期随着四端说的提出,又重新回到孔子开创的以仁为核心的思想的传统。具体论证,这里不展开,大家有兴趣可以参考拙文。记住一点,仁与孝在孟子思想中是有紧张和冲突的,带着这样的认识,我们来看9·3。

在9·3中,万章又向孟子抛出了一个难题。

9·3 万章问曰:"象日以杀舜为事,立为天子则放之,何也?"

孟子曰:"封之也,或曰放焉。"

万章曰:"舜流共工于幽州,放驩兜于崇山,杀三苗于三危,殛鲧于羽山,四罪而天下咸服,诛不仁也。象至不仁,封之有庳。有庳之人奚罪焉?仁人固如是乎?在他人则诛之,在弟则封之。"

曰:"仁人之于弟也,不藏怒焉,不宿怨焉,亲爱之而已矣。亲之,欲其贵也;爱之,欲其富也。封之有庳,富贵之也。身为天子,弟为匹夫,可谓亲爱之乎?"

"敢问或曰放者,何谓也?"

曰:"象不得有为于其国,天子使吏治其国而纳其贡税焉,故谓之放。岂得暴彼民哉?虽然,欲常常而见之,故源源而来。'不及贡,以政接于有庳',此之谓也。"

万章问,"象日以杀舜为事,立为天子则放之,何也?"象每天想着怎么杀害他的哥哥舜,可是舜做了天子以后,仅仅是把他流放了,这是为什么呢?按照万章包括当时人们的一般想法,象这样的坏人,应该杀了才对。以前你做不到,没有办法惩罚他,因为你是个普通人,没有权力,只能忍一忍,这可以理解。可是现在你已经是天子了,已经大权在握了,你却只是把象流放了,这样处罚是不是太轻了呢?万章提了这样一个问题。

孟子怎样回答?"封之也,或曰放焉。"哪里是轻的问题,根本就没流放。"封"是分封,古代有分封制,天子把自己的亲人封去做诸侯,舜也把他的弟弟象封为诸侯。不过孟子这样讲的时候,好像不那么肯定,所以又说"或曰放焉",也有人说是流放了。万章马上抛出一个更为严厉的问题。

"舜流共工于幽州,放驩兜于崇山,杀三苗于三危,殛鲧于羽山"。万章在这里列了四个人:共工、驩兜、三苗、鲧。共工,一种说法是古代神话中的水神,掌控洪水,素与火神祝融不合,"水火不相容"嘛!两位大神发生惊天动地的大战,结果共工"不胜而怒,乃头触不周山,天柱折,地维缺"。这个说法见于唐代司马贞的《三皇本纪》。《史记》没有关于三皇的记载,所以司马贞写了《三皇本纪》以补全《史记》,记载了伏羲、女娲、神农所谓三皇以及其他上古帝王的历史。还有一种说法,共工、驩兜、三苗、鲧是尧时的部落首领,共工"淫辟",三苗"数为乱",驩兜也干了些不好的事情,鲧是治水英雄大禹的父亲,但他治水失败了。这四个人是当时的恶人、坏人,被称为四凶,这个说法见于《尚书·尧典》。孟子实际采用的是《尧典》的说法。舜把共工流放到了幽州,幽州一般认为是极北之地,在今北京密云东北;把驩兜流放到崇山,崇山是南方边远之地,在今湖南张家界一带。"杀三苗于三危"的"杀"字,《尚书·尧典》作"窜",《史记·五帝本纪》作"迁",焦循认为,"窜""杀"为同音假借关系。所以这一句不能按"杀"字解释,而应按"窜"或"迁"解释:把三苗安置到三危。三危,西部边远之地,在今甘肃敦煌南。"殛鲧于羽山","殛"是诛杀之义,杀鲧于羽山。羽山,东部边远之地,在今山东蓬莱东南。

"四罪而天下咸服,诛不仁也。"舜分别在东西南北四个地方惩罚了这四位恶人,四人服罪,天下都服从了。为什么呢?因为杀掉了不仁之人。杀掉了不仁之人,天下就归服了。

"象至不仁,封之有庳。有庳之人奚罪焉?"可是,象是最不仁的人,与前面四个人比起来更为险恶,更加不仁,舜却把象分封到有庳,让他做有庳的国君。有庳的老百姓有什么罪过呢?要接受这么一个坏人做国君。

"仁人固如是乎?在他人则诛之,在弟则封之。"难道仁者做事就是这样吗?别人犯了罪就诛杀,自己弟弟犯了罪,不但不杀,还封他为诸侯。舜的做法合理吗?公正吗?所以万章的确很会提问题,他把这么尖锐的问题抛给了孟子。老师,您整天"道性善,言必称尧舜",可是您歌颂的大舜做事就是这样吗?别人犯了罪就诛杀,自己弟弟犯了罪不但不杀,反而封他做诸侯,这是仁者的做事方式吗?

孟子怎么回答?孟子再次诉诸血缘亲情,想用亲亲之情为舜辩护,对其行为做出合理化解释。孟子说,"仁人之于弟也,不藏怒焉,不宿怨焉,亲爱之而已矣"。"宿怨",朱熹说是"留蓄其怨","宿"是保留的意思。仁者对待自己的兄弟,不把怒气藏在胸中,也不把怨恨埋在心底,因为他是我们的亲人,我们与其有一种天然的血缘关系。别人伤害了我们,我们会记仇,甚至念念不忘,但是兄弟间闹了矛盾,很容易化解,很快就忘记了,这就是亲情的力量。所以仁者对于自己的兄弟,不会记仇,相反,更多的应是关心和爱护。"亲之,欲其贵也",关心他,就想让他尊贵。"爱之,欲其富也",爱护他,就想让他富有。"封之有庳,富贵之也。"舜封弟弟象于有庳,就是想让他富有、尊贵。况且,"身为天子,弟为匹夫,可谓亲爱之乎?"哥哥当上了天子,享尽荣华富贵,可是弟弟还只是普通百姓,你能说这是关心、爱护你的弟弟?可见孟子是从亲亲之情来回答万章的提问的,孟子的这个回答对不对,是否有说服力?大家可以思考。

万章对舜的做法是否合理提出质疑。孟子认为,从亲亲之情出发,哥哥做了天子,就应该照顾自己的弟弟,应该让他富贵,应该让他享有一定的特权,没有什么不可以。可是这里有一个问题,你把自己的弟弟照顾了,有庳百姓的利益谁来维护呢?你让一个坏人去有庳当国君,如果他残害当地的百姓该怎么办呢?这个问题是孟子必须回答的。

"敢问或曰放者,何谓也?"前面孟子承认,也有人说是舜流放了象,故万章问,所谓流放是什么意思?该如何理解?孟子借机给出了一个折中的方案:"象不得有为于其国,天子使吏治其国而纳其贡税焉。"象不能在封国中任意行事,为所欲为。为什么呢?舜虽然把象封到了有庳,但是又做了规定,不允许象直接管理有庳,而是另外派来了官吏,帮着象治理国家,收取贡税。所以孟子虽然主张天子应该照顾自己的亲人,否则便不符合人情,不符合亲亲之道,但他也意识到了象是个坏人,一旦拥有权力,就会为非作歹,伤害无辜,残害当地百姓,所以对他的权力应该有所限制。我可以让你做国君,让你享受荣华富贵,但是不能把实际的权力交给你,而应该派信得过的、知法懂法的人去帮助象管理国家。这样,就避免了象对有庳民众可能的伤害。在这个意义上,也可以说相当于把象流放了,"故谓之放"。象虽然做了国君,但没有实际的权力,"岂得暴彼民哉?"他哪里还能伤害有庳地方民众呢?"暴"是暴虐、伤害的意思。所以孟子通过这样一个折中的方案,既维护了血缘亲情,又避免了有庳的民众受到伤害。而且经过这次分封,舜与象的兄弟之情更加密切了。

"虽然,欲常常而见之,故源源而来。"即便如此,舜还是经常召见弟弟象,象也不断地来看望哥哥舜。"不及贡,以政接于有庳。"古代诸侯定期朝贡天子,只有朝贡时才能见到天子,但这是对一般诸侯而言的,象则不同。象是舜的弟弟,舜思念弟弟的时候,就会以政事的名义召见有庳国君象。所以,一般的诸侯每年朝贡时才能见到天子,而象不到朝贡的时候也可以经常见到哥哥舜。"此之谓也",上面两句说的就是这件事。

9·3 主要讨论了这样一个问题:舜不惩罚自己的弟弟象,而封其为诸侯,公正不公正?合理不合理?孟子一方面从亲亲之情出发,认为是合理的;另一方面对象的权力又有所限制,防止其对民众造成伤害,试图通过这一折中方案,在亲亲之情与社会公正之间保持一种平衡,既维护血缘亲情,又保证一定的社会公正。由于孟子的折中态度，9·3章在学术界引起了很大的争议。十几年前，刘清平教授在《哲学研究》上发表了《美德还是腐败？》一文，主要讨论《孟子》中关于舜的两个案例，一个是13·35章的"窃负而逃"，另一个就是本章的"封弟有庳"。刘清平教授认为，孟子的主张是不正确的，他只顾及特殊的血缘亲情，而忽略了普遍的公正、正义，将父慈子孝的特殊亲情置于诚实正直的普遍原则之上，为了血缘亲情不惜放弃普遍性的准则规范，导致我们今天社会出现种种腐败现象，所以孟子所塑造舜的孝行实际是腐败，而不是美德。一些学者不同意刘清平的看法，认为血缘亲情是一切正面价值的源头，抽掉了特殊亲情，就没有了所谓的儒家伦理准则，所以孟子的主张是合理的。这场论争影响很大，很多学者参与其中，争论持续了十几年，到现在还没有结果。发表的论文有上百篇，已编了两大本论文集。

对于这一问题，前几年我也发表了几篇文章，谈了我的看法。我的文章发表后，使这场讨论峰回路转，进入了一个新的阶段。我马上会出一本书，是我几篇论文的结集，今年12月或者明年1月可以出来。（按，此书已出版，梁涛：《"亲亲相隐"与二重证据法》，中国人民大学出版社2017年1月版。）具体到9·3章，我认为孟子过分维护血缘亲情，对社会公正关注、强调不够，反映了他思想落后、保守的一面。血缘亲情重要不重要？重要。需不需要维护？需要。但是这里有一个限度。1998年公布的郭店竹简中有《六德》一篇，其中谈到"门内之治恩掩义，门外之治义斩恩"，这段话或许有助于我们对这一问题的分析和理解。"门内"是家庭之内,指家庭关系。"恩"是亲情。处理家庭内部关系,应把亲情放在公正、正义之上。"门外"是家庭之外,指社会关系。处理社会关系应把公正、正义放在第一位,把亲情放在第二位,为了公正、正义甚至可以牺牲亲情。"义斩恩"的"斩",是断绝的意思。这是早期儒家的一个基本原则。

根据这一原则,我们来看9·1和9·2,其主要讨论的是门内之治,家庭关系,但对孝悌、亲情做了特别的突出和强调。如果是在今天,假如我是舜,我的亲人为了遗产、钱财要伤害我的时候,我该怎么做?首先我可能会去报案,因为我的生命受到了威胁,我要寻求必要的保护。其次我也可能不去报案,毕竟我面对的是自己的亲人,报案可能会使他们陷入牢狱之灾。但是我会选择远离他们,不再把他们当亲人看待。还有,就是舜的选择,虽然我已知道父亲和弟弟想要陷害我,想置我于死地,但我还是对他们恋恋不舍。亲人、家庭对我是最最重要的,没有亲情,我的生活便没有了意义。尽管他们的所作所为已突破了道德底线,已危及我的生命,但我还希望用真诚打动他们,与他们重归于好。应该说在孟子的时代,以上三种选择都是可能的,但是在孟子看来,真正值得肯定的是舜的选择,只有这样的选择才具有道义的力量,可树立为典范。这当然与孟子对孝悌的理解有关,也与其受重孝派的影响有一定联系。孟子将孝悌推到了极致,视之为生命的终极关怀、最高理想,故塑造了舜忍辱负重、委曲求全的孝子形象,使其行为超出常人之上。不过孟子对孝悌的突出和强调主要限于"门内之治",并没有扩大到社会关系中。站在今天的角度,如果将其看作个人的道德选择的话,当然是可以接受、无可厚非的。

9·3章的情况则有所不同,舜面对的是"门外之治",处理的是社会关系,从这一点看,孟子为"封弟有庳"辩护就显得不恰当了,这样做实际是把亲情置于道义、公正之上,违背了"义斩恩"的原则。舜对象不诛而封,还是出于"一人得道,鸡犬升天"的封建伦理观念,认为哥哥既然做了天子,弟弟也应该分享他的荣华富贵。或许有人会说,孟子的时代,分封制依然较为流行,做了天子、国君的人却不肯加封兄弟,人们甚至会怀疑其合法性。这种说法缺乏根据,是不能成立的。且不说孟子的时代,周天子已名存实亡,根本不具有分封诸侯的能力,即便当时的列国国君,也无不以"尚贤使能"相号召。近些年公布的郭店简与上博简更是反映出战国中前期社会上出现了一股宣扬禅让的社会思潮,如《唐虞之道》提出"唐虞之道,禅而不传。尧舜之王,利天下而弗利也",着力宣扬儒家"祖述尧舜""尚贤使能""天下为公""利天下而弗利"的思想,反映了早期儒家在战国时期崇尚"禅让",反对世袭,提倡"公天下",反对"家天下"的昂扬思想风貌。在这样的历史背景下,倘有一国之君任人唯贤而不是分封兄弟,是否真的会被怀疑其合法性,恐怕是要打上一个问号的。即便当时社会上仍残留有"分封亲戚"的做法,显然已不符合时代的主流。毕竟,思想家总是要超越其所处时代的。从孟子生活的时代看,代表那个时代的公正、正义应该"选贤与能",反对"无故而富贵",不仅来自社会底层的墨家高举起"尚贤"的大旗,力行变法的法家主张"食有劳而禄有功""宗室非有军功论,不得为属籍",即使同属儒门的荀子亦提出了"虽王公、士大夫之子孙,不能属于礼义,则归之庶人。虽庶人之子孙也,积文学,正身行,能属于礼义,则归之卿相、士大夫"(《荀子·王制》)。你出身于王侯之家,是官二代,如果不努力为学,一样贬为平民。你出身寒门,只要努力为学,德行高尚,一样可以委以重任,居于高位。根据"义斩恩"的原则,荀子的主张显然是合理、进步的,而孟子是保守、落后的。

那么,孟子为什么会有这种相对落后、保守的主张呢?这就涉及前面提到的孟子思想存在前期、后期的问题了。孟子思想的前期,受到当时社会上流行的重孝派思想的影响,过分突出了宗法孝悌,使其思想具有保守的一面。但到了后期,孟子又突破了重孝派思想的影响,回到了以仁义为核心的思想路线上来。9·3章的内容可能是孟子早期思想的反映,这是我对《孟子》的一个解释和辩护。当然,我的辩护是建立在对《孟子》的详细解读之上的,是有充分的文献根据的。

现在我们来看9·4。

9·4 咸丘蒙问曰:"语云,'盛德之士,君不得而臣,父不得而子'。舜南面而立,尧帅诸侯北面而朝之,瞽瞍亦北面而朝之。舜见瞽瞍,其容有蹙。孔子曰:'于斯时也,天下殆哉,岌岌乎!'不识此语诚然乎哉?"

孟子曰:"否;此非君子之言,齐东野人之语也。尧老而舜摄也。《尧典》曰：'二十有八载，放勋乃徂落，百姓如丧考妣，三年，四海遏密八音。'孔子曰：'天无二日，民无二王。'舜既为天子矣，又帅天下诸侯以为尧三年丧，是二天子矣。"

咸丘蒙曰："舜之不臣尧，则吾既得闻命矣。《诗》云：'普天之下，莫非王土；率土之滨，莫非王臣。'而舜既为天子矣，敢问瞽瞍之非臣，如何？"

曰："是诗也，非是之谓也；劳于王事而不得养父母也。曰，'此莫非王事，我独贤劳也'。故说诗者，不以文害辞，不以辞害志；以意逆志，是为得之。如以辞而已矣，《云汉》之诗曰：'周余黎民，靡有孑遗。'信斯言也，是周无遗民也。孝子之至，莫大乎尊亲；尊亲之至，莫大乎以天下养。为天子父，尊之至也；以天下养，养之至也。《诗》曰：'永言孝思，孝思维则。'此之谓也。《书》曰：'祗载见瞽瞍，夔夔齐栗，瞽瞍亦允若。'是为父不得而子也？"

"咸丘蒙问曰：'语云，"盛德之士，君不得而臣，父不得而子"。'"咸丘蒙，也是孟子的弟子，但没有万章出名。他引用的"语"，是指古语，也就是从古代流传下来的说法。古语说了，德行非常崇高的人，也就是舜这样的人，君主不能把他当作臣下，反而要让位于他，父亲不能把他当作儿子，相反要臣服于他。这种情况就在舜的身上发生了，"舜南面而立，尧帅诸侯北面而朝之，瞽瞍亦北面而朝之"。舜登天子位，南面而立，这时尧禅位于舜，反而变为臣下，率领着诸侯北面朝拜，舜的父亲瞽瞍也来朝拜，一样成为臣下。"舜见瞽瞍，其容有蹙。"舜见到瞽瞍，神色很不安。咸丘蒙又引孔子曰："于斯时也，天下殆哉，岌岌乎！"这时候，天下真是岌岌可危啊！"殆"是危险。"岌岌"，危险貌。他问孟子，"不识此语诚然乎哉？"不知这话是否可信呢？

　　咸丘蒙为什么提出这样的问题？他又想说明什么？我们知道，儒家继承了西周以来的亲亲、尊尊，到了春秋战国时期又提倡尚贤，这样"盛德之人"一旦官居高位，甚至成为天子，其与原来的君主、父亲如何相处，便成为一个问题。以前他是臣下、儿子，要向君主、父亲请安；现在关系倒过来了，他成为天子，以前的君主、父亲反而要向他行礼。这样，儒家所提倡的尚贤，便对以亲亲、尊尊为基础的人伦关系形成了冲击。咸丘蒙所问，实际关切的是这一问题。对于这一问题，孟子也有关注，他说："国君进贤，如不得已，将使卑逾尊，疏逾戚，可不慎与？"（2·7）如果提拔贤人，就会使地位低的超过地位高的，关系疏远的越过关系亲密的，势必会产生一定的矛盾，所以要谨慎对待。但孟子不认为这可以成为反对尚贤的理由，反而积极主张尚贤，至于由于尚贤可能出现的问题，只要认真对待、处理就可以了。咸丘蒙道听途说，未免小题大做了。

　　孟子说，"否；此非君子之言，齐东野人之语也"。不对；这不是君子说的话，是齐国乡野老百姓说的话，是不可信的。这一段孟子主要说明尧与舜的关系，强调"民无二王"，不能同时有两个天子。孟子认为，并不是尧禅位给舜，自己反降为臣下，而是"尧老而舜摄也"，尧并没有完全退位，是年老了以后，让舜替他来管理天下，古代叫摄政。尧名义上还是天子，也没有带领臣下朝拜舜。孟子这么讲,有没有根据呢?有,就是《尚书·尧典》。所以孟子引《尧典》来证明自己的观点。《尧典》是《尚书》的第一篇,记录尧考察和禅让舜的事情。"二十有八载,放勋乃殂落","二十有八载"指尧禅位于舜之后又过了二十八年;"放勋"就是尧;"殂落"是死的意思,天子死叫殂落。尧禅位于舜二十八年后,尧去世。"百姓如丧考妣",百姓听说后像死了父母一样。"三年,四海遏密八音","三年",指给尧守丧三年;"四海"指天下;"遏密"是停止;"八音",中国古代乐器按制作材料分为金、石、土、革、丝、木、匏、竹八种,称为八音,这里指娱乐。民间停止一切的娱乐活动。需要说明的是,孟子引用的《尧典》,能不能证明舜只是摄政,没有正式即天子位呢?不能。其实我们读《尧典》就可以知道,在孟子引的几句话前,说到尧让舜登天子位,"汝陟帝位"。舜虽然谦让,但还是在"正月上日,受终于文祖"。"受终",传统的解释是尧的天禄终结,转让给舜了。"文祖"是太庙。所以尧是正式禅位于舜了,并在太庙举行了仪式。孟子的说法并不符合《尧典》,但孟子也有自己的理由,就是他引用的"孔子曰"。孔子说了,老天没有两个太阳,百姓也不能有两个天子。"舜既为天子矣,又帅天下诸侯以为尧三年丧,是二天子矣。"按照咸丘蒙的说法,如果舜在尧去世前已成为天子,又率领天下诸侯为天子尧守丧,这就有两个天子了。所以咸丘蒙引用的"孔子曰"是不可靠的,并不是真正的"子曰"。

大家注意一下,咸丘蒙提问的时候是引"孔子曰",孟子反驳他的时候也是引"孔子曰",这说明当时社会上已流传有很多"子曰",有些内容甚至是对立的。"子曰"最早来自孔子弟子的记录,收在《论语》中的是比较可靠的。但我们今天看先秦典籍,里面有很多"子曰",不仅是儒家典籍,还包括其他各家,如道家《庄子》等,这些"子曰"是不是都可以看作"孔子曰"呢?是不是都是可靠的孔子文献呢?学术界对此有不同看法,有的学者倾向于信,有的学者倾向于疑。从孟子的态度看,他显然认为"子曰"是需要具体分析的,不能一概而论,其中有些是"齐东野人之语",是老百姓的话,是靠不住、不可信的。

咸丘蒙说,"舜之不臣尧,则吾既得闻命矣"。舜没有把尧当作臣下,这一点我明白了。可是舜与瞽瞍是什么关系呢?"《诗》云:'普天之下,莫非王土;率土之滨,莫非王臣。'"《诗经》说了,普天之下,没有哪里不是天子的土地;四海之内,没有哪个不是天子的臣民。这四句诗很有名,出自《诗经·小雅·北山》。"而舜既为天子矣,敢问瞽瞍之非臣,如何?"舜既然成了天子,瞽瞍难道不是舜的臣下吗?他们的关系该怎么理解?咸丘蒙所问,实际涉及尚贤与父权的关系。从父权来说,儿子须向父亲行孝,每天向父亲请安、问候,听从父亲的指使、命令。但由于尚贤,儿子出居高位,甚至成为天子,是不是可以将父亲当作一般的臣子看待?父亲是否反要向其行礼、朝拜呢?如果是这样,会不会冲击了父子的人伦关系呢?咸丘蒙想问的实际是这个问题。

孟子说,"是诗也,非是之谓也",你的理解不准确。你引的这首诗,不是这个意思。不是什么意思呢?就是不能从"率土之滨,莫非王臣"中引申出天子可以臣其父,不能认为天子可以把父亲当臣子看待。《北山》"莫非王臣"后面两句是"大夫不均,我从事独贤",孟子认为这两句才是诗的主旨,故《北山》不是强调普天之下,包括天子的父亲,都是他的臣民,而是抱怨"劳于王事而不得养父母也",为国事奔忙而不能奉养父母。

"曰,'此莫非王事,我独贤劳也'。""曰"是作者曰。诗的作者是说,没有一件不是天子的事,却只有我最辛劳。"贤劳",辛苦、辛劳之义。所以,阅读诗不能停留在文字表面,更重要的是把握其精神实质,领悟作者的真实想法。接着孟子提出著名的"以意逆志"说。

"故说诗者,不以文害辞,不以辞害志;以意逆志,是为得之。""文"是文字。"辞"是词句。"志"是志向、意志,可理解为原意。"以意逆志"的"意",有人说是作者的"意",也有人说是读者的"意";从文意来看,应是读者的"意"。"逆"是揣测、推求的意思。孟子认为,我们阅读、理解诗歌的时候,不要拘泥文字而误解词句,也不要因为词句而误解作者的原意,而是应根据自己的体会去揣测作者的志趣、想法。故所谓"以意逆志",就是要求读者在"不以辞害志"的前提下,积极参与到诗歌的理解活动中去,根据自己对作品的主观感受,通过想象、体验、理解的活动,去把握诗人在作品中所要表达的思想感情。"如以辞而已矣",如果仅仅停留在文字、词句上,不仅不能把握作者的原意,甚至还会产生误解。例如《诗经·大雅·云汉》说,"周余黎民,靡有孑遗"。周代的黎民,一个也没有剩下来。如果从字面理解的话,就会认为周代的人全部死光了。这显然不是诗的意思,而是"以辞害志"了。孟子下面一段话很重要,反映了孟子的孝悌观,要注意。

"孝子之至,莫大乎尊亲;尊亲之至,莫大乎以天下养。"作为孝子的极致,就是使我们的父母尊贵,脸上有光;使我们父母尊贵的极致,就是要用天下来奉养他们。我当了天子,正好可以用天下奉养父母。所以"为天子父,尊之至也",作为天子的父母,是尊贵的极致。"以天下养,养之至也",用天下奉养我的父母,是奉养的极致。所以不要只考虑身为天子给父母带来的困扰,还要想到为父母带来的尊贵和荣耀,这更为重要。而真正的孝子,即使成为天子,依然会向父母尽孝道,舜就是一个榜样。故孟子又引《诗》《书》,做了进一步的说明。

孟子引的诗,出自《诗经·大雅·下武》。"永言孝思,孝思维则。""言"是说的意思,引申为行、尽。"孝思"是孝亲之思,是对亲人尽孝道。这两句翻译过来就是,永远尽孝道,孝道是法则。古人引诗,只是起论证、说明的作用,故说"此之谓也",说明诗正是自己想表达的意思。

孟子引的《书》,应是《尚书》遗篇。"祗载见瞽瞍",省略了主语舜。"祗"是恭敬。"载",助词。舜恭敬地去见瞽瞍。"夔夔齐栗","夔夔",谨慎恐惧貌;"齐",同"斋",庄重;"栗",威严、庄严。这句是说舜的态度,戒慎而庄重。"瞽瞍亦允若","允",确实的意思;"若",顺从。瞽瞍也确实受到感化。

"是为父不得而子也?""也"同"邪"。这是父亲不能把他当儿子吗?所以不是如人们想象的,舜做了天子,就把自己的父亲当臣子了,甚至让父亲来朝见自己。舜不是这样做的。他虽然做了天子,但对瞽瞍的态度依然恭敬谨慎。在他的眼里,父亲还是父亲,自己还是儿子,依然对瞽瞍尽孝、行孝,瞽瞍也因此被感动。

9·4章的背景是尚贤对亲亲、尊尊的秩序形成冲击,出现了新的问题。不过我认为咸丘蒙不如万章会提问题。他的问题是,舜做了天子后与父亲如何相处?是不是把瞽瞍当作臣下看待?以及舜即位后与尧是什么关系?这些问题比较枝节,即使在孟子的时代也不是什么重要问题,今天我们更不会关注了。所以读这一章的时候,我们可能会缺乏共鸣,甚至搞不清为什么要讨论这些问题。不过我们从9·4章还是可以读到一些新的信息,就是战国时期的尚贤对亲亲、尊尊秩序形成了冲击,这是理解本章的关键。舜作为一个布衣,一跃成为天子,他与父亲如何相处?——况且是一直想谋害他的父亲。与以前的天子是什么关系?这在战国尚贤的氛围下是很容易想到的问题。不过咸丘蒙的提问不够高明,他引用的"语云""孔子曰"可能是当时一些士人的假托,并不是真正的古语和"子曰",所以孟子直接斥之为"齐东野人之语",认为是没有见识的乡巴佬的话,是不必信以为真的。所以经典中有些问题是永恒的,超越时空的,是每一代人都会遇到和思考的,是弥久而常新的;有些问题则不是,时过境迁,人们就不关注了。从这一点看,学生的提问很重要,教学相长,是有一定道理的。

在孟子看来,舜与瞽瞍、尧的关系,并不是什么难以处理的问题。舜一跃而为天子,可以用天下奉养父亲,这对瞽瞍是莫大的尊贵和荣耀。即使舜与瞽瞍有名义上的君臣关系,舜也不会把父亲当一般臣下指使,更不会颐指气使,让父亲来朝拜自己,而是依然对其保持一个儿子的孝心和恭敬。舜也不是在尧在世时便自称天子,而是代管天下;尧去世后,舜才正式即位成为天子,所以也不存在两个天子的问题。不过我们前面说过,孟子的这一看法不一定准确,较之《尧典》也显得保守。出现这种情况,可能与燕王哙禅让失败有关,这个问题下一章再讨论。

另外,孟子说孝子的极致是"尊亲",尊亲的极致是"以天下养",这种观点受到重孝派思想的影响,其实质是将孝功利化、政治化,给少数人更多孝的优势或特权。我做了天子、高官,或发了财,使父母尊贵、荣光,我就比别人有了更多孝的特权;而普通人不论你怎么尽孝,也达不到孝子的极致。这种看法不符合孔子的思想,是不值得提倡的。孔子论孝是诉诸人的真情实感、人情之自然。"孔子曰:啜菽饮水,尽其欢,斯之谓孝。"(《礼记·檀弓下》)孝本来是无关乎地位、贫富的,能做到让父母开心、高兴,即使生活清贫,一样是尽孝。所以,孔子答子夏问孝,说"色难"(《论语·为政》)。对父母和颜悦色最难以做到,但它比一般的孝行更为重要,因为脸色不是伪装出来的,不是做给人看的,而是内心真实、自然的流露。你心里有父母,自然会表现出来;没有,伪装也没有用。所以你要把父母时时放在心上,像舜一样,五十而慕父母,到了五十岁还时时想着父母,甚至终身慕父母,一生都把父母放在心上。当然,孔子也承认奉养的重要,但是,"至于犬马,皆能有养"(《论语·为政》),奉养只是孝的最低要求,连犬马这样的禽兽都知道奉养父母,人更不能仅仅停留在奉养上,更重要的是对父母发自内心的尊重和关爱。所以,真正的孝,不在于为父母提供了多少外在的物质条件,给父母带来多少荣耀;而在于时时把父母放在心中,尽其所能为父母行孝。孟子在9·4章关于孝的论述与孔子思想有一定的差距,是其受重孝派思想影响的结果。这种孝的观念不符合儒家的主流观念,今天更不值得提倡。

《万章上》的后五章从内容上看,可以分为两组。9·5与9·6两章是一组,9·7到9·9三章是另一组。前一组主要讨论尧舜禅让;后一组讨论进退出处之道,谈士人的出仕原则。不过,后一组的三章是以前人为例,分别讨论了伊尹、孔子、百里奚的出仕方式,这与前面几章以舜为例,借古喻今一样,人物是古代的,问题则是当下的。

首先我们来看9·5,这一章讨论尧舜禅让。尧舜禅让是儒家的一个重要议题,《中庸》说"仲尼祖述尧舜,宪章文武","尧舜"和"文武"都是孔子思想或儒学的重要内容,"祖述尧舜"可以说是"法先王","宪章文武"是"法后王"。那么,"尧舜"与"文武"的差别在什么地方呢?我们可以借《礼记·礼运》篇做个说明:"大道之行也,天下为公。""天下为公"怎么理解?郑玄的注释是,"公犹共也"。"公"是共有、共享的意思,故"天下为公"是说天下是天下人共有的,"天下,非一人之天下也,天下之天下也"(《吕氏春秋·贵公》),实际是说权力公有,而不是私有。那么,怎么实现权力公有呢？郑玄的解释是"禅位授圣,不家之"。把天下最有才能、最有德行的人选拔出来,禅位于他,让他替我们来管理天下,而不是传给子女,这样就做到了天下为公。这是最高的理想。

《礼记·礼运》又说:"今大道既隐,天下为家……大人世及以为礼。"大道隐去之后,最高的理想无法实现了,只能是"天下为家",天下变成某一家的天下,谁打下天下,谁就占有天下。刘邦打下来,天下就变成刘家的;李渊打下来,变成李家的;朱元璋打下来,变成朱家的。这个时候不再实行禅让,而是世袭,"世及"是世袭的意思。天下传给家人,而不是别人。天下是我打下来的,打天下就要坐天下,这就是"家天下"的逻辑。

所以《礼记·礼运》篇对儒家的政权传授形式做了区分:一个是理想的,天下为公,选贤任能,实行禅让,这是大同时代;一个是现实的,天下为家,实行世袭,这是小康阶段。从历史来看,尧舜时代实行禅让,是"大道之行也,天下为公";禹之后,从启开始,夏、商、周三代是世袭,"大道既隐,天下为家"。所以古代政权有两种传授形式:禅让和世袭。虽然在儒家看来,最高的理想应该是天下为公,实行禅让,但是历史发展有时候并不以人的意志为转移,从尧舜到三代,反而由大同跌落到小康,只能实行世袭了。儒家学者,包括孔子,对禅让和世袭都是认可和接受的,只不过一个是最高理想,一个是现实存在。尧舜实行禅让,代表天下为公;文武(也就是文王、武王)实行世袭,代表天下为家。尧舜与文武的差别就在这里。儒家,包括孔子,对禅让、世袭都是承认的,只是一个是大同,一个是小康。儒家既有理想的一面,也有他现实的一面。

到了战国时期,禅让再一次受到人们关注,成为讨论的热点,甚至出现了一个宣传禅让的社会思潮,并导致了禅让的政治实践,就是燕王哙的让国。当然,这个实践是失败了,但在当时产生了巨大震动。我认为,《万章上》9·5和9·6中孟子与万章的对话可能就是发生在燕王哙让国失败之后,要从这一背景来理解。为什么这么讲呢?因为最近十几年来,我们陆续发现了一批地下文献,通过这些文献可以知道,战国中期社会上出现了宣扬禅让的社会思潮。例如,郭店竹简中有一篇《唐虞之道》,就是宣扬尧舜禅让的,认为"唐虞之道,禅而不传。尧舜之王,利天下而弗利也"。"唐虞"就是尧舜,古代以国为氏,尧是古唐国人,号陶唐氏;舜为有虞国人,号有虞氏。唐尧虞舜实行禅让,传贤不传子,他们称王天下,是因为"利天下而弗利也",有利天下人而不以天下为个人之私利。甚至讲"不禅而能化民者,自生民未之有也",自有人类以来,不实行禅让而把天下治理得好,是根本不可能的,高度肯定了禅让的合理性。郭店竹简之后,上博简中有《子羔》《容成氏》,也是宣传禅让的。根据这些出土文献,再结合传世文献,我们发现,原来在战国时期,出现了一个宣扬禅让的社会思潮。不仅儒家,道家、墨家、法家、纵横家等都卷入这一社会思潮中,为禅让做理论的宣传。我写过一篇文章,《战国时期的禅让思潮与"大同""小康"说》，就是分析这一现象的，收在《郭店竹简与思孟学派》一书中，有兴趣可以参考。

在这样的背景下，有些国君就被打动了，决定要把这种禅让付诸实践，出现了一个很重要的禅让事件，这就是燕王哙的让国事件。当时燕王哙可能觉得自己能力有限，也不放心把国家交给儿子。他有一个相，叫子之，很有能力，也得到了很多士人的拥护。战国时期，兼并战争愈演愈烈，人才竞争激烈，各诸侯国都在招贤纳士，延揽人才，而国君的位置最重要，往往决定国家的成败，那么，能不能恢复古代的禅让，对国君也选贤与能呢？为了让燕国在激烈的竞争中脱颖而出，发展壮大，燕王哙毅然做出了一个出乎人们意料的举动，恢复古代禅让，把王位传给了丞相子之。司马迁在《史记·燕召公世家》中，把燕王哙描写得昏聩无能，说起让国纯粹是受了苏代、鹿毛寿的欺骗，恐怕不符合事实，是囿于秦汉以后世袭观念的影响，不了解战国时曾出现过一个禅让思潮。燕王哙的禅让之举，动机无疑是好的，是为了燕国的强大，是为了让燕国在激烈的兼并战争中立于不败之地，是"利天下而弗利"，但是结果并不好。

政治改革往往是有风险的，知识分子喜欢讲改革，尤其是政治体制改革，但执政者不愿意改，为什么呢？因为他知道有风险。如果不改，权力还在我手里；改不好的话，引起社会的动荡，弄不好还把权力丢掉了。燕王哙的让国，就导致了这样的结果。燕王哙把王位传给子之以后，太子平不干了，王位本来应该是我的，怎么反而传给外人了？当时世袭已经流传上千年了,权力私有的观念根深蒂固。燕王哙突然恢复古代的禅让,必然遭到守旧势力的强烈反对。于是太子平联合了将军市被,相当于我们今天的国防部长,又暗中联络齐国,率先发难,领兵攻打子之。子之组织军队平叛。由于太子平与齐人勾结,引齐军入侵,市被与燕国民众又反过来攻打太子平,太子平杀将军市被,燕国陷入混乱,"死者数万,众人恫恐,百姓离志"。所以说,燕王哙的政治改革反而引起了燕国的一场内乱。

齐国之前一直想吞并燕国,但没有机会,现在燕国内部先乱起来,岂不是天赐良机?于是齐宣王出兵伐燕,五十天就攻下燕国。面对这一结果,齐宣王自己都不敢相信。这时候正好孟子在齐国,于是宣王去向孟子请教,要不要占领燕国?这件事《孟子》2·10 中有记载。

对于齐宣王的问题,孟子做了一个民本主义的回答,"取之而燕民悦,则取之";"取之而燕民不悦,则勿取"。如果燕国的老百姓欢迎,你就占领;如果燕国的老百姓不欢迎,你就不能占领,应该撤军。所以孟子是将民意作为最高标准,你可以占领燕国,但占领的目的应该是为燕国的百姓着想,应该让燕国百姓过上更为富裕、安定的生活。做到这一点,你的占领是合法的;做不到,就不合法了。可是齐国军队占领燕国后,烧杀掳掠,甚至烧掉燕国的宗庙,抢走宗庙的祭器,激起燕国民众的激烈反抗。这时候,其他诸侯国也出兵干涉了。齐国攻占了燕国,势力一下膨胀,不能不引起其他诸侯国的警觉。于是赵国联合秦国出兵伐齐救燕,拥立燕公子职,这就是《孟子》2·11章记载的"诸侯将谋救燕"。而主持这次"救燕"的就是胡服骑射的赵武灵王。宣王由于没有接受孟子的建议及时从燕国撤军,最终被击败。经历伐燕事件后,孟子与宣王的关系也急转直下。以前宣王对孟子敬若上宾,十分尊重,二人关系较为融洽,但这时两人关系急剧恶化,并最终导致孟子辞官而去。

所以说,战国时期士人对禅让的推崇在社会上形成一股思潮,对许多政治家都产生影响,其中影响最大的是燕王哙,直接导致其将禅让付诸实践,实践的结果却是导致燕国的内乱,几乎亡国。这对当时宣扬禅让的士人来说,不啻是一个巨大的震动,迫使其对禅让重新做出思考。特别是孟子,见证了燕王哙让国事件的整个过程。在这样的形势下,儒家天下为公的理想还要不要坚持?如何看待天下为公与禅让的关系?这是孟子必须要思考和回答的问题。我认为,9·5章孟子和万章的对话就是在这样的背景下进行的,也应该放在这样的背景下去理解。

9·5 万章曰:"尧以天下与舜,有诸?"

孟子曰:"否;天子不能以天下与人。"

"然则舜有天下也,孰与之?"

曰:"天与之。"

"天与之者,谆谆然命之乎?"

曰:"否;天不言,以行与事示之而已矣。"

曰:"以行与事示之者,如之何?"

曰："天子能荐人于天,不能使天与之天下;诸侯能荐人于天子,不能使天子与之诸侯;大夫能荐人于诸侯,不能使诸侯与之大夫。昔者,尧荐舜于天,而天受之;暴之于民,而民受之。故曰:天不言,以行与事示之而已矣。"

曰："敢问荐之于天,而天受之;暴之于民,而民受之,如何?"

曰："使之主祭,而百神享之,是天受之;使之主事,而事治,百姓安之,是民受之也。天与之,人与之,故曰,天子不能以天下与人。舜相尧二十有八载,非人之所能为也,天也。尧崩,三年之丧毕,舜避尧之子于南河之南,天下诸侯朝觐者,不之尧之子而之舜;讼狱者,不之尧之子而之舜;讴歌者,不讴歌尧之子而讴歌舜,故曰,天也。夫然后之中国,践天子位焉。而居尧之宫,逼尧之子,是篡也,非天与也。《泰誓》曰:'天视自我民视,天听自我民听。'此之谓也。"

万章问,"尧以天下与舜,有诸?"我听说尧把天下给了舜,有这件事情吗?这显然是问尧舜禅让。尧舜禅让确实存在过,历史有记载。我们看《尚书》的第一篇《尧典》,记载的就是尧舜禅让。但是孟子是怎么回答的?

孟子回答说:"否;天子不能以天下与人。"没有。理由是天子不能随便把天下送给别人。乍一看孟子的回答,我们会觉得奇怪。尧舜禅让明明是存在过的,孔子整理的《尚书》中就有记载,孟子怎么能说没有呢?孟子的回答可以从两方面来理解:一方面,孟子与万章的对话可能发生在燕王哙让国失败之后,孟子与其他士人一样,对禅让采取谨慎的态度,认为不应轻易实行禅让了,又将这一态度投射到古代,借古喻今,故给出否定的回答。这就是"俱道尧舜而取舍不同"(《韩非子·显学》),是先秦诸子常用的表达方式,并不奇怪。另一方面,孟子对禅让的政权传授形式与天下为公的政治理念做了区分,否定前者而肯定后者,所以他说天子不能把天下随便送给别人。这一点非常重要,是我们理解本章的关键。表面上看,孟子似乎是否定了尧舜禅让,但他实际强调的是,禅让背后的法理根据是什么?天子为何不能把天下送给别人,或在什么条件下才可以实行禅让?孟子所谈,实际上是这个问题。

对于孟子的回答,万章当然不理解,所以又问:"然则舜有天下也,孰与之?"如果说尧没有将天下传给舜,那么,舜作为天子,他的天子之位又是谁传给他的呢?

孟子回答,"天与之",是老天给他的。孟子没有说是尧或是其他某个天子传授的,而是说老天授予的。孟子的这一说法实际是来自周人的天命观。按照周人的观念,"天惟时求民主"(《尚书·多方》),老天时时为百姓寻求主人,并降下天命,赋予他人间统治的权力。从这一点看,孟子实际是保留或继承了周人君权天授的思想。但这只是形式,更重要的是孟子对周人天命观的发展。

"天与之者,谆谆然命之乎?"万章问,老师,我不理解,您说是老天给的,难道老天说,舜,你过来,我告诉你,我把天下传给你了,是这样子吗?

孟子说,"否;天不言,以行与事示之而已矣",当然不是这样了,老天是不会说话的,他只是用行为和事件来表达自己的意见。老天想把天下传给谁,是通过行为和事件告诉他的。

万章还是不太明白,问:"以行与事示之者,如之何?"老师请您解释一下,通过行为和事件表示出来,又该怎么去理解呢?老天怎么通过行为和事件来表示他的想法呢?下面孟子的回答是这一章的关键。

孟子说:"天子能荐人于天,不能使天与之天下;诸侯能荐人于天子,不能使天子与之诸侯。"天子可以向老天推荐某一个人,认为他可以继承天子之位,但是不能替老天决定是否要把天子之位授予一个人。同样的道理,诸侯可以向天子推荐某一个人接替自己的诸侯之位,但是不能代替天子决定授予他诸侯之位。下面讲"大夫能荐人于诸侯,不能使诸侯与之大夫",也是一个道理。孟子为什么这样讲呢?前面我们说过,天下为公是什么意思呢?天下是天下人的天下,非一人之天下。是权力公有,而非权力私有。所以,天下是某个天子的吗?是属于尧的吗?如果天下是属于尧的话,那么尧当然可以根据他的意愿,把天下传给另一个人。如果天下不是属于尧的,而是天下人的,只是老天委派尧替天下人管理天下,尧自然就没有权力把天下随便送给别人。尧只有管理权,没有所有权。就像这台电脑,我可以使用它,但我可以随便把它送给别人吗?不行,我没有这个权力。因为这台电脑不是属于我的,是属于孟子研究院的。我可以使用它,供我讲课之用,但是我不能随便把它送给别人。我想使用的话,也要征得孟子研究院的同意呢。孟子研究院同意了,我才可以使用,更何况是送给别人呢!

所以孟子上面所谈,实际是对天下的所有权与管理权或统治权做了一个区分,认为天子只具有天下的管理权,不具有所有权,天下的所有权在于天。这一思想本来已蕴含于周人的天命观中,但孟子进一步将其明确化了。所以孟子并没有放弃天下为公的理想,而是以天命的形式对其重新做了论证和说明。

既然尧不是根据自己的意愿把天子之位传授给舜,那么,他又是怎么做的呢?孟子接着说:"昔者,尧荐舜于天,而天受之;暴之于民,而民受之。故曰:天不言,以行与事示之而已矣。"原来尧把舜推荐给了老天,老天接受了他;把舜介绍给民众,民众也接受了他。"暴"音pù,显也,引申为介绍、引荐。所以说,天是不说话的,他是通过行为和事件来表示他的意愿。

万章问:"敢问荐之于天,而天受之;暴之于民,而民受之,如何?"老师,请您再解释一下,尧把舜推荐给老天,老天接受了他;把他介绍给民众,民众接受了他,这该怎么理解呢?

孟子说:"使之主祭,而百神享之,是天受之。"尧让舜来主持祭祀——古代祭祀非常重要,属于国之大事,百神享用了他的祭物,风调雨顺,国家无事,这就表示老天接受了他。"使之主事,而事治,百姓安之,是民受之也。"让舜来主持国事,国家治理得很好,老百姓安居乐业,这表示百姓也接受了他。所以说,"天与之,人与之",舜的天子之位是老天给予的，也是民众给予的。这里孟子将天与人并列，似乎权力有两个来源，但据孟子下文所引《尚书·泰誓》"天视自我民视，天听自我民听"，老天用民众的耳朵来听，用民众的眼睛来看，天与民又是统一的，天是形式，民是实质。"故曰，天子不能以天下与人。"从这点看，尧自己不能决定把天子之位传给舜。

因此，并非如人们所理解的，是尧将天子之位传给了舜，而是老天和民众将舜推上了天子之位。禅让作为一种政权的传授形式，也不是绝对的，只能实行于一定的历史条件之下。所以真正重要的不在于禅让，而在于禅让背后的政治理念，也就是"天与之，人与之"，是权力公有，是天下乃天下人之天下。禅让作为政治理念的表达形式，它是有条件的，不可能实行于一切时代；但是禅让背后天下为公的价值理念则是永恒的，是不能改变的。这是孟子在本章强调的核心内容，也是孟子在经历燕王哙的让国失败后对禅让的反思。

孟子接着对尧舜禅让做了解释和说明。"舜相尧二十有八载，非人之所能为也，天也。"舜辅佐尧有二十八年之久，在这么长的时间里，自然积累了充足的政治资本，有了很高的政治威望。但是你能辅佐一个君王二十八年，这不是人力所能控制的，有很多偶然因素。比如，尧长寿，活了这么久；尧贤明，赏识舜；这些都是天意，所以说"天也"。古人说的"天"有多重含义，这里的"天"是命运天，指我们无法控制的某种社会形势，或者是某种偶然的机遇、巧合等。当时有没有像舜一样有才能的人？当然会有。历史上有许多类似舜的人，但是他们没有舜的机遇,没有得到明主的赏识,没有机会施展才干,最后默默无闻,"骈死于槽枥之间,不以千里称也",这就是命,天命。

"尧崩,三年之丧毕,舜避尧之子于南河之南,天下诸侯朝觐者,不之尧之子而之舜"。由于舜辅佐尧二十八年,民众非常了解他,也信任他。尧去世之后,舜为尧守完三年之丧,主动躲避尧的儿子,到了南河的南面。南河是黄河中的一段,因为在尧都的南面,故称南河。舜并不想和尧的儿子争天子之位,于是主动躲避。但是天下的诸侯,不去朝觐尧的儿子,而是来朝觐舜。"讼狱者,不之尧之子而之舜",打官司的人,不去找尧的儿子主持公道,而是来找舜。"讴歌者,不讴歌尧之子而讴歌舜",歌功颂德的,不去赞美尧的儿子,而是歌颂舜。这就是民心所归,民心所向。

"故曰,天也。"注意孟子说"天也",这里的"天"是什么意思?孟子为什么不说"人也"?这里明明是人心所归啊!我想这里的"天"可以从两方面去理解:一方面可理解为命运天。由于舜有辅佐尧二十八年的经历,使民众充分了解舜,相信舜,故民众"不之尧之子而之舜",不归附尧的儿子而归附舜,这可以说是天意。这与前一个"天也"含义就是一致的。另一方面,孟子的"天"可理解为义理天,天有必然性的意思,"天也"是必然的趋势,是天命所归,而天命所归也就是人心所归。

在这样一个背景下,"夫然后之中国,践天子位焉"。这里省略了主语"舜","之"是往的意思。舜于是来到中国,就是国都,登上了天子位。所以舜有天子之位,这是民众的拥护,是民众的选择,而不是尧个人的决定。如果尧根据个人的意志,随意地把天子之位就给了舜,这是不合法的。

在9·5章,孟子对禅让这种政权传授形式,做了更深一层的理论分析。燕王哙让国为什么会失败?按照孟子的看法,燕王哙的让国仅仅是根据个人的主观意愿,认为子之不错,就让国于他,却没有听取民众的意见,甚至不顾民众的反对。从《史记》的记载来看,当时反对子之继位的人是很多的,最后终于引起内乱。所以燕王哙对禅让的认识是模糊的,没有搞清楚天下为公与禅让的关系。他的错误是把燕国看成自家的,把权力看成是个人的,只要我欣赏、喜欢某个人,就可以根据个人的意愿随便把国家转让给他,把权力传授给他,这是不对的。如果要禅让,首先要得到大夫的同意,得到民众的同意,确实具备了一定的条件,才可以去禅让。所以,不要认为孟子否认了禅让,这样讲,就把孟子讲低了,没有真正理解孟子。

孟子接着说:"而居尧之宫,逼尧之子,是篡也,非天与也。""而"是如果的意思,如果舜没有得到民众的拥护,不是在民众的拥护下登上天子之位,而是直接占据尧的宫殿,逼走尧的儿子,这就是篡位了,不是老天赋予,也不是民众赋予,是不合法的。最后孟子引《泰誓》曰,"天视自我民视,天听自我民听",老天用民众的眼睛来看,用民众的耳朵来听。"此之谓也",讲的就是这个道理。讲的什么道理?就是天的意志与民众的意志是一致的,天表达的是民的意志。所以说,"天与之"是一种形式,实质是"民与之",是民众认可你并赋予你权力。

根据以上的分析,9·5章孟子关于尧舜禅让的讨论,可能发生在燕王哙让国失败之后,应放在这样的背景下去理解。有些学者说,经过燕王哙事件后,孟子否定了禅让,这种说法不恰当。孟子并没有完全否定禅让,而是将天下为公与禅让的形式做了区分。孟子对天下为公是肯定的,并做了进一步的论证;对于禅让则有所保留,认为只有在一定条件下才可实行禅让,这个条件孟子称为"天"。至于孟子所说"天"的内涵,我们放在下一章讨论。

现在来看9·6章,本章与上一章内容相关,都是对禅让问题的反思和讨论。

9·6 万章问曰:"人有言,'至于禹而德衰,不传于贤,而传于子'。有诸?"

孟子曰:"否,不然也。天与贤,则与贤;天与子,则与子。昔者,舜荐禹于天,十有七年,舜崩,三年之丧毕,禹避舜之子于阳城,天下之民从之,若尧崩之后不从尧之子而从舜也。禹荐益于天,七年,禹崩,三年之丧毕,益避禹之子于箕山之阴。朝觐、讼狱者不之益而之启,曰:'吾君之子也。'讴歌者不讴歌益而讴歌启,曰:'吾君之子也。'丹朱之不肖,舜之子亦不肖。舜之相尧、禹之相舜也,历年多,施泽于民久。启贤,能敬承继禹之道。益之相禹也,历年少,施泽于民未久。舜、禹、益相去久远,其子之贤不肖,皆天也,非人之所能为也。莫之为而为者,天也;莫之致而至者,命也。匹夫而有天下者,德必若舜、禹,而又有天子荐之者,故仲尼不有天下。继世以有天下,天之所废,必若桀、纣者也,故益、伊尹、周公不有天下。伊尹相汤以王于天下,汤崩,太丁未立,外丙二年,仲壬四年。太甲颠覆汤之典刑,伊尹放之于桐;三年,太甲悔过,自怨自艾,于桐处仁迁义;三年,以听伊尹之训己也,复归于亳。周公之不有天下,犹益之于夏、伊尹之于殷也。孔子曰:'唐虞禅,夏后、殷、周继,其义一也。'"

万章问:"人有言,'至于禹而德衰,不传于贤,而传于子'。有诸?"老师,有人说,到了大禹的时候道德衰落,不把天下传给贤人,而传给自己的儿子,有这回事吗?万章所问,仍是关涉禅让与世袭的问题。他引的"人有言"应是当时流行的一种观点,这种观点想从道德的角度对禅让到世袭的变化做出解释,认为把天下传给贤人,是道德高尚的表现;把天下传给儿子,是道德衰落的表现。因此,从禅让到世袭是人们道德衰落造成的。

孟子不同意这样的看法,说,"否,不然也"。不对,不能这样去理解。那么应该怎样理解呢?孟子认为,关键在于天。"天与贤,则与贤;天与子,则与子。"老天认为天下应该传给贤人,就传给贤人;老天认为天下应该传给儿子,就传给儿子。这里又说到"天",我们注意一下,该怎么理解?老天为何又会有"与贤""与子"的不同想法呢?我们看孟子的解释:"昔者,舜荐禹于天,十有七年,舜崩。"舜是通过禅让获得天下的,也是通过禅让让出天下的。当初,舜想把天下传给禹,就是大禹治水的禹,于是就把禹推荐给天。舜自己不能决定把天下传给禹,只能推荐给天,实际上就是让禹来主持祭祀,看百神是否能认可他;让他来管理国政,看百姓是否满意他。这样过了十七年,舜去世了。"三年之丧毕,禹避舜之子于阳城,天下之民从之,若尧崩之后不从尧之子而从舜也。"禹为舜守三年之丧后,也是躲避舜的儿子到了阳城。阳城在今天河南登封市,少林寺就在这里。可是天下的百姓都跟从禹,就好像当年尧死了以后,百姓不去跟从尧的儿子而跟从舜一样。所以到了舜的时候,还是实行禅让。舜把天下传给了禹,不是直接授予,而是经过"天与之,民与之"的程序,老天与民众都认可了,禅让才得以实行。到了禹的时候,继续实行禅让。

"禹荐益于天,七年,禹崩。"禹同样把益推荐给老天,让他来主持祭祀、管理国政,看百神是否接受,百姓是否满意。过了七年,大禹去世了。"三年之丧毕,益避禹之子于箕山之阴。"益为禹守三年之丧后,也没有想着要争夺天子位,而是躲避禹的儿子到了箕山之阴。箕山在登封市东南。"朝觐、讼狱者不之益而之启,曰:'吾君之子也。'"可是朝见的、打官司的不去投奔益,而是投奔禹的儿子启,说这是我们君主的儿子。"讴歌者不讴歌益而讴歌启,曰:'吾君之子也。'"歌功颂德的人,不去歌颂益,却歌颂禹的儿子启,说这是我们君主的儿子。所以,禹虽然也实行了禅让,把天子之位传给了益,但是民众不接受,老天也不接受,老天跟民众的意志是一致的。民众认为启比益更能胜任天子之位,所以选择支持启,而不支持益。

"丹朱之不肖,舜之子亦不肖。舜之相尧、禹之相舜也,历年多,施泽于民久。"可见,尧能把天下传给舜,舜能把天下传给禹,一是因为他们的儿子都不是有才能、有德性的人,所以民众不选择他们的儿子,而选择他们推荐的舜和禹。另一个原因,舜辅佐尧,禹辅佐舜,经过的时间长,一个是二十八年,一个是十七年。在这么长的时间里,他们既得到政治上的历练,也施与民众更多的恩惠,故赢得民众的信任和拥护。到了益的时候,情况不同了,"启贤,能敬承继禹之道"。大禹的儿子启很有才能,能继承大禹的思想并发扬光大。"益之相禹也,历年少,施泽于民未久。"益辅佐禹的时间又很短,只有七年,经历的时间少,给老百姓的恩惠也不多。所以民众选择支持启,而不支持益。

所以在孟子看来,不管禅让还是世袭,只是外在形式,并不重要,关键是能不能"施泽于民",给民众带来实际好处,赢得民众的拥护,这更为关键。既然天下的所有权属于天,天又是根据民意来行事的,授贤还是传子,就不是绝对的,要根据民意的变化而变化。当初舜让国于禹,舜死之后,民众选择支持禹,所以就禅让。后来禹让国于益,可是禹死之后,民众不选择益,而选择启,因而就传子。表面上看政权的传授形式变化了,一个是禅让,一个是传子,但背后的根据没有变,都是遵从民意,遵从民众的选择。在舜、禹、启的政权传授过程中,最终起作用的还是民意。所以禅让与传子不是绝对的,只是一种政权传授的形式,更重要的是政治的实质内容,那就是行仁政、王道,关切民众的利益,给他们实际的好处,赢得民众的支持和信任。孟子认为这一点更为重要。

所以孟子不同意用道德来解释禅让到传子的变化,不认为从禅让到传子是一种道德上的衰落。因为禅让只是形式,不具有道德的优势,而民意才是根本,是值得真正关注和提倡的。所以不论是禅让还是传子,关键是要符合民意。符合了民意,就是合法的;不符合民意,就是不合法的。所以实行禅让还是传子,要根据民意行事,而民意的变化,在孟子看来,就是天,是天意。

"舜、禹、益相去久远,其子之贤不肖,皆天也,非人之所能为也。"舜禅让而禹传子,都是民众的选择,是顺应民意的结果。但民意为何又有这种变化呢?又受到什么影响呢?具体到王位的传授,有两点非常重要:一是辅佐天子时间的长短,二是子女是否有才能、德行。可是这两点恰恰不是人力可以控制的,都属于天,是天意。舜、禹、益辅佐天子的时间,是他们可以决定的吗?显然不是,有很多偶然因素。他们的子女是聪明能干,还是平庸,也不是他们可以决定的。虽然教育很重要,父母对子女的教育会影响到他们未来的成长,但也不是绝对的,有很多偶然因素,老子英雄儿混蛋的事例也很多。所以很多事情是讲不清的,孟子将这些人力无法控制的力量称为天。他对"天"的定义是:"莫之为而为者,天也;莫之致而至者,命也。"没有谁主动去做,却做到了,这就是天;没有谁去主动寻找,却来到了,这就是命。这种天或者命显然不是主宰天,不是周代作为人格神的天,而是一种命运天。孟子实际是想说,我们生活的世界中,似乎没有一个主宰者在发号施令,但是确实存在着一种我们无可奈何的力量,它作用于我们每个人的身上,表现出不同的人生际遇,这种力量就是天,落实到个人就是命,合称就是天命。例如,我们生命的长短,不是自己所能控制的。儿女有无才能,贤还是不肖,也不是我们能控制的。我们生活在什么样的时代,时势造英雄,还是时运不济、英雄迟暮,这也不是个人可以决定的。这些我们人力无法抗拒或控制的社会形势或偶然性,就是天。这种天虽然看不到、摸不着,但对我们的人生际遇有很大影响,所谓"生死有命,富贵在天"。所以王位的传授应以民意为根据,但具体到个人,能否赢得民意,进而登上天子位,则受到外在因素也就是天和命的制约。

"匹夫而有天下者,德必若舜、禹,而又有天子荐之者,故仲尼不有天下。"一个布衣、平民,想要登上天子之位,会受到很多因素的制约和影响。从主观上讲,你的德行要和尧、舜一样崇高;从客观上讲,要有知人善任的伯乐,要有天子欣赏你、推荐你。主观的德行、客观的机遇,二者缺一不可。缺了其中任何一项,都无法达到理想的结果。孔子的德行高不高?在孟子看来,"自生民以来,未有盛于孔子也",自有人类以来,没有人的德行超过孔子。可是孔子一生栖栖遑遑,周游列国,不仅没有登上天子位,"仲尼不有天下",甚至"累累若丧家之狗",这就是天,这就是命。

"继世以有天下,天之所废,必若桀、纣者也,故益、伊尹、周公不有天下。"同样,一旦有人通过世袭获得天子之位,天如果想要废除他,那他一定是像桀、纣一样昏庸无能、暴虐无道。所以，像益、伊尹、周公这些人，最后都没有拥有天下，登上天子位。孟子提到的伊尹、周公，与益的情况虽有所不同，但他们都有拥有天子位的机会和可能，而最后没有拥有，不是他们没有能力，而是时运不济。

"伊尹相汤以王于天下，汤崩，太丁未立，外丙二年，仲壬四年。"伊尹是商汤的贤相，辅佐商汤建功立业，称王天下。商汤去世后，按照商人的世袭制度，应该由汤的后代继位。所以尽管伊尹是贤相，才能卓著，功盖一世，但还是没有机会成为天子。商汤去世后，本应该由儿子太丁继位，但太丁还没继位就死掉了，然后由太丁的弟弟外丙继位。殷人传位常常兄终弟及，不完全是传子。外丙继承王位两年后也死掉了，由外丙的弟弟仲壬继位；仲壬继位四年后又死掉了，怎么办呢？只能改由太丁的儿子太甲继承天子位。王位传来传去，还是在汤的子女中，而没有传给贤相伊尹。

"太甲颠覆汤之典刑，伊尹放之于桐。"可是，太甲品德很坏，即位后破坏了商汤制定的刑法制度。伊尹是监国大臣，于是把太甲流放到桐邑，让他悔过自新。如果太甲不悔过，伊尹就可以废掉他；而汤的后代中若没有合适的人选，这时伊尹或许就有机会做天子了。

"三年，太甲悔过，自怨自艾，于桐处仁迁义；三年，以听伊尹之训己也，复归于亳。"过了三年，太甲悔过自新，痛改前非，在桐邑修养仁德，努力行义，按照仁义的标准要求自己。又过了三年，也能听从伊尹对自己的训导，伊尹就把他接回到商的都城亳，让他复位，重新做天子。

"周公之不有天下,犹益之于夏、伊尹之于殷也。"周公是儒家推崇的圣人,按照儒家的理想,周公这样有德行的人,最应该成为天子。周公没有成为天子,与伊尹的情况是一样的。孟子还说到益,周公没有成为天子,与益的情况不相同,但孟子说与益的情况一样,可能是指他们都是时运不济,而不是着眼于其身份、经历。从身份、经历看,周公与伊尹相同,而与益不同。周公是武王的弟弟,武王死后由儿子成王继位。成王继位时年纪尚小,由周公摄政,也有说周公实际是称王了。由于管叔等人的挑拨,成王一度对周公产生猜疑,周公尽心尽责,鞠躬尽瘁,以真诚化解了君臣间的误解。等成王长大后,周公便还政于成王,这样周公最终没有成为天子。

最后,孟子引孔子的话对本章做了总结:"唐虞禅,夏后、殷、周继,其义一也。"唐尧、虞舜实行禅让,夏、商、周三代实行世袭,可是背后的"义"也就是道理是一样的。什么义或者道理呢?我想,一是指"天与之,民与之",不论是禅让还是世袭,都应是民众的选择,都应得到民众的拥护。这当然是应然,是应该遵循的价值原则,而不是实然。二是指不论是禅让还是世袭,其得以实行,其实都是天意,都受到某种社会形势或偶然性的影响,是一定社会、历史条件的产物。

总结一下,9·5章和9·6章主旨都是讨论尧舜禅让的问题。这个问题之所以受到关注,可能与战国时期的禅让思潮尤其是燕王哙的让国事件有关,是在禅让政治实践遇到挫折后,对禅让的反思和思考。孟子认为首先应将禅让与其背后天下为公的价值理念做一区分。尽管孟子没有使用天下为公的概念,但"天与之,民与之"表达的就是权力公有的思想。为什么实行禅让？因为天下是天下人之天下,非一人之天下。因为权力公有,而不是权力私有。所以禅让也好,世袭也好,都要得到民众的选择和支持,这个是根本和关键。至于政权授予的制度安排和具体设计,则不重要,是会随时代的变化而变化的,用孟子的话说,是会受到天,也就是某种社会形势或偶然因素的影响的。这是孟子在以上两章反复强调的一个重要内容,也是我们理解这两章的关键。

不过我们也要注意,孟子区分禅让与天下为公,放弃前者而肯定后者,是在燕王哙让国失败的特殊情况下的选择,意在调和禅让与世袭的矛盾。但从儒学内部的发展来看,"天下为公"与"选贤与能"是相辅相成、缺一不可的。"天下为公",权力公有是价值理念；"选贤与能",实行禅让是制度设计。放弃了"选贤与能","天下为公"也就无法真正体现和保障,成为流于形式的口号。由于孟子不再坚持实行禅让,其讨论政治的重点就不在权力公有,而在仁政、王道。至于如何实现仁政、王道,则要靠君王的不忍人之心,"以不忍人之心,行不忍人之政"。而要保证君王能行不忍人之政,就要靠大人、君子"格君心之非"。至于如何能做到"格君心之非",在孟子那里是一个无解的问题。另外,孟子将禅让与世袭的变化归于天,但其所谓"天"主要指执政的长短和子女的贤与不肖,这些内容显然无法真正揭示政权传授形式的变化。

下面我们来看 9·7、9·8、9·9 三章。这三章都是讨论士人出仕的问题,这个问题在孔子的时代就出现了,到了孟子的时代,更是成为迫切的问题。所以《孟子》一书中,关于这一问题的讨论非常多,不限于这三章。这三章讨论的都是具体的历史人物,阅读这三章应该和《孟子》其他相关的篇章结合起来,这就是我讲的思想线索。

《孟子》讨论士人出仕值得关注的有《滕文公下》6·3章。孟子到魏国,魏人周霄问,"古之君子仕乎?"古代的君子要不要出仕?孟子说,当然要出仕。士人出仕是从孔子便确立下来的原则。孔子论君子人格,说到"修己以敬""修己以安人""修己以安百姓"(《论语·宪问》),而要做到"安人""安百姓",出仕就是一个重要的选择。所以子夏说"学而优则仕"(《论语·子张》),子路强调"不仕无义"(《论语·微子》),都是主张通过出仕实现政治理想。从这一点说,如果你不出仕的话,显然不符合道义。但是出仕又面临许多问题,当权者昏庸无能怎么办?政治黑暗又该怎么办?你是同流合污呢?还是洁身自好?当然是洁身自好。孔子讲"邦有道,则仕;邦无道,则可卷而怀之"(《论语·卫灵公》),"道不行,乘桴浮于海"(《论语·公冶长》)。因为儒家强调的是"君子之仕也,行其义也"(《论语·微子》),出仕的目的是行义,为了实现理想、道义,如果不能达到这个目的,宁可隐也不出仕。很多人只看到儒家积极出仕的一面,而没有看到其行义的一面,批评儒家想当官,是官迷。可是好人不当官,就只能是坏人当官。坏人当官的话,政治只能更坏,所以还是应该鼓励好人去当官。因急于出仕批评儒家是不恰当的,问题不在于出仕,而在于以什么样的目的出仕。儒家认为出仕的目的是行义,实现理想、道义。孟子主张士人应该出仕是符合孔子以来儒家的立场的。他甚至说,"孔子三月无君,则皇皇如也,出疆必载质",如果孔子几个月没有出仕,就会惶惶不安,一定要到别的国家去寻找机会。"出疆",到别的国家去。"质"是礼物。古代士人拜见别国国君的话,首先要送上见面礼物。

周霄不理解了,说这未免太心急了吧?孟子怎么回答?士人没有机会出仕,就像工人没有工做,农夫没有田耕一样,出仕是士人的职业。如果农夫没有田耕,工人没工做,我们要不要安慰他一下?士人没有机会出仕了,当然也要安慰他。所以不能认为是心急。

周霄又问了——这句很关键,需要注意:儒者既然这么热衷于出仕,可是我们晋国(实际就是魏国)有很多出仕的机会,你来了这么久了,怎么还不急于出仕呢?孟子怎么回答?孟子说,父母生个男孩子,长大后,一定会想给他娶个媳妇;生个女孩子,长大后,一定想给她找个好婆家,这是人之常情。可是如果没有经过"父母之命,媒妁之言"(古代还没有自由恋爱,要父母同意,媒人介绍),就扒门缝、爬墙头私自去约会,国人都会瞧不起你,父母也会为你感到羞耻。这当然是古人的观念,与我们今天有所不同;今天讲自由恋爱,但道理是一样的,自由恋爱也有一些道德底线是不能触犯的,比如诚实、专一等。所以说,儒者未尝不想出仕,但是又痛恨不遵循正常的方式出仕。以不正常的方式出仕,就像扒门缝、翻墙头一样,会被人们瞧不起,儒者是不齿于做这样的事情的。这里我们看到一种紧张:一方面儒者要积极出仕,"行其义也",通过出仕实现他的理想；另一方面又坚守原则，反对由不正当的方式出仕。这是儒者对于出仕的基本态度。

在《滕文公下》6·1章，孟子与弟子讨论"枉尺而直寻"。"枉"是屈。"直"是伸。八尺为一寻。"枉尺"，违背一点原则；"直寻"，获得好的结果；这样可不可以呢？孟子说不行，因为"枉己者，未有能直人者也"，放弃了原则，通过蝇营狗苟的手段，就算获得了权力，达到出仕的目的，又怎么能去教导别人呢？所以只有正己，才能正人；扭曲了自己，放弃了原则，就不能去端正别人了。所以君子要积极出仕，但是出仕要有原则，不能用不正当的方式达到哪怕是正当的目的。有些人批评儒家热衷权力，这是将问题简单化了，忽略了儒家理想主义的一面。对于这种批评，最好的回答是，你认为谁应该热衷权力？谁应该出仕？权力应该交给谁？人们都回避政治的话，一个好的社会、合理的政治秩序如何建立起来？这个问题其实孔子已经遇到了。《论语·微子》中记载长沮、桀溺，他们讽刺孔子：与其做个"辟人之士"，不如像我们一样做个"辟世之士"。"辟"同"避"。避人对社会的否定是有限的，遇到坏人，我不与他合作，回避他，如此而已。可是当"滔滔者天下皆是也"，天下都是坏人，当权者都是坏人，与其回避这么多坏人，不如干脆回避社会，我隐居起来，躲到深山老林里去，彻底不与现实世界来往了。所以，避世对社会的否定更为彻底。对于这个问题，孔子是怎么回答的呢？孔子说，"鸟兽不可与同群"，人是不可以与禽兽一起生活的。我们还是要回到现实社会中来，尽管社会有种种缺陷，有种种不完善，但最后还是要通过我们的努力去改造、完善它,这是儒家的理想。

理解了这样的背景,我们再来读9·7到9·9这三章。先看9·7章。

9·7 万章问曰:"人有言,'伊尹以割烹要汤',有诸?"

孟子曰:"否,不然。伊尹耕于有莘之野,而乐尧舜之道焉。非其义也,非其道也,禄之以天下,弗顾也;系马千驷,弗视也。非其义也,非其道也,一介不以与人,一介不以取诸人。汤使人以币聘之,嚣嚣然曰:'我何以汤之聘币为哉?我岂若处畎亩之中,由是以乐尧舜之道哉?'汤三使往聘之,既而幡然改,曰:'与我处畎亩之中,由是以乐尧舜之道,吾岂若使是君为尧舜之君哉?吾岂若使是民为尧舜之民哉?吾岂若于吾身亲见之哉?天之生此民也,使先知觉后知,使先觉觉后觉也。予,天民之先觉者也;予将以斯道觉斯民也。非予觉之,而谁也?'思天下之民,匹夫匹妇有不被尧舜之泽者,若己推而内之沟中。其自任以天下之重如此,故就汤而说之以伐夏救民。吾未闻枉己而正人者也,况辱己以正天下者乎?圣人之行不同也,或远,或近,或去,或不去,归洁其身而已矣。吾闻其以尧舜之道要汤,未闻以割烹也。《伊训》曰:'天诛造攻自牧宫,朕载自亳。'"

"万章问曰:'人有言,"伊尹以割烹要汤",有诸?'""割"是切肉。"烹"是烹饪。"要"是求的意思。万章问:老师,我听说伊尹是通过切肉烹饪得到了商汤的重用,有这回事吗?

关于伊尹的经历有不同的说法,一种说法是,伊尹知道商汤是一个有为的贤君,想去投奔而苦于没有门路。伊尹去做了有莘的家臣。商汤的夫人就来自有莘国。伊尹找到一个做饭的机会,背着饭锅、砧板来拜见商汤,借着谈论烹调滋味的机会向商汤讲治国的道理。商汤见一个厨子竟然懂这么多,于是刮目相看,让伊尹做了丞相,辅佐自己剿灭夏朝,建立商朝,伊尹由此扬名天下。万章举出伊尹之事,显然是有用心的。他是想问,老师,我们可不可以也"枉尺而直寻",违背一点原则,但最后像伊尹一样,帮助国君建立起伟大的功业来呢?万章想说的实际是这个意思。

孟子说"否,不然",不对,不是这样的,把万章的说法断然否定了。其实关于伊尹的事情,《墨子》《庄子》《吕氏春秋》《史记·殷本纪》等都有记载,说法不完全一致,反映当时人们的不同理解。"伊尹耕于有莘之野,而乐尧舜之道焉。"伊尹耕于有莘国的郊野,喜欢尧舜之道。"有"是个词头,没有实际意思;莘是古代一个国家。前面说了,商汤娶了莘国女子做妻子,有莘是商汤妻子的国家。"非其义也,非其道也,禄之以天下,弗顾也",如果不符合义,不符合道,即使把天下作为俸禄送给他,他都不会理睬。"系马千驷,弗视也",古代四马为一驷,千驷就是四千匹马。你给他四千匹马,他都不会看一眼。为什么呢?不符合义,不符合道。"非其义也,非其道也,一介不以与人,一介不以取诸人。""介"同"芥",一介就是一点点。只要不符合义,不符合道,伊尹不会随便送别人一点点东西,也不会随便拿别人一点点东西。伊尹的送和拿都是根据义和道,不符合义和道的事,伊尹是不会做的。伊尹既然如此义薄云霄、品质崇高,怎么可能会"以割烹要汤"呢?所以万章的说法是不对的。

"汤使人以币聘之,嚣嚣然曰:'我何以汤之聘币为哉?我岂若处畎亩之中,由是以乐尧舜之道哉?'"孟子认为,并不是伊尹委屈自己,跑去给商汤做了一个做饭的,由此获得了主人的关注和欣赏,而是商汤听说伊尹很有才华,派人拿着玉璧去聘请他,这时候伊尹还不干呢!伊尹不以为然地说,我要商汤的聘礼有什么用呢? 我还不如待在田野,喜欢我的尧舜之道呢,还不如在这里独善其身呢。"嚣嚣"是无欲自得貌。

"汤三使往聘之,既而幡然改",商汤几次派人去礼聘,伊尹幡然悔悟。什么是儒家? 儒家就是不仅要做到独善其身,更重要的是还要兼济天下。独善其身,是在条件不具备的时候,保住我们的道德底线。但是一旦条件具备,机会出现的时候,儒者一定是要积极入世,改变社会的。所以当商汤几次派人来聘请伊尹时,伊尹的思想转变了,说道:"与我处畎亩之中,由是以乐尧舜之道,吾岂若使是君为尧舜之君哉? 吾岂若使是民为尧舜之民哉?"我与其一个人待在田野之中,独善其身,享受尧舜之道,何不让这位君主也变得像尧舜那样的君主,让这些民众变得像尧舜那个时代的民众?"吾岂若于吾身亲见之哉?"我何不在有生之年就亲眼看到这些愿望得到实现呢? 一个人理解尧舜之道,享受尧舜之道,这是独善其身;感化影响国君、民众,使他们都理解尧舜之道,喜悦尧舜之道,这是兼济天下。所以说,"天之生此民也,使先知觉后知,使先觉觉后觉也"。老天生下来这些民众,其中一定有先知者,也有后知者;有先觉者,也有后觉者。先知先觉者应该去感化、影响那些后知后觉者,不能仅仅做到独善其身就满足了,而应进一步去兼济天下。"予,天民之先觉者也;予将以斯道觉斯民也。非予觉之,而谁也?"我就是老天生民中的先觉者,因为我理解了尧舜之道,享受到尧舜之道。但是我还要把我的理解、感受,我体会到的乐处,告诉给民众,传播给民众,让他们也能体会、理解尧舜之道。我不去开导他们,还会有谁去呢?用孔子的话讲,"己欲立而立人,己欲达而达人"(《论语·雍也》),不仅是独善其身,还要兼济天下,这是儒家的精神。

这里注意一点,孟子说的"斯道"应该就是尧舜之道,"以斯道觉斯民也",就是用尧舜之道来唤醒民众、引导民众。可是,尧舜之道又具体何指呢?如果根据竹简《唐虞之道》,尧舜之道应是指"禅而不传",指实行禅让。但孟子的理解显然与此不同,孟子所谓的尧舜之道应该就是仁义之道,其实是孟子之道,是借他人酒杯浇自己块垒。而在孟子那里,仁义之道包括了性善、仁政、民贵君轻等。"孟子道性善,言必称尧舜"(《孟子》5·1),所以孟子说的尧舜之道,显然是包括性善。在孟子看来,"人之所以异于禽兽者几希,庶民去之,君子存之"(《孟子》8·19)。人不同于禽兽的地方只有那么一点点,就是人有善性、善端,一般老百姓不懂得这一点,轻易就丢弃了,而君子懂得扩充、培养。所以,先知先觉的君子应该去教导民众,我们每个人都有生而所具的善端,这是人之为人之所在,应扩充培养。只要扩充培养,就可以成为堂堂正正、顶天立地的大丈夫。还有民贵君轻,一般老百姓不懂得这一点,应该去启发、告知他们。对于国君,则应启发其行仁政、王道。"非予觉之,而谁也?"如果我不去启发、开导他们,那么又会有谁呢?

以上是孟子引伊尹的话,下面孟子自己说:"思天下之民,匹夫匹妇有不被尧舜之泽者,若已推而内之沟中。""内"读为"纳"。我想到天下的民众,如果有一男一女没有得到尧舜之道的恩泽,就像是我把他们推到了沟中一样。"其自任以天下之重如此,故就汤而说之以伐夏救民。"伊尹就这样承担起天下的重任,于是去接近商汤,告诉他应该讨伐夏桀,拯救民众。所以不是如人们所传说的,是伊尹煞费苦心跑去给商汤当厨子,而是商汤主动礼聘伊尹为自己的相。伊尹虽然最后选择了出仕,做了商汤的臣下,但他的目的还是为天下人着想,是为了拯救生民于水火。况且,"吾未闻枉己而正人者也,况辱己以正天下者乎?"我从来就没有听说过不端正自己,却能匡正别人的。如果伊尹跑去做厨师,"以割烹要汤",靠做饭获得主人的赏识,已经是在羞辱自己;以羞辱自己的方式出仕,即使获得高位,又怎么能给天下人树立榜样?怎么能去匡正天下呢?

在这方面,古代的圣人实际已经为我们树立了榜样。"圣人之行不同也,或远,或近,或去,或不去,归洁其身而已矣。"古代的圣人处事的方式虽然有所不同,有的与国君疏远,有的与国君亲近,有的辞官而去,有的忍辱负重,但是归根结底,都是要洁身自好,这是底线。如果连这一点都突破的话,那就完全不可取了。"吾闻其以尧舜之道要汤,未闻以割烹也。"所以,我只听说伊尹是通过尧舜之道打动了汤,得到汤的重用,而不是委曲求全,去给汤做厨师,因为饭做得好,而得到重用。

最后,孟子引《尚书·伊训》结束本章:"天诛造攻自牧宫,朕载自亳。"《伊训》是《尚书》中的一篇。据说商汤去世后,太甲即位,伊尹做《伊训》《肆命》《徂后》,教导、训诫太甲。我们今天看到的《伊训》是伪古文《尚书》,出于后人的假托,可能已不是原貌了。《尚书》比较难理解,须做些解释、说明。"天诛",上天的诛伐。"造"是始的意思。"攻"是行。"牧宫",桀的宫室名,这里指夏桀。"朕",伊尹自称。"载",始的意思。"亳",商汤的国都。翻译过来就是:上天的讨伐是夏桀自己引起的,我不过是从亳都开始谋划罢了。意思是,自作孽,不可活。夏桀违背天命,遭到讨伐,我不过是替天行道而已。

我们可以看到,9·7章主要讨论的是士人如何出仕的问题。万章举出了伊尹的故事,其实还是询问一个老问题——我们可不可以"枉尺而直寻"?违背一点原则,委屈一下自己,最后达到一个好的结果和目的。孟子认为不行。你只有端正自己,才可能去端正别人;你羞辱自己,丢掉了人格尊严,即使有机会出仕又怎么能去匡正天下呢?显然是不可能的。不只是这一章,后面两章讨论的也是这一问题。说明在孟子时代,如何出仕成为困扰士人的问题。一方面当时诸侯国招贤纳士,为士人提供了出仕的机会。但士人真正走上仕途,又需要机遇,需要他人的推荐,尤其是国君身边人的引荐。可是国君身边的人,往往不是佞臣,就是宦官,那么你要不要去接近这些人?甚至讨好这些人?从儒者的理想看,显然是不应该的。但这样一来,岂不是失去了出仕的机会?不仅无法施展才干,救民于水火,而且可能一生贫困,默默无闻。真是两难的选择!在这种情况下,是灵活变通,"枉尺而直寻",还是崇仁守义,坚守道德底线?这样的问题就摆在孟子这样的儒者面前。

我们看9·8章,依然讨论的是士人出仕的问题。

9·8 万章问曰:"或谓孔子于卫主痈疽,于齐主侍人瘠环,有诸乎?"

孟子曰:"否,不然也;好事者为之也。于卫主颜雠由。弥子之妻与子路之妻,兄弟也。弥子谓子路曰:'孔子主我,卫卿可得也。'子路以告。孔子曰:'有命。'孔子进以礼,退以义,得之不得曰'有命'。而主痈疽与侍人瘠环,是无义无命也。孔子不悦于鲁、卫,遭宋桓司马将要而杀之,微服而过宋。是时孔子当厄,主司城贞子,为陈侯周臣。吾闻观近臣,以其所为主;观远臣,以其所主。若孔子主痈疽与侍人瘠环,何以为孔子?"

"万章问曰:'或谓孔子于卫主痈疽,于齐主侍人瘠环,有诸乎?'""主"通"住",指住在某一个人家里。古代,士人游说诸侯,到了某个国家,往往是投靠到某个大夫或有权势的人门下,借住在他的家里,通过他的推荐,获得出仕的机会。故借住在某人家里,不仅是借宿的关系,还反映了其政治立场和态度,关系重大。明白了这一点,我们再来看万章的问题。万章问,有人说孔子到卫国的时候住在痈疽的家里,到齐国的时候住在侍人也就是宦官瘠环的家里,有这回事吗?痈疽、瘠环分别是卫灵公和齐景公宠幸的宦官,二人身份都是宦官,故万章实际想问,孔子当时是不是通过接近卫国、齐国国君身边的太监的方式出仕的?

孟子说,"否,不然也;好事者为之也",不对,没有这回事,这是好事之徒编造出来的。"于卫主颜雠由。"孔子在卫国的时候,不是住在痈疽家,而是住在颜雠由家。颜雠由是什么人?是卫国的一位贤大夫。所以孔子不是投靠在宦官门下,而是靠贤大夫颜雠由的推荐。"弥子之妻与子路之妻,兄弟也。弥子谓子路曰:'孔子主我,卫卿可得也。'"当时卫国有个叫弥子瑕的人,他的妻子与子路的妻子是姐妹。弥子瑕对子路说,告诉你们老师,让他投靠到我的门下,我一定保证他在卫国当上国卿。弥子瑕为什么这么有底气呢?因为他深受卫灵公的宠幸。宠幸到什么程度?看看下面两个故事就知道了。一次,弥子瑕听说母亲得了重病,一着急,招呼也不打,就私自驾着卫灵公的马车出宫探望母亲去了。按当时法律,私用君王的马车,是要砍掉双腿的。可是卫灵公得知后,不但不怒,反而赞叹说:多么孝顺的人啊,为了母亲甘愿冒这样的危险!又有一次,弥子瑕陪伴卫灵公游览果园。正是桃子成熟的季节,园中果实累累,红绿相间。弥子瑕摘下一个桃子,吃了一口,把剩下的顺手递给了灵公。灵公几口吞咽下去,不仅不嫌弃,还得意洋洋地说,弥子瑕是怕桃子不够熟,所以先替我尝尝是否酸涩,这是关心主上的表现。后来人们用断袖分桃说男人间的宠幸关系,断袖说的是汉哀帝与董贤的事,分桃就是讲卫灵公与弥子瑕。这个故事见于《韩非子·说难》。所以不难理解弥子瑕为什么敢向孔子打包票。

"子路以告。孔子曰:'有命。'"可是当子路转告孔子后,孔子是什么态度呢?孔子说,"有命"。孔子说到了命,认为我能不能得到出仕的机会,能不能得到国卿的职位,是由命决定的,而不是弥子瑕说了算的。我们注意一下,这里的"命"应该怎么理解?

"孔子进以礼,退以义,得之不得曰'有命'。"孟子接着说,孔子出仕是根据礼,辞官是根据义,至于能不能得到官职,他说这是命。这里的命是指命运,是指人力不可控制的客观形势、社会合力,或是某种机缘巧合,偶然因素。我自己遵从礼,遵从义,这是尽人事,至于能不能得到出仕的机会,这要听天命。用今天的话说,就是要尽人事以待天命。孟子这里实际是包含了一个天人之分的思想,郭店竹简《穷达以时》说:"有天有人,天人有分。察天人之分,而知所行矣。"这里的"天"指命运天,所谓"遇不遇,天也",也就是本章所说的命。"人"指人事。竹简认为天有天的职分,人有人的职分,明白了哪些属于天控制的范围,哪些属于人努力的范围,就知道该如何做为了。竹简《语丛一》:"知天所为,知人所为,然后知道,知道然后知命。"这里的"天所为""人所为"就是其职分和作用,也就是天人之分。懂得了天人之分也就懂得了道,懂得了道也就知道如何对待命。具体到出仕的问题,"进以礼,退以义",这属于人,属于人的职分;"得之不得",这属于天,属于天的职分,天控制的范围。所以孔子对于出仕,只需坚持"进以礼,退以义"的原则,至于"得之不得",只好归之于命了。所以孔子是"知道",懂得道,也"知命",知道如何对待命。"而主痈疽与侍人瘠环,是无义无命也","而"是如果的意思。相反,如果投靠在痈疽、瘠环的门下的话,就是"无义无命",既不符合义,也不符合命。

上面说的是孔子在卫国、齐国的经历,下面讲孔子在宋国、陈国的事情。"孔子不悦于鲁、卫,遭宋桓司马将要而杀之,微服而过宋。"孔子在鲁国、卫国郁郁不得志,他到了宋国,又遇到宋国的桓司马要拦截杀害他。"要而杀之"的"要",通"腰",半路拦截的意思。面对重重困难,孔子不得已,改变了服装,悄悄地路过了宋国。"是时孔子当厄,主司城贞子,为陈侯周臣。""当"是遇到。"厄"是困厄。这时孔子处境困难,从宋国逃出来以后,到了陈国,投靠到陈国大夫司城贞子的门下,住在他的家里,做了陈侯周的臣下。陈侯周指陈国国君,名周。所以孔子在陈国找到了出仕的机会,但并不是通过国君身边的佞臣、宦官,而是靠大夫的推荐。这些大夫在朝中有较好的名声。孟子为什么强调这一点呢?

"吾闻观近臣,以其所为主;观远臣,以其所主。""近臣"指在朝的臣子,"远臣"指外来的臣子。"主"就是住。"所为主",所接待。"所主",所借宿,所投靠。孟子说,我听说观察在朝的臣子,要看他所接待的是哪些人;观察外来的臣子,要看他投靠的是哪些人。物以类聚,人以群分。外来的臣子,如果他投靠的是宦官、佞臣,他的志向也好不到哪儿去。即使有机会出仕,也做不到"行其义",更无法给他人树立榜样。"若孔子主痈疽与侍人瘠环,何以为孔子?"所以说,如果当时孔子投靠了痈疽和宦官瘠环,怎么还算得上是孔子呢?在孟子的心目中,孔子是自有生民以来最伟大、最崇高的人,他怎么可能做这种蝇营狗苟的事情,怎么可能以这样的方式来获得出仕的机会,获得权力呢?一定不是如此。

所以,9·8章与9·7章一样,也是讨论进退出处之道,只不过讨论的对象是孔子。下面9·9章则以百里奚为例,继续讨论这一主题。

9·9 万章问曰:"或曰,'百里奚自鬻于秦养牲者五羊之皮,食牛,以要秦穆公',信乎?"

孟子曰:"否,不然;好事者为之也。百里奚,虞人也。晋人以垂棘之璧与屈产之乘假道于虞以伐虢。宫之奇谏,百里奚不谏。知虞公之不可谏而去,之秦,年已七十矣,曾不知以食牛干秦穆公之为污也,可谓智乎?不可谏而不谏,可谓不智乎?知虞公之将亡而先去之,不可谓不智也。时举于秦,知穆公之可与有行也而相之,可谓不智乎?相秦而显其君于天下,可传于后世,不贤而能之乎?自鬻以成其君,乡党自好者不为,而谓贤者为之乎?"

"万章问曰:'或曰,"百里奚自鬻于秦养牲者五羊之皮,食牛,以要秦穆公",信乎?'""鬻"是卖;"自鬻",卖了自己。什么价格呢?"五羊之皮",五只羊的皮。"食(sì)牛",为人养牛。万章问,老师,有人说了,百里奚以五张羊皮的价格把自己卖给秦国养牲畜的人,替人养牛,以获得秦穆公的任用,这事可信吗?万章所问的百里奚,本是春秋时期虞国的一个大臣,虞国灭亡后,他逃到了秦国,得到秦穆公的信任,被委以国政。百里奚相秦七年,"谋无不当,举必有功",内修国政,外图霸业,开地千里,称霸西戎,建立不朽功业。关于百里奚如何得到了秦穆公的重用,有不同的说法。一种说法见于《史记·商君列传》,是说百里奚听说秦穆公贤明,想去投奔,但没有路费,"行而无资",无法成行,于是自己把自己卖给了秦国人,替人放牛,这样来到了秦国。百里奚本来是一个大夫,虽然屈尊为人放牛,见识还是不一样,金子总会发光,一年之后,终于受到秦穆公的关注,"举之牛口之下,而加之百姓之上"。百里奚替人放牛,等于是从牛嘴巴下提拔的贤人,所以说"举之牛口之下"。秦穆公授以国政,让其管理百姓,所以说"加之百姓之上"。这是一种说法,认为百里奚是主动来投靠秦穆公,通过委曲求全的方式,得到秦穆公的重用。《史记·秦本纪》还记载了另外一种说法。晋献公灭了虞国,百里奚被俘沦为奴隶,后来晋献公的女儿嫁给秦穆公做夫人,将百里奚作为陪嫁的奴隶带到秦国。百里奚不堪忍受,于是逃出秦国,跑到楚国边界时被俘虏了。这时秦穆公已发现百里奚的身份,知道他是位难得的人才,想用重金把他赎回来,但又怕对方不答应——既然此人这么重要，为何我们楚国不留着使用呢？或者干脆杀掉，免得以后成为我们的敌人。于是秦穆公派人对楚王说，我有一个陪嫁的奴隶跑到你们这里了，我给你五张黑羊皮，你把他送还回来。楚王没多想，就答应了。所以百里奚又称五羖大夫，五张羊皮的大夫。百里奚回到秦国后，被委以重任，帮助秦穆公建立功业，称霸西戎。关于百里奚，有两种不同记载。万章所问，显然是前一种。

孟子说，"否，不然；好事者为之也"，不对，不是这样，这是好事之徒编造的。"百里奚，虞人也。"百里奚是虞国的一个大夫，周初武王牧野之战大败殷人后，分封诸侯，"立七十一国，姬姓独居五十三人"（《荀子·儒效》）。虞国就是其中的一个姬姓国。始封君是周太王古公亶父的儿子仲雍的曾孙虞仲，封地在今天山西省南部夏县和平陆县北一带。古代宗法组织盘根错节，与武王沾亲带故的都可以得到分封，虞仲是太王的后裔，当然也在分封的范围内。虞国是一个小国，不过围绕它产生了两个著名的成语，一个是假途灭虢，一个是唇亡齿寒。"晋人以垂棘之璧与屈产之乘假道于虞以伐虢。"虞国和虢国是相邻的两个小国，晋国想灭掉虢国，但要从虞国经过，于是就对虞国国君说，我想攻打虢国，要从虞国路过一下。我不会打你，这个你放心，我会送你宝物，算是过路费吧。什么宝物呢？"垂棘之璧与屈产之乘"，垂棘这个地方出产的玉璧和屈这个地方出产的良马。虞国国君见宝眼开，好，没问题，一口答应了。这就是著名的假途灭虢的故事。当时虞国有两位贤大夫，一位是宫之奇，一位是百里奚。"宫之奇谏，百里奚不谏。"宫之奇向国君进谏,虢国是虞国的屏障,虢国灭亡,虞国也会跟着亡国。我们虞国与虢国就好比牙齿和嘴唇的关系,嘴唇没有了,牙齿也会寒冷,所以一定不能借给晋国人道路。这就是唇亡齿寒成语的由来。但是虞国国君根本听不进去。我们注意一下,宫之奇进谏时,百里奚做什么了?"百里奚不谏",没有进谏。为什么呢?"知虞公之不可谏而去",因为他知道虞国国君根本不可进谏,根本听不进去,与其进谏,还不如赶快离开虞国到别的国家去吧。我们注意一下,在宫之奇和百里奚之间,孟子有没有倾向?有没有肯定前者,否定或者说批评后者?没有。我们想想,为什么?百里奚没有进谏,"之秦,年已七十矣",跑到秦国时已经七十岁了,已过了知天命之年,已看透了人间的穷达祸福,应该已做到波澜不惊、宠辱皆忘。"曾不知以食牛干秦穆公之为污也,可谓智乎?""曾"是竟、竟然。"干"是求、干求的意思。难道他竟然不知道,靠替人养牛以求得秦穆公的重用,这是一件被人瞧不起的事情?这样做能算是明智吗?"不可谏而不谏,可谓不智乎?"他知道国君不可以进谏,就不向他进谏,你能说他不明智吗?"知虞公之将亡而先去之,不可谓不智也。"知道虞国国君早晚要亡国,干脆先离去,不能说他不明智。显然孟子是肯定百里奚的,肯定他的不进谏,肯定他的明哲保身。

孟子接着说,"时举于秦,知穆公之可与有行也而相之,可谓不智乎?""时举于秦",即举于秦时。"有行",有为的意思。当百里奚在秦国得到重用时,他知道秦穆公是可以有所作为的,于是就去辅佐他,你能说他不明智吗?百里奚本是虞国的大臣,当虞国面临亡国的危险时,他没有选择与之共存亡,而主动离开,投奔了另外一个国家秦国。这样的做法,孟子没有从道德上进行谴责和批判,反而认为是明智的。"相秦而显其君于天下,可传于后世,不贤而能之乎?"辅佐秦国,使国君扬名于天下,流芳后世,不贤明能够做到这一点吗?"自鬻以成其君,乡党自好者不为,而谓贤者为之乎?""而"表示转折,却的意思。自卖其身,成就他的国君,乡下洁身自好的人都不会去做,难道你认为一个贤者会做出这样的事情吗?显然是不会的。孟子不同意"自鬻"说,似乎也没有取"赎买"说,而是提出"之秦"说,认为百里奚是主动离开虞国投奔秦国的。孟子的说法有无根据?我们只能说,孟子不只是在谈百里奚,还包含了夫子自道,同时是在表达自己的思想观念和价值立场。

9·9章仍是讨论出仕之道,孟子反对"自鬻"说,不赞同士人委曲求全、自辱其身以获得出仕的机会,与前面两章的主旨是一致的。不过本章有一点值得关注,百里奚在虞国面临亡国危险时,没有积极进谏,而是明哲保身;在国家将要灭亡时,又先逃离虞国,投奔秦国;孟子对他的做法予以肯定,认为是明智的。这又该如何理解呢?与儒家强调的杀身成仁、舍生取义是否矛盾呢?其实不矛盾。儒家主张积极出仕,得君行道,但现实中的君有贤与不贤之分。当坏人当道时,一个智者就应该全身而退。所以孔子讲,"邦无道则可卷而怀之"(《论语·卫灵公》),"邦无道,免于刑戮"(《论语·公冶长》);甚至称赞宁武子,"邦有道则知,邦无道则愚;其知可及也,其愚不可及也"(《论语·公冶长》)。国家有道时,宁武子很有智慧;国家无道时,他显得很愚笨,不发表评论,闭口不说了。宁武子的智慧,别人学得到;他的愚笨也就是明哲保身,是别人学不到的。在当时,邦无道就是君无道,所以孔、孟都不主张对君主愚忠,他们是民本论者,而不是君本论者。至于杀身成仁,舍生取义,主要是针对民众而言,是维护民众的利益,坚守人间的道义,而不是为国君甚至国家无谓地献出生命。孟子讲,"民为贵,社稷次之,君为轻"。为民可以杀身成仁,舍生取义,为君和社稷则不必。

《万章上》9·7至9·9三章,主要讨论士人的进退出处之道,一方面主张积极出仕,另一方面又反对"不由其道而往",反对用不正当的方式获得官位,因而在出仕问题上表现出一定的紧张和矛盾。出现这种情况,主要是因为孔、孟等早期儒者选择了得君行道的方式。得君行道一方面将道置于君之上,用道来规范权力、引导权力,有其积极意义;但另一方面又将道依附君和权力,道最终能否实行还是取决于君,取决于君的意志。故当昏君当道、邦无道时,对于坚守出仕原则的儒者来说,留下的只能是无奈,只能退而求其次,承认明哲保身的合理性。但是我们应知道,儒家从孔、孟开始,除了得君行道的道路外,还存在另一条觉民行道的道路,就是孟子所讲的"予,天民之先觉者也;予将以斯道觉斯民也"。孔、孟前期走的都是得君行道的道路,这条道路被证明是走不通的。但他们在周游列国、得君行道的同时,也在传道、授业、解惑,在做觉民行道的工作。特别是到晚年,他们著书立说,从事教育,反而通过觉民行道为儒家开出了一线生机。在这条道路上，我认为他们是成功的。

今天我们讨论儒学，自然面临重新选择的问题。儒学有强烈的政治关怀，从孔、孟开始便将出仕作为一个重要话题，《孟子》中更是有大量讨论出仕的内容——如何出仕？又该在何时隐退？这始终是孟子所焦虑的问题。但是我们不应忘记，孔孟在积极出仕、得君行道的同时，还走了一条觉民行道的道路。如果只看到前者，忽略了后者，显然是不全面的。特别是在今天，儒家的关注点不应只在官场，更应该在社会，只有走觉民行道的道路，才有可能为儒学开出一片新的天地。

万章下

梁涛 解读

《万章上》九章主要涉及三方面的内容：一是舜的孝行（9·1、9·2、9·3、9·4）；二是尧舜禅让（9·5、9·6）；三是进退出处之道，分别以伊尹（9·7）、孔子（9·8）、百里奚（9·9）为例。《万章下》也有九章，除 10·2 章谈周代的爵禄制度，10·8 章论友，涉及知人论世，10·9 章论卿的职责较特殊外，其余六章主要是谈进退出处之道，与《万章上》第三方面的内容基本相同，是对这一主题的进一步延伸。其中，10·1 章谈孔子集大成，但主要针对的是出仕原则，与其他章谈集大成侧重有所不同。10·3 章谈交友原则，但主要是谈掌握权力的国君、卿大夫如何与士人交友，实际还是谈出仕。10·4 到 10·7 这四章都是谈出仕原则，涉及君主如何尊贤、养贤的问题。故《万章下》的六章都是谈出仕，但范围有所扩大，不仅自下谈士人的出仕之道，还自上谈国君、大夫如何尊贤、养贤。一个士人进入了仕途，参与政治，如何保持你的人格独立？如何与当权者尤其是为你提供俸禄的人相处？同时，那些掌握权力、资源的人,又应当怎样尊重一个士人、贤者?《万章下》主要讨论了这些问题。

我们读《孟子》,可以明显地感到孟子对于出仕的焦虑。要不要出仕?答案是肯定的,当然要出仕。但是当你出仕之后,如何能保持独立人格?坚守住道义和理想?如何与当权者相处、交往?甚至如何对出仕的合理性做出辩解和说明?这些都是困扰孟子的问题。那么,孟子在权力面前为什么要如此看重人格独立?其精神动力来自哪里?在当时是否有代表性?关于这些问题,赵岐《孟子题辞》中有一段话,我觉得讲得很好,抄在这里,可能有助于我们的理解。

> 周衰之末,战国纵横,用兵争强,以相侵夺。当世取士,务先权谋,以为上贤,先王大道陵迟躔废。……孟子闵悼尧、舜、汤、文、周、孔之业将遂湮微,正涂壅底,仁义荒怠,佞伪驰骋,红紫乱朱。于是则慕仲尼周流忧世,遂以儒道游于诸侯,思济斯民。

按照赵岐的说法,战国时期各诸侯国政治、外交上奉行合纵连横的政策。这里的"纵横"可以从两方面理解,既可以指放肆、恣肆,也可以指合纵连横,主要应从后一方面来理解。合纵是"合众弱以攻一强",就是许多弱国联合起来抵抗一个强国,以防止强国的兼并。连横是"事一强以攻众弱"(《韩非子·五蠹》),就是由强国拉拢一些弱国来进攻另外一些弱国,以达到兼并土地的目的。这里的强、弱是相对而言的,开始是西边的秦国、东边的齐国为强,中原各国为弱,后来秦国越来越强大,"一强"就专指秦国了。这是政治、外交的情况。军事上则是"用兵争强,以相侵夺",也就是推崇武力,恃强凌弱,相互侵略攻夺。在这样的背景下,当时诸侯任用的多为权谋之士,纵横家和法家大行其道,被看作"上贤",也就是最好的、最适用的人才。这与三代以来的传统是不同的。按照儒家的解释,三代奉行的是仁义,而不是权谋,所以说"先王大道陵迟隳废"。"先王大道",从下文看,就是尧、舜、汤、文、周之道。"陵迟"是衰微的意思,不是千刀万剐的凌迟。"隳废"是废弃、败坏的意思。下一句很重要,"孟子闵悼尧、舜、汤、文、周、孔之业将遂湮微",为什么重要?因为它道出了孟子的关切和志向。孟子生当战国之世,面对崇尚权谋、功利的社会潮流,他不是随波逐流,而是挺身而出,高举起仁义的大旗,把恢复尧、舜、汤、文、周、孔之业当作毕生的追求。所以他与那个时代是格格不入的。

我们知道,韩愈写过一篇《原道》,提出儒家有一个精神传统,也就是道统,这个道统由来已久,"尧以是传之舜,舜以是传之禹,禹以是传之汤,汤以是传之文、武、周公,文、武、周公传之孔子,孔子传之孟轲,轲之死,不得其传焉"。韩愈说孟子死后,道统就中断、不传了,将孟子抬得很高。所以以后讨论孟子地位的提升,都会追溯到韩愈的《原道》。但人们往往忽略了一点,韩愈的道统说其实受到赵岐《孟子题辞》的影响,二者具有某种联系。赵岐说孟子惋惜尧、舜、汤、文、周、孔的事业湮没不闻,也就是孟子要自觉成为尧、舜、汤、文、周、孔之业的承继者;韩愈说道统是由尧、舜、禹、汤、文、武、周公一脉相传,然后由孔、孟承其续,二者是不是很相似呢?赵岐突出仁义,将它看作"儒道"的核心内容;韩愈说"博爱之谓仁,行而宜之之谓义,由是而之焉之谓道","道"主要指仁义,二者也是一致的。所以韩愈写《原道》,显然是受到赵岐的启发和影响,他们都认为孟子的贡献在于承继尧、舜、禹、汤、文、武、周、孔之道或业。需要注意的是,在赵岐、韩愈所列的道统谱系中,尧、舜、禹、汤为圣王,德与位合一;孔子为素王,德与位分离,须通过出仕的方式,仕以行道,以德配位,重新寻找德与位的统一,故特别强调"修己以敬",重视人格的塑造和培养,其对于道统的贡献反超过尧、舜、禹、汤诸位圣王。如朱熹所说,"若吾夫子,则虽不得其位,而所以继往圣、开来学,其功反有贤于尧舜者"(《四书章句集注·中庸章句序》)。孟子也认为"夫子贤于尧、舜远矣",表示"乃所愿,则学孔子"(《孟子》3·2)。从这一点看,孟子重视独立人格确实渊源有自,他的精神动力主要是来自孔子,来自对道统的承继和担当,所以他要学习孔子,"以儒道游于诸侯,思济斯民"。"儒道"就是先王之道,仁义之道。孟子要以仁义之道,拯救苍生,接济斯民,所以孟子的人生志向和追求与当时士人是根本不同的。

当时士人的志向是什么呢?以当时影响最大也最吃香的纵横之士为例,他们追求的当然是富贵权势。据《战国策·秦策一》,苏秦当年游说秦王不成,"归至家,妻不下纴,嫂不为炊,父母不与言"。"纴"是织布机。妻子不下织布机,嫂子不给做饭,父母不跟他说话,可谓尝尽了人间的世态炎凉。"苏秦喟叹曰:'妻不以我为夫,嫂不以我为叔,父母不以我为子,是皆秦之罪也!'"苏秦没有怨天尤人,因为他看透了,知道这个世界是现实的,是冷酷的,与其抱怨别人,不如自己掌握自己的命运。于是他闭门苦读,研《阴符经》,练揣摩之术。"读书欲睡,引锥自刺其股,血流至足。"这就是著名的锥刺股的典故,相信每个人都曾从中受到过激励。可是大家忽略了一点,苏秦奋发有为的动力是什么呢?其实苏秦自己说得很明白:"安有说人主不能出其金玉锦绣,取卿相之尊者乎?"哪有游说人主却不能让他们拿出金玉锦绣,得到卿相这样的尊位呢?所以苏秦的人生目标很明确,就是获得锦绣玉帛、卿相之位,他锥刺股的动力就是来自这里。"期年,揣摩成,曰:'此真可以说当世之君矣。'"过了一年,终于练成了揣摩之术,他自信满满地说:这次我真的可以游说当世的君主了。后来苏秦果真以合纵之术成功游说赵、韩、魏、齐、楚、燕等六国,任"从约长"——相当于合纵联盟的联盟长,同时兼任六国的国相,佩六国相印,真是人生得意,好不威风!正好这时,苏秦出使楚国,路过洛阳(苏秦是东周洛阳人),父母听说后,出迎三十里,"妻侧目而视,倾耳而听;嫂蛇行匍伏,四拜自跪而谢"。妻子不敢正视,侧着耳朵听他说话;而嫂子跪在地上,像蛇一样爬行。苏秦问:"嫂何前倨而后卑也?"嫂子为什么以前傲慢,现在又这样谦卑呢?嫂曰:"以季子之位尊而多金。"因为你地位尊贵,又多钱财。苏秦感叹道:"嗟乎!贫穷则父母不子,富贵则亲戚畏惧。人生世上,势位富贵,盖可忽乎哉！"一个人穷困落魄，父母都不把他当儿子，而一旦富贵显赫，亲戚朋友都会感到畏惧。因此，人生在世，权势富贵，怎么能忽视呢？怎么能说它不重要呢？苏秦的感叹，不是个人的感叹，而是一个时代的感叹，是一个时代价值观的体现。所以任何时代坚守理想的只能是少数，而大多数人是随波逐流的。

其实这种情况，在《孟子》中也有反映。我们看《滕文公下》6·2章，一个叫景春的人感叹：公孙衍、张仪难道不是大丈夫吗？他们一发怒，诸侯都会害怕；他们平静下来，天下就太平无事。公孙衍、张仪是什么样的人呢？他们是纵横家，也就是提倡合纵连横的人。由于战国时期各个国家都实行合纵连横的政治、军事策略，纵横家成为当时的风云人物，炙手可热，备受追捧，用今天的话说，是绝对的成功人士。所以每个时代都会出现一些风云人物，他们的一喜一怒影响到天下的安危，影响到天下的安定。但是在孟子看来，他们是"以顺为正者"，是看主子眼色行事的，奉行的是"妾妇之道"，根本算不上是大丈夫，只能算是小媳妇。父母要嫁女儿，就会告诫她，到公婆家之后，一定要规规矩矩，看公公婆婆的眼色行事。公孙衍、张仪就是看诸侯眼色行事的人，他们没有自己的原则，更没有什么操守，谁给俸禄，谁出钱，就帮谁说话。对于这样的人，孟子是很不屑的。

那么什么是大丈夫呢？真正的大丈夫，他们是以"仁"为"广居"，以"礼"为"正位"，以"义"为"正路"，他们站得直，行得正，坚定不移，"富贵不能淫，贫贱不能移，威武不能屈"，具有崇高的精神境界，这才叫大丈夫。所以说在孟子心目中，士人首先要有一种精神信仰、一种责任担当，他们关注于人间的政治秩序和普遍利益，坚守着人间的道义和理想。他们对政治充满热情，希望积极出仕，仕以行道，而不只是为个人谋取饭碗。这样，他们如何与当权者，与掌握权力、资源的人相处，就成了一个令人焦虑的问题。一个人放弃原则往往会如鱼得水，但是要坚持原则的话，有时候真是寸步难行。这是孔、孟包括以后的荀子永远的焦虑，是始终困扰他们的问题。

了解了这样一个背景，我们再来读《万章下》，就容易理解了。我们来看10·1，本章比较孔子与伯夷、伊尹、柳下惠的出仕原则，而肯定孔子集大成。

10·1 孟子曰："伯夷，目不视恶色，耳不听恶声。非其君不事，非其民不使。治则进，乱则退。横政之所出，横民之所止，不忍居也。思与乡人处，如以朝衣朝冠坐于涂炭也。当纣之时，居北海之滨，以待天下之清也。故闻伯夷之风者，顽夫廉，懦夫有立志。

"伊尹曰：'何事非君？何使非民？'治亦进，乱亦进，曰：'天之生斯民也，使先知觉后知，使先觉觉后觉。予，天民之先觉者也。予将以此道觉此民也。'思天下之民匹夫匹妇有不与被尧舜之泽者，若己推而内之沟中——其自任以天下之重也。

"柳下惠不羞污君，不辞小官。进不隐贤，必以其道。遗佚而不怨，厄穷而不悯。与乡人处，由由然不忍去也。'尔为尔，我为我，虽袒裼裸裎于我侧，尔焉能浼我哉？'故闻柳下惠之风者，鄙夫宽，薄夫敦。

"孔子之去齐，接淅而行；去鲁，曰：'迟迟吾行也，去父母国之道也。'可以速而速，可以久而久，可以处而处，可以仕而仕，孔子也。"

孟子曰："伯夷，圣之清者也；伊尹，圣之任者也；柳下惠，圣之和者也；孔子，圣之时者也。孔子之谓集大成。集大成也者，金声而玉振之也。金声也者，始条理也；玉振之也者，终条理也。始条理者，智之事也；终条理者，圣之事也。智，譬则巧也；圣，譬则力也。由射于百步之外也，其至，尔力也；其中，非尔力也。"

孟子这里提到伯夷、伊尹、柳下惠，其中伯夷是商末孤竹君的长子。孤竹国是商朝在北方的一个属国，在今天河北东部唐山一带。孤竹君偏爱第三子叔齐，想把王位传给他，但是叔齐与哥哥伯夷感情很好，内心不接受。父亲死后，叔齐对伯夷说，你是哥哥，应该你即位。伯夷说，这是父亲定下来的，怎么能随便改变呢？伯夷怕弟弟为难，也确实不愿做这个国君，只好逃走了。叔齐见让国不成，干脆国君不做了，跟着哥哥一起逃吧。逃到哪儿去呢？伯夷、叔齐听说西伯姬昌（也就是周文王）不错，善养老人，于是投奔姬昌。他们到了西岐，正赶上文王去世，武王带着部队去讨伐商纣。伯夷、叔齐一听，这哪儿行？跑到路边拉着武王的马缰绳说，父亲死了还没有下葬，就发动战争，这能算是孝吗？作为臣子讨伐君主，这能算是仁吗？武王灭商以后,他们不食周粟,采薇而歌,饿死在首阳山上。伯夷、叔齐叩马而谏,反对武王伐纣,与孟子思想并不一致。孟子说:"闻诛一夫纣矣,未闻弑君也。"(《孟子》2·8)我只听说杀了独夫民贼纣,没有听说杀了一位国君。孟子认为可以诛杀暴君,伯夷则表示反对,在这一点上伯夷的思想是保守的,与孟子不同。但是伯夷让国出逃,不食周粟,饿死首阳,其高风亮节还是值得人们赞赏的。司马迁为伯夷作传,说到伯夷、叔齐阻拦武王军队时,武王身边的人要杀掉他们。姜太公吕尚制止说,"此义人也,扶而去之"(《史记·伯夷列传》),这是有节义的人啊,不能伤害他们,把他们搀扶到一边去吧。说明伯夷的人格已超越政治的分歧,受到当时人们的敬重,孟子肯定他也在这一点。

孟子说:"伯夷,目不视恶色,耳不听恶声。"伯夷眼睛不看丑恶的东西,耳朵不听丑恶的声音。"非其君不事,非其民不使。"这两句很重要,说明伯夷的原则性很强,不认可的君主就不侍奉,不认可的民众就不使唤。不论是侍奉的君主,还是管理的民众,都有自己的标准和要求,不轻易妥协。"治则进,乱则退。""治"是社会得到治理,类似于孔子说的"天下有道",社会得到治理,他就出仕;社会混乱,天下无道,他就隐退。这就是伯夷的出仕原则。

"横政之所出,横民之所止,不忍居也。""横政",暴政。"横民",暴民。实行暴政的国家,住有暴民的地方,他都不愿意居住。因为他洁身自好,不愿同流合污,对于恶人、恶政都会远远躲避。"思与乡人处,如以朝衣朝冠坐于涂炭也。"甚至觉得与乡下人相处,就好比穿着礼服、戴着礼帽,坐在泥沼、炭灰上一样。"涂"是泥巴,"炭"是灰,都是不洁之物。

"当纣之时,居北海之滨,以待天下之清也。"纣当政的时候,也就是天下无道的时候,他远远地躲到了北海之滨,等待天下变得清明。孟子的这个说法耐人寻味,说明伯夷对纣也是深恶痛绝的,但他远远躲开了,又反对别人用武力进行反抗,只是被动地等待天下变得清明,这怎么可能呢?所以伯夷的可贵之处不在于其政治态度,而在于其道德操守,这二者是可以适当区分,不必简单等同的。

"故闻伯夷之风者,顽夫廉,懦夫有立志。""顽"是贪婪的意思。听到伯夷的这种风范,贪婪的人会变得廉洁,懦弱的人会立定志向。这就是人格的力量,道义的力量。这种力量一定程度上可以超越政治的分歧,被不同政治立场的人所欣赏,孟子肯定、赞赏伯夷也是基于这一点。

伊尹的出仕原则,又与伯夷不同。"何事非君?何使非民?"什么样的君主不能侍奉?什么样的民众不能使唤?"治亦进,乱亦进",国家治理,天下有道,我出仕;国家混乱,天下无道,我依然出仕。表面上看,伊尹好像走上另一个极端。伯夷是原则性强,不符合原则的绝不妥协;伊尹却似乎没有了原则,好像什么都可以,与伯夷正好相反。

但伊尹有他自己的理由,"曰:'天之生斯民也,使先知觉后知,使先觉觉后觉。予,天民之先觉者也。予将以此道觉此民也。'"这段话在《万章上》9·7章出现过,我们做过分析。从那一章可知,伊尹并非对于出仕没有原则,甚至一度并不热衷于出仕。

但一旦他意识到老天生下的民众中,必然有先知者,有后知者,有先觉者,有后觉者,先知、先觉者应该去启发、教导后知、后觉者,而他就是生民中的先知、先觉者,他已先知、先觉了,他已理解尧舜之道了,他自然把尧舜之道告诉给他的国君,传播给他的民众,使他们成为尧舜那样的国君,尧舜那儿的民众。这种"觉"不是有条件的,不是说社会治理、天下有道时我才去觉后知、觉后觉,而是不管社会治与乱、天下有道无道,我都要去尽我的一份责任。我不下地狱谁下地狱?我不去侍奉昏君谁能影响他?我不去管理暴民谁能改变他?

"思天下之民匹夫匹妇有不与被尧舜之泽者,若己推而内之沟中——其自任以天下之重也。"想到天下的民众中有一男一女没有受到尧舜之道的恩泽,那就好像是我把他们推到沟中一样。伊尹就是这样承担起天下的重任。什么样的重任呢?就是用尧舜之道来启发、教导国君和民众。正是因为如此,伊尹的出仕原则就与伯夷不同了,他是"治亦进,乱亦进",不管社会治理好坏,都要积极地出仕。

"柳下惠不羞污君,不辞小官。"柳下惠是鲁国大夫,春秋时人,稍早于孔子。姓展,名获,字子禽。他的采邑在柳下,谥号为"惠",所以后人称他柳下惠。柳下惠之所以出名是因为其曾经坐怀不乱,不过这个故事本身还是很有争议的,比较完整的记载见于《孔子家语·好生第十》《韩诗外传》《毛诗故训传·巷伯》等,内容大同小异。我们把《孔子家语》里的内容抄录在此:

鲁人有独处室者,邻之厘妇亦独处一室。夜暴风雨至,厘妇室坏,趋而托焉。鲁人闭户而不纳。厘妇自牖与之言:"何不仁而不纳我乎?"鲁人曰:"吾闻男女不六十不同居。今子幼,吾亦幼,是以不敢纳尔也。"妇人曰:"子何不如柳下惠然?妪不逮门之女,国人不称其乱。"鲁人曰:"柳下惠则可,吾固不可。吾将以吾之不可,学柳下惠之可。"孔子闻之,曰:"善哉!欲学柳下惠者,未有似于此者。期于至善而不袭其为,可谓智乎!"

鲁国有个男子独处一室,他的邻居是个寡妇,也独处一室。"厘妇"就是寡妇。"厘"通"嫠",寡妇的意思。有一天夜里下起暴风雨,寡妇家的房子被刮坏了,于是寡妇就跑到男子家来避雨。可是这位男子怎么做的呢?他关上门不让寡妇进来,多不近人情!寡妇就从窗户对男子说:你这人怎么一点仁爱之心都没有?为什么就不能让我到你家躲躲雨呢?男子说:我听说男女不到六十岁不能同处一室。听谁说的?当然是听道学先生说的。这里的男女是指没有夫妻关系的男女,男女过了六十岁,欲望衰竭了,同处一室,问题不大,六十岁之前是不可以的。所以这位鲁国男子有他的道理:现在我还年轻,你也一样,所以不能让你进来。寡妇一听气坏了,遇到这种又迂又蠢的男人真是倒霉,但又没办法,只好循循善诱,晓之以理:你为什么不能像柳下惠呢,人家柳下惠用身体给没有赶回家的女子取暖,别人也没有说三道四,认为他有不轨的行为。言外之意,你也可以啊!所以柳下惠的故事是从这位寡妇的口中说出的:"妪不逮门之女。""妪"读 yǔ,本义是指禽类以身体孵卵,这里当然是指用身体取暖了。"不逮门",不及门,也就是来不及回家。"逮",及也。鲁国男子有自知之明,知道自己做不了柳下惠,所以只好坚壁清野:柳下惠可以开门,我不能开门。所以我要以我的"不开门",来向柳下惠的"开门"学习。孔子听说此事后,对鲁国男子大为赞赏:"善哉!欲学柳下惠者,未有似于此者。"太棒了!想要向柳下惠学习的,没有比这位鲁国男子做得更好的了。好在哪里呢?"期于至善而不袭其为,可谓智乎!"想达到至善的目的,但又不因袭柳下惠的行为,这才是智者所为啊!"袭"是因袭、照旧的意思。你看到柳下惠用身体给美女取暖,坐怀不乱,你也照样子学。可是你没有柳下惠的定力,乱了怎么办呢?这就是"袭其为",学的是"迹"而不是"所以迹",是表面的行为而不是行为背后的原因。柳下惠能坐怀不乱,是因为他的操守、定力,我没有柳下惠的操守、定力,就不能简单模仿他的行为。柳下惠能做到的,不等于我也能做到,柳下惠敢于开门迎接美女,对不起,我只能闭门拒绝你了。所以孔子称赞这位鲁国男子"可谓智乎!"

不过《孔子家语》《韩诗外传》《毛诗故训传》成书都比较晚,已经到汉代了。近代有个疑古学派,以顾颉刚先生为代表,他们往往对古书的记载提出质疑,认为是后人一点点地编造出来的,这就是所谓的"层累说"。为什么一个事件或传说在早期文献中不见记载,在后来的文献中反而越讲越具体了?这就是层累,是后人一点点累积起来的。受疑古风气的影响,很多学者对柳下惠的故事也提出质疑。柳下惠是春秋时人，比孔子还早，为什么在春秋战国时期的文献中没有其坐怀不乱的记载，反而在汉代的文献中出现了呢？所以有学者就去考察，柳下惠坐怀不乱是不是也是后人杜撰或者以讹传讹形成的呢？这样一考察，就发现两条与此相关的战国文献。一条就是我们所要讨论的《孟子》10·1 章柳下惠的这段话：

> 尔为尔，我为我，虽袒裼裸裎于我侧，尔焉能浼我哉？

这条材料当然与以身取暖、坐怀不乱没有什么关系。但其中提到"虽袒裼裸裎于我侧"，即使你脱了衣服，裸着身子坐在我身边，对我也没有什么影响。是不是有某种暗示呢？会不会有人就是由此产生联想，而编造出坐怀不乱的故事呢？疑古派的学者往往就是这样思考问题的，他们做学问也是这种风格。另一条材料见于《荀子·大略》：

> 柳下惠与后门者同衣而不见疑，非一日之闻也。

这里说到柳下惠"与后门者同衣而不见疑"，是由于其平时良好的声誉，似乎也有某种暗示。关键在于"后门者"具体何指？唐代的杨倞注《荀子》说："后门者，君之守后门，至贱者。"后门者就是守后门的人，就是看门人。按照这种理解，这段材料是说柳下惠与守门人穿同样的衣服，而不被怀疑。不过清代一些学者也有将"后门者"理解为《孔子家语》所说的"不逮门之女"。卢文弨、陈奂都有这种说法,这样上面的材料就是说,柳下惠与没有赶回家的女子穿同一件衣服,人们却不对其产生怀疑。按照这种理解,柳下惠坐怀不乱的故事就来自《荀子》,是由《大略》的这段材料引申出来的。其实将"后门者"解释为"不逮门之女"十分勉强,恐怕难以成立。《孟子》与《荀子》中的两条材料都与坐怀不乱的故事没有关系,但是按照一些学者的想法,《孔子家语》中的记载就是从《孟子》《荀子》的两条材料中推演出来的,是一点点累积构成的。不过《孔子家语》只是借寡妇之口说到"妪不逮门之女",为没有赶回家的女子暖身体,但是没有说明为什么要这么做,没有解释柳下惠与女子是什么关系,尤其是没有说到坐怀不乱,只是说"国人不称其乱"。到了元代,胡炳文(1250—1333)在他所著的《纯正蒙求》中才有了坐怀不乱的完整记述:

> 鲁柳下惠,姓展名禽,远行,夜宿都门外。时大寒,忽有女子来托宿,下惠恐其冻死,乃坐之于怀,以衣覆之,至晓不为乱。

柳下惠出远门,夜里投宿在城门之外,当时天气非常寒冷,突然有一女子也来投宿,柳下惠怕她冻死,于是就让她坐在自己怀里,用衣服为她取暖,一直坐到天亮都不乱。元末明初陶宗仪的《南村辍耕录》卷四"不乱附妾"也有类似记载。所以柳下惠坐怀不乱的故事的确是经过了一个长期演变的过程,至于其真实情况如何,只能是仁者见仁,智者见智了。不过柳下惠虽然定力过人,但搂着美女取暖,多少不符合儒家伦理。特别是宋明理学兴起后,道学家多了,自然看柳下惠不顺眼。所以大概从明清时,民间又流传柳下惠的另一个版本,不是坐怀不乱,而是"坐槐不乱"。是说某年夏天,柳下惠外出访友,途遇大雨,急忙跑到郊外古庙暂避,但一踏进门槛,看见一女子光着身子在庙里拧淋湿的衣服,原来她也是来避雨的。柳下惠急忙退出。但在风雨交加的夜晚,到哪里去呢?无可奈何,他只好躲在大槐树下,任凭雨淋风吹,坐着睡了一夜。原来柳下惠不是让美女坐怀不乱,而是遇到避雨的裸女,不见色心起,避坐于槐树之下不乱。这更符合儒家"男女授受不亲"的伦理,所以在民间流传较广。以上考察了柳下惠坐怀不乱。大家知道柳下惠,往往就是因为这个典故,但并不了解这个典故的来源,不了解这个典故的复杂背景,故做些说明。

现在我们回到正文,看看柳下惠的出仕原则。与伊尹不同,柳下惠对于出仕是另一种原则,"不羞污君,不辞小官"。不以侍奉坏的君主为耻,不嫌弃做小官。一个坏的君主,我可以与他合作;给我一个很小的官职,也可以接受。乍一看柳下惠似乎玩世不恭,没有原则。伊尹"治亦进,乱亦进",还是为了救世;柳下惠这么做,又是为什么呢?下面这句很关键,"进不隐贤,必以其道",出仕就不隐藏自己的才能,一定按原则办事。所以不管多么小的职位,柳下惠只要接受了,就会认真对待,尽力做好,同时坚守原则,绝不做违法乱纪的事情。可见,柳下惠并非没有原则,而是懂得反求诸己,内心有一种坚守,故能超脱流俗和成见,只为自己内心负责。

"遗佚而不怨,厄穷而不悯。"遭到遗弃不会怨恨,陷于贫穷不会忧伤。国君疏远我了,不重视我了,我不会抱怨;贫困潦倒,也不悲天悯人。为什么呢?因为我超越了一般世俗的原则,进入了精神自由的境界。表面上看,柳下惠似乎没有原则,玩世不恭,但在精神上牢牢地坚守着自己的原则。明白了这一点,柳下惠的行为就容易理解了。

"与乡人处,由由然不忍去也。"前面讲了,伯夷与乡下人相处时,好像是受到莫大的羞辱,我一个读书人,怎么能跟乡巴佬待在一起呢?不是"谈笑有鸿儒,往来无白丁"吗?我怎么能与白丁交往?可是,柳下惠就不同,与乡巴佬待在一起,怡然自得,不忍离去。"由由然",高兴貌。为什么呢?"尔为尔,我为我,虽袒裼裸裎于我侧,尔焉能浼我哉?"你是你,我是我,即便你赤身裸体坐在我旁边,怎么能玷污到我呢?"浼"是玷污的意思。只要我坚守内心的原则,外在的东西影响不到我。"故闻柳下惠之风者,鄙夫宽,薄夫敦。"所以听到柳下惠的风范,狭隘的人会变得宽厚,刻薄的人会变得敦厚。"鄙",狭隘。"敦",敦厚。

所以,伯夷、伊尹、柳下惠,他们都是古代的贤人,代表了三种不同的出仕原则,对出仕有各自不同的理解。他们的身上都有可取之处,都是值得肯定的。所以孟子对他们不是批评、指责,而是肯定、赞赏。这从"闻伯夷之风者……""闻柳下惠之风者……",以及称赞伊尹"其自任以天下之重也"几句,很容易看出来。但是,孔子在出仕的问题上与他们有所不同。孟子曾借有若之语感叹,"自生民以来,未有盛于孔子也",认为自有人类以来,没有谁能超过孔子,对孔子十分推崇。这不仅是对孔子人格的赞赏,也包括对孔子出仕态度的认同。

"孔子之去齐,接淅而行"。"接"是承,用手捧着的意思;"淅"是淘米水;"接淅"就是用手接住从水里倒出的米。孔子准备离开齐国,本来已把米放到水里,准备洗米煮饭了,可是一旦决定离开,毫不迟疑,转身就走。只是舍不得这些米,就连米带水倒在手上,捧着滴水的米匆匆离开了,说明当时急迫的心情。孔子与齐国并没有什么关系,齐国只是他游历的一个国家而已。但是当他离开鲁国时,情况就不一样了。

"去鲁,曰:'迟迟吾行也,去父母国之道也。'"孔子离开鲁国时说:走得慢一点吧,这是离开父母国的态度。春秋战国时期,人们的国家观念与我们今天有所不同的。一是当时的人口流动比较大,这当然是针对士人说的,很多士人不是在母邦出仕,而是跑到别的国家,谁给我机会,我就为谁服务,甚至帮助别的国家来攻打自己的国家,这种事情很多,特别是战国时期。士人这样做的时候,似乎也没有心理障碍,倒是各为其主的观念被普遍接受。像商鞅为卫国人,却入秦变法;张仪为魏国人,跑到秦国推行连横,鼓动秦国猛打魏国;李斯为楚人,却到秦国为相,最后灭楚,统一天下。二是在国家之上,还有天下观念,士人对后者更为关注,所以在治国之上,还要平天下。过分强调了天下,国家观念自然就淡薄了。所以有学者说,春秋战国时期的人们,没有明确的国家概念,也没有爱国观念。这种观点是否成立？当然可以讨论。不过从孟子的记述来看，孔子对待母邦和其他国家还是有区别的，有一种感情灌注其中，这从离开时的态度中就反映出来了。离开其他国家，能走多快就走多快，没有什么可留恋的；离开母邦的话，就不一样了。所以，孔子虽然也赞同良禽择木而栖，自己也曾周游列国，寻找出仕机会，但对自己的母邦，还是有一种特殊的情感，这一点为孟子赞赏和认同。

"可以速而速，可以久而久，可以处而处，可以仕而仕，孔子也。""速"是快。什么快？离去得快。该快速离去就快速离去，该停留长久就停留长久。"处"与"仕"相对，指闲居。该闲居就闲居，该出仕就出仕，这就是孔子。

所以在孟子看来，孔子在出仕问题上，境界要更高。他无可无不可，不执着于一偏。伯夷、伊尹、柳下惠，虽然也难能可贵，但还是执着一偏，不够灵活。

"伯夷，圣之清者也"，伯夷是圣贤中的清高者。他很清高，洁身自好，不同流合污，不屑与乡下人相处。清高的人往往原则性很强，这是他的优点。所以孟子说，听到伯夷的风范，贪婪的人会变得廉洁，懦弱的人会立定志向。

"伊尹，圣之任者也"，伊尹是圣贤中的尽责者。他非常有责任心，不满足于独善其身，不独享尧舜之道，还要先知觉后知，先觉觉后觉，想的是道济苍生，解民倒悬。

"柳下惠，圣之和者也"，柳下惠是圣贤中的随和者。他内心恪守原则，但外表随和。不好的君主，我可以与你相处；残暴的民众，我可以做你们的长官，只要我坚守原则就可以了。他信奉的原则是,你是你,我是我,你的行为并不会影响到我。所以他看上去非常随和。

伯夷、伊尹、柳下惠各有所长,但是都过分执着一偏,存在着局限,不够圆融、通透。孔子就不同了。"孔子,圣之时者也",孔子是圣贤中的合乎时宜者。什么是合乎时宜呢?就是该清高就清高,该尽责就尽责,该随和就随和,没有一定之规,不是绝对的。清高虽然是优点,但一味清高恐怕也不好,会让人对你敬而远之,产生距离感。有责任心当然是好事,但如果总是一副救世主的面孔,喋喋不休地宣教,恐怕也会让人反感。随和容易让人亲近,但随和得过头,就会没有原则,也会出现问题。孔子不是这样,他是"圣之时者",是合乎时宜者。我们置身的社会总是处在不断变化之中,形成不同的情景、环境和形势,因此我们就要根据形势的变化而变化,根据具体情景选择相应的德行原则,加以坚守,这样才算是合乎时宜。所以"孔子之谓集大成",孔子集合了"圣之清"、"圣之任"和"圣之和",具有伯夷、伊尹、柳下惠三者的优点,而不偏于一面,他是集大成者。什么是集大成呢?孟子用"金声玉振"做了解释和说明。

"集大成也者,金声而玉振之也。"古人的思维方式比较形象,喜欢"近取譬",用身边熟悉的事例,把复杂、抽象的问题形象化,这是中国古人思维的特点。古人奏乐先敲钟,钟是用金属做的,这是金声;最后敲磬,磬是玉磬,是玉石做的,这是玉声。"金声而玉振",就是始之以金声而终之以玉振。所以说,"金声也者,始条理也;玉振之也者,终条理也"。奏乐的时候以击钟起乐,这好比是音乐条理的开始;以击磬收尾,这好比是音乐条理的结束。

"始条理者,智之事也;终条理者,圣之事也。"这是类比,"始条理"借指事情的开始,"终条理"比喻事情的结果。我们开始做一件事情的时候,要靠智,属于智的范围;最后完成的结果,则属于圣了。什么是圣呢?从孟子的论述来看,应是指认知和实践所达到的境界和程度。智与圣二者是不一样的。

"智,譬则巧也;圣,譬则力也。"这还与古人的思维方式有关,智与圣本来就抽象,要将二者的关系讲清楚,不是很容易,但如果打个比喻,用形象的方式来加以说明的话,就容易理解了。智好比是技巧,俗话说熟能生巧,智是认知活动,我们认识到一种原理或技术,加以实践、演练,最后掌握了就是巧,所以智可以比作巧。圣好比是力,这个力不仅指力量,还指功力,技巧一般人都能掌握,但运用到高明、精微的程度,这就属于圣了。像绘画很多人都会,但只有吴道子被称为画圣;医术很多人都可以掌握,但只有张仲景被称为医圣。

"由射于百步之外也,其至,尔力也;其中,非尔力也。""由"通"犹",犹如、好比的意思。就好比我们在百步之外射箭,能够射到,这是力。古代弓箭射程有限,百步之外对于箭术来说,可能已经是极限了。能够射中,这不是力,是什么呢?孟子没有说,但从文义判断,应该是巧。按照圣好比是力,智好比是巧的说法,孟子的这个比喻是说,射箭所达到的射程是圣,所达到的准确度是智。孟子的这个比喻似乎并不好,因为将智、圣截然分开了,实际上圣、智是联系在一起的,圣往往也包含了智。不过孟子想通过这个比喻说明，孔子"巧力俱全"，既圣且智，是集大成者，则是清楚的。

在10·1章，孟子以"集大成"对孔子做出高度评价，而集大成又主要是针对出仕之道而言，认为孔子在出仕问题上，不执着于一偏，融会了伯夷等人之长，集合了他们的优点，是"圣之时者"，是合乎时宜者。至于孔子为何能做到集大成，孟子似乎告诉我们，一是因为孔子虚心好学，智慧过人；二是因为孔子乃"天纵之圣"。孔子既智且圣，所以成为集大成者。

我们现在来看10·2。10·2章比较特殊，讨论的是周代的爵禄制度问题，与《万章下》其他八章的关系不够密切，放在这里多少有些突兀，而且提问者不是万章，而是身份不明确的北宫锜。如果我们承认《万章下》的主题是出仕之道——其九章中六章都是讨论这一内容，那么10·2章放在这里就是不恰当的。另外，人们往往认为《孟子》讲心性、仁义的内容比较多，比较重视心性修养，对外在的制度关注不够。虽然大致不错，但也不够全面。《孟子》一书中也不乏讨论制度的内容，例如《滕文公上》就谈到井田、三代赋税，也涉及一些古代制度的内容，后世谈井田，谈赋税，都是从《孟子》谈起。从这一点看，将本章调整到《滕文公》篇可能更合适。

10·2 北宫锜问曰："周室班爵禄也，如之何？"

孟子曰："其详不可得闻也，诸侯恶其害己也，而皆去其籍；然而轲也，尝闻其略也。天子一位，公一位，侯一位，伯一

位、子、男同一位,凡五等也。君一位,卿一位,大夫一位,上士一位,中士一位,下士一位,凡六等。天子之制,地方千里,公侯皆方百里,伯七十里,子、男五十里,凡四等。不能五十里,不达于天子,附于诸侯,曰附庸。天子之卿受地视侯,大夫受地视伯,元士受地视子、男。大国地方百里,君十卿禄,卿禄四大夫,大夫倍上士,上士倍中士,中士倍下士,下士与庶人在官者同禄,禄足以代其耕也。次国地方七十里,君十卿禄,卿禄三大夫,大夫倍上士,上士倍中士,中士倍下士,下士与庶人在官者同禄,禄足以代其耕也。小国地方五十里,君十卿禄,卿禄二大夫,大夫倍上士,上士倍中士,中士倍下士,下士与庶人在官者同禄,禄足以代其耕也。耕者之所获:一夫百亩,百亩之粪,上农夫食九人,上次食八人,中食七人,中次食六人,下食五人。庶人在官者,其禄以是为差。"

"北宫锜问曰:'周室班爵禄也,如之何?'"北宫锜,有注释说是卫国人,具体情况了解不多。"班"用作动词,指划定等级。"爵"指官爵。"禄"指俸禄。北宫锜问,周代制定官爵、俸禄的等级是怎么样的?他向孟子了解周代官爵、俸禄的情况。

孟子怎么回答呢?"其详不可得闻也,诸侯恶其害己也,而皆去其籍"。孟子说,详细的情况我不是很了解。为什么呢?因为诸侯害怕这些内容妨碍自己。当时诸侯的爵位、俸禄,可能已经不符合古制了,他们怕遭到别人的指责、批评,就把相关的书籍都毁掉了。"然而轲也,尝闻其略也。"不过我还是听说了一些大概。然后孟子讲了五等爵位制:"天子一位,公一位,侯一位,伯一位,子、男同一位,凡五等也。"天子是一个等级,公是一个等级,侯是一个等级,伯是一个等级,子、男又是一个等级。

我们知道古代实行分封制,贵族在受封时还获得一个爵位,爵位是其政治地位的标志。一般谈到周代爵位时,主要是依据《礼记·王制》:"王者之制禄爵,公、侯、伯、子、男,凡五等。"我们可以看到,孟子的说法与《王制》是有所不同的,《王制》中五等爵位不包括天子,而孟子则把天子放到五等爵位之中,另将子、男,也就是子爵和男爵合并到一起,看作一等,这样也构成了五等。这个差别很重要。按照《王制》的分法,爵位是天子颁给诸侯以下贵族的,天子不在爵位之中,而是高高在上的颁布者。孟子把天子看作一位,实际是把天子和公、侯、伯、子、男并列起来了,这样就蕴含有天子只是贵族中的一个等级,并不神秘之意。这一点被以后明清之际的启蒙思想家所发挥,产生一定的影响。如黄宗羲在《明夷待访录》中引"天子一位"一段,然后加以评论:

> 盖自外而言之,天子之去公,犹公、侯、伯、子、男之递相去;自内而言之,君之去卿,犹卿、大夫、士之递相去;非独至于天子遂截然无等级也。

"自外而言"是就天下而言,从天下的范围看,天子与公的差别,就像公、侯、伯、子、男之间的差别一样。"自内而言"

是就诸侯的封国而言,从封国的内部看,国君与卿的差别,就像卿、大夫、士之间的差别一样。所以不管国君也好,天子也好,都是官员中的一个等级;并非到了天子那里,便高高在上,高不可攀,似乎是独立于公、侯、伯、子、男之外的一个特殊存在。顾炎武在《日知录》中专门列有"周室班爵禄"一条:

> 为民而立之君,故班爵之意,天子与公、侯、伯、子、男一也,而非绝世之贵。代耕而赋之禄,故班爵之意,君、卿、大夫、士与庶人在官一也,而非无事之食。是故知"天子一位"之义,则不敢肆于民上以自尊;知禄以代耕之义,则不敢厚取于民以自奉。

认为天子并不神秘,不过与公、侯、伯、子、男一样,都是为民而设立的管理者。他们的俸禄不过是对其管理工作的回报,而不代表其具有某种特权,可以不劳而获。明白了"天子一位"和"禄以代耕"的道理,就不敢肆虐于民之上,作威作福,更不应巧取豪夺、损民利己了。所以孟子的"天子一位"说还是挺重要的,为后来的一些儒家学者,尤其是具有民本思想倾向的学者,提供了阐发微言大义的思想资源。至于孟子与《王制》的说法哪个更可靠,由于我们不是谈历史,暂不讨论。

然后孟子又讲到诸侯的封国,"君一位,卿一位,大夫一位,上士一位,中士一位,下士一位,凡六等"。君是指诸侯国君,上面天子、公、侯、伯、子、男是就天下而言的,这里是讲诸侯的封国。在诸侯的封国里,国君是一个等级,卿是一个等级,大夫是一个等级,上士是一个等级,中士是一个等级,下士是一个等级,一共有六个等级。

上面是讲爵位,下面孟子又谈到封地。"天子之制,地方千里,公侯皆方百里,伯七十里,子、男五十里,凡四等。"周代分封时,为了维护上下的关系,对封地的面积有一定的规定。天子直接控制的土地方圆千里,公和侯是方圆百里,伯是方圆七十里,子、男方圆五十里,一共有四等。

"不能五十里,不达于天子,附于诸侯,曰附庸。"如果土地不到方圆五十里,就不能直接朝见天子,只能附属于某个诸侯国,作为它的附庸,也就是我们说的附庸国。这是指从天子到诸侯的关系。

"天子之卿受地视侯,大夫受地视伯,元士受地视子、男。"在天子的王畿之内,一些大臣在朝中做官,也有一个土地分封的问题。做了天子的卿,受封的土地可以比照公侯。"视"是比照、等同的意思。侯的封地是方圆百里,那天子的卿也是方圆百里。这就好比今天我们既有地方官员,如省长、市长;也有中央官员,如部长、司长。部长的级别相当于省长,今天没有封地了,只有俸禄,也就是工资。部长的工资相当于省长,司长可能相当于一个市长。这是大致而言,便于我们理解。同样,这段的"大夫"是天子的大夫,其受封的土地比照伯爵。伯爵受封土地方圆七十里,天子朝中的大夫也受地七十里。"元士"也是指天子的元士,元士也就是上士,其受封的土地比照子爵和男爵。子爵、男爵受地方圆五十里,天子的元士也受地五十里。这里讲的是天子朝中官员的情况。

从这段开始,依次来讲诸侯的封地和俸禄。"大国地方百里,君十卿禄,卿禄四大夫,大夫倍上士,上士倍中士,中士倍下士,下士与庶人在官者同禄,禄足以代其耕也。"大的国家受封土地方圆百里,国君的俸禄是卿的十倍,卿的俸禄是大夫的四倍,大夫的俸禄是上士的两倍,上士的俸禄是中士的两倍,中士的俸禄是下士的两倍。下士在官僚体系中地位最低,他们之下就是庶人了。后者没有真正进入官僚体系中,没有爵位,但是在官府中服役,是低层的办事人员,下士与这些庶人的俸禄是相同的。俸禄以多少为原则呢?如果去耕田的话,与耕田的收入基本相当就可以了。

"次国地方七十里,君十卿禄,卿禄三大夫,大夫倍上士,上士倍中士,中士倍下士,下士与庶人在官者同禄,禄足以代其耕也。"次一等的国家土地方圆七十里,国君的俸禄是卿的十倍,卿的俸禄是大夫的三倍,大夫的俸禄是上士的两倍,上士的俸禄是中士的两倍,中士的俸禄是下士的两倍。"下士与庶人在官者同禄"两句,与前面意思一样,不解释了。

然后是讲小国。"小国地方五十里,君十卿禄,卿禄二大夫,大夫倍上士,上士倍中士,中士倍下士,下士与庶人在官者同禄,禄足以代其耕也。"小国封地方圆五十里。"君十卿禄",注意,不论是大国、次国还是小国,国君的俸禄都是卿的十倍,这个是固定的。卿、大夫、士之间一般是两倍,最多四倍。如果孟子所讲可靠的话,周代君臣之间俸禄的差别是挺大的,国君的俸禄是卿的十倍。而臣子之间差别不大,一般是两倍关系。卿与大夫之间差别大一些,也只是二到四倍。国君的俸禄虽多,也是有规定的,不是予取予夺,随心所欲。下面几句,与前面内容重复,不解释了。这是讲诸侯的封地和俸禄,孟子认为这是周代的规定。下面讲"耕者"也就是农夫的土地和收成,他们是农业生产的主要承担者。

"耕者之所获:一夫百亩,百亩之粪,上农夫食九人,上次食八人,中食七人,中次食六人,下食五人。"农夫的收入,有多少呢?下面是具体说明,所以"耕者之所获"后面应该用冒号。一个农夫分到一百亩土地,按照当时的生产力水平,一个农夫只能耕种百亩土地,再多就照顾不过来了。当然现在农业机械化了,一个农民尤其是大型农场的农民,可以耕种很多的土地。但在西周甚至孟子生活的战国时期,生产力水平低下,一个农夫耕种的土地有限。"百亩之粪"的"粪",用作动词,施肥的意思;对百亩之田施肥耕种。这里将农夫分为上、上次、中、中次、下五个等级,是指他们的生产能力,不是政治地位。上等的农夫生产的粮食,除了自己食用,可以供养九人,其次的可以供养八人,中等的可以供养七人,中等稍次的可以供养六人,下等的可以供养五人。除了养活自己,提供的赋税还可以养活九到五人不等。"食"读 sì,动词,养活的意思。农夫的收入都是通过劳动获得的,除了自己食用,还向国家缴纳粮食作为赋税。

"庶人在官者,其禄以是为差。"那些到官府服役的农民,没有时间种田了,就比照上面的等级给他们相应的报酬。这就是 10·2 章的基本内容,我以前读这一章的时候,感觉枯燥、啰唆,缺乏思想内涵,所以就不重视。但是10·2章保留了一些关于周代爵位、俸禄、封地等方面的资料,结合《礼记·王制》及其他文献,对古代政治制度做出研究,探讨其制度背后的政治理念,应该说是一个很重要的课题,所以这些材料还是有一定价值的。另外,本章的"天子一位"说、"禄以代耕"说,被后儒不断地阐发,成为宣扬民本思想的重要资源,在思想史上产生过一定的积极影响。

现在我们来讲10·3和10·4。这两章是讲交友和与人相处的问题,但如果仔细阅读,就会发现它们实际还是讨论出仕,与仕以行道的问题密切相关。我们来看10·3章。

10·3 万章问曰:"敢问友。"

孟子曰:"不挟长,不挟贵,不挟兄弟而友。友也者,友其德也,不可以有挟也。孟献子,百乘之家也,有友五人焉:乐正裘、牧仲,其三人,则予忘之矣。献子之与此五人者友也,无献子之家者也。此五人者,亦有献子之家,则不与之友矣。非惟百乘之家为然也,虽小国之君亦有之。费惠公曰:'吾于子思,则师之矣;吾于颜般,则友之矣;王顺、长息则事我者也。'非惟小国之君为然也,虽大国之君亦有之。晋平公之于亥唐也,入云则入,坐云则坐,食云则食;虽蔬食菜羹,未尝不饱,盖不敢不饱也,然终于此而已矣。弗与共天位也,弗与治天职也,弗与食天禄也,士之尊贤者也,非王公之尊贤者也。舜尚见帝,帝馆甥于贰室,亦飨舜,迭为宾主,是天子而友匹夫也。用下敬上,谓之贵贵;用上敬下,谓之尊贤。贵贵、尊贤,其义一也。"

万章问:"敢问友。"老师,我想了解一下如何与他人交友。友的问题,是孔子以来儒家非常关注的一个问题。我们读《论语》,关于交友的论述有很多,如,"毋友不如己者"(《论语·子罕》),要和比自己水平高的人交朋友,这样有利于自身的提高。"友直,友谅,友多闻,益矣。"(《论语·季氏》)结交正直的朋友、诚信的朋友、知识广博的朋友,是有益的。孟子也重视交友的问题,有很多论述,本章就是其一。友属于儒家五伦(君臣、父子、夫妇、兄弟、朋友)中的一伦。较之其他四伦,友有什么特点呢?就是朋友关系是相对平等的,是建立在彼此尊重和理解之上的。我和你交友,是我们有共同的语言、共同的见识、共同的兴趣、共同的志向,这是我们交友的前提。所以《论语·颜渊》讲,"以文会友,以友辅仁"。"文"指礼乐、文章,有了文的共同爱好,就可以会友、交友。反过来,有了共同志趣的朋友,又可以辅助我们的仁德,使我们人格更为完善、完美。所以友是建立在共同的志趣之上的,目的是培养、完善我们的仁德。孟子将这一思想做了进一步发挥,他把仁落实为人性,成为内在的人格,这样我们在人格上便是平等的。所以孟子论友,更强调人格平等,认为友是人与人在人格平等基础上的交往。孟子提出人格平等,是对儒学的一个贡献。孟子这方面的论述很多,如"天爵""良贵"等,都可以参考。

孟子说:"不挟长,不挟贵,不挟兄弟而友。""挟"是依仗、依靠的意思。"不挟长",就是不依仗我年长来交友。古人尊敬长者,我不能因为年长,以此为条件和人交友,或者要求别人尊敬自己,把自己当朋友,这是不对的。"不挟贵",也不依仗地位高,比别人尊贵来交友。交友是不能依仗权势的,当你依仗权势的时候,你所交的可能就不是真正的朋友,获得的不是真正的友情。俗话说,"穷在闹市无人问,富在深山有远亲"。当你位高权重、声名显赫的时候,会有很多人登门拜访,主动来和你交友。但这样交来的不是真正的朋友,可能是狐朋狗友。他们更多是出于利益的考虑,而不是"以文会友",更不是"以友辅仁"了,这是不符合儒家理想的。"不挟兄弟而友",不依仗我的兄弟来交友。这当然不是一般的兄弟,而是有权有势的兄弟。我不依靠我的兄弟有权有势,来和他人交朋友。我先把年资、权势、关系这些外在的东西都否定了,然后再来谈交友。

"友也者,友其德也,不可以有挟也。"我们以什么来交友呢?是以德,德的范围较广,德行、人品、学识等都可以包括在内。我看重他的德行,欣赏他的人品,敬佩他的学识,所以和他交友。交友不可以依仗外在的东西,如权势、地位、关系等。"友其德也"一句很关键,画龙点睛,道出了孟子对友的理解。我们交友应建立在"德"的基础上,这既是对年长者、尊贵者、有关系者的警戒,也是对想和这些人交友者的警戒。然后孟子列举了历史上交友的例子,以此说明古人是如何交友的。

"孟献子,百乘之家也,有友五人焉:乐正裘、牧仲,其三人,则予忘之矣。"孟献子,是鲁国大夫。"百乘之家也",

"家"是指大夫的采邑;"百乘",古代用四匹马拉一辆战车叫一乘,百乘就是一百辆战车。古代用战车的多少衡量一个国家的势力,有百乘、千乘、万乘的差别。万乘,只有大国才可以具备。百乘,对于一个大夫的采邑讲,也算是有一定实力了。孟献子交了五个朋友,有乐正裘、牧仲,还有三个人,可是这三个人我想不起来了。所以《孟子》中很多内容,都是对话的记录,当时讲话时,有些内容记不住了,别人如实记录下来。我们生活中也经常碰到这种情况,话到嘴边,突然想不起来了。

"献子之与此五人者友也,无献子之家者也。"孟献子与这五人交朋友时,没有想到自己是个大夫。"无献子之家"并不是说孟献子失去了采邑,没有家了,而是说没有想到自己是个有采邑的大夫,把自己当作普通人,和所交的五位朋友是平等的。如果你老想着自己的身份、财富,别人与你交友会得到什么好处,这样友情就变质了,不是建立在平等关系之上了,不是真正的交友。孟子举出孟献子,就是因为他"不挟贵",不依仗自己的身份、地位,故将其看作古人交友的榜样。这是讲在上位者如何交友。

"此五人者,亦有献子之家,则不与之友矣。""亦"是转折连词,若的意思。如果这五个人想到孟献子是一个有权、有势的大夫的话,也就不与他交友了。这是讲在下位者如何交友。孟子讲"不挟长,不挟贵,不挟兄弟而友",不依仗年资,不依仗权势,不依仗兄弟关系交友,是针对交友的双方而言的,不只是针对一方。所以孟献子与五个朋友交往的时候,不会想到自己的身份;五个朋友与孟献子交往的时候,也不会想到他的权势。如果孟献子是依仗自己的身份去交友,乐正裘等五人是为了攀附权势去交友,那就不是"友其德也",不是真正的交友了。

"非惟百乘之家为然也,虽小国之君亦有之。"不只是百乘的大夫这样,即使小国的国君也有这样交友的,也就是"不挟长,不挟贵",而是"友其德也"。这样孟子又举出了费惠公。

"费惠公曰:'吾于子思,则师之矣。'""费"读 bì,是春秋末期出现的一个小国,位于今山东省临沂市费县附近,战国时灭亡了。子思可能曾到过费国,受到费惠公的礼遇。费惠公说,我是把子思当作老师的。"吾于颜般,则友之矣",我对于颜般,则是当作朋友看待。颜般是当时的贤者。《汉书·古今人表》作"颜敢","般""敢"古音相近,实际是同一人。"王顺、长息则事我者也。"王顺、长息则是侍奉我的人。"王顺",《古今人表》作"王慎","慎""顺"古音相近可通。

这里提到《汉书·古今人表》,顺便做些说明。《古今人表》是《汉书》八个表中的最后一个,它以人物的品行为主,同时参考事功的大小、学术的高低,将古代人物分为"上上圣人""上中仁人""上下智人""中上""中中""中下""下上""下中""下下愚人"九等。孔子说过,"若圣与仁,则吾岂敢?"(《论语·述而》)子贡问,"如有博施于民而能济众,何如?可谓仁乎?"孔子回答,"何事于仁,必也圣乎!"(《论语·雍也》)又说,"生而知之者,上也"(《论语·季氏》)。可见孔子最看重的是圣,其次是仁,再次是智。所以《汉书》的作者班固将圣人列为"上上",将仁人列为"上中",将智人列为"上下"。列入"中"的均为史册有名者,也就是贤人,也分为上、中、下三等。列入"下"的多为历史上有恶名者,尤其是"下下愚人",皆为乱臣贼子,或荒淫残暴、误国误民之人。清代梁玉绳写过《古今人表考》,据他的统计,《人表》列有从上古伏羲到秦朝的古代人物共1940人。所以《古今人表》有点名不副实,只有古人,没有今人,也就是没有汉代人,主要是出于为今人避讳的考虑。另外,今人年代太近,不好评论,也是一个原因。

　　班固列为"上上圣人"的有哪些呢?有太昊帝宓羲氏,也就是伏羲,传说中的华夏人文始祖,也有说是创世神的,以及炎帝神农氏、黄帝轩辕氏,这三位就是所谓的"三皇"。有少昊帝金天氏、颛顼帝高阳氏、帝喾高辛氏、帝尧陶唐氏和帝舜有虞氏,就是所谓"五帝"。有帝禹夏后氏、帝汤殷商氏、文王周氏、武王、周公、孔子。可见班固列为"上上圣人"的主要是三皇五帝,以及夏商周三代开国的先王或先公,另外就是孔子,说明当时人们对孔子非常推崇,孔子在人品上已可以与三皇五帝并列。列为"下下愚人"的主要有蚩尤、九黎、共工、三苗、鲧等。孟子在《古今人表》中列为几等呢?列为"上中仁人",为第二等,品级不低了。子思、荀卿也列在这一等,说明儒家在当时受到重视。相比较而言,老子、墨翟作为道家、墨家的创始人,只列为"中上"第四等。《孟子》中很多人物都在《人表》中出现过,《孟子》10·3提到的费惠公,颜般也就是颜敢,王顺也就是王慎,还有长息,都列在"中上"第四等,与老子、墨翟为一等。在我们今天看来,这确实有点不恰当。不过《人表》反映的是东汉人的观念,那时道家、墨家已经失去影响,与费惠公等人并列也不奇怪。孟子曾游说的梁惠王、梁襄王、齐宣王列为"中下"第六等,实行禅让的燕王哙为"下上"第七等,欲行王政的宋君偃为"下下愚人"第九等,品级更低了。

我们回到文本,继续看《万章下》10·3章。费惠公对有交往的人做了区分,其中子思是老师,颜般是朋友,王顺、长息是臣下。关系不同,相处的方式也不同:对老师应该尊重、虚心请教,对朋友应该平等相处,对臣下应该彼此信任。所以我们可以看到,费惠公很有眼光,识人有方。子思为"上中仁人",能以子思为师,自然是三生有幸。颜般是"中上"第四等,是值得交的朋友。甚至他任用的王顺、长息,品级也不低,都是"中上"第四等,这对于一个小国国君而言,确实是非常难得了。

"非惟小国之君为然也,虽大国之君亦有之。"不只小国的国君是这样交友的,也就是"友其德",大国的国君也有这样的。谁呢?就是晋平公。

"晋平公之于亥唐也,入云则入,坐云则坐,食云则食"。晋国是万乘之国,是真正的大国。晋平公是春秋时期晋国的国君,亥唐则是一个布衣、一个贤士。晋平公和亥唐交朋友,二人以朋友关系相处。晋平公去看亥唐,没有想到自己是国君;亥唐接待晋平公,也没有把他当作国君,只是看作朋友。春秋时期,臣子见国君是要行礼的,朋友则不必。所以亥唐与晋平公就像朋友一样,亥唐说请进,晋平公就进门;说请坐,晋平公就入座;说请吃饭,当然是便饭了,晋平公不客气,就一起吃饭;完全是以朋友相待,没有考虑到身份、地位的差别。因为他们是"友其德",看重的是对方的德行,而没有外在功利的目的。

"虽蔬食菜羹,未尝不饱,盖不敢不饱也,然终于此而已矣。"亥唐条件有限,招待晋平公的只能是粗茶淡饭,而晋平公平时吃惯了山珍海味,面对难以下咽的饭菜,他有没有嫌弃呢?没有!而是尽量多吃,吃得饱饱的,不敢不吃饱。为什么呢?因为他怕伤了朋友的心,他是为朋友着想:亥唐是个寒士,没有好的饭菜,只能拿他平常吃的东西来招待我,如果我嫌弃的话,那就见外了,感情上就疏远了,就不符合朋友之道了。所以晋平公在交友上有可圈可点的地方,他是以平等的身份与亥唐交友,亥唐对晋平公也是如此。他们都是"友其德",都有可取之处。但是晋平公有没有不足呢?有!"然终于此而已矣",晋平公只是做到了这一点而已。哪一点?"友其德"啊。

"弗与共天位也,弗与治天职也,弗与食天禄也,士之尊贤者也,非王公之尊贤者也。"但是他没有与亥唐共居官位,没有与亥唐共理国政,更没有与亥唐共享俸禄。他只是敬重亥唐的德行、人品,"友其德",平等地与亥唐交往;没有因为自己地位高,身份特殊,就瞧不起别人。亥唐也是一样,不因为平公的地位高,就去逢迎、巴结。这一点他们二人做得很好。但是孟子讲了,这是士人对待贤者的态度,而不是王公对待贤者的方式。如果你是一个士人,有一个好的朋友,你自然应当把友情和工作分开。但是王公就不一样了,作为王公要知人善任,当你发现了一个贤者,为什么不重用他?为什么不提拔他?这实际是把自己降到一个士人的水平,而不是一个王者对待贤者应有的态度。晋平公的身份是王公,他却以士人的方式与贤人相处。在这一点上,孟子对他是有指责和批评的。那么,天子、王公应如何交友呢?这方面的榜样,当然是尧和舜了。

"舜尚见帝,帝馆甥于贰室,亦飨舜,迭为宾主,是天子而友匹夫也。""尚"同"上"。"帝"指尧。"贰室",主室旁边的陪室。舜去拜见帝尧,尧把他自己的女婿安排在陪室——古人称妻父为外舅,故岳父亦可称女婿为甥。设宴款待舜,相互为宾主,这是天子和普通人交朋友。显然,尧和舜才是理想的交友方式,是天子友匹夫的榜样。尧不仅仅是赏识舜而与其交朋友,不仅仅是"友其德",更重要的是,他知人善任,一旦发现舜人才难得,是个贤人,就把天下交给他来治理。孟子认为这才是真正的交友,是天子与普通人交朋友。我是天子,你是普通人,但是我可以与你交友,成为人格平等的朋友。我一旦发现你有才能的话,就会把天下委托给你。在这一点上,尧与舜的交友,又高于晋平公与亥唐的交友。

"用下敬上,谓之贵贵;用上敬下,谓之尊贤。贵贵、尊贤,其义一也。"地位低的尊敬地位高的,叫作尊敬尊者;地位高的尊敬地位低的,叫作尊敬贤者。尊敬尊者,还是尊敬贤者,道理都是一样的,"其义一也"。"义"是指什么呢?孟子没有明确说明，但从上下文来看，我觉得应该是指"友其德"。不管是尊尊还是尊贤，都应该"友其德"，在平等关系下的相互尊重、彼此欣赏，这种平等当然是人格平等，而不是实际地位的平等。地位虽然不平等，但只要我们做到"友其德"，就可以超越这种不平等。这是我的理解，是否准确？大家可以讨论。古人的经典，很多地方是开放的，并不是只有一种解读，一种答案。有时候一段文字，历代学者衍生出了不同的理解。所以我们读《孟子》时，一方面当然要参考前人的注疏，但也不要被其束缚住了。更重要的是，要紧扣文本，深入到孟子思想深处。我们今天需要的是一种好的，更有创造性的解读，把孟子的思想真正揭示出来。

从上面的解读来看，10·3章虽然是谈交友，但还是与出仕有关。儒家讲五伦，五伦中君臣是重要一伦。士人一旦选择出仕，就形成君臣关系。君臣是类似父子，还是朋友关系，在儒家内部是有不同理解的。重孝派强调移孝作忠，将君臣类比于父子，主张"资于事父以事君，而敬同。……故以孝事君则忠，以敬事长则顺"（《孝经·士章第五》）。重仁派则将君臣类比于朋友，这方面的论述比较多，有代表性的可以举郭店竹简中的几段文字："长弟，亲道也。友、君臣，无亲也。"（《语丛一》）"君臣、朋友，其择者也。"（《语丛一》）"友，君臣之道也。"（《语丛三》）父子关系与朋友关系有所不同，父子是"以天合"，是生而所成，是一个人从生到死不能改变的，在父权时代，父亲对于子女有着教导、支配甚至是生杀予夺的权力；朋友则是后天选择而成，是基于相互信任的平等关系，将君臣视为朋友还是父子关系显然有着不同的意义。孟子思想比较复杂,他早期受重孝派的影响,后来又回到重仁的思想路线,发展了孔子的仁学。在上面这段文字中,孟子显然是以友来理解君臣关系,或者说是以友来限制君臣关系。所以他层层递进,先是提出"不挟长,不挟贵,不挟兄弟而友",进而主张"友其德也",最后指出友的最高境界是天子友匹夫,并与其"共天位""治天职""食天禄",还是落在了出仕上。儒者热衷于出仕,但又反对"不由其道而往",反对不由正常的方式出仕,所以他们希望所服务的君主能在人格上尊重自己,与自己平等相处,甚至与自己共居官位、共理政事、共享俸禄,而不是以势压人。这虽然是一厢情愿,甚至有些"矫情",但反映了孟子等儒者的理想和期望。

现在我们来看10·4章,这一章是谈交往,但仍与出仕有关。如果说10·3章是通过友论证理想的君臣关系的话,那么10·4章则通过交往讨论了出仕的正义性问题。

10·4 万章问曰:"敢问交际何心也?"

孟子曰:"恭也。"

曰:"'却之却之为不恭',何哉?"

曰:"尊者赐之,曰:'其所取之者,义乎?不义乎?'而后受之。以是为不恭,故弗却也。"

曰:"请无以辞却之,以心却之,曰:'其取诸民之不义也。'而以他辞无受,不可乎?"

曰:"其交也以道,其接也以礼,斯孔子受之矣。"

万章曰:"今有御人于国门之外者,其交也以道,其馈也以礼,斯可受御与?"

曰:"不可。《康诰》曰:'杀越人于货,闵不畏死,凡民罔不譈。'是不待教而诛者也。殷受夏,周受殷,所不辞也;于今为烈,如之何其受之?"

曰:"今之诸侯取之于民也,犹御也。苟善其礼际矣,斯君子受之,敢问何说也?"

曰:"子以为有王者作,将比今之诸侯而诛之乎?其教之不改而后诛之乎?夫谓非其有而取之者盗也,充类至义之尽也。孔子之仕于鲁也,鲁人猎较,孔子亦猎较。猎较犹可,而况受其赐乎?"

曰:"然则孔子之仕也,非事道与?"

曰:"事道也。"

"事道奚猎较也?"

曰:"孔子先簿正祭器,不以四方之食供簿正。"

曰:"奚不去也?"

曰:"为之兆也。兆足以行矣,而不行,而后去,是以未尝有所终三年淹也。孔子有见行可之仕,有际可之仕,有公养之仕。于季桓子,见行可之仕也;于卫灵公,际可之仕也;于卫孝公,公养之仕也。"

万章问:"敢问交际何心也?""交际"指的是与人交往。老师,我想了解,我们和他人交往,应该抱一种什么样的态度呢?

孟子说:"恭也。"与他人交往的时候,我们要抱有恭敬之心。万章又问:"'却之却之为不恭',何哉?""却之却之为不恭"一句须打引号,这是万章引用别人的话,可能是当时的流行观点,相当于俗语。"却"是辞而不受之义。"却之"是拒绝别人的礼物,退还回去。别人送来礼物想与你交往,你却一而再,再而三地推辞拒绝,这样会被人认为是不恭敬的。万章问,这是为什么呢?我们要注意的是,万章为什么提出这样的问题?他想表达什么?我们也问一个为什么。

我们先来看孟子的解释。"尊者赐之,曰:'其所取之者,义乎?不义乎?'而后受之。以是为不恭,故弗却也。"孟子说,有一个尊者,比如一个国君,给你送来了礼物。古代送礼物是有讲究的,一个国君给贤士送礼物,表示对你的欣赏,想要礼聘、任用你。所以这里的讨论还是与出仕有关。面对国君的礼聘,你心里却在想,他取得的这些东西是符合义的呢,还是不符合义?是以合法的手段获得的呢?还是以不合法的手段获得的?然后才去接受。当你这样想的时候,已经是对对方不恭敬了,所以还是不要拒绝为好。

万章又问:"请无以辞却之,以心却之,曰:'其取诸民之不义也。'而以他辞无受,不可乎?"一个尊者送来礼物了,你当面问他是不是不义之财,是不是搜刮来的民脂民膏,如果是,就不能接受。这确实是不合适,是对他人的不尊重。可是,我能不能嘴上不说,心里却想这是攫取百姓的不义之财,然后另找一个借口拒绝他呢?

孟子认为还是不妥。"其交也以道,其接也以礼,斯孔子受之矣。"他和我的交往符合道,对我的款待也符合礼,如果做到了这一点,即便是孔子也会接受的。显然孟子认为万章的做法不妥。不管对方的出身如何,怎样获得了权力、拥有了财富,只要他以道相交,以礼相待,我们至少应该有一种表面上的恭敬,应该接受他的馈赠。

孟子与万章到底讨论什么呢?清楚了吗?我们继续往下看。

万章又问,老师,既然您这样讲,我们不管他的财富是怎样获得的,只要他以合理的方式与我们交往,是以符合礼仪的方式款待我们,我们都可以接受,那么,"今有御人于国门之外者,其交也以道,其馈也以礼,斯可受御与?""今"是假设的意思。"御人",伏击人,拦截人。假设城外有一个拦路抢劫的人,他也以合理的方式与我们交往,以符合礼仪的方式款待我们,他所抢的东西,我们是不是也可以接受了呢?万章又提出这样的问题。

孟子说,"不可",不可以。然后他引《尚书·康诰》"杀越人于货,闵不畏死,凡民罔不譈"一段,来论证自己的观点。"杀越人于货",就是后来的成语杀人越货。"杀"是杀人。"越"是抢劫。"于"犹"与",和的意思。"人于货",人和货。"闵不畏死"的"闵",通"暋",今本《康诰》就作"暋",强悍的意思。"凡民罔不譈"的"譈",是怨恨、憎恨的意思。这些杀人越货之徒,强悍而不畏惧死亡,老百姓没有不憎恨这些人的。

"是不待教而诛者也。"这是孟子的话了。孟子引用《尚书》最后得出这个结论,这些人不用教化就可以杀掉。用今天的话说,可以直接判处死刑。

"殷受夏,周受殷,所不辞也"。这里不是说,殷代受了夏的天命,周代受了殷的天命,而是说对杀人越货者,可以直接判处死刑,夏代、殷代、周代的法律都是这样规定的。翻译过来就是,殷朝继承了夏朝这条法律,周朝继承了殷朝这条法律,都不愿更改。夏、商、周三代的法律对杀人越货者的惩罚都是一样的,都是"不待教而诛"。

"于今为烈,如之何其受之?""烈"是严重、厉害的意思。杀人越货的现象在今天更为严重了,怎么能接受这些人的礼物呢?是不可以的。

万章又问:"今之诸侯取之于民也,犹御也。苟善其礼际矣,斯君子受之,敢问何说也?"现在的诸侯从百姓那里夺取财物,就像拦路抢劫一样。这些强盗、窃国者,如果他们做到了礼貌周到,那么君子就可以接受他们的聘请吗?老师请您讲讲,这是什么道理?到了这里,万章才把问题点明,我们也才知道万章的真正用意所在。所以万章很会提问题,他是孟子的学生,同时也是孟子的一个辩手。其实,每个老师都需要这样的学生,不是老师说什么都对,不是一味地附和,而是不断地向老师发问,甚至向老师提出质疑,逼迫老师回答自己的问题。这样才是好学生。我们现在所看到的孟子的一些想法,就是在万章的逼迫下呈现出来的,所以我们要感谢万章。

在万章看来,当今的诸侯也都是些不法之徒,是窃国大盗,用《庄子》的话说,"窃钩者诛,窃国者为诸侯"。我们看到有人小偷小摸,便称他是强盗、盗贼。可是那些所谓的诸侯,他们也是杀了自己的国君，抢夺了别人的国家，也是盗贼，是更大的强盗。别看他们道貌岸然，装模作样，可是翻翻他们的历史，实际污秽不堪，也是靠盗窃起家的。难道因为他们做了诸侯，给我们送来礼物，也做到了礼貌周到，我们就要接受他们的礼聘，出仕为他们服务吗？万章的问题很尖锐：老师，您平时教导我们要以正道出仕，不可"枉尺而直寻"，不可违背原则获得出仕的机会；可是"滔滔者天下皆是也"，看看各国的诸侯，哪个不是窃国大盗？他们与拦路抢劫者有什么不同？

万章的说法可能夸张了一点，但是并非没有根据。战国时期的很多国君都是靠窃国上位的，其中最有名的是齐国的田氏代齐。齐国本来是姜太公吕尚的封国，为姜姓吕氏，后来陈公子田完逃到齐国，任工正，其后代不断发展壮大，到其八世孙田和时，终于取代姜齐，建立了田齐国。为了夺取政权，他们大斗借出、小斗回收，以此收买人心，使"齐之民归之如流水"，又不断杀戮姜太公的子孙，夺取他们的封地，为窃国消除障碍。这些人难道不算是强盗吗？接受他们的聘用难道就不算是违背原则吗？万章的问题是很尖锐的。所以如金安平教授所说，万章很会提问题。一个思想家，身边一定要有这样的弟子，像颜回之于孔子，万章之于孟子。我听说万章的墓就在邹城附近，但这次没有时间去看了。昨天有朋友专门去拍了照片，我感觉还是简陋了点，其实可以修葺、完善一下，万章对儒学的贡献是很大的。

对于万章的问题，孟子是怎么回答的呢？"子以为有王者作，将比今之诸侯而诛之乎？其教之不改而后诛之乎？"孟子说,我承认,今天的诸侯大多数不是好人,是窃国者,干了很多坏事。但是你认为如果有一个王者出现,他会把今天这些诸侯等而同之,统统杀掉呢?还是把经过教化却仍不肯悔改的杀掉呢?"比"是等同的意思。孟子的意思是,假如有一个王者出现,实现人间的正义,他也只能将其中不肯悔改者杀掉,而不会对这些诸侯都进行惩罚。所以,孟子的看法更为务实一些,孟子虽然是理想主义者,但也有现实的一面。在这点上,他不像万章,万章毕竟年轻,年轻就容易偏激。偏激虽然有时蕴含着深刻,但终归不是常道。相比较而言,孟子的态度要现实、合理一些,也更可行一些。

类似的情况在历史上是一直存在的,例如改革开放后,鼓励一部分人先富起来,如果严格查起来的话,最早的一批民营企业家中有相当一部分或多或少有违法乱纪的行为,这是当时的历史环境造成的。那你说怎么办?将他们全部绳之以法,送到监狱里去吗?显然不可能,也不现实。合理的做法是对其中罪大恶极者给予惩罚,情节轻微者,既往不咎了。法律上也有追诉期,过了追诉期,可以免于处罚。

"夫谓非其有而取之者盗也,充类至义之尽也。"不归他所应有而取得,如果把这样的人称为强盗的话,那是把"强盗"的含义夸大到极限。对强盗是要惩罚的,但是要对强盗的含义做个限定,不能无限扩大。出于道德的义愤,将所有统治者都称为强盗,是不恰当的。

"孔子之仕于鲁也,鲁人猎较,孔子亦猎较。猎较犹可,而况受其赐乎?"孔子在鲁国出仕时,鲁国人打猎,互相抢夺猎物。孔子一高兴,也跟着别人抢夺猎物去了。"猎较"是打猎时互相争夺猎物,将抢得的猎物用于祭祀。今天一些少数民族还有这个习俗,打一只羊,大家骑着马互相抢。猎物都可以抢夺,国君送来的礼物为什么不能接受呢?孔子是"圣之时者",他待在一个国家,就尊重这个国家的习俗,入乡随俗,只要不伤大雅,不违背原则,都是可以的。

万章接着问:"然则孔子之仕也,非事道与?"孔子出仕不是为了行道吗?万章依然穷追不舍,他问孔子出仕的目的是什么,是不是为了行道?孟子说,"事道也",当然是为了行道。万章就接着问:"事道奚猎较也?"既然是为了行道,为什么要跟人家抢夺猎物呢?下面孟子的回答有些疑问,看不清是什么逻辑关系,似乎有点答非所问。有学者说,这里可能存在缺简,古书是用竹简抄写,然后用丝线编联的,如果掉了一支简,就会少一两句话,我们读起来就会觉得突兀了。我写《孟子解读》时,也只能按照字面意思串讲一下。

孟子说:"孔子先簿正祭器,不以四方之食供簿正。"这里出现两次"簿正",但用法不完全一样。前一个"簿正"是以簿来正,"簿"是册籍,"正"是确定、决定,是说孔子根据文书规定祭器、祭品。后一个"簿正"是簿之所正,可以将其理解为名词,指文书上所规定的祭品。所以这两句是说,孔子先根据文书规定祭器祭品,不用四方珍奇的猎物充当文书中所规定的祭品。但孟子为什么这样回答?与万章的问题是什么关系?不够明确。这个问题先放下,存疑。不过一向喜欢追根究底的万章对孔子的回答没有表示疑问,似乎他已经理解了,于是转移话题,"奚不去也?"问孔子为什么不辞官而去呢?所以这里确实可能存在缺简。

孟子说,"为之兆也。兆足以行矣,而不行,而后去"。"为之兆","兆"是征兆,这里用作动词,指占验事情的结果。孔子在鲁国出仕,是想看看自己的主张能否行得通。你怀抱理想,还要付诸实践,看看能否将国家治理好。经过实践,你的学说、主张是可行的,可以把国家治理好,可是国君不信任你,不去实行你的主张,这个时候,你就可以辞官而去了。

"是以未尝有所终三年淹也。""淹"是停留的意思。所以孔子没有在一个国家停留超过三年的。"三"在古文中不一定具体理解为三,也可能是多次、若干的意思。这里可以理解为三年。孔子每到一个国家,都是为实现他的理想、主张;如果没有机会实现的话,他就要离开了。所以他待在一个国家的时间都不会太久。

"孔子有见行可之仕,有际可之仕,有公养之仕。"孔子到了一个地方,见有机会实现自己的主张、理想而出仕,这叫"见行可之仕"。到了一个国家,因为国君待他礼貌、周到而出仕,这叫"际可之仕"。春秋时期有些国君礼贤下士,延揽人才,因这种情况出仕的叫"公养之仕"。

"于季桓子,见行可之仕也"。季桓子就是季孙斯,是春秋时鲁国的卿大夫。当时鲁国是三桓执政,把国君晾在了一边。像季桓子的父亲季平子,就曾赶跑了鲁昭公,让其客死他乡,自己摄行君位近十年。不过到了季桓子时,季氏声望、权势有所衰落,其家臣阳虎掌控了权力,甚至一度囚禁了桓子,这就是孔子所说的"陪臣执国命"。阳虎在《论语》中作"阳货",就是假惺惺要拜访孔子的那位。后来季桓子联合叔孙氏和孟孙氏,赶跑了阳虎,重新执掌鲁国之政。也就是在这一段时间,孔子为鲁司寇,摄相事,于夹谷之会斥退莱夷,使齐人归还郓、讙、龟阴之田,主持隳三都以强公室。当时鲁国的国君是鲁定公,但实际权力掌握在季桓子之手,故孟子举季桓子,而不说鲁定公。

"于卫灵公,际可之仕也"。据《史记·孔子世家》,孔子辞官离开鲁国后,到了卫国,寄住在子路妻子的兄长颜浊邹家。卫灵公问,"居鲁得禄几何?"你在鲁国拿多少俸禄啊?孔子回答,"奉粟六万",每年有粟米六万。司马迁没有说单位,一般认为是斗,也就是六万斗。十斗为一石,那就是六千石。不过《史记正义》有个说法:"六万小斗,计当今二千石也。"孔子的"粟米六万"实际是小斗,只相当于汉代的两千石。汉代太守称"两千石",就是说他们的年薪有两千石粮食。孔子的俸禄与后来的太守相当,也是两千石。二千石相当于今天多少粮食呢?汉代一石为 2 市斗,一市斗为 13.5 斤,那么一石为 27 斤,这样算下来,二千石为 $2000 \times 27 = 54000$ 斤粟米。一个人一天如果吃一斤粟米,一年需要 365 斤,$54000 \div 365 \approx 147.9$。故汉代的两千石可以养活近 150 人了。如果春秋时的一石与汉代相差不远的话,孔子的"奉粟六万"确实是高工资,算是待遇优厚了,所以孟子说是"际可之仕"。不过后来卫灵公听信谗言,派人监视孔子的出入,所以孔子的高工资没拿多久,就只好走人,继续周游列国了。

"于卫孝公,公养之仕也。"春秋时卫国没有孝公,所以人们推测应该是出公之误。卫出公辄是灵公的孙子,本不该由他即位。但灵公的夫人南子风流成性,私通宋公子朝,闹得沸沸扬扬,太子蒯聩气愤之极,指使人刺杀南子,失败后流亡他国,所以就由他的儿子辄即位了。出公执政时,孔子由楚国再次来到卫国,这一年孔子六十三岁,他的弟子多在卫国为官,故孔子说"鲁卫之政,兄弟也"。卫出公当时想重用孔子,子路就问孔子,如果卫国国君请您来执政,您打算首先做什么呢?孔子说:"必也正名乎!"我一定首先正名分!子路没有理解,脱口而出:老师您太迂阔了!为什么要首先正名分呢?孔子于是发表了著名的"名不正则言不顺"的议论,将子路训斥一顿。

以上是10·4章的内容。本章表面上是在谈交往,但关注的还是出仕,实际讨论的是出仕的正义性问题。战国时的诸侯大多为窃国之君,不义之人,这时候还应不应该出仕?出仕是否还具有合法、合理性?如果说强盗的东西不能接受的话,那么,为什么更大的强盗——窃国者的礼聘反而可以接受呢?这难道不是自相矛盾吗?这是万章提出的疑问。对于万章的问题,孟子首先指出,不宜对"强盗"概念做太过宽泛的理解,一般所说的强盗,主要还是指偷窃财物而言。至于窃国原因比较复杂,且有些年代久远,如果将今之诸侯都称为强盗,不仅将强盗的含义无限夸大,思想也过于偏激,走了极端。因为即便有王者出现,实现人间的正义,也只能将少数罪大恶极者法办,大部分人只要悔改,还是可以接受的。所以儒家在出仕问题上,既是理想主义,又是现实主义,是理想与现实的结合。孔子讲,"天下有道则见,无道则隐"(《论语·泰伯》),反映了儒家的基本立场。所以关键在于有道、无道,在于国君是遵从道还是违背道,而不是一味地追溯其原罪。在这个问题上,万章钻了牛角尖,失之偏颇。相比较而言,孟子在对待今之诸侯的问题上,采取了更为现实的态度,看表现不看历史,对具体的诸侯做具体分析,只要有意行善,乐意从道,都可以出仕,与其合作。而出仕的原则包括"行可之仕""际可之仕""公养之仕",有机会行道而出仕,因礼遇周到而出仕,因国君养贤而出仕。这实际就是孔子的出仕态度,孟子对其做了概括而已。

所以 10·3 与 10·4 章虽然是讲交友、交往,但实际还是谈出仕,涉及国君、天子如何交友,实际是以友对君臣关系做了限定,以及出仕的正义性问题。从交友、交往的角度对出仕问题做了进一步深入探讨。下面我们来看 10·5 章,这一章还是讨论出仕问题。

10·5 孟子曰:"仕非为贫也,而有时乎为贫;娶妻非为养也,而有时乎为养。为贫者,辞尊居卑,辞富居贫。辞尊居卑,辞富居贫,恶乎宜乎?抱关击柝。孔子尝为委吏矣,曰:'会计当而已矣。'尝为乘田矣,曰:'牛羊茁壮长而已矣。'位卑而言高,罪也;立乎人之本朝而道不行,耻也。"

"仕非为贫也,而有时乎为贫",我们出仕不是因为贫穷,不是为了解决生计问题,但有的时候的确是因为生计所迫,因为贫穷而出仕。这就好比,"娶妻非为养也,而有时乎为养"。我们娶妻不是为了奉养父母(古人娶妻主要是为了传宗接代,我们今天喜欢讲爱情,古人这方面的考虑比较少),但有时候也的确是为了奉养父母而娶妻——父母年龄大了,没人照顾,娶个妻子吧,好照顾父母。

"为贫者,辞尊居卑,辞富居贫。"如果你是因为生计所迫而出仕,那该怎么做呢?你应该辞去职位高的官职,选择职位低的;辞去俸禄高的,选择俸禄少的。儒家主张出仕是为了行道,实现理想。但人都有落魄的时候,如果你是因为生计所迫,是出于现实的考虑而出仕,就不应居高官,取厚禄,而要辞高官,居低位,辞厚禄,取薄俸。否则便不可取了。

"辞尊居卑,辞富居贫,恶乎宜乎?抱关击柝。"不做大官,做小官,辞去厚禄,取薄俸,怎么做才合适呢?孟子认为,做一个守门、打更的人,勉强维持生计就可以了。假如说我不是为了理想出仕,没有更高的追求,没有治国平天下的抱负,仅是出于谋生的考虑,那有碗饭吃,能够糊口就可以了。

孟子又举出孔子,这是他立论的重要方式。"孔子尝为委吏矣,曰:'会计当而已矣。'"孔子年轻的时候担任过一些小的官职。"委吏"是管粮仓的小官,相当于粮仓保管员。"会计"是核计、计算的意思。"当",恰当。孔子做委吏时,算好账,做到账目清楚就可以了。

"尝为乘田矣,曰:'牛羊茁壮长而已矣。'""乘田"是负责畜牧的小官。孔子做乘田时,只要牛羊肥壮就可以了。我们想一下,孟子举出孔子想要说明什么呢?我们知道,孔子早年贫贱,他自己也说,"吾少也贱,故多能鄙事"(《论语·子罕》)。所以孔子早年是为生计而出仕的。既然是为生计出仕,努力做好本职工作就可以了,而不应好高骛远,对自己职责之外的事情说三道四、指手画脚。孔子讲,"不在其位,不谋其政"(《论语·宪问》),也是这个意思。所以,孟子是想以孔子为例说明,当你生活清贫,地位低下,不得已而出仕时所具有的态度。当然这不是说孔子年轻时没有远大的理想和抱负,也不该有理想和抱负,而是强调当你人微言轻,生计都没有解决的时候,放言高论是无意义的,不仅没有人会听你的,还会给自己带来麻烦。士人出仕固然是为了行道,但也需要一定的条件和时机,时机、条件不具备时就急于行道,时机、条件已具备了却不去行道,都是不可取的。所以下面几句很重要,将这一点点明了,同时对本章做了总结。

"位卑而言高,罪也;立乎人之本朝而道不行,耻也。"地位低下时,你放言高论,这是罪过;立于朝廷之上时,你不去行道,这是耻辱。"本朝"就是朝廷。能够立于朝廷,就意味着已具有了相当的地位和影响,时机、条件已经具备,这时却不积极行道,那就是耻辱了。

以上是10·5章的基本内容。儒家主张仕以行道,应为行道理想而出仕,但在有些情况下,因迫于生计,不得已而出仕,这时你应该遵循什么样的原则?孟子认为应该辞去高官厚禄,选择小官薄俸,同时以孔子为例说明对于出仕应该具有的态度。

我们来看10·6章。

10·6 万章曰:"士之不托诸侯,何也?"

孟子曰:"不敢也。诸侯失国,而后托于诸侯,礼也;士之托于诸侯,非礼也。"

万章曰:"君馈之粟,则受之乎?"

曰:"受之。"

"受之何义也?"

曰:"君之于氓也,固周之。"

曰:"周之则受,赐之则不受,何也?"

曰:"不敢也。"

曰:"敢问其不敢何也?"

曰:"抱关击柝者皆有常职以食于上,无常职而赐于上者,以为不恭也。"

曰:"君馈之,则受之,不识可常继乎?"

曰:"缪公之于子思也,亟问,亟馈鼎肉。子思不悦。于卒也,摽使者出诸大门之外,北面稽首再拜而不受,曰:'今而后知君之犬马畜伋。'盖自是台无馈也。悦贤不能举,又不能养也,可谓悦贤乎?"

曰:"敢问国君欲养君子,如何斯可谓养矣?"

曰:"以君命将之,再拜稽首而受。其后廪人继粟,庖人继肉,不以君命将之。子思以为鼎肉使己仆仆尔亟拜也,非养君子之道也。尧之于舜也,使其子九男事之,二女女焉,百官牛羊仓廪备,以养舜于畎亩之中,后举而加诸上位,故曰,王公之尊贤者也。"

"万章曰:'士之不托诸侯,何也?'""托"指寄居。当时有一些士人,还没有出仕,没有固定的职业,便投靠在诸侯的门下,靠诸侯的赏赐来维持生计。儒家对这种做法是反对的。万章问,士人不能寄居在诸侯那里生活,这是为什么呢?

孟子说:"不敢也。"为什么呢?"诸侯失国,而后托于诸侯,礼也;士之托于诸侯,非礼也。"因为按照礼的规定,一个诸侯失去了国家,可以到别的诸侯国寄居生活——这种事情在春秋时期经常发生,一个国家出现了政变,或者出现了内乱,国君被赶跑了,逃到别的国家去做寓公。《左传》有很多记载,这是符合礼的。但是一个普通的士人也寄居在诸侯那里生活,这是不符合礼的。

万章又问:"君馈之粟,则受之乎?"国君送来了粮食,你接受不接受?孟子说,"受之",当然要接受了。万章又问:"受之何义也?"接受又是什么道理呢?孟子说:"君之于氓也,固周之。""氓"指从外地迁来的百姓。"周"是周济、接济的意思。国君对迁来的百姓,当然要给予接济。他们从别的国家来到我们这里,生计暂时解决不了,要帮助他们一下。

"周之则受,赐之则不受,何也?"前面说了,"士之不托于诸侯",士人不能寄居在诸侯那里,靠诸侯的赏赐生活。对于诸侯的赏赐,是不能接受的。所以万章问,国君接济就可以接受,而赏赐不能接受,这是为什么呢?孟子说:"不敢也。"万章继续追问:"敢问其不敢何也?"老师,我想问一问,不敢这样做,是什么原因呢?

"抱关击柝者皆有常职以食于上,无常职而赐于上者,以为不恭也。"孟子说,如果是为人看门、敲更,这是固定的职业,是可以接受国君的俸禄的。如果没有固定的职业,寄居在诸侯那里,接受国君的赏赐,人们会认为这是不恭敬的。有劳才有得,若没有固定的职业,没有为国家提供服务,无所事事,却接受国君的赏赐,这样做就不对了。所以接济和赏赐是不同的,接济是特殊性的,的确有困难就可以接受;赏赐则是一般性的,无功就不受禄。

我们读《孟子》,就会发现,孟子多次与人讨论过类似的问题。如《尽心上》13·32章,"公孙丑曰:'《诗》曰"不素餐兮",君子之不耕而食,何也?'"你们这些君子、儒生,好像什么也没做,没有耕田种地,却接受别人的奉养,这是为什么呢?之所以提出这种质疑,出现这种讨论,主要是因为战国时期出现了脑力劳动与体力劳动的分工,有一批士人,也就是知识分子脱离了体力劳动,不再从事具体的生产劳作,却接受社会的奉养,好像在白白吃饭。在13·32章,孟子主要是为士人"不耕而食"的合理性进行辩护,认为士人治国安邦,传授学业,同样有益于社会,受人奉养是完全合理的。但在本章以及《万章下》其他各章,则是对士人自身提出要求。这两个主题是既有联系也有区别的。前者是对社会而言,要求承认士人的作用和贡献,以及"不耕而食"的合理性;后者则是对士人而言,强调一个真正的士人是有原则的,是应该严格自律的,不能因为受人奉养,便降低对自己的要求,因为身处穷困便不顾尊严,去接受不该接受的赏赐。

万章问:"君馈之,则受之,不识可常继乎?"国君出于接济的目的馈赠粮食，就可以接受，但不知是否可以经常这样做呢？只要国君有馈赠，我们就可以接受，是不是这样呢？对于万章的问题，孟子没有直接回答，而是讲了子思与鲁缪公的交往。这是孟子常用的表达方式——有时讲半天道理，不如一个故事生动、具体，这就是"近取譬"的优点。

"缪公之于子思也，亟问，亟馈鼎肉。子思不悦。"鲁缪公对子思，经常去问候，经常派人送去熟肉。"亟"是屡次、一再的意思。"鼎肉"是煮熟的肉；因为用鼎来煮，所以称鼎肉。这说明鲁缪公主观上对子思是很尊重的，但是他的方式有问题，结果惹得子思反而不高兴了。

"于卒也，摽使者出诸大门之外，北面稽首再拜而不受"。"卒"，最后、终于的意思。"摽"读 biāo，挥而使去，驱赶的意思。最后子思终于忍不住了，把使者也就是缪公派来送熟肉的人赶出大门之外，对着北面磕头作揖表示不接受。稽首是古代的一种跪拜礼，《周礼》说古代的跪拜礼一共有九种，称为九拜，我们今天还说三叩九拜。稽首是其中最隆重的一种，主要用于臣子拜见君王。行礼时，施礼者屈膝跪在地上，左手覆盖右手，拱手于地，放在膝前，手不能分开，头慢慢伸到手前面的地上，头碰到地面后要停留一会儿。据贾公彦的解释，"稽"是稽留的意思，"头至地多时，则为稽首也"。相比较而言，九拜中的第二拜顿首，也称"稽颡""叩颡"，其形式如同稽首，但头触地后立即抬起，不在地面停留，所以就不如稽首隆重，一般用于地位相等或平辈人之间。"再拜"，拜两次。这里"拜"的含义比较具体，是指九拜中的第三拜空首，行礼时，施礼者身体也呈跪姿,先跪再拱手,然后俯下头,但不接触地面,与心齐平就可以了。"稽首再拜",先稽首,然后空首两次,称为凶拜,表示不敢接受国君的赏赐。反过来,"再拜稽首"是先空首两次,然后稽首,这是吉拜,表示愿意接受国君的赏赐。所以子思是用"稽首再拜"的凶拜,表示回绝缪公的赏赐。我们注意,古人行礼时是跪在地上的,这并不是说古人的奴性强,喜欢见人下跪,而是与当时的生活方式有关。春秋时期人们是席地而坐,平时就是跪在地上的,所以行礼时也以跪为主。后来生活方式改变了,有桌子、椅子了,平时也是站着的,这时再下跪就没有必要了。康有为说,人不下跪,天生此膝何用?这就是奴性十足了。

"曰:'今而后知君之犬马畜伋。'"伋就是子思。子思姓孔名伋,子思是字。子思说,我今天才知道,鲁缪公原来是把我当犬马一样奉养。为什么呢?因为按照古礼,国君给你送来粮食、熟肉,接受之前,你要磕头行礼,表示感谢。可是你今天送几袋米,明天送几块肉,我这么大年纪了,要不停地磕头行礼,感激涕零,我的尊严何在呢?我子思岂是食嗟来之食之人?你一个国君,手里有点资源,就可以这样羞辱一个士人吗?既然士人的目标是行道,首先就要有独立的人格。人格尊严都不存在了,哪还有可能去行道呢?恐怕最后只能成为蝇营狗苟之徒,仅仅是为了混碗饭吃,进而为了高官厚禄,如此而已。怎么可能坚守自己的理想呢?

孟子的时代,儒学还没有体制化,没有官方化,士人有相对的自由。在这个时候,孟子就告诫士人要保持独立人格、独立的意志，不能被权力异化，不能向权力缴械投降。因为士人出仕就是要改造社会、规范权力、造福民众的，如果独立人格没有了，哪还有精神动力去改造社会呢？儒生一旦被权力异化，被体制化，就失去了改造社会、规范权力的理想和冲动了。儒生一旦在体制内如鱼得水了，可能根本就不会想去改变它了。可是，孟子的担忧最后变成了现实。随着儒学体制化、官方化，大多数儒生都被权力异化了，很多人出仕就是为了高官厚禄、富贵显达而已。

"盖自是台无馈也。""台"，通"始"。马王堆帛书《老子》中，"始"就写作"台"。子思发了一顿脾气，鲁缪公从此不馈赠了。所以说，"悦贤不能举，又不能养也，可谓悦贤乎？"你欣赏一个贤人，可是既不能重用他，又不能奉养他，能说是欣赏贤人吗？如果你所做的只是今天送点粮食，明天送点熟肉，想以此表示你的关心，表示你在维持士人的生计，然后对士人招之即来，挥之即去，那么，士人的独立人格就不存在了。而一个士人没有了独立人格，与行尸走肉就没有差别，甚至不如一个普通的百姓。这时士人如何能承担起行道、改造社会的责任呢？

万章又问："敢问国君欲养君子，如何斯可谓养矣？"老师，我想问一下，如果国君想奉养君子的话，怎么做才能算是奉养呢？怎么做才算是合适的呢？

孟子说："以君命将之，再拜稽首而受。""将"是送的意思。"之"是代词，指粮食。"再拜稽首"是吉拜，表示对国君的感谢，不同于上文的"稽首再拜"，后者是凶拜。以国君的名义送去粮食,君子再拜稽首,表示感谢,然后接受下来。

"其后廪人继粟,庖人继肉,不以君命将之。"开始是以国君的名义馈赠,之后就派廪人也就是管粮仓的小官送去粮食,派庖人也就是厨师送去熟肉,这时就不再以国君的名义了。如果还以国君的名义,士人就要"再拜稽首",不断地磕头行礼,然后接受赏赐,这对君子就是羞辱了。所以第一次馈赠可以国君的名义,之后就不可以了,应派个小官吏去,这样士人就不用磕头行礼了。

"子思以为鼎肉使己仆仆尔亟拜也,非养君子之道也。""仆仆",劳顿、麻烦的意思。"尔"犹"然"。子思认为,为了那么一点点熟肉,让我一次次辛苦地跪拜行礼,这不是奉养君子的做法。你送一点吃的,我就要不停地感激你,不停地磕头行礼,这是对君子的不尊重。所以缪公对子思,较之尧对舜,实在是相差太远了。

"尧之于舜也,使其子九男事之,二女女焉"。尧是怎样对待舜的呢?尧是天子;舜是寒士,耕于历山之下,是普通的农夫。但是尧一旦发现舜是贤才,就让自己的九个儿子去侍奉舜,把自己的两个女儿嫁给舜。"百官牛羊仓廪备,以养舜于畎亩之中",百官、牛羊、粮食都完备,在田野中奉养舜。不仅让自己的儿子、女儿侍奉舜、嫁给舜,还让百官带着牛羊、粮食也去侍奉舜。"后举而加诸上位,故曰,王公之尊贤者也。"然后举荐舜到很高的职位——实际是让他做了天子,这才是王公尊奉贤人的做法。

我们可以看到,孟子在 10·6 章实际谈了两方面的内容:

既谈到对士人的要求,也说到对王公的期望。对于士人,孟子强调人格独立的重要性,反对在经济上依附于诸侯。"无恒产而有恒心者,惟士为能",没有固定的产业而有固定的人生志向,这只有士人可以做到。为什么只有士人可以做到呢?这是他们特殊的身份和价值追求决定的。根据西方学者的研究,知识分子不是说掌握了一定的专业知识,例如学习过化学、物理或是经济学,就可以称为知识分子了。所谓知识分子,除了献身专业工作,还能够超越个人包括其所属的小团体的私利,去深切地关怀国家、社会乃至世界上一切有关公共利害之事,具有一种宗教承当的精神。这种类型的知识分子在西方是近代才出现的,但在中国则出现甚早,士就具有类似西方知识分子的性格。作为一个承担着文化使命的特殊阶层,士自始便在中国历史上发挥着知识分子的功用。而士的这种精神品格和文化担当,与孔孟等儒者的规定和塑造是分不开的。孟子对独立人格的强调,对出仕之道的关注,都可以从这一点去理解。

对于国君、王公大人,孟子希望他们能够从人格上尊重贤人,不仅要养贤,更要尊贤、用贤,知人善用。如果你欣赏一个贤人,不只是给他好的待遇,更应从人格上尊重他,敢于重用他。这方面的典范就是尧,尧不仅把自己的女儿嫁给舜,还把天下禅让给舜,让舜从一介平民一跃登上天子之位,得以施展才干、抱负,置身圣王之列。《孟子》多次提到尧举荐舜的故事,本章也是。这个故事当然是有来源、根据的,比如《尚书·尧典》,但里面很多细节,我想应该是儒者尤其是孟子编造或者说丰富起来的,目的是为后来的国君树立一个榜样,希望他们也能像尧一样,尊重和任用贤者,反映了士人在权力面前的一种"自恋"心态。儒家虽然主张"士志于道",认为士人出仕是用道去规范权力、引导权力,但出仕本身又不能不依赖权力,行道也必须凭借权力,因而在权力面前难免产生这种矛盾、复杂的心理。

现在我们来看10·7章。

10·7 万章曰:"敢问不见诸侯,何义也?"

孟子曰:"在国曰市井之臣,在野曰草莽之臣,皆谓庶人。庶人不传质为臣,不敢见于诸侯,礼也。"

万章曰:"庶人,召之役,则往役;君欲见之,召之,则不往见之,何也?"

曰:"往役,义也;往见,不义也。且君之欲见之也,何为也哉?"

曰:"为其多闻也,为其贤也。"

曰:"为其多闻也,则天子不召师,而况诸侯乎?为其贤也,则吾未闻欲见贤而召之也。缪公亟见于子思,曰:'古千乘之国以友士,何如?'子思不悦,曰:'古之人有言曰,事之云乎,岂曰友之云乎?'子思之不悦也,岂不曰:'以位,则子,君也;我,臣也;何敢与君友也?以德,则子事我者也,奚可以与我友?'千乘之君求与之友而不可得也,而况可召与?齐景公田,招虞人以旌,不至,将杀之。'志士不忘在沟壑,勇士不忘丧其元。'孔子奚取焉?取非其招不往也。"

曰:"敢问招虞人何以?"

曰:"以皮冠。庶人以旃,士以旂,大夫以旌。以大夫之招招虞人,虞人死不敢往;以士之招招庶人,庶人岂敢往哉?况乎以不贤人之招招贤人乎?欲见贤人而不以其道,犹欲其入而闭之门也。夫义,路也;礼,门也。惟君子能由是路,出入是门也。《诗》云:'周道如底,其直如矢;君子所履,小人所视。'"

万章曰:"孔子,君命召,不俟驾而行。然则孔子非与?"

曰:"孔子当仕,有官职,而以其官召之也。"

"万章曰:'敢问不见诸侯,何义也?'""见"是拜见的意思。这里省略了主语士人。万章说:请问老师,士人不去主动拜见诸侯,这是什么道理呢?

孟子说:"在国曰市井之臣,在野曰草莽之臣,皆谓庶人。"这里讲的是没有出仕,没有固定职业的人。这些人生活在都市就叫作市井之臣,生活在郊外就叫作草莽之臣,他们实际都是百姓或庶人。

"庶人不传质为臣,不敢见于诸侯,礼也。""质"前面说过,是拜见国君的礼物。孟子说孔子"出疆必载质",就是到别的国家去发展,一定要带上拜见国君的礼物。对于百姓来说,如果没有向诸侯送上拜见的礼物,成为他的臣属,就不应该贸然去拜见,这是礼的规定。你只是普通的百姓,还没有机会向诸侯国君送上拜见的礼物,向国君介绍自己,国君也根本不了解你,这时当然不能去主动拜见了。如果去主动拜见的话,是不符合礼的。

万章又问,"庶人,召之役,则往役"。老百姓,国君召唤他服役,他就去服役。可是,"君欲见之,召之,则不往见之,何也?""之"指的是谁?当然是士人。对于士人,国君要见他,于是就召唤他,可是士人不愿去拜见,这是为什么呢?

孟子说,"往役,义也;往见,不义也"。百姓去服役,合乎义;士人去谒见,不合乎义。所以在孟子看来,百姓和士人的身份是不一样的,应尽的义务也是不同的。百姓是普通的生产者,国君召唤你服役,这是你应尽的义务。士人则不一样,士人出仕是为了行道,所以不能无条件地听从国君的召唤,也没有这样的义务。

"且君之欲见之也,何为也哉?"这句话很关键,点到了问题的实质。况且国君召见士人,是出于什么目的呢?召唤百姓,是让他服役;召唤臣下,是让他尽责;可是召见一个士人,是为什么呢?

万章说:"为其多闻也,为其贤也。"国君召见士人,因为他博学多闻,因为他有才能。

孟子马上问:"为其多闻也,则天子不召师,而况诸侯乎?"对了,你这样讲就对了!如果你召见士人,是因为他博学多闻,那就等于承认他可以做你的老师,你应该把他当老师对待。一个天子尚且不能召唤自己的老师,况且一个诸侯呢?这里孟子道出了士人与百姓的不同。诸侯召唤百姓,是让他从事生产,提供劳役,这是合理的;召唤一个贤士,如果是因为他博学多闻,才能过人,这就不合理了。

"为其贤也,则吾未闻欲见贤而召之也。"如果是因为他有才能,我也没听说想见一个贤士,不去主动拜访,而去召唤的。所以诸侯是不应该召唤贤士的,即使召见,士人也不应该应召。孟子不仅是这样说的,也是这样做的。我们可以结合《公孙丑下》4·2章,看看孟子是怎样对待齐宣王的召见的。

接着,孟子又讲了鲁缪公与子思的交往。"缪公亟见于子思,曰:'古千乘之国以友士,何如?'""千乘之国"属于中等国家,鲁国就是千乘之国,这里是指千乘之国的国君。鲁缪公多次见到子思,说古代拥有千辆兵车的国君与士人交朋友是怎样做的?意思就是,我这位鲁国国君想和你交个朋友,你觉得怎么样?给不给个面子吧?

"子思不悦,曰:'古之人有言曰,事之云乎,岂曰友之云乎?'"子思不高兴了。所以古人有时候比我们还是高尚一些,至少更具有独立人格。如果说今天有一位国家领导想要和知识分子交朋友,我想大部分都会受宠若惊。我算是比较有批判精神和独立人格的,但是扪心自问,我能做到与孟子一样吗?不敢肯定,说不定内心也会窃喜。但是子思的态度是"不悦",不高兴。子思说,古人说过,国君只能把士人当老师,怎么能说要与他交朋友呢?

"子思之不悦也,岂不曰:'以位,则子,君也;我,臣也;何敢与君友也?'"子思的不高兴,难道不是说,论地位,你是君,我是臣,我怎么能高攀你国君,与国君做朋友呢?"以德,则子事我者也,奚可以与我友?"论德行,你应该像对待老师一样侍奉我,怎么可以想着与我交朋友?所以鲁缪公想以国君的身份来与子思交友是不合适的。那么,国君是不是就不可以与士人交朋友了呢?当然不是。前面10·3章讲过,关键是"不挟长,不挟贵,不挟兄弟而友"。交友是彼此人格的欣赏和尊重,是"友其德也",首先要有人格的平等。像孟献子与乐正裘、牧仲等五人交友,晋平公与亥唐交友,都没有想到自己大夫、诸侯的身份,他们都是以平等的身份与士人交友,这种交友是可取的。所以,关键不在于国君能否与士人交友,而在于以什么方式来交友。这样看来,鲁缪公的做法确实有不合适的地方,他没有忘记自己的身份,时时想着自己国君的地位,假惺惺地提出,古代拥有千辆兵车的国君想与士人交友,该怎么做呢?实际是想说,我堂堂一国之君,想和一位士人交友,你说怎么样吧?子思当然不高兴了,所以反唇相讥,提醒鲁缪公:从德行上看,我是可以做你的老师的,你怎么敢颐指气使、盛气凌人地要求与我做朋友?

子思接着说:"千乘之君求与之友而不可得也,而况可召与?"拥有千辆兵车的国君与士人做朋友尚且做不到,更何况去召唤他呢?你自以为是国君,掌握着资源,就可以盛气凌人地指使他人来与你交友吗?其实孟子的时代,趋炎附势、寡廉鲜耻之徒大有人在,别说是国君想与你交友,就是没有机会、关系攀附,靠吹牛过活的也为数不少。《孟子·离娄下》8·33章讲了一个"齐人有一妻一妾"的故事,这位齐人白天跑到坟地偷吃别人上坟的供品,晚上回到家里则对老婆们吹嘘是有权有势的朋友请客,一副寡廉鲜耻的嘴脸。这个故事很形象,也很有代表性,是孟子时代世道人心的反映。所以人性是有弱点的,很容易被权势、财富所异化和引诱。有国君招呼士人做朋友,一个没有操守的人很容易得意忘形,屁颠屁颠就跑去了。但是在孟子看来,一个士人是不能这样做的。如果你出仕的目的是行道,你首先要坚守自己的独立人格;没有了独立人格,一切都没有了,你最后可能与那个寡廉鲜耻的齐人就是五十步与百步的差别。我们注意,孟子谈到独立人格的时候,经常喜欢以子思为例,所以子思的人格风范对孟子产生过很大的影响,至少是树立了榜样。孟子提倡的大丈夫精神,也受到子思的启发。

孟子又讲了齐景公的故事:"齐景公田,招虞人以旌,不至,将杀之。"齐景公打猎的时候,用旌旗召唤虞人。虞人是看守园林的小官。结果虞人拒绝召唤,不愿前来,齐景公就想杀了虞人。"志士不忘在沟壑,勇士不忘丧其元"两句,应该加引号,这两句在《滕文公下》6·1章也出现过,从上下文义看,应该是孔子的话,所以是孟子引用孔子的话。"元"是头的意思。"不忘",从字面上看是不忘记,但学者一般翻译为不怕。这两句是说,志士不怕弃尸山沟,勇士不怕丢掉脑袋。

"孔子奚取焉?取非其招不往也。""取"是择取,引申为赞赏、赞同。孔子肯定、赞赏虞人哪一点呢?他是肯定虞人对不合礼仪的召唤就不接受。齐景公用旌旗召唤虞人,这是不符合礼仪的。所以虞人宁可被杀头,也不愿前往,不听从召唤。对这一点,孟子引孔子的话,表示肯定。

万章又问:"敢问招虞人何以?"老师,我想问一下,召唤虞人如果不能用旌旗,那应该用什么呢?孟子说,"以皮冠",

应该用皮帽子。春秋时代非常重视礼仪，国君要召唤某一个等级的人，都有相应的礼仪规定。如果国君想召唤虞人的话，应该让人拿一顶皮帽子去，虞人看到皮帽子，知道国君召唤自己，于是就赴命而去。但是这次齐景公搞错了，随便拿了一面旌旗说，去把那位看园子的人叫过来。传命的人拿着旌旗跑到虞人那里，说国君召唤你呢，快点去。可是虞人一看不对啊，应该是拿皮帽子，怎么拿了面旌旗就来了？这不符合礼仪，我不能去，即使杀头也不去。这是春秋时期特殊的风俗，是当时的一种礼仪规定。不仅对于虞人，对于其他身份的人，也都有相应的规定。这一点孟子有说明："庶人以旃，士以旂，大夫以旌。"旃是一种旗帜，用丝绸制作，红色，旗柄是弯曲的。旂也是一种旗帜，旗子上画两条龙，旗杆上挂着铃。旌是用牦牛尾或同时用五彩羽毛饰杆顶的旗子。招呼庶人要用旃旗，招呼士人要用旂旗，召唤大夫要以旌旗。旃、旂、旌都是旗帜，但花纹、形制是不同的。

"以大夫之招招虞人，虞人死不敢往。"齐景公犯了错误，他用召唤大夫的旌旗去召唤虞人，也就是看守园林的小官，所以虞人宁死也不肯前往。同样，"以士之招招庶人，庶人岂敢往哉？"士与庶人的身份也是不同的，士是指已经出仕的人，庶人是指没有出仕的人。用召唤士人的旂旗去召唤百姓，百姓难道就肯去吗？同样不能去。

"况乎以不贤人之招招贤人乎？欲见贤人而不以其道，犹欲其入而闭之门也。"更何况用招呼不贤之人的礼仪去召唤贤人，贤人当然不能接受了。如果你欣赏一位贤人，想重用一位贤人,却不以正确的方式对待他。这就好比,你想请人进屋,却把门关起来了一样,是自相矛盾的。

下面几句很有名,也很重要。"夫义,路也;礼,门也。"义是路,礼是门。这就是所谓的"义路礼门"。古人写匾幅,常常用到这四个字。"惟君子能由是路,出入是门也。"义是人们行走的道路,礼是登堂入室的大门,唯有君子能够经由义这条大路,出入礼这扇大门。对于君子来说,他既遵从义,又恪守礼,这是他奉行的原则。所以春秋时期的某些具体礼仪可能已经过时了,已不在社会中流行了,孟子也不关注这些繁文缛节,而是将其抽象为或者说是转换为义、礼这样的基本原则,这些原则是不会过时的,并且随时代的变化而具有了不同的精神内涵。

孟子又引《诗》云:"周道如底,其直如矢;君子所履,小人所视。""底"通"砥",就是磨刀石。"矢"就是箭。"履"是走的意思,引申为行为。"视",这里指效法。大道平如磨刀石,又像箭矢一般直。君子上面走,百姓来效仿。《论语》《孟子》中经常讲到君子、小人,不同语境下有不同的含义。有些是从道德上来讲的,如"君子坦荡荡,小人长戚戚"(《论语·述而》)。有些是从身份上讲的,本章的君子、小人就是指身份,君子指官员、贵族,小人指百姓、一般身份的人。所以孟子认为,国君不能随便召唤贤人,而应有一定的礼貌和尊重。对于贤人而言,也应该坚守礼和义,不能做无原则的事情。因为你是民众的榜样,大家都在看着你。

可是万章马上将了孟子一军:"孔子,君命召,不俟驾而行。然则孔子非与?"老师,既然国君不能随便召见贤人,即使召见,贤人也不能随便前往,可是您看孔子,国君召见他,他不等马车驾好就动身了。孔子的做法是不是错了呢?你看,万章很有个性,甚至不顾及孟子的感受。他明明知道自己的老师最崇拜的是孔子,认为"自生民以来,未有盛于孔子也",可是他仍然提出这么尖刻的问题。不过,万章并不是对孔子和自己的老师不尊重,而是他确实有这样的疑问,有疑问就提出来,这是一个好学生的表现。

孟子平淡地回答:"孔子当仕,有官职,而以其官召之也。""当仕",正在出仕的意思。孔子当时正在出仕,国君是以官职召见他的,所以孔子当然应该前往了。四两拨千斤,把万章的问题化解了。孟子前面讲的是,没有出仕的庶人不应该贸然去拜见诸侯。但是当你出仕以后,相当于你与国君之间订立了契约,形成上下级关系,这时国君召唤你,给你安排工作,你当然应该认真对待,并尽力去完成了。

以上是 10·7 章的内容,仍是谈出仕之道,主张士人出仕之前不应贸然去拜访诸侯,目的是维护士人的独立人格,杜绝逢迎巴结、谄媚溜须的行为;出仕以后,就应该积极应召。但国君召唤臣子,应用相应的礼仪;如果不以相应的礼仪,即使有杀头的危险,也不应应召。本章提出"以位,则子,君也;我,臣也","以德,则子事我者也",这种"以德抗位"的思想在历史上产生过深远的影响,较之孔子,也是一种发展。其实在出仕的问题上,孟子与孔子还是有一定差别的。"孔子三月无君,则皇皇如也,出疆必载质"(《孟子》6·3),孔子对于出仕是很急迫的,常常带着礼物去主动拜见诸侯,并非"不见诸侯"啊!当然,这时的孔子已经出仕,与未出仕的庶人不同,孟子也是这样为其辩护的。但是对于独立人格,孟子显然要更为强调。这一方面与士人地位的提升有关;另一方面也说明儒家对自身的使命有一种反省和思考,有一种内在自觉。孟子从儒家的立场出发,主张士人应该积极出仕,但前提是必须保持独立人格。士人如果失去独立人格,为权力所异化,不仅可能堕落为利禄之徒,仕以行道的理想也会落空。所以孟子对士人的进退出处之道非常关注,本章及其他几章都是在讨论这一主题。

我们下面来看《万章下》10·8章,这一章文字不长,但非常有名,属于《孟子》一书的重要章节。不过10·8章虽然重要,但放在《万章下》有点不合适,因为《万章下》九章中有六章都是讨论出仕之道的,只有第二章、最后一章及本章比较特殊,游离于出仕的主题之外。《万章下》10·3和10·4章虽然也是谈交友、交际,但实际是借交友谈出仕,主题依然是出仕。本章则不同,它是由交友谈到与古人交友,最后落在了"知人论世"上。从内容上看,将其调整到《尽心下》比较合适。

10·8 孟子谓万章曰:"一乡之善士斯友一乡之善士,一国之善士斯友一国之善士,天下之善士斯友天下之善士。以友天下之善士为未足,又尚论古之人。颂其诗,读其书,不知其人,可乎?是以论其世也。是尚友也。"

本章不是万章提问,孟子回答,而是孟子直接向万章陈述:"一乡之善士斯友一乡之善士。""斯"是连词,乃的意思,相当于我们今天所说的就。一乡中的善士,就与这一乡中的善士交友。我们生活在一个乡村,一乡中的志同道合者互相为友。人们总是首先在生活的地域中,在熟悉的人群中,寻找志同道合的朋友,这是人之常情。

在此基础上,"一国之善士斯友一国之善士",一国中的善士,就与一国中的善士交友。古人说的国是指诸侯的封国,像我们所在的邹城,就是古代邹国。离邹国不远,是鲁国,北面是齐国。我们交到了一定的朋友、志同道合者,但还不满足,于是将范围扩大,国较之乡的范围当然更大了,这样我们可以有更多的志同道合者。

"天下之善士斯友天下之善士",天下的善士,就与天下的善士交友。古人所理解的天下,从地域上说是有限的,尚不及现在的中国,从概念上说则是指整个世界。我们仅仅与一国的志同道合者交友还不够,还要扩大到天下、全世界。以学习、研究孟子的思想为例,国内有一些研究孟子的学者,像上海复旦大学的杨泽波教授、广州中山大学的杨海文教授,台湾也有一些研究孟子的学者,此外全国各地还有一些孟子研究机构,有一批志同道合者,我们可以切磋交流,相互学习。但这样还不够,还应该把眼界放大一点,从天下、世界的范围去寻找志同道合者。其实美国、欧洲也有一些研究孟子的学者,例如瑞士有一位 Robert H. Gassmann 教授专门研究孟子,他年纪很大了,出版过研究孟子的著作。有一年,一位瑞士的年轻学者到北京访问,专门来看我,带来 Gassmann 教授的问候,我把我的书签了名,请这位学者转送给他。之前我不认识 Gassmann 教授,不知道遥远的瑞士还有一位研究孟子的学者;认识之后,就多了位志同道合、可以切磋的朋友。这里是以孟子研究为例,交友当然不限于学术研究了,凡志同道合者都可以为友。用孟子的话说,"友其德也",只要我们彼此欣赏对方的德行、才华,都可以成为朋友。

"以友天下之善士为未足,又尚论古之人。""尚"通"上",上溯的意思。与天下的善士交友还不能满足的话,就要上溯历史,评论古代的人物,实际就是以古人为友了。"颂其诗,读其书,不知其人,可乎?"怎么与古人为友呢?当然是吟诵他们所写的诗歌,阅读他们所著的书籍了。不是与古人直接为友,而是通过他们留下的作品与其交友,是神交。这样又涉及对古人的了解。不了解他的为人,怎么可以呢?而要了解一个人,就要了解其所处的时代,"是以论其世也"。所以要知人论世,知人与论世是联系在一起的。

孟子认为,如果我们与今人交友,与天下之人交友还不满足的话,就要进一步与古人交友。其实学术研究、思想探讨,古人对我们的启发、影响往往更大。所谓古人,可以理解得宽泛一些,不一定是古代之人,只要是我们没有见到、已经过世的人都可以看作古人。古人,已经作古之人嘛。我研究儒学,研究孟子,有两位学者对我影响很大:一位是牟宗三,一位是徐复观。这两位先生我都没有见过,我读到他们的书时,他们可能已经去世了。但是他们对我的启发,对我学术的帮助,远远大于其他人。慢慢地,每当我读到他们的著作,阅读他们的文章,眼前就会浮现他们的音容笑貌,似乎我拜了两位老师,结交了两位朋友,亦师亦友嘛!但是真正要读懂牟先生、徐先生的书,还要了解他们的为人,了解他们的生平、志向,了解他们生活的时代。这样就要去阅读他们的生平传记,或者是回忆、纪念文章。"是尚友也",这样才能做到上溯历史,与古人交友。

《万章下》10·8章虽然是谈交友,但思想丰富,意境高远;更重要的是,它超越了一般对交友的理解,通过层层递进,从乡到国,从国到天下,最后落在与古人交友上。而与古人交友,首先要"颂其诗,读其书",斯人已去,古人不在,我们只能通过其留下的文字,通过其作品与其神交。而要了解其作品,就要了解其为人,了解其所处的时代,就是要知人论世。例如,我们阅读《孟子》,就要了解孟子是怎样的一个人,生活在什么样的时代。我在中国人民大学国学院讲《孟子》,第一讲就是讲孟子的生平及时代。如果不了解孟子所生活的时代,不了解孟子是怎样一个人,就很难读懂《孟子》,很难深入到《孟子》思想的深处。当然,这两方面是联系在一起的,我们越是知人论世,了解了一个人,越有助于读懂他的作品;而越是深入阅读一个人的作品,也越可能加深对他的理解。

本章不是讨论文艺作品的,但它提到的"知人论世"常常被看作文学评论的方法,所以研究文学的人往往对本章很重视。从文学的角度看,孟子提出知人论世,实际上是认识到,文艺作品或者说古代经典与作者所处的时代及其生平活动是密切相关的。如果不了解作者所处的时代,不了解作者这个人,你就没法了解他的作品。后来有学者在此基础上强调,读者要将自己的想象、情感、体验带入理解活动中,设身处地于古人的历史情境,想象、体会古人的风采。如明代郝敬说:"尚论古人,不越载籍,而诗书为要。……诗书非古人,而因诗书可见古人。……论世知人,即诗书所言,神游古人之地,较量体验,如亲承謦欬,冥识其丰采,而洞悉其底里者。"(《孟子说解》卷十)郝敬这段话是说,如果上溯历史,评论古人,就不能离开书籍,而书籍中的诗歌、书信最能反映其思想。诗歌、书信不等于古人,但我们可以凭借诗歌、书信了解古人。所谓论世知人或知人论世,就是要根据古人所言,神游于古人所处之地,比较体验,如同亲聆其教诲,想见其风采,最终真正理解其人。他强调的是,知人论世离不开阅读者的情感体验与主动参与,这样学者往往又将"知人论世"与"以意逆志"联系在一起。清代焦循引顾镇的话说:"夫不论其世,欲知其人,不得也。不知其人,欲逆其志,亦不得也。……故必论世知人,而后逆志之说可用之。"(《孟子正义·万章章句上》)知人论世须以意逆志,以意逆志又须建立在知人论世的基础上,二者是相互联系、彼此影响的。

我们先谈第一个方面,知人论世为什么要以意逆志呢?我们又如何根据自己的"意"去理解古人的"志"呢?我们都有这样的体会,一部经典或作品,不同的年龄去阅读,感受是不一样的。二十岁时读《孟子》,是一种感受;四十岁再读,又是一种理解;到六十岁时回过头来品味,可能又是一种境界。

不同时期、不同年龄,理解是不一样的。为什么不一样?就是我们的"意"——我们的生活阅历和感受不一样了,发生变化了,更丰富了。当你青春年少、涉世未深时,你对《孟子》可能是有隔膜的,所读的只是文字,无法深入到思想的深处。当你的阅历、积累丰富后,再回过头来看,理解和感受当然就不一样了。黑格尔说过:一句哲理在年轻人嘴里说出和在老年人嘴里说出,是不一样的。年轻人说的只是这句哲理本身,尽管他可能理解得完全正确;而老年人不只是说了这句哲理,其中还包含了他的全部生活!就是这个道理。像今天坐在后排的几位小朋友,他们的记忆力比我强,把《孟子》背得滚瓜烂熟,但他们对《孟子》的理解可能不及我深刻,因为他们缺乏一定的生活阅历和经验,缺乏对儒学史的了解。由于他们的"意"存在局限,所以就很难做到以己之"意"去"逆"古人之"志",更别说知人论世了。

其次,我们也要注意一点,以意逆志也需要知人论世,要建立在知人论世的基础上。这看上去像是循环论证,但它类似解释学循环,因而是合法的。以意逆志是强调读者应将自己的情感、体验、想象带入理解过程中,发挥理解者的能动作用。但这样一来也会有问题,如果一味凭借想象以意逆志的话,就会陷入主观臆断,所以还要考虑到文本客观性的一面,顾及具体的时代情景。只有对作者的思想有全面把握,对其所处的时代有客观了解,以意逆志才能更好地发挥作用。还是以《孟子》为例,真正读懂《孟子》当然需要以意逆志,要投入我们的感受和理解。但你的理解对不对?能否成立?这就要从文字训诂、孟子的整体思想,以及当时的时代背景来进行考察,要对孟子这个人,孟子所处时代有所认识和了解,不是想怎么讲就怎么讲。所以,以意逆志还要结合知人论世,这样才能避免主观臆断。

以上是著名的《万章下》10·8章,也有学者称之为"知人论世"章。其内容是论交友,最后落实在上溯历史,与古人交友上,与《万章下》其他各章所讨论的出仕主题有所不同。本章提到知人论世,故备受学者关注,并将其与《万章上》9·4章的以意逆志联系在一起,看作经典诠释的重要方法。但不论是以意逆志还是知人论世,都不是其所在章节的核心内容,只不过由于比较具有哲学内涵,受到后人的特别关注而已,这点是需要说明的。

我们来看10·9章,这是《万章下》的最后一章,其内容也与出仕无关,而是记载齐宣王与孟子论卿,放在《万章下》与其他各章显得不够协调。从内容看,调整到《梁惠王下》反而比较合适。这不仅是因为《梁惠王下》多记载孟子与齐宣王的对话,十六章中有十一章都属于这方面的内容,更重要的是,本章与《梁惠王下》2·6章论国君的职责("四境之内不治,则如之何?")、2·8章论"汤放桀,武王伐纣"内容相关,属于同一主题,放在一起更利于把握孟子的整体思想。所以我计划写一部《孟子分章寻真》,对《孟子》各章节做适当调整,使其结构更为合理,内容更为集中,主题更为明确。这是以后要做的工作,这里我们还是按照原来的章节进行解读。

10·9 齐宣王问卿。孟子曰:"王何卿之问也?"

王曰:"卿不同乎?"

曰:"不同。有贵戚之卿,有异姓之卿。"

王曰:"请问贵戚之卿。"

曰:"君有大过则谏,反覆之而不听,则易位。"

王勃然变乎色。

曰:"王勿异也。王问臣,臣不敢不以正对。"

王色定,然后请问异姓之卿。

曰:"君有过则谏,反覆之而不听,则去。"

"齐宣王问卿。""卿"指卿大夫。古代贵族包括天子、诸侯、大夫。大夫中出仕的,在天子或诸侯那里做官的称为卿。

孟子说:"王何卿之问也?"大王,你问的是哪一种卿呢?

齐宣王问:"卿不同乎?"卿难道还有不同吗?

孟子说:"不同。有贵戚之卿,有异姓之卿。"当然有不同,有贵戚之卿,也有异姓之卿。贵戚之卿与国君有血缘关系,属于同宗同族;异姓之卿则没有这层关系,往往是来自其他国家,或者虽是同一国家但与国君关系比较疏远的人。古代是宗法社会,血缘关系是非常重要的社会关系。

齐宣王说:"请问贵戚之卿。"那我就问问贵戚之卿吧。

孟子回答:"君有大过则谏,反覆之而不听,则易位。"君有大的过错,就要向他进谏;多次进谏还不听,就另立国君。

"王勃然变乎色。"宣王脸色一下变了,应该是吓出一身冷汗。竟然敢换国君,真是岂有此理!

孟子说："王勿异也。王问臣，臣不敢不以正对。"大王你不要见怪，你问我，我就不能不如实回答。"正"是真实的意思。

"王色定，然后请问异姓之卿。""定"是平定的意思。王的脸色恢复正常，然后问到异性之卿。

孟子说："君有过则谏，反覆之而不听，则去。"国君有过错，要向他进谏；多次进谏而不听，就辞官而去。在这里，孟子对贵戚之卿与异姓之卿的职责做了区分。无论是贵戚之卿还是异性之卿，当国君犯过错时都应向他进谏，这一点是一致的。但是当进谏不被接受时，贵戚之卿可以另立国君，异姓之卿则只能辞官而去，这一点又有所不同。为什么有如此区别呢？这主要是因为孟子所处的时代已经是"天下为家"，权力私有了，具体到国家，权力就为一家一姓所有。贵戚之卿与国君属于同一宗族，负有延续先祖基业的责任，国君如果危害到先祖的基业，又不听劝谏，自然就可以另立国君了。异姓之卿则不同，他不是国君宗族的成员，没有延续先祖基业的责任，如果另立国君，不仅难以实现，还会有篡位的嫌疑。所以孟子将贵戚之卿与异姓之卿分别看待，对其职责做了区分。不过这里面隐含了一个问题，值得思考和讨论。在《万章上》9·5章，我们曾分析说，孟子是主张"公天下"的，认为"天子不能以天下与人"，实际是主张天下并非天子个人的私有物，而是天下之人或天下之民的天下。那么，如何理解9·5章通过尧舜禅让所表达的"公天下"，与本章通过贵戚之卿、异姓之卿所反映的"家天下"的差别呢？对于这一问题，我想可以从三个方面来考虑:首先9·5章反映的是理想、价值观念的层面,本章表达的则是现实、政治运作的层面,二者层次不同,故主张和强调也有所不同。其次,这种不同某种程度上也反映了孟子思想的矛盾和困境。孟子虽然坚持"公天下",但对公天下的政治理念如何落实在制度上,如何通过制度得以贯彻和实施,并没有做出正面的思考和回答。特别是在经历了燕王哙让国失败后,孟子不再对禅让的制度设计抱有幻想,只能是寄希望于国君的"不忍人之心",希望国君能够行仁政,以民为本。故"公天下"在孟子那里只是虚悬的政治理念,而"家天下"则是必须面对的社会现实,孟子对贵戚之卿、异姓之卿职责的论述,就是从"家天下"的现实出发的。还有,本章孟子讨论的是卿的职责,孟子虽然肯定"汤放桀,武王伐纣",但主要是对天子、诸侯而言的,卿既没有这样的能力,也没有这样的职责,所以只要求贵戚之卿能够做到改立君主,异姓之卿做到辞官而去就可以了。

以上我们讲完了《万章下》九章的内容。九章中有六章都是讨论出仕之道的,只有第二、第八及最后一章与出仕的主题无关,所以我建议将这三章分别调整到其他相关篇中去,使主题更为集中。这样《万章下》的内容就是讨论出仕之道。而《滕文公下》正好有三章也讨论出仕的问题,这三章分别是6·1章孟子与陈代论"枉尺而直寻",6·3章孟子答周霄问"古之君子仕乎?"和6·7章孟子答公孙丑问"不见诸侯何义?"它们与《万章下》的六章关系密切,甚至可以说,只有联系《滕文公下》的这三章,才能更好地理解《万章下》的六章,才能对孟子的出仕观有一个相对完整的把握。古代经典,特别是记言体经典,如《论语》《孟子》等,往往是有实质的体系而没有形式的体系,我们阅读时会感到凌乱,理不出个头绪。相反,如果我们掌握了其实质体系,对相关章节做适当的调整,实际更利于我们对《孟子》各篇思想的把握。如果根据上面的调整,《万章上》主要是讨论舜的孝行、尧舜禅让和出仕之道,《万章下》则全部是谈出仕问题,这样主题就非常明确了。我们如果要了解孟子的出仕观,主要看《万章下》,同时兼及其他个别章节就可以了。我想对《孟子》十四篇都做类似的调整,使每一篇都有相对集中的主题,使编者原有但没有贯彻的意图得以真正贯彻,使原本某些不合理的分章变得更为合理。更重要的是,便于读者整体上把握《孟子》一书的思想,这是我《孟子分章寻真》一书想要解决的问题。所以我建议大家也根据这一思路去读《孟子》,可以根据自己的理解去对《孟子》各篇各章的内容进行组合、整理,这实际也是阅读《孟子》的一部分,反映了我们对孟子思想及《孟子》一书的理解。

告子上

孔德立 解读

《告子》篇是《孟子》整部书中最具有哲理的一篇。《告子上》集中阐释了孟子的人性论思想,中国古代思想史上人性论的几种重要观点在该篇中全部出现。后面的四章阐释了孟子的修身之道等内容。《告子下》讲为官之道、求学之道、处事之道和教育之道,应该是《告子上》思想的自然延续。

我们先看《告子上》第一章。

11·1 告子曰:"性犹杞柳也,义犹杯棬也。以人性为仁义,犹以杞柳为杯棬。"

孟子曰:"子能顺杞柳之性而以为杯棬乎?将戕贼杞柳而后以为杯棬也?如将戕贼杞柳而以为杯棬,则亦将戕贼人以为仁义与?率天下之人而祸仁义者,必子之言夫。"

此章先是告子发问。告子问一句,孟子答一句,就此展开了人性论的交锋。告子举例说,"性"好比"杞柳","仁义"好比"杯棬"。杞柳可以制成杯棬，也可以制成其他东西。告子批评孟子把人性直接说成仁义，就好比把杞柳等同于杯棬，把材料等同于产品。

告子的这个问题很尖锐，不好回答。比如，我们说这个杯子是陶瓷的，陶瓷是陶土烧制而成，但是你不能说陶土等同于陶瓷杯子。

焦循《孟子正义》对告子所提出的几种人性论进行了分析，认为"谆谆性学如告子者，几无人矣"。赵岐认为，告子兼治儒墨；焦循亦认为，告子受教于墨子之实验。可见，孟子遇到了真正的挑战。

孟子说，你是顺着杞柳的特性做成杯子，还是逆着杞柳的特性做成杯子呢？很显然，你是顺着杞柳的特性做成杯子，这说明杞柳本身蕴含着杯子的特质；逆着杞柳的特性就破坏了杞柳的本性，也就做不成杯子。破坏杞柳的本性，试图做成杯子的想法，就如同破坏人的本性，还想求得仁义一样。如此想法，率领天下人祸害仁义的就是你这个人呀！

孟子给告子扣的这顶帽子看起来有些大，但在孟子看来，并不大。因为告子割裂了从人性到仁义的必然关系。在孟子看来，自然人性论绝不能接受。一旦接受了自然人性论，就意味着仁义不是人性的必然结论。这种认识论的危害在于，人性的潜在的善端极易被否定。

第一个回合孟子获胜。但是，接下来孟子将面临更大的挑战。在中国古代哲学思想中，人性论是最难讲的，我在课堂上给工科生讲这个话题是一个很大的挑战。在讨论中，学生普遍感到这个问题不好理解。性可以组成很多词,如性别、性格等,这些词都和人性有关。一般认为好人、坏人都有人性,但孟子为什么非得把这个人性说成是善的呢?难道孟子认为人生下来就是善的吗?其实,孟子并不是这个意思。所以我们把本篇搞清楚,中国人性论的问题就豁然开朗了。孟子并没有说人生下来就是一个好人,如果这样的话还要教育干什么?

孟子讲的是一个价值判断。人性本来是善的,这是一个价值判断,是儒学的价值观。这个价值观你不能质疑,价值观动摇了,后续的教化就会出问题。这个命题后来成为中国人性论的主流。《三字经》我们都会背,"人之初,性本善。性相近,习相远",第一句话是孟老夫子的,第二句话是孔老夫子的。孟老夫子的人性论排在前面去了,这说明性善论对中国的传统思想文化产生了重大影响。

告子亮出他的观点后,被孟子反击了一下。但是告子并不甘心,继续出击。我们来看第二回合。

11·2 告子曰:"性犹湍水也,决诸东方则东流,决诸西方则西流。人性之无分于善不善也,犹水之无分于东西也。"

孟子曰:"水信无分于东西。无分于上下乎?人性之善也,犹水之就下也。人无有不善,水无有不下。今夫水,搏而跃之,可使过颡;激而行之,可使在山。是岂水之性哉?其势则然也。人之可使为不善,其性亦犹是也。"

告子说，人性好比湍急的流水，在东边挖个口子往东流，在西边决个口子往西流。人性是不分善与不善的，你不要定义人性是善还是不善的，就相当于水的流向，本来不分东西，可以往东，也可以往西。

孟子说，是的，水确实可以不分东西流向，难道不分上下吗？"人性之善也，犹水之就下也。"人性向善就相当于水向下流，是本性。人没有不善的，水没有不往下的。水有时候不往下流，是有原因的。我们接一盆水，用手啪的一拍，水溅起来了，溅到额头上了，这就是"可使过颡"。"激而行之，可使在山"，阻挡它，逐级提升，可以把水引到高山上去。难道跃过额头、引水上山是水的本性吗？不是，是水受到外力作用的结果啊！你用外力改变了它的方向，使它前进的轨迹发生了变化。上一章顺杞柳之性为杯棬，喻顺人性为仁义。此章以水为喻，不顺其性乃为不善。两章可互相发明，其义一也。焦循《孟子正义》曰："顺其性则善，不顺其性则可使为不善，而人性之善明矣。"

"人之可使为不善，其性亦犹是也。"这句话不好理解，我看了很多相关解释，这个地方很多人没说清楚。我认为可以这样理解：孟子承认人可以做出不善的行为，但改变人性朝着善的方向发展的前提是外界形势的变化。但是，"不善"并不是人性展现出来的本来面貌。所以，这个地方的理解是，人本性是善的，外界可以使人性的表现形式为"不善"。也就是说，孟子承认社会上有不善的人和行为，但人性本来应该是善的，只是外力有时候扭曲人性。这个思想对后来王阳明影响很大。人性可以变坏,但是这并不能否定人性原本应该是善的,是因为后力、外力社会的形势,使他发生了变化。但这并不与孟子的人性本善的观点冲突。

赵岐概括本章章指为:"人之欲善,犹水好下,迫势激跃,失其素真,是以守正性者为君子,随曲拂者为小人也。"

11·3 告子曰:"生之谓性。"
孟子曰:"生之谓性也,犹白之谓白与?"
曰:"然。"
"白羽之白也,犹白雪之白;白雪之白,犹白玉之白与?"
曰:"然。"
"然则犬之性犹牛之性,牛之性犹人之性与?"

在第三轮辩论中,告子转换了一个话题,提出了"生之谓性"的观点。什么是"生之谓性"?"生之谓性"是当时社会上流行的普遍人性论,即人生下来的生理本能就是人性之初的表现。汉字里的"生"和"性"可以互训。《白虎通·性情》云:"性者,生也。"简单地说,天生的就是人性的本来面目。

这又是一个难题,我们看孟子如何应对。孟子真是一名天才的辩论家,其高明之处在于用对手的逻辑打败对手。孟子反问:"生之谓性也,犹白之谓白与?"你说的"生之谓性",是不是说所有白色东西的"白"都一样呢?告子说,对呀。告子从这里就开始中了孟子的套了。孟子接着追问:"白羽之白也,犹白雪之白;白雪之白,犹白玉之白与?"羽毛的白,雪的白,白玉的白是不是一样的？告子说,是呀。好了,孟子该亮出底牌了。"然则犬之性犹牛之性,牛之性犹人之性与？"狗性、牛性、人性一样吗？告子没词了。你说"生之谓性",所有生物生下来的特性是一样的,饮食男女,吃、穿、保暖、生理都一样,那也就是说人与狗、马没有区别喽。

我们知道,人性与狗马之性怎么能一样？告子的"生之谓性",恰恰是只看到了人的生物性,忽略了人与动物的差异。而人与动物的差异性正是人性的独特之处。人之所以为人,是因为人有礼仪、教养、文字、车服礼器等文明特征,这些动物都没有。正是人的特有的社会属性决定了人性。正如焦循《孟子正义》所言:"人与人同类,物与物同类。物之中则犬与犬同类,牛与牛同类。人与物不同类,则人与物之性不同。"

朱熹在这章的评论中说:"仁义礼智之粹然者,人与物异也,孟子以是折之,其义精矣。"人性和物性最大的差别在于人有仁义礼智,人有礼义廉耻,人有恻隐之心、辞让之心、羞恶之心、是非之心。人不能只有物质的需求,还要有精神需求,还要有理想信念。动物可以吗？动物没有这些。

有一次我看央视纪录频道的《地球脉动》的片子,看得有些伤感。片子记录了一头北极熊出去觅食的事。大家知道现在全球变暖,北极冰川不断融化,北极熊的生存空间越来越小,很可怜。它试图捕捉一只海象作为食物。海象体形不大,但是在面临北极熊攻击的时候,海象会围成一个铁桶阵,海象的角朝着北极熊呈防守阵势,大的海象在外面,小的海象在里面,北极熊攻不进去,后来被海象戳伤了。北极熊已经饿了好几天了,它实在无力继续进攻,最后在冰面上挖了个坑,自己把自己埋了。对于动物来说,终其一生,就是觅食与繁育。很多人认为,人与动物不是一样吗?吃穿饮食。孟子讲"人之所以异于禽兽者几希,庶民去之,君子存之",人与禽兽之间异者的"几希",就是人与禽兽之间的差别只有一点。这一点在哪里呢?就是君子能保存,小人不能保存的礼仪交往与文明教化。这个"几希"就是人区别于动物,君子区别于小人的地方。如果如告子所说,人性就是"生之谓性",那么,这个人与禽兽的"几希"也就不存在了。

11·4 告子曰:"食色,性也。仁,内也,非外也;义,外也,非内也。"

孟子曰:"何以谓仁内义外也?"

曰:"彼长而我长之,非有长于我也;犹彼白而我白之,从其白于外也,故谓之外也。"

曰:"异于白马之白也,无以异于白人之白也;不识长马之长也,无以异于长人之长与?且谓长者义乎?长之者义乎?"

曰:"吾弟则爱之,秦人之弟则不爱也,是以我为悦者也,故谓之内。长楚人之长,亦长吾之长,是以长为悦者也,故谓之外也。"

曰:"耆秦人之炙,无以异于耆吾炙,夫物则亦有然者也,然则耆炙亦有外与?"

告子在第三轮较量中感到"生之谓性"还不够直白,干脆就直接亮出底牌。什么是人性？"食色，性也。"饮食男女就是人性。我们经常讲"食色，性也"，这是告子提出来的。第四章的辩论可以说达到了顶峰。"仁，内也，非外也；义，外也，非内也。"这就是"仁内义外"的基本观点。仁内义外的理论也是当时社会上流行的普遍观点。

"仁"最初是指家族内部基于血缘关系的爱。"亲亲"，仁也；"尊尊"，义也。对父母的爱是"仁"。义是在血缘关系以外，对待年龄、德行、地位较高的人的行为准则。为什么我们尊敬他？是因为他值得我们尊敬，这就是"义，外也"。告子说的"仁内义外"，就是这个意思，仁发自内心，义取决于外在因素。这看起来好像没有什么问题。

但是孟子坚决要把"义"也说成是内在的一种情感与德性。孟子问告子，你怎么能说"仁内义外"呢？告子说，那我告诉你为什么说"仁内义外"。我们对长者要尊敬，因为他是长者我们才尊敬。"彼长而我长之，非有长于我也；犹彼白而我白之，从其白于外也，故谓之外也。"这句话有点绕口。什么叫"彼长而我长之"？"彼长"就是他长于我。他长于我，我就要以对长者的方式对待他，并不是我先有一种由内而外生的自觉观念。

接下来，孟子说："异于白马之白也，无以异于白人之白也。"看起来孟子的跨越好像有点大。马的白都一样，人的白也一样，那老马的老与老人的老，是不是一样？你对马可以不尊敬，一直让它干活。但是对年老的人难道也不尊敬吗？"且谓长者义乎？长之者义乎？"到底是因为他先"长"，还是我们先有"尊长"的心,争论的点其实在这个地方。告子说,因为他长,我才尊敬他。孟子说不对,是因为我们先有内心的尊敬之情,你才尊敬他。

我的理解是,如果你没有内心的尊敬之情,他即使再长于你,你可能也不尊敬他。公交车上年轻人未必给老年人让座。按照告子的讲法,看到比你年长的人,应该以义待之。但是,道理上的"应该"如何才能在现实中保证实现?所以告子也是把"义"作为内心的情感,但他与孟子的区别在于,告子把"义"说成是一种普遍的社会规则,而不是发自内心之德。就相当于我们今天的法治社会,明明有法律条文,但是为什么有人不去遵守?所以他们两个争论的焦点在于"义"是内心的自觉,还是外在的规定。

告子不会轻易被说服,继续争辩说,我的弟弟我就爱,秦人的弟弟我就不爱。因为我的弟弟讨我喜欢,我发自内心爱我的弟弟,所以说仁是内在的。我尊敬楚国的长者,是因为他年长,他值得我尊敬,并不是我发自内心对他尊敬,所以说义是外在的。

孟子反戈一击,说:你喜欢吃秦人的烤肉,和喜欢吃自己家的烤肉,有区别吗?没有区别。喜欢吃烤肉是个人的味觉与体验决定的,不在于肉是谁烤的。事物都有类似的情形,难道说喜欢吃烤肉的心也是外在的吗?如无仁义之心,你再长于我,我也不会尊敬。如赵岐《章指》言:"事虽在外,行其事者皆发于中,明仁义由内,所以晓告子之惑也。"

孟子这段话对于解释我们当前的社会道德问题非常的贴

切。当一种价值观被普遍质疑的时候，外力的强制，法制的规定，效果都不好。我举一个例子，西汉时期经学繁盛，到了东汉时期，经学开始走向谶纬化，逐渐教条化、僵化。《尚书·尧典》的"曰若稽古"四个字，经学家可以用几万字来解释，搞得老百姓看不懂。儒家标榜的赖以维护社会秩序的五伦关系，反而是读经典出身的官员带头破坏，由此引发了社会上大众对儒家价值观的质疑，从而导致社会秩序失衡，天下大乱。

所以孟子对人性的看法，不论民族，不论老幼，只要是人都应该这样。孟子的性善论普遍适用于人类社会。从这个意义上来讲，孟子的性善论足以成为指导人类社会未来发展的人性标准。

11·5 孟季子问公都子曰："何以谓义内也？"

曰："行吾敬，故谓之内也。"

"乡人长于伯兄一岁，则谁敬？"

曰："敬兄。"

"酌则谁先？"

曰："先酌乡人。"

"所敬在此，所长在彼，果在外，非由内也。"

公都子不能答，以告孟子。

孟子曰："敬叔父乎？敬弟乎？彼将曰：'敬叔父。'曰：'弟为尸，则谁敬？'彼将曰：'敬弟。'子曰：'恶在其敬叔父也？'彼将曰：'在位故也。'子亦曰：'在位故也。庸敬在兄，斯须之敬在乡人。'"

季子闻之,曰:"敬叔父则敬,敬弟则敬,果在外,非由内也。"

公都子曰:"冬日则饮汤,夏日则饮水,然则饮食亦在外也?"

《告子》上篇的前四章的行文方式均是按告子发问,孟子来解答的逻辑进行的。进行到第四章结尾,孟子亮出了一个观点:只要是人,不论地域与国别,仁爱与尊长的情感是一样的。这是一种什么样的观念?这是同类意识。这个意识之于儒学非常重要。什么叫同类?只要是人类,就有共性。这种共性正是孟子说的善性。善就是人类的共性。

孟子所说的这种同类意识的来源何在?我认为,孟子应该受到了墨子的启发。孔子讲仁爱,墨子论兼爱。墨子说,儒家的仁爱太狭隘,爱自己的父亲和爱别人的父亲不一样,爱自己的兄弟和爱别人的兄弟不一样,这都是狭隘的表现。爱应该是一样的,你不应该把别人的父亲和自己的父亲区别开来,应该兼相爱。

按照墨子的讲法,爱别人的父亲和爱自己的父亲一样,爱别人的兄弟和爱自己的兄弟一样,没有区别的爱,就是兼爱。但是,墨子对人的特定情感的否认违反了基本的人情,所以兼爱在现实生活中无法实现。儒家讲仁爱的高明之处就在于它像一个同心圆,像我们拿一个小石子扔在池塘里面,水的涟漪一圈一圈往外放大,有个内外之别,有个差等。关键是,这个有差别的爱能不断往外推。靠什么推出去?正是靠的"义"。

和我们没有血缘关系的人,我们也能爱他。如果推不出去,就真的狭隘了。

历史与现实中有些人非常孝顺父母,但是个坏人。怎么看待这个现象?儒家不是讲孝吗?孝子为什么当贼、杀人?原因就在于他的孝,也就是最基础的仁爱没有推出去,没有推出"义"。没有推出来对陌生人的爱,说明他的仁爱不是真正的爱。所以,我们再来看孟子和告子争论的问题,意义就更大了。一个人一定要在内心种下爱的种子,从仁到义,把义坐实成内在的德。这是人类同类意识的心理,是一样的,我们大家都一样,都有这种爱。这就是孟子讲的仁义都是内在的思维逻辑。

到这个时候,告子与孟子的争论告一段落。告子可能觉得说不过孟子,就不好直接出面了,但还是不甘心,于是派别人来继续挑战。

接下来辩论的双方,一个是孟季子,一个是公都子。孟季子可能是告子派来的说客,公都子是孟子的学生。孟季子问公都子:你为什么说义是内在的呢?打不过老师,就抓到学生进行攻击。公都子说,敬的人虽在外,但是我们敬这个人的心是内在的。所以说敬,也就是"义"这种德是内在的。

孟季子又问:乡人比兄长大一岁,尊敬谁呢?一个你不认识的乡人,比你的兄长大一岁,你是应该尊敬长者吗?公都子说,当然要尊敬兄长。孟季子继续发问:"酌则谁先?"敬酒先给谁敬?公都子说,先敬乡人。孟季子说,你尊敬哥哥的内心情感优先于乡人,斟酒却先敬乡人,所以说"敬"是外在的,不是内在的,你是看人来的。内心敬爱的是兄长,行礼敬重的是乡人,可见"义"果然是外在的,因为你内心敬兄长的爱是"仁",敬乡人的时候是"义"。

　　孟季子的这个套下得很深,公都子答不上来。于是公都子就去找老师解答。他把孟季子的话告诉了孟子,孟子说,你怎么不反问他,当叔父与弟弟在一起时,是敬叔父还是敬弟弟?他肯定会说敬叔父。但是如果"弟为尸",弟弟在"尸"的位置上,敬谁?他肯定会说敬弟弟。你再反问他,为什么不敬叔父呢?他会说这是由弟弟所处的位置决定的。所以你可以说,敬乡人正是因为位置的不同。敬兄长是常态化的;敬乡人是礼仪,不是经常性的。我们解释一下"尸"。有个词叫"尸位素餐",什么叫"尸位"?古代祭祀和现代祭祀不一样。现在我们祭祀祖先时,在供桌上摆上先人的牌位。古人的做法是找一个男孩坐在供桌上,代表去世的先人。这个男孩在这个特定时间特定场所就是"尸"。弟弟还是弟弟,但是弟弟在"尸位"上代表祖先,所以当然先敬弟弟。其实,弟弟在此时此刻就是一个符号。符号代表一种对秩序的尊重。

　　为什么孟子特别讲义?义和权密切相关。"义者,宜也",义的繁体字是"義",上面一个"羊",下面一个"我",解释为适宜、适度、恰当。什么叫适宜、恰当?就是通权达变、与时俱进,根据现实情况做出最恰当的判断与做法。孟子在《万章》篇评价孔子为"圣之时者",僵化不是儒家的做法,真正的儒家一定是通权达变的。

　　义是最适宜的路。孟子说居仁由义,仁是安宅,义是正路。朱熹的学生陈淳,编了一本理学辞典,叫《北溪字义》,书中讲了什么是"道"。我们都知道,鲁迅有一句话,"世上本没有路,走的人多了就有了路",这句话最早出自《北溪字义》。普遍的、可行的、被大家认可的路就是"道"。你自己在草地上踩出一条路来,那叫"径",不是"道"。孟子以"义"为道路,把握住了人类社会发展的普遍之道。

我们继续看下文,孟季子听了这番话,说:"敬叔父则敬,敬弟则敬,果在外,非由内也。"这个人很轴,还是没被说服。公都子说:"冬日则饮汤,夏日则饮水,然则饮食亦在外也?"孟季子的意思是,该敬叔父的时候尊敬叔父,该敬弟弟的时候尊敬弟弟,所以你看,你尊敬人还是外在的。公都子说咱别说这个了,咱说点别的,冬天喝热水,夏天喝凉水,说明我们冬天需要热水,夏天需要凉水。这正是发自内心的需要。孟子用"冬日则饮汤,夏日则饮水"来说明人的外在行为由内心来决定,这个例子有很强的说服力。焦循《孟子正义》说:"孟子学孔子之时,而阐发乎通变神化之道,全以随在转移为用,所谓'集义'也。而告子造'义外'之说,不随人为转移,故以'勿求于气''勿求于心'为'不动心',与孟子之道适相反。"

以上是争论"仁内义外"的延续。这里看起来有三个人物出场——孟季子、公都子、孟子,实际上应是四个人,告子是孟季子幕后的指挥者。孟子的学生公都子进一步表达了立场。

11·6 公都子曰,"告子曰:'性无善无不善也。'或曰:'性可以为善,可以为不善;是故文武兴,则民好善;幽厉兴,则民好暴。'或曰：'有性善，有性不善；是故以尧为君而有象；以瞽瞍为父而有舜；以纣为兄之子，且以为君，而有微子启、王子比干。'今曰'性善'，然则彼皆非与？"

孟子曰："乃若其情，则可以为善矣，乃所谓善也。若夫为不善，非才之罪也。恻隐之心，人皆有之；羞恶之心，人皆有之；恭敬之心，人皆有之；是非之心，人皆有之。恻隐之心，仁也；羞恶之心，义也；恭敬之心，礼也；是非之心，智也。仁义礼智，非由外铄我也，我固有之也，弗思耳矣。故曰，'求则得之，舍则失之'。或相倍蓰而无算者，不能尽其才者也。《诗》曰：'天生蒸民，有物有则。民之秉彝，好是懿德。'孔子曰：'为此诗者，其知道乎！故有物必有则；民之秉彝也，故好是懿德。'"

在孟子时代，人性论是当时思想家讨论的重要话题，除了性善论，还有流行的三种人性论。这三种人性论的影响很大，因此，公都子向老师请教这几种人性论的异同。其中，第一种就是告子的观点"性无善无不善"，第二种是"性可以为善，可以为不善"，第三种是"有性善，有性不善"，第四种就是孟子讲的"性善"。

第一种观点，"性无善无不善"，没有好坏之分，属于自然人性论。第二种观点，性可以向善的方向发展，也可以向恶的方向发展。遇到周文王、武王之类的英明天子，百姓会一起向善。遇到周幽王、厉王之类的暴君，老百姓就易为暴乱。第三种，同一个时代，有的为善，有的为不善。舜的父亲是瞎子，给舜娶了一个继母。继母看不起他父亲,而且带了个弟弟,叫象。象很坏,坏到什么程度?家里的谷仓漏雨,舜爬到谷仓上面补草。结果他爷俩在下边放火,要烧死舜。舜很聪明,拿两个斗笠,像降落伞一样飘了下来,躲过一劫。还有一次,舜挖土井,下去以后,他爷俩在上面往里填土,要活埋舜。舜就在下面掘地,打了一个地道出来了。有这么坏的父亲和弟弟,但是舜仍然可以做到孝。

在提出以上三种人性论后,公都子用质疑的口吻说:现在老师您说性善,难道其他三种观点就都不对?孟子说,"乃若其情,则可以为善矣,乃所谓善也"。什么叫"乃若其情,则可以为善矣"?有学者这样解释:置于人性的实情可以表现为善,这就是我说的善。我说一下我的理解:顺着人情来引导,他就可以为善。因为,人情表现的背后是人性的支撑,所以,顺着人情也就是顺着人性来引导。这个解释恰好和《告子》上篇第一章的辩论问题对应起来。顺着而不是戕害杞柳的性,才可以制成杯子。"乃所谓善也",这才叫作善啊。如果你不是顺着,而是逆着人性,就成不了善。这样看,性善论的本意我们就能说清楚了。孟子没有说天下人都是善的,他是说人有善的潜质,依托人情,顺着人性,加以引导与教化,人就可以为善。

人都希望被表扬,被肯定,这就是人性的真实。1993年湖北荆门郭店出土的一批战国竹简中,有一篇被整理者命名为《性自命出》的文章,开篇说,"性自命出,命自天降,道始于情,情生于性"。这里把命、性、情、道的关系说得很清楚。儒家之道基于对人情的引导,人情根植于人性,人性由命决定。所以,顺着人性、人情是保护生命的做法,是人类生存的长久之道。

人性通过引导与教化,会变得坚定,你再怎么诱惑他,他都不会动摇。朱熹认为人性的正当欲望不叫欲望,叫天理,过分的欲望才叫欲望。比如说大学生的消费,有的学生一个月花三千块,有的学生花一万块。家里没钱的学生也想讲排场,讲排场就需要钱,没有钱就想办法,很可能用不正当的手段。这就是人欲,是不合理的。所以孟子讲"乃若其情,则可以为善矣",顺着正当的人情来引导,就可以走向善,这就是善。

孟子接下来阐释了著名的"四心说"和"四端说"。"恻隐之心,人皆有之;羞恶之心,人皆有之;恭敬之心,人皆有之;是非之心,人皆有之。"这是"四心说"。古人认为心是思考器官。"恻隐之心"是发自内心的一种情感,就是不忍心、受不了的感觉。看到一个人很可怜,不忍心看下去,于是想帮他,这就叫恻隐之心。

"羞恶之心",说白了就是要不要脸、有没有羞耻心的问题。社会价值普遍认为这种事情不能干,不应该干,你却干了,那你就是没有基本的羞耻心。

"恭敬之心",在另外一个地方表述为"辞让之心"。"恭敬",尊敬长者,尊敬领导;"辞让",礼让,是基本的礼节。尊敬长者与居于上位的人,遵守社会的基本规范是做人的基本原则。如果一个人连基本的规矩都不懂,就算做事再棒,也不符合做人的标准。

"是非之心",是指对是非对错的判断力。要能分辨什么是正确的,什么是错误的。有些人到了国外,认为国外的交通、城市规划非常好,于是认为国外什么都好,而没有看到他们不如我们的地方。有时候,判断力需要综合分析与反复比较才可能得出结论,而不是只看表象。

孟子接着说"四心"分别对应"四德"。心是先天的种子,种子要萌发出来,长得枝繁叶茂才好。"恻隐之心,仁也;羞恶之心,义也;恭敬之心,礼也;是非之心,智也。"四心是人所固有,培育好了,可以成为四德。因此,从这个意义上说,人人皆有四德。之前,孟子说"义"是内在的,其实"礼"也是内在的,内心没有恭敬之心,如何表现为恭敬之礼?

我们经常说,礼神圣而庄严。什么是神圣与庄严?礼仪不庄严就没有神圣感。以前祭天是谁的活?天子的活。求雨是谁的活?国君的活。上海博物馆购藏的战国竹简,有一篇《柬大王泊旱》,柬大王就是楚简王。简文记载,楚简王把上衣脱掉,在太阳底下暴晒脊背求雨,以此感动上天。这种事他要亲自去做,而不是派个人替他去做。这样老百姓一看,我们的国君真是为我们好,他亲自求雨。所以,古代求雨之礼必须庄严,这样才能感动上天。

礼从内在与外在来讲,分为礼仪和礼义,礼仪是外在的形式,礼义是内在的内容,两者统一起来是礼。孟子特别强调内在的内容,缺乏内在的内容,外在的礼仪就是虚的。这个路子是接着孔子讲的。所以孟子要把礼说成内在之德。

"仁义礼智,非由外铄我也,我固有之也,弗思耳矣。"仁义礼智，不是外在力量强加给我的，是我内心本来就有的种子。"固有"，每个人都有。"弗思耳矣"，意思是，你自己不反思，你的性善之门就不能打开。所以说，"求则得之，舍则失之"。只要用心思考，用力去做，是可以做到的。人的能力不同，出身不同，性别不同，地位不同，所以在为善的道路上，走向成功时的付出也不同。有的人生下来就已经继承了百亿的资产，有的人出生在贫困山区，很可能一辈子待在大山里面。前几年，我有个学生在青海支过教，他家里条件不错。北京有个青年志愿者组织，组织大学生暑期去青海支教，机票等费用都由志愿者自己负担。他支教回来后，我让他给学生讲一讲支教的故事。他说了一件事情，我们特别感动。志愿者吃午餐的时候，都不好意思吃，因为他们吃的时候孩子们趴在窗户那儿看，他们吃不下去。有的孩子上学要走十几里的山路。他们没有书包，连布缝的书包都没有；有的是用一个塑料袋，有的是将化肥袋子稍微缝一下，当书包用。袋子里有书，没有文具盒；有一个馍，没有菜。有零花钱的孩子会在学校的小卖铺买点方便面，方便面的牌子你都没有听说过，还有很多是过期产品。你想想，这样的孩子的起点与北京、上海的孩子能一样吗？所以孟子说"相倍蓰而无算者，不能尽其才者也"，每个人的能力不一样，情况千差万别。但是孟子认为，每个人都有成为圣贤的可能。无论你的出身、你的性别、你的家族怎样，只要努力，你都可以有上升的空间。

孔子和孟子开创了这样一个伟大的传统。孔子培养的儒家学派，成了当时社会的顶梁柱。从此，儒家掌握了中国文化的主导权。为什么这么多的学派只有儒家能够成为正统？因为儒家掌握文化传播权、教育权。你学他的东西，你能成为社会上层，成为体面的人、有价值的人。谁不愿意成为有成就的人？谁不愿意成为富贵的人？只是"不义而富且贵，于我如浮云"。你要以正当的手段取得地位和财富，这是符合人性的。所以孟子和孔子给了我们每个人这样上升的可能性。

本章最后，孟子引《诗经》"天生蒸民，有物有则。民之秉彝，好是懿德"。"蒸民"就是众民，《诗经》里面这个"蒸"没有草字头。老天让我们这么多人活在世界上，是有规则，有规矩的。老百姓要秉承这种伦理道德，好的规则，好的品德。孔子评价这首诗说，这种诗的作者一定是"知道"的人。我们说"知道"，知什么道？知大道，懂得大道的人。只有秉承了先天的、固定的德，遵守普遍认可的伦理法则，你才能成为一个品行优秀的人。如果连善性都怀疑，你怎么可能成为一个好人？所以我们看，孟子的逻辑完全是通的，没有任何问题。

朱熹《孟子集注》注释曰："性虽本善，而不可以无省察矫揉之功，学者所当深玩也。"意思是，人的善需要后天培育、省察。好人不是说的，而是做的，后天的功夫很重要。为什么儒家讲"慎独"？"慎独"就是近乎苦行僧式的修身，是真功夫、大功夫。为什么到了宋代，二程、朱熹要重点讲"涵养工夫"，讲格物致知？就是孟子揭示了善需要教化，需要涵养。

孟子在当时艰难的情况下，仍然带着他的弟子东奔西走，来宣扬这种主张。到了滕国，滕国这么小，齐国的大兵压境了，孟子还讲性善，看起来不合时宜。其实，思想家就是要有这样的坚守,这就是一个社会、一个民族的脊梁。这种脊梁能挺住,精神不倒,民族文化的复兴就指日可待。我想,这可能是孟子的性善论给我们的一个最大的启示。

11·7 孟子曰:"富岁,子弟多赖;凶岁,子弟多暴,非天之降才尔殊也,其所以陷溺其心者然也。今夫麰麦,播种而耰之,其地同,树之时又同,浡然而生,至于日至之时,皆熟矣。虽有不同,则地有肥硗,雨露之养、人事之不齐也。故凡同类者,举相似也,何独至于人而疑之?圣人,与我同类者。故龙子曰:'不知足而为屦,我知其不为蒉也。'屦之相似,天下之足同也。口之于味,有同耆也;易牙先得我口之所耆者也。如使口之于味也,其性与人殊,若犬马之与我不同类也,则天下何耆皆从易牙之于味也?至于味,天下期于易牙,是天下之口相似也。惟耳亦然。至于声,天下期于师旷,是天下之耳相似也。惟目亦然。至于子都,天下莫不知其姣也。不知子都之姣者,无目者也。故曰,口之于味也,有同耆焉;耳之于声也,有同听焉;目之于色也,有同美焉。至于心,独无所同然乎?心之所同然者何也?谓理也,义也。圣人先得我心之所同然耳。故理义之悦我心,犹刍豢之悦我口。"

在之前孟子和告子的一系列论辩中,孟子鲜明地亮出了性善论的观点。接下来就要进一步阐释善的萌芽是一样的,为什么后天会不一样。第七章和第八章就阐释得非常清楚了。孟子说,丰年收成好,"子弟多赖",朱熹解释"赖"通

"借",凭借的意思。有的学者解释为"懒",家里收成好了,富了,孩子也不用拼命工作了,意思也能讲通。"凶岁,子弟多暴"。收成不好的年头吃不上饭,怎么办?就去抢,去偷。孟子说,老百姓在凶年和富年时做法不一样,不是说人的才智有问题,是"陷溺其心者然也"。丰年衣食饶足,他吃老本。凶年的时候他要想办法生存,这是满足他生存的需求,所以"陷溺其心",慢慢就出现了邪心,走向了邪路。

孟子又举了个例子,"今夫𪎭麦,播种而耰之"。𪎭麦就是大麦,中国在先秦时期没有小麦。小麦是在汉代的时候,由西域传入中国的,古代的五谷里面也没有小麦,这个𪎭麦就是大麦。播种大麦,犁地、锄草,不耽误农时,然后大麦就发芽生长起来。到了成熟期,不同地块的产量却不一样。他的地里亩产一千斤,你家的地里产了八百斤,这是因为"地有肥硗,雨露之养、人事之不齐也"。就是土地肥瘠不同,雨水多少不同,农事的辛勤程度不同造成的,不能说种子有问题。孟子这里是用种子比喻善端,善端没有问题,后天的努力、后天的社会形势不一样,就会造成善的程度不一样,或者有的善的萌芽长不出来。所以他得出个结论,"故凡同类者,举相似也",再次强调同类意识——只要是同类,就有共同的想法、共同的思维方式。"何独至于人而疑之?"种地是这样,人也是这样。

《墨子》讲这个问题讲得非常清楚。讲尚贤的时候,墨子说,国君不能自己去种地,要靠农民;要吃肉,不是自己去宰割,要靠屠夫;穿的衣服不是自己去缝,要靠裁缝;那么,为什么治国你不靠贤人呢?你自己能治得了吗?道理是一样的。

圣人与我同类,圣人也是人,这句话和《公孙丑上》的"出于其类,拔乎其萃"一样。"麒麟之于走兽,凤凰之于飞鸟,太山之于丘垤,河海之于行潦,类也。"麒麟是走兽,但是麒麟是兽中的精英;凤凰也是鸟,但凤凰是鸟中之王;等等。圣人之于百姓,也是同类,只是圣人是人中的出类拔萃者。

这个地方我们要延伸一下。孟子认为,"人皆可以为尧舜",每个人通过自己的努力都可以成为圣人。荀子讲"涂之人可以为禹",路上走的人都可以成大禹这样的圣人。中国人的观念中没有西方的上帝,也没有彼岸。中国人追求的最高目标是做圣人,而且相信圣贤是可以成就的。

孟子又举了个例子。龙子是古代一位思想家,不是名家学派的代表人物公孙龙子。龙子说:"不知足而为屦,我知其不为蒉也。"做鞋的鞋匠不知道你鞋的尺码,但是他绝不会把鞋编成筐子。为什么?"屦之相似,天下之足同也。"鞋的形状差不多。为什么鞋的形状差不多?是因为天下人的脚长得相似。

"口之于味,有同耆也"。大家都喜欢吃美食,每个人的口味不一样,有的人有禁忌。比如信奉佛的人,别说大荤,就连葱姜蒜之类的小荤也不吃。"易牙先得我口之所耆者也"。易牙是齐桓公的宠臣。齐桓公有三个宠臣,一个是易牙,一个是魏开方,一个是竖刁。易牙是古代著名的厨子,厨师把他奉为祖师爷,相当于木匠奉鲁班为祖师爷。易牙在侍奉齐桓公的时候,齐桓公说天下美味我尝遍了,但是人肉我没吃过。第二天鲜美的肉端上来了,桓公一尝,太好吃了。易牙哭着说:

我把我的儿子杀了,满足国君吃人肉的欲望。这还是人吗?为了邀功,为了讨好主子,居然做出这种事。但是易牙这个人的味觉是一流的,所以孟子用他来举例。

犬马和人不同类,所以人吃的和犬马吃的不一样。"则天下何耆皆从易牙之于味也?"为什么我们都希望易牙那个判断作为我们口味的标准呢?因为我们与易牙是同类,"天下之口相似"。

味觉如此,听觉也一样。"至于声,天下期于师旷,是天下之耳相似也。"师旷是春秋时代晋国的著名乐师,是个盲人。盲人的听觉一般超过常人。"惟目亦然",视觉也是这样。"至于子都,天下莫不知其姣也。"子都的姣美,天下人没有不知道的。如果不认为子都长得漂亮,那就是这个人没有眼光。所以说,口之于味,有同嗜;耳之于声,有同嗜;目之于色,有同嗜。那么,对于心来说,为什么就没有这个同类的意识呢?心的同类意识是什么?是理。理是什么?是义。

"圣人先得我心之所同然耳。故理义之悦我心,犹刍豢之悦我口。"圣人比我们出类拔萃,圣人在我们之前就悟得此理,我们不能不承认人的智力、人的判断力、人的悟性有差别。曲阜孔庙的大成门前有一对牌匾,是雍正皇帝写的,上联是"先觉先知为万古伦常立极",下联是"至诚至圣与两间功化同流"。圣人就是先觉先知,他早给我们把这个规则定好了,给我们做出了榜样。

我们今天讲创新,但并不是什么都要创新,什么都能创新,即使要创新,也必须在传承基础上创新。科技领域可以提创新，人文领域要慎提。我们小时候写作文，经常说，难道我们还不如古人吗？其实，在很多地方我们确实不如古人。我举一个简单的例子，我们到很多博物馆去看文物，无论到国家博物馆、故宫，还是地方的博物馆，你看到的文物仿制品都不如原件漂亮。我们现在科技发达，为什么仿制品不如古人制作的原件精美？古代人民创造的人文与精神财富，有太多方面需要我们继承下来。我们现在不光是不如古人努力，而且我们面对的诱惑比古人还要多。

举了不少例子，孟子总结说，理义可以悦我心，正如"刍豢之悦我口"一样。"刍"指草食动物，"豢"指肉食动物，"刍豢"在这里指的是草食与肉食动物的肉。

赵岐《章指》言："人禀性俱有好憎，耳目口心，所悦者同，或为君子，或为小人，犹莠麦不齐，雨露使然也。"

整章来看，无论是种地，还是耳、目、口的感觉，都有一个同类意识。圣人和我们一样，而且圣人比我们早悟道，所以，圣人揭示的道理我们要遵循。

11·8 孟子曰："牛山之木尝美矣，以其郊于大国也，斧斤伐之，可以为美乎？是其日夜之所息，雨露之所润，非无萌蘖之生焉，牛羊又从而牧之，是以若彼濯濯也。人见其濯濯也，以为未尝有材焉，此岂山之性也哉？虽存乎人者，岂无仁义之心哉？其所以放其良心者，亦犹斧斤之于木也，旦旦而伐之，可以为美乎？其日夜之所息，平旦之气，其好恶与人相近也者几希，则其旦昼之所为，有梏亡之矣。梏之反覆，则其夜气不足以存；夜气不足以存，则其违禽兽不远矣。人见其禽兽也，而以为未尝有才焉者，是岂人之情也哉？故苟得其养，无物不长；苟失其养，无物不消。孔子曰：'操则存，舍则亡；出入无时，莫知其乡。'惟心之谓与？"

"牛山之木尝美矣，以其郊于大国也，斧斤伐之，可以为美乎？"牛山是齐都临淄东南的一座山。因为在郊外，所以这座山树木茂盛。但如果用斧子砍伐，树木就不茂盛了。"是其日夜之所息，雨露之所润，非无萌蘖之生焉"。生命的力量太强大了，在阳光雨露的滋润下，小芽往上冒，草木顽强地生长。但是又来了牛羊，刚长出来的嫩芽又给吃了。"是以若彼濯濯也"，所以山变得光秃秃的。这时候从外边来了一个人，到了牛山一看，光秃秃的，就以为这座山不长草木。"人见其濯濯也，以为未尝有材焉"。那么，山不长草木，是什么造成的？是由于不断砍伐与放牧造成的，而不是这座山本来就不长草木。

山如此，那人呢？"虽存乎人者，岂无仁义之心哉？"对于人来说，看到一个人为不善，就认为人本来就是不善的。难道人本来就没有仁义吗？不是的。人本来有"良心"，但是由于不注意呵护，"良心"就逐渐丧失了，丢了。鸡跑了，鸭跑了，要找；东西丢了，要找；为什么良心丢了，却不知道找呢？像斧子砍柴，"旦旦而伐之"，天天来砍伐，山不美了；外界不良的东西对良心不断侵蚀，良心每天受到的伤害多一点，也变坏了。

良心也像草木一样,可以生长,特别是夜里。白天受到伤害,经过一夜又长起来了。早晨起来的空气清爽,这是平旦之气。但是白天又有坏人拉你下水,周围的环境也坏,又把你给带沟里去了。"梏之反覆,则其夜气不足以存",反复这样,夜气都不存在了。"夜气不足以存,则其违禽兽不远矣",夜气不存了,那你离禽兽就不远了。"人见其禽兽也,而以为未尝有才焉者,是岂人之情也哉?"一看这个人,居然能干出这种禽兽不如的事情,就认为他原来就不具备这种善性。这怎么能是人情本来应该有的面目呢?是因为外在的一种环境的影响。

孟子特别强调"养"。"养"就是"涵养"。什么叫涵养?涵养就是沐浴在一个环境里慢慢熏陶。所以我们说要打造一个城市的文化氛围,一个校园的文化氛围。你沐浴在有涵养的、有文化气息的环境里,就会不好意思做坏事。涵养不是用命令,而是用引导的方式改变环境。所以儒家的思维方法是内治,非外治。一定是自身先做好,再去教化别人。养,可以从内外两方面入手。内在方面是自己努力,外在方面是圣人教化引导,必要时有国家法律。如焦循《孟子正义》所言:"人之自治,必以问学,圣人治人,则以礼乐,皆以法度于仁义也。"

孟子开启了后来的涵养工夫。这种涵养造成了一种文化氛围,一个文化传统。所以他讲:"故苟得其养,无物不长;苟失其养,无物不消。"

本章结尾引用孔子的话说:"操则存,舍则亡;出入无时,莫知其乡。""操",涵养、历练。"操则存,舍则亡",涵养它就存在,放弃它就不存在。"出入无时,莫知其乡",你没个规矩,没个章法,也不知道去哪儿,心往哪儿走。所以一定要有一个社会认可的普遍规则。中国人为什么对《三字经》耳熟能详,每个人都会背,最起码会背前几句?你不要让小孩子去论证人是不是应该做个好人,你就告诉他,人必须做个好人,不要质疑。"秉心持正,使邪不干,犹止斧斤不伐牛山,山则木茂,人则称仁也。"(《孟子正义》卷二十三引赵岐《章指》)这就是孟子的理论,这就是性善论的威力与价值。

11·9 孟子曰:"无或乎王之不智也。虽有天下易生之物也,一日暴之,十日寒之,未有能生者也。吾见亦罕矣,吾退而寒之者至矣,吾如有萌焉何哉?今夫弈之为数,小数也;不专心致志,则不得也。弈秋,通国之善弈者也。使弈秋诲二人弈,其一人专心致志,惟弈秋之为听。一人虽听之,一心以为有鸿鹄将至,思援弓缴而射之,虽与之俱学,弗若之矣。为是其智弗若与?曰:非然也。"

"无或乎王之不智也。"孟子说,你不要认为齐王很傻,不要怀疑王的智力。他不傻,只是他听或不听贤人的劝谏罢了。"虽有天下易生之物也,一日暴之,十日寒之,未有能生者也。"虽然天下有容易生长的东西,比如我们养花,有的好养,有的不好养,但是,你暴晒一天,再冻十天,什么样的花也活不了。这个意思是,孟子在国君面前讲了很多良言,国君也认为孟老夫子讲得有道理。结果孟子一走,齐宣王旁边的奸臣都来了,说,你不要听孟轲的,他是邹国人,他考虑的是邹国的利益,不会为我们考虑。齐宣王一想,是啊!你一个邹国人跑到我这儿图啥呢!所以,孟子刚刚给国君开启的性善与仁政之门又被迫关闭了。

大家知道《梁惠王》篇的故事。孟子劝说齐宣王行仁政,而且认为齐宣王有行仁政的潜质。因为,齐宣王"见牛未见羊",看到牛可怜而不忍心杀之,就以羊易之。于是孟子认为,齐宣王有"恻隐之心",有行仁之术。但是后来有奸臣说不能这么干,王也有所犹豫,不愿意行仁政,于是推脱自己有毛病。孟子说,你有啥毛病?王说,"寡人好货""好勇""好色"。孟子说,这都不是事儿,关键是你的"好"不能独享,要让百姓也有所得。但是,齐宣王还是没有按照孟子的建议做。后来,孟子再次劝说,但是"王顾左右而言他"。孟子劝说齐宣王,一人难抵众人,这正是"一日暴之,十日寒之"的道理。

"吾见亦罕矣,吾退而寒之者至矣,吾如有萌焉何哉?"我走了,献谗言的人来了,善的萌芽长不起来了。就像下棋,"今夫弈之为数,小数也",这个技艺是小技艺,不是大技艺。但是"不专心致志,则不得也"。治国是大事,下棋是小技艺,但即使是小技艺,你不专心致志也下不好。

当时有一个著名的棋手,叫弈秋,"通国之善弈者也",各个国家都知道他的大名。弈秋教两个学生下棋,一个人专心致志,只听弈秋的;另一人虽然听,但是不专心,"一心以为有鸿鹄将至,思援弓缴而射之,虽与之俱学,弗若之矣"。后者一个耳朵听,一个耳朵跑,看到鸿雁来了,就想张弓射下来。什么叫"缴而射之"?"缴"是细丝线,拴在箭上,目的是射到鸟能够收回来。这两个学生"虽与之俱学,弗若之矣",虽然都跟着弈秋学棋,但是效果不一样。"为是其智弗若与?"是这两个学生的智力有差别吗?不是,而是没有专心致志地跟着弈秋学习。

所以,我们交朋友,找老师,要找良师益友。每天给你加一点正能量,你慢慢就会成为一个优秀的人。每个人都有优点,不能只看别人的缺点。我们要善于发现别人的优点,不要总以为自己比别人高明;你有比别人高明的地方,但是别人肯定也有比你高明的地方。所以,我们如果把别人的优点学过来,就可能进步得更快一点。这就是孟子在《公孙丑上》讲的"集义所生",把这些优点都集中到你的身上,不断积累,而不是三心二意、一曝十寒,才是成人成才之道。

本章主要讲的是做事能否做好,智力因素并不起决定性作用,关键在于能否专心致志,持之以恒。

11·10 孟子曰:"鱼,我所欲也,熊掌亦我所欲也;二者不可得兼,舍鱼而取熊掌者也。生亦我所欲也,义亦我所欲也;二者不可得兼,舍生而取义者也。生亦我所欲,所欲有甚于生者,故不为苟得也;死亦我所恶,所恶有甚于死者,故患有所不辟也。如使人之所欲莫甚于生,则凡可以得生者,何不用也?使人之所恶莫甚于死者,则凡可以辟患者,何不为也?由是则生而有不用也,由是则可以辟患而有不为也,是故所欲有甚于生者，所恶有甚于死者。非独贤者有是心也，人皆有之，贤者能勿丧耳。一箪食，一豆羹，得之则生，弗得则死，呼尔而与之，行道之人弗受；蹴尔而与之，乞人不屑也；万钟则不辩礼义而受之。万钟于我何加焉？为宫室之美、妻妾之奉、所识穷乏者得我与？乡为身死而不受，今为宫室之美为之；乡为身死而不受，今为妻妾之奉为之；乡为身死而不受，今为所识穷乏者得我而为之，是亦不可以已乎？此之谓失其本心。"

这一章孟子以两种食材为切入点，对比了生和死，对比了比生更重要与比死更可怕的两种东西，然后引出我们应该坚守什么样的原则。

"鱼，我所欲也，熊掌亦我所欲也；二者不可得兼，舍鱼而取熊掌者也。"如果两种选择同时摆在面前，我们要选其一，肯定选好的。"生亦我所欲也，义亦我所欲也；二者不可得兼，舍生而取义者也。""生"和"义"都是我们需要的，一个是肉体生命，一个是价值生命。但是当两者必须择其一的时候，孟子认为，应该选择价值生命，选择"义"。义高于生命，这是孟子的观点，也是孔子的观点。《论语》里面讲，"朝闻道，夕死可矣"，早晨悟得大道，晚上死了都值。这都是强调价值生命高于肉体生命。

"生亦我所欲，所欲有甚于生者，故不为苟得也"。我们都想活着，不想死，但是有比生命更重要的东西，那就是道义。"死亦我所恶，所恶有甚于死者，故患有所不辟也。"我们都害怕死亡，当面临死亡威胁的时候，还有比死亡更可怕的东西，那就是死后的骂名。"如使人之所欲莫甚于生,则凡可以得生者,何不用也?使人之所恶莫甚于死者,则凡可以辟患者,何不为也?"如果把生命作为最高的追求,当面临死亡和生命选择的时候,他肯定选择生命,因为这是最高追求。如果把死亡当成最可怕的东西,当面临选择的时候,你肯定尽量回避死亡。这句话的意思是,你不能把生命作为最高追求,不能把死亡当成最大的威胁。道义高于生命,骂名恶于死亡。

"由是则生而有不用也,由是则可以辟患而有不为也,是故所欲有甚于生者,所恶有甚于死者。非独贤者有是心也,人皆有之,贤者能勿丧耳。"有比生命更重要的,有比死亡更可怕的,并不是贤人才有这样高的觉悟和理想信念,每个人都有,只是贤者没有丧失。这里是强调,放弃理想价值,把死看成最可怕的,把生看成最高的追求,这是常人所为,贤者不是这样。

读到这儿,有人会想,孟子说我们每个人都有善的潜质,都可以为善,但是有些人确实不为善,于是有人质疑性善论的合理性。我觉得这是理解偏了。孟子的性善论不光是讲人性具有原善的萌芽,还讲一种责任。现在很多讲儒学的学者只强调道德,容易空乏,一定要落到实处,儒学才有生命力,才有价值。一个国君怎么有道德?如果你不惠民怎么有德?你的德从哪里体现出来?道德的"德"在西周时期的金文里写作"得"。统治者有"德"是通过百姓有所"得"体现出来的,不是自我标榜出来的。所以只有圣贤君子才能有这个追求,并且可以努力实现。他比别人看得高,看得远,比别人更有控制力、掌控力,这就是圣贤君子与常人的区别。

孟子一定要把统治者说成是具有这种善的萌芽。如果你"庖有肥肉,厩有肥马","涂有饿莩而不知发",那你就是禽兽!你家厨房里有这么多的肉,你的马膘肥体壮,老百姓却都饿死了,你还是仁者吗?所以君主的恻隐之心是一种责任。老百姓既没有能力,又没有这个学养,他怎么担当?所以说,善对于领导来说是一种责任。在这个位置上你就要承担这个责任,这就是"贤者能勿丧耳"。我认为这是性善论之于中国文化的又一个重大意义。

"一箪食,一豆羹,得之则生,弗得则死"。一个要饭的快饿死了,你给他一点食物,给他一点喝的,他就能活下去。但是"呼尔而与之,行道之人弗受;蹴尔而与之,乞人不屑也"。行路之人饿了,向你讨点食物,你大声呵斥着给他,他宁可不要;乞丐虽然穷困,但是你把食物践踏了再给他,他也不屑要。行路之人需要帮助,乞丐需要食物,但是他们也有尊严,也有风骨。骨气、正气比生命更重要。

"万钟则不辩礼义而受之。万钟于我何加焉?为宫室之美、妻妾之奉、所识穷乏者得我与?"给我高官厚禄,但是我要给你卖命;不是给国家与民族卖命,而是不顾大义给个人卖命。这种厚禄对我有什么用呢?是为了得到华丽的房子、妻妾的侍奉和我所认识的贫苦之人对我的感激吗?

"乡为身死而不受,今为宫室之美为之;乡为身死而不受,今为妻妾之奉为之;乡为身死而不受,今为所识穷乏者得我而为之,是亦不可以已乎?此之谓失其本心。"过去宁肯死也不接受的东西,现在为了美宅、妻妾与感激却接受了。这些行为还不应该停止吗?这就是丧失本心的做法啊!

我在学校里面教书时给学生讲,什么是你最重要的东西?你读的书,你的知识、涵养,亲兄弟们分家都分不走,单位里面的同事也抢不走。你的职位可能被抢走,你的房子可能被抢走,你的财富可能被抢走,只有你自己的教养、内化于心的修为,别人抢不走。

只要失去本心,应该坚守的原则和道义也就坚持不住了。在电视剧《亮剑》的后面,李云龙和赵刚不理解的是,为什么革命成功后,有些干部进了城就丧失了原则、理想和信念?我们打天下为了谁?不就是为了老百姓过上好日子吗?那现在是不是有人抛弃了百姓,忘记了初心?有人为了良田美宅丧失了本心,无理想信念,无价值追求,无规矩法则,一味追求物质财富。正所谓得之宫室美妾,而失其本心,值得深思!

11·11 孟子曰:"仁,人心也;义,人路也。舍其路而弗由,放其心而不知求,哀哉!人有鸡犬放,则知求之;有放心而不知求。学问之道无他,求其放心而已矣。"

上章论失其本心,本章论求其放心,进一步论本心的重要。

"仁"是我们的本心,"义"是我们的本来之路。孟子感叹说,放着正路不走,本心丢了不去找回,真是可怜啊!家里的鸡与狗丢了,还知道去找,本心丧失了,却不知道找回来。学问之道没有别的路可以走,唯一的路就是找回放失的本心。"求其放心",是不是只是心里想?当然不是。还要去做。前面讲到的孟子引孔子的话,"操则存,舍则亡","操"就是操持,拾起来,去做。焦循《孟子正义》认为:"何以操之?惟在学问而已。""孟子之意,盖曰能求放心,然后可以学问。"

《离娄》上篇也有类似的说法。"仁,人之安宅也;义,人之正路也。旷安宅而弗居,舍正路而不由,哀哉!"仁是我们最安逸的家园,我们在这个家园里生活得很舒服,从这个家里出来走的路就是正路,走别的路都是偏路。你舍着这么好的宅子不住,放着这么好的正路大道不走,可怜可悲!邹城孟府的二门悬挂着"礼门义路"匾额,中国人讲礼门义路家规矩,就是从这里说起。

今年我去广州花都区塱头古村的一个书院讲课,看到保存完好的古村与古民居。村里的牌匾有很多出自《论语》与《孟子》,其中就有"礼门义路"。那一个村子在历史上出了几十个进士、举人,这就是文化的浸润力量。"学问之道无他,求其放心而已",我们做学问没别的路可走,唯一的路就是"求其放心",把放肆的心收回来。放其心不收,其他路都是偏的。

孔子曰仁,孟子曰义,当然孟子不光曰义,孟子还继承了孔子的仁,仁义并举。这就叫创新性转化,创造性发展。

11·12 孟子曰:"今有无名之指屈而不信,非疾痛害事也,如有能信之者,则不远秦楚之路,为指之不若人也。指不若人,则知恶之;心不若人,则不知恶,此之谓不知类也。"

本章和第十三章都是以例子说明要把"放心"收回来。"今有无名之指屈而不信","信"同"伸"。现在有个人的无名指能屈,但是伸不直,有毛病。"非疾痛害事也",也不太耽误事,但是他觉得还是要治好。如果有人能治好这个毛病,虽然远在楚国和秦国,也要不远千里去求治。为什么呢?"为指之不若人也",是因为他的手指和别人比起来不好看,脸面上挂不住。

"指不若人,则知恶之;心不若人,则不知恶,此之谓不知类也。"赵岐注:"类,事也。"孟子说,手指不如别人,知道不好意思;良心不如别人,善心不如别人,那怎么就不知道羞耻呢?这是不知道事物的轻重啊!

11·13 孟子曰:"拱把之桐梓,人苟欲生之,皆知所以养之者。至于身,而不知所以养之者,岂爱身不若桐梓哉?弗思甚也。"

第十三章和第十二章的论述逻辑完全一致。"拱把之桐梓,人苟欲生之,皆知所以养之者。"两手合围粗细的桐树和梓树,想把它养活,都知道要给它浇水、除虫、施肥。"至于身,而不知所以养之者,岂爱身不若桐梓哉?弗思甚也。"至于自身,为什么就不知道好好修养呢?难道以仁义呵护身体,还不如爱护一棵桐树和梓树吗?这实在是缺乏思考与反省啊！赵岐注："养身之道，当以仁义，而不知用，岂于身不若桐梓哉，不思之甚也。"

我记得前几年安徽工业大学有一位宿管阿姨，画了一些漫画，在网上广为流传。比如，有些同学在楼道里面踢球，女生宿舍里面忘关水龙头，学生吃饭剩得太多。这位阿姨就用漫画的形式记录了这些不文明现象。这些漫画逐渐在校园里传开，对学生起到了一个很好的教育作用。可能有些人仍然认为传统文化是无用之用。我不同意这种观点，它是有用之用。学生觉得没有用，是因为他们没有悟到传统文化带来的益处。不断地启发教育，营造良好的修身氛围，大力弘扬中华传统美德，久久为功，是可以收到成效的。

11·14 孟子曰："人之于身也，兼所爱。兼所爱，则兼所养也。无尺寸之肤不爱焉，则无尺寸之肤不养也。所以考其善不善者，岂有他哉？于己取之而已矣。体有贵贱，有小大。无以小害大，无以贱害贵。养其小者为小人，养其大者为大人。今有场师，舍其梧槚，养其樲棘，则为贱场师焉。养其一指而失其肩背，而不知也，则为狼疾人也。饮食之人，则人贱之矣，为其养小以失大也。饮食之人无有失也，则口腹岂适为尺寸之肤哉？"

"人之于身也，兼所爱。兼所爱，则兼所养也。无尺寸之肤不爱焉，则无尺寸之肤不养也。所以考其善不善者，岂有他哉？于己取之而已矣。"我们对于身体的每一部分都很爱护。

因为每一部分都很爱护,所以每一部分都注重保养。没有哪一部分肌肤不爱护,不保养的。要看一个人保养得好不好,没有别的办法,就是看他所注重保养的是哪一部分。

"体有贵贱,有小大。无以小害大,无以贱害贵。"身体的部位有大小之别,有重要的,有不重要的,你不能因为小的影响大的,不要让贱的妨碍了贵的。"养其小者为小人,养其大者为大人",注重保养小的部分的是小人,注重保养大的部分的是君子。所以真正的君子,真正的精英,一定是注重大的保养,即心性的修养。

"今有场师,舍其梧槚,养其樲棘,则为贱场师焉。"现在有个园艺师,舍弃梧桐树、槚树这些好的绿化树种不好好照顾,而精心培育荆棘、酸枣那些不成材的灌木,这个园艺师就是不合格的。

"养其一指而失其肩背,而不知也,则为狼疾人也。"我们经常说一片狼藉,那个"藉"是草字头。这里的"狼疾"是糊涂的意思;另外一种解释是残疾,也能讲通。"养其一指而失其肩背",如果一个人只保养一根手指,却忽视肩膀,这就是养其小者,失其大者。"饮食之人,则人贱之矣,为其养小以失大也。"只注重口腹之欲的人,会忽略养大体。孔子说:"士志于道,而耻恶衣恶食者,未足与议也。"志于大道的人太在乎吃穿,就不可能真正志于道。"饮食之人无有失也,则口腹岂适为尺寸之肤哉?"养口腹之欲,不但为尺寸之肤而已,养小之人无失其大者,故口腹虽所当养,而终不可以小害大,以贱害贵。所以你只养一点,没有兼所养,这是有问题的。

赵岐《章指》言："养其行,治其正,俱用智力,善恶相厉,是以君子居处思义,饮食思礼也。"焦循《正义》引《左传》云："君子动则思礼,行则思义,不为利回,不为义疚。"养大体小体之义,意在注重内外兼修。体为外在所见,是小体;内在之体不呈现,却是大体。对于君子来说,小体之养没有问题,重要的是养大体,行大义,担大任。

11·15 公都子问曰："钧是人也,或为大人,或为小人,何也？"

孟子曰："从其大体为大人,从其小体为小人。"

曰："钧是人也,或从其大体,或从其小体,何也？"

曰："耳目之官不思,而蔽于物。物交物,则引之而已矣。心之官则思,思则得之,不思则不得也。此天之所与我者。先立乎其大者,则其小者弗能夺也。此为大人而已矣。"

"钧",同也。公都子问孟子,大家同样是人,但有人是君子,有人是小人,这是为什么？孟子回答："从其大体为大人,从其小体为小人。"一个人,注重心性修养就成了大人,只注重口腹之欲就成了小人。学生又问,为什么都是人,有的人热衷于锻炼心志,成为达人,有的则热衷于口腹之欲,这是为什么呢？孟子说,耳朵、眼睛这些器官不具有思维能力,容易被外物所遮蔽。

《荀子·天论》云："耳目鼻口形能,各有接而不相能也,夫是之谓天官。心居中虚,以治五官,夫是之谓天君。"荀子以耳目口鼻形为天官,以心为天君。焦循《正义》曰:"孟子称耳目为官,亦称心为官,盖心虽能统耳目,而各有所司,心不能代耳司听,代目司视,犹耳目能听能视而不能思。耳目不能思,须受治于心之思;心不能司听司视,而非心之思,则视听不能不蔽于物。"

"物交物,则引之而已矣。"一物又一物的隔绝、蒙蔽,你慢慢就看不到、听不到了,离真正想要的东西越来越远了。心不一样,古人认为心是思考器官。"心之官则思,思则得之,不思则不得也。"赵岐注:"官,精神所在也。"心会思考,只要思考就会有所得,不思考就无所得。耳朵和眼睛不具有思考的功能,而且它们不但不具有思考的功能,还容易被蒙蔽。

"此天之所与我者。先立乎其大者,则其小者弗能夺也。此为大人而已矣。"心的思考的功能是上天赐予我们的宝贵财富。真正的大人能抓住重点,抓住最本真的东西,就是用心思考,用来把握大方向。只要意志坚定,其他耳目口鼻之欲就不可能与之抗衡了。

其实,一个单位也有大体与小体。大体是领导,领导的工作就要放在谋划上,做好顶层设计,而不能拘泥于细节,细节部分由部门来做。这就是大体和小体的区别。

11·16 孟子曰:"有天爵者,有人爵者。仁义忠信,乐善不倦,此天爵也;公卿大夫,此人爵也。古之人修其天爵,而人爵从之。今之人修其天爵,以要人爵;既得人爵,而弃其天爵,则惑之甚者也,终亦必亡而已矣。"

本章对于当前的政德教育有启示意义。"有天爵者,有人爵者。"有天赐予的爵位,有人赐予的爵位。什么是天赐的爵位?"仁义忠信,乐善不倦"是天爵。一个人通过修养心性,走大道,行得正,讲忠信,别人就说这个人好。好的口碑就是天爵。天爵也有另外一层意思:别人夺不走,是通过个人通达天道,修身获得的天赋德性。"公卿大夫,此人爵也。"官位是人爵。谁给你的官位?是上级给你的,这叫人爵。

"古之人修其天爵,而人爵从之。"孟子说,古代的人一定要把自己的品行、学识修养好,使自己德行兼备,修己才能安人。赵岐注:"人爵从之,人爵自至也。"你的人品好,学识好,自然而然就会得到职位,这叫"修其天爵,而人爵从之"。但是,孟子说现在的形势发生变化了,风气与以前不同了。"今之人修其天爵,以要人爵",要,就是求。现在的人修天爵为了求人爵,把修养仁义忠信当成一个工具、手段,而不是目的。这样修天爵,就有装饰成分在里面,有矫情的成分。如果说修天爵为了获得人爵,这还不是最可悲的。最可悲的是什么?是"既得人爵,而弃其天爵"。一旦得到想要的职位,即人爵,赖以获得职位的仁义忠信就被抛到一边了。他靠什么获得的职位?靠他良好的口碑,靠他的学养,靠他的品行,靠的是真本事。但是他忘记了初心,忘记了他靠什么获得的职位,所以他得了人爵以后,弃其天爵。孟子说,这种做法太糊涂啊!一旦丢掉了天爵,人爵最终也保不住,"终亦必亡而已矣"。

11·17 孟子曰:"欲贵者,人之同心也。人人有贵于己者,弗思耳矣。人之所贵者,非良贵也。赵孟之所贵,赵孟能贱之。《诗》云:'既醉以酒,既饱以德。'言饱乎仁义也,所以不愿人之膏粱之味也;令闻广誉施于身,所以不愿人之文绣也。"

本章接着上一章讲为什么人会丢掉天爵。"欲贵者,人之同心也。"人都想得到富贵,富是有钱,贵是地位高。谁都想到达一个高的位置,这个毋庸置疑,同心同理,人之常情。"人人有贵于己者,弗思耳矣。"每个人都有宝贵的东西,不待外求,而在自身,这种贵就是善,是仁义。这种贵,比外在的贵更可贵,只是自己没有反思而已。

"人之所贵者,非良贵也。"别人认为尊贵的东西,并不一定尊贵。"赵孟之所贵,赵孟能贱之。"赵孟是晋国的大夫,赵孟能给的,有朝一日也能收回去。所以,一旦得到一个位置,更要修其天爵,而不是弃其天爵,要以不断的修身巩固提升位置。只有这样,你才能晋升。这和《大学》讲的"知止"而"止于至善"的路子完全一致。

《大学》里面讲"知止"而"止于至善"。什么叫"知止"?"知",知道;"止",停在那里。你要知道自己是谁,该停在什么地方,在什么位置上做什么事。这也叫自我定位,自我认知。当老师就要把书教好,当农民就要把地种好,这是最根本的东西,这叫"知止"。你不断地教书,不断撰写教改论文,深化教学研究,提升教学质量,当机会来临时,你就可以提升职级了。你的职级提升以后,达到了一个新的阶段,就是"止于至善"了吗?还没有。什么叫"止于至善"?不是达到一个目标以后就不动了。"至善"就是最好最佳的状态与境界。我们永远达不到最佳,所以要永远努力。《孟子》和《大学》讲"一以贯之",凡是有能力、有上进心的人,给他们晋升的空间,这样使每个人都有机会。当人们通过努力,无论如何也无法上升,感觉上面有块天花板压着,无法实现新的目标的时候,社会就可能真的出问题了。

《诗》曰:"既醉以酒,既饱以德。"酒足饭饱而又以德润身。《大学》曰"富润屋,德润身",是说我们有钱,可以把房子装饰得很漂亮,这叫"富润屋";我们有德,可以使我们的身心充实,这叫"德润身"。这样就会"心广体胖",心态安适。

"言饱乎仁义也,所以不愿人之膏粱之味也",仁义充满内心,洋溢着浩然之气,就不会羡慕别人的美食了。"令闻广誉施于身,所以不愿人之文绣也。"好的名誉加在身上,传播在外,穿着就是其次了,不再羡慕别人的华美衣服了。这里,孟子仍然是在强调精神高于物质,天爵高于人爵。

可能有人认为,孟子的要求太高了,太理想化了,当时社会上有多少人能达到这个要求呢?实在是太少了。真正的大思想家永远是孤独的。孔子有弟子三千,其中贤者七十二人,能有资格进入孔庙陪祀的才十二贤人。而且还有两位不是孔子弟子,一位是孟子,一位是朱熹。孔子是圣人,孟子也是圣人,他们都是心怀天下的伟大思想家。儒家的高明之处就在于,告诉大家每个人都可以成为圣贤。但师傅领进门,修行在个人,每个人的修为最终取决于自己的努力。

也有人问这个理论到底对不对?我该怎么看社会上存在的普遍质疑呢?接下来,《告子》上篇的最后三章就解答了这个问题。

11·18 孟子曰:"仁之胜不仁也,犹水胜火。今之为仁者,犹以一杯水救一车薪之火也;不熄,则谓之水不胜火,此又与于不仁之甚者也,亦终必亡而已矣。"

"仁之胜不仁也,犹水胜火。"孟子说,仁就是要胜过不仁,正的就是要压过负的,正义终将战胜邪恶,这有什么值得怀疑的!"今之为仁者,犹以一杯水救一车薪之火也"。今天行仁的人,他怎么做的呢?他是拿一杯水去救一车柴燃起的大火啊。这怎么能够把火扑灭呢?没扑灭火,他就得出了"水不胜火"的结论。这有道理吗?没道理啊!"此又与于不仁之甚者也"。大家注意,"杯水车薪"的危害是很大的,还不如不救。这个错误的做法反而助长了不仁之人的嚣张气焰。最后,"杯水车薪"的结果是,水没了,火还在,意思是那一点点仁没了,不仁的人还在,所以不仁的人气焰会更嚣张,危害更大。

《孟子·离娄上》篇讲,"行有不得者皆反求诸己",你只要没扑灭火,就要反思怎么样才能把火扑灭,这就叫"反求诸己"。"不怨天,不尤人,下学而上达"就是反求诸己。火为什么扑不灭?仁为什么胜不仁?你要好好考虑考虑。我觉得最好最实用的方法就是"反求诸己",反过来向内求。人很难改变环境,无法左右身边的人和事,那么,就要把本职工作做好,有了更大的话语权、更大的本事再去平治天下。这就是儒家最重要的修身方法——"反求诸己"。

11·19 孟子曰:"五谷者,种之美者也;苟为不熟,不如荑稗。夫仁,亦在乎熟之而已矣。"

"五谷者,种之美者也"。前面我们已经讲过,五谷为稻、黍、稷、麦、菽。稻是水稻,中国人在世界上最早培植了水稻。黍是黍子,去壳以后是黏黄米。稷是谷子,麦是大麦,菽是豆。五谷是当时中国人吃的主要食物,至于小麦、玉米,都是后来传入中国的东西。如果五谷不成熟,还不如荑(tí)稗(bài)。荑稗耐旱,凶年可以充饥,且只要种都能成熟,外形似粟。虽然不如五谷好吃,但是相比不熟的五谷还是好的。这个例子是想表达,"夫仁,亦在乎熟之而已矣"。你如果行仁,就要坚持下去,不能半途而废,做到半生不熟还不如不做。

11·20 孟子曰:"羿之教人射,必志于彀;学者亦必志于彀。大匠诲人必以规矩,学者亦必以规矩。"

"羿之教人射,必志于彀;学者亦必志于彀。"羿,就是"后羿射日"故事中的后羿,夏代东夷族的首领,神箭手,善射。"彀"读 gòu,拉满弓的意思。

孟子举例说,羿作为老师,教人射箭,一定要求把弓拉满。学习者也一定按照羿教的方法去做。为什么射不远?是你的弓没拉满。学者志于道,一定要像射者志于彀。你不要留劲,有十分劲就使十分劲。高明的工匠教人手艺,必定遵循规矩,学习的人也必须遵循规矩才行。

孔子的学生冉求跟孔子学习时,不能专心致志,不用功。冉求说:"非不说子之道,力不足也。"老师,我不是不喜欢您讲的课,您讲得太好了,确实是大道,但是我精力不够,跟不上课。孔子说:"力不足者,中道而废。今女画。"力不足的人,半路上就累得不行了,停了下来。你的情况不是这样,你还有精力,你是自己给自己画了一条线,说什么都不走了,这叫自我放弃。

孟子讲的例子很实用。"大匠诲人必以规矩",我们现在讲工匠精神的传承,先制定规则,依规矩学习,才可能严谨,才可能具备工匠精神。"学者亦必以规矩",做学问的规矩与做人是一样的。先学做人,再学文化课,不能光靠分数,而不顾做人的规矩,否则,成绩再好,分数再高,没有了做人的规矩,早晚会出问题。在《离娄》上篇,孟子讲"不以规矩,不能成方圆"就是这个意思。

所以你看,关于怎样修成一个仁义、道义高尚的人,孟子不但有理论,而且有实践;他还能用他的理论,用他举的例子,来解释社会上很多人对仁义的质疑。所以孟子既是一个理论家,又是一个实践家。至于其他的质疑,包括如何为官,我们要不要出去做官,如何来教化学生,等等,在《告子》下篇孟子还有进一步的阐释。

我们知道,在中国古代的人性论历史上,最丰富多彩的时代就是孟子的时代。孟子和告子的论辩中出现了四种人性论,这四种人性论听起来可能有点拗口,但正是这四种人性论,构成了中国人性论史上最丰富的篇章。再加上孟子之后的另一位儒家代表人物荀子的性恶论,一共有五种人性论。在战国时代,这五种人性论都出现了。

至于性善论的现代意义,我们在前面的讲解中和大家也进行了分享。尤其是在《告子》上篇的后半部分,孟子讲"仁,人心也;义,人路也","人有鸡犬放,则知求之",人心丢了却不知道找回来。然后孟子接着讲了"天爵"与"人爵"论。这两章是密切相关的,其论证基础就是性善论。孟子认为每个人都有为善的可能,不能因为后天有人出现了不善的行为,而否定先天的善的价值判断。如果把先天的价值判断给拆解掉,甚至是用论证的方式来讨论性善论是否成立,就会造成社会信仰危机。人性的灾难如同洪水猛兽,是不可以阻挡的,使用严酷的刑罚也扭转不过来。

孟子的性善论里面,有一个非常圆融的理论。他讲到平旦之气,讲到夜气,讲到牛山上有丰美的草与树木,进一步论证怎么做到善。有人看到牛山上光秃秃的,就认为这座山上不长草木,相当于我们看到一个坏人,就怀疑他天生就不是个好人一样。孟子解释说,其势使然也,不是山上本来就不长草木,而是不断砍伐的结果;不是人天生就坏,而是后来的环境加上他不去修身造成的。孟子还提到修身为善是一个坚毅的、长远的、慎独的过程。尤其他讲到一曝十寒,一个贤臣给国君进良言,但是有十个人在背后说坏话,慢慢地就影响到国君的判断,国君也就慢慢地走向邪路了。所以说,孟子的性善论不只是一个判断,而且可以圆融贯通,解释社会上不善现象产生的原因,以及提出如何为善的途径。

告子下

孔德立 解读

12·1 任人有问屋庐子曰:"礼与食孰重?"

曰:"礼重。"

"色与礼孰重?"

曰:"礼重。"

曰:"以礼食,则饥而死;不以礼食,则得食,必以礼乎?亲迎,则不得妻;不亲迎,则得妻,必亲迎乎?"

屋庐子不能对,明日之邹以告孟子。

孟子曰:"于答是也,何有?不揣其本,而齐其末,方寸之木可使高于岑楼。金重于羽者,岂谓一钩金与一舆羽之谓哉?取食之重者与礼之轻者而比之,奚翅食重?取色之重者与礼之轻者而比之,奚翅色重?往应之曰:'紾兄之臂而夺之食,则得食;不紾,则不得食,则将紾之乎?逾东家墙而搂其处子,则得妻;不搂,则不得妻,则将搂之乎?'"

《告子》下篇看起来没有上篇讨论的问题集中,有点散。

但是我们如果仔细分析,会发现又有"一以贯之"的东西。所以说先贤在整理编撰古书的时候,一定经过了慎重的考虑。

前几章的内容相对长一点,我们先看第一章。第一章是讨论"食"、"色"和"礼"的关系问题。有个任国人问屋庐子"礼"与"食"哪个更重要。屋庐子是孟子的弟子。任国就是今天济宁的任城区,离邹城很近。任国是周代的一个诸侯国,但是这个国的历史比周还早。在夏朝的时候,任国的地位已经相当重要了。夏代少康中兴的时候就用任国的军队作为雇佣军,恢复了夏政权。这个国家是在战国时期被灭的。《战国策》提到"泗上十二诸侯",泗是泗水,泗水边有十二个诸侯国,任国就是其中重要的一个。

任国人问屋庐子,儒家讲的礼与食,哪个更重要?特别是当两者发生冲突的时候,要选择其中一个,选哪个?其实这个问题在《告子》上篇就讨论过了,鱼和熊掌,生和死,这些问题孟子都有论述。屋庐子回答,礼重要,儒家把礼看得比食重要。

任国人又问,娶妻和礼仪哪个重要?这里的"色"是特指娶妻。屋庐子回答,礼重要。任国人又问,如果遵守礼仪去谋食,可能得不到食物,得不到食物,可能就会饿死,不遵守礼仪去谋食反而能得到食物,那是不是一定要按照礼仪来行事呢?如果按照规矩来娶妻,可能娶不到妻,但是如果不按照规矩来娶妻,就能娶到妻,那是不是一定要按照规矩来呢?其实,任国人说的这种社会现象现在也普遍存在。对于某些人来说,以正当的手段无法获得一个职位或饮食时,就可能采用不正当的手段,比如去抢、去偷。当然,君子不是这样做的。

婚礼的第一步是"纳采"。纳采是男方主动找媒人去女方家求婚。纳采以后问女方叫什么名字,叫"问名"。问名之后,把男方与女方的名字一起算一算,看看八字合不合,现在我们这里还有这个规矩,叫"纳吉"。纳吉之后是"纳征",就是下聘礼。用今天的话说,下聘就是订婚,在没有向社会公开之前,两家先把这门亲事定下来。古代的传统认为,婚姻是合两姓之好,同姓不婚。中国人太聪明了,同姓不婚既是血缘的,又是伦理的。第五个环节叫"请期",请期就是看看什么时候迎亲好,定婚期。所有事情筹备妥当后,在婚期当天,新郎官要去女方家亲迎。古代新郎官骑着马,新娘子坐着轿子。这就是第六个环节"亲迎"。不按照这六个环节也能娶到妻。比如,两个人已经建立了深厚的感情,但是八字不合,家里不同意,两人却非要在一起。我们不要认为古代的婚姻很保守,不可以自由恋爱,其实不是这样子。鲁国和齐国是两个大国,齐国就很开放,鲁国较为保守。楚国云梦之地是男女谈恋爱的地方。《诗经》里面的第一篇《关雎》"关关雎鸠,在河之洲。窈窕淑女,君子好逑",就讲看到漂亮的女孩子,男子日夜思念,睡不着觉,辗转反侧,梦寐以求。但是,即使这样,古人的恋爱与婚姻都有礼法规矩。现代人的恋爱与婚姻相比来说就简单多了,比如发微信,在宿舍楼底下喊,摆出鲜花,摆出蜡烛,来表达爱意,其实缺少了内涵。

礼和色、礼和食的冲突,在儒家看来不是个问题,但是任国人一问屋庐子,屋庐子就被问住了,答不上来。屋庐子就来问老师,向孟子寻求支援。

老师还是老师啊!孟子说,这个问题不难,你就肯定地答复他,有什么困难呢?"不揣其本,而齐其末,方寸之木可使高于岑楼。""岑楼",高楼。你不去度量根基的高低,只是比较它们的顶端,那一寸厚的木头可能比高楼顶还要高。就像我们邹城的择邻山庄,后面楼的一楼可能比前面楼的三楼都要高,因为地势基础不一样。也就是说,你得看礼和食、礼和色在什么情况下发生冲突,不能单纯把这两个问题拿出来。孟子说,你如果不明白的话,我再给你举个例子。这个是我们现在初中物理课本上都有的问题,物理课本上的问题可能来源于《孟子》。金子和羽毛哪个重?你能这样比吗?你不能这样比。拿一钩金和一车羽毛来比较,怎么比?什么叫一钩金?古代的衣服宽大,它的腰带有根束带,有个衣带钩。做衣带钩用的金子当然非常少。用做衣带钩的金子和一大车的羽毛来比哪个重,没有可比性。

"取食之重者与礼之轻者而比之,奚翅食重?取色之重者与礼之轻者而比之,奚翅色重?往应之曰:'紾兄之臂而夺之食,则得食;不紾,则不得食,则将紾之乎?逾东家墙而搂其处子,则得妻;不搂,则不得妻,则将搂之乎?'"你选取饮食的重要方面与礼仪的轻微方面来比较,何止是饮食重要?选取婚姻的重要方面与礼仪的轻微方面相比较,何止是婚姻重要?没有可比性。其实孟子以前讲过一个例子。男女授受不亲是礼,男女交往有度。但有人问他一个尖锐的问题:嫂子掉水里了,你救不救?孟子说当然要救了,不救不就是禽兽吗?你看着嫂子被淹死,能忍心不救吗?可救人就要拉手,拉手就违反了礼。孟子讲权变,当她快淹死的时候,你拉一下手,破坏什么礼?

有人批评孔子,说孔子虚伪。周游列国的时候陈蔡绝粮,子路给他弄了一头猪,他也不问猪的来历就吃了;子路偷了一件衣服,用衣服换了一壶酒,孔子也不问这个酒从哪里来就喝了。结果到了卫国,条件好了,席不正不坐,肉割不正不食,讲究很多。孔子在周游列国时快饿死了,还有这么多的规矩吗?别说"席不正不坐",有席坐就不错了。除了饥饿,还有生命危险。宋国有个人叫桓魋,桓魋听说阳虎来了,就带人包围了孔子与弟子一行。为什么呢?阳虎就是《论语》里的阳货。阳虎曾经在宋国做过坏事,宋国人恨他。孔子与阳虎长得像,所以,宋国人误认为孔子是阳虎,结果把孔子给围住了。孔子说我不是阳虎,你们抓错人了。赶快让弟子突围报信,国君才派兵给解了围。那时候,还有什么规矩啊!但到了卫国,回到了鲁国,规矩就多了。孟子讲的就是这个意思,形势与环境不同,规矩与礼仪在遵守时,也要做出相应的调整。

孟子担心弟子还不明白,说,你就这样答复他,我给你再举个例子。如果你"紾兄之臂而夺之食",和你哥哥争夺食物,要拧你哥哥的胳膊。你是为了夺取食物而拧折你哥哥的胳膊呢?还是宁愿不要这个食物,不拧你哥哥的胳膊呢?那当然是不能拧了。"逾东家墙而搂其处子,则得妻",这个"处子"古人解释为处女,就是没出嫁的女孩子。孟子在另外一个地方讲到偷偷钻墙去约会,他说这不合规矩。翻东家邻居的墙去搂抱邻居家的闺女,就是幽会,这个女子跟着你走了,然后你就得到了妻子。但如果你不去搂抱邻居家的闺女,就得不到妻子,你去搂抱吗?所以如果不是面临生离死别的时候,这个礼仪就显得非常重要了。

孟子的核心观点是礼重要。当面临生离死别时,具体情况你还要具体分析,这符合孟子之前讲过的思想。赵岐《章指》言:"临事量宜,权其轻重,以礼为先,食色为后,若有偏殊,从其大者。"

12·2 曹交问曰:"人皆可以为尧舜,有诸?"

孟子曰:"然。"

"交闻文王十尺,汤九尺,今交九尺四寸以长,食粟而已,如何则可?"

曰:"奚有于是?亦为之而已矣。有人于此,力不能胜一匹雏,则为无力人矣;今曰举百钧,则为有力人矣。然则举乌获之任,是亦为乌获而已矣。夫人岂以不胜为患哉?弗为耳。徐行后长者谓之弟,疾行先长者谓之不弟。夫徐行者,岂人所不能哉?所不为也。尧舜之道,孝弟而已矣。子服尧之服,诵尧之言,行尧之行,是尧而已矣。子服桀之服,诵桀之言,行桀之行,是桀而已矣。"

曰:"交得见于邹君,可以假馆,愿留而受业于门。"

曰:"夫道若大路然,岂难知哉?人病不求耳。子归而求之,有余师。"

曹国也是一个小国，都城离我们不远，在菏泽的定陶。曹交是曹国国君的弟弟。"曹交问曰：'人皆可以为尧舜，有诸？'"曹交向孟子请教，是不是每个人都可以成为尧舜这样的圣人？孟子说，是的。

曹交说，我听说周文王身高十尺，汤九尺，我也有九尺四寸，介于他俩之间，可是我现在只知道吃，我这样的人也能成为像文王和汤这样的圣人吗？

孟子说："奚有于是？亦为之而已矣。"怎么不可能呢？你去做就行了。有一个人，"力不能胜一匹雏"，"雏"就是雏鸡、小鸡。连小鸡都提不起来的人，是真的没有力气。"今曰举百钧，则为有力人矣。"假如他能举起百钧，一钧等于三十斤，百钧也就是三千斤，那他就是一个大力士了。

"然则举乌获之任，是亦为乌获而已矣。夫人岂以不胜为患哉？弗为耳。"如果他能举起乌获所能举起的重量，他也就是乌获了。乌获是当时著名的大力士。当时有三个大力士：任鄙、孟说和乌获。孟说又叫孟贲。秦武王嬴荡喜欢举重，结交了很多大力士，其中就有孟说。

乌获能举三千斤，你如果也能举三千斤，你就是乌获一样的大力士。人难道为不能胜任而担心吗？你如果不举，你是不知道自己是否能举起来的，你只是不去做罢了。孟子的意思是，想做尧舜这样的圣人，不是做不到，关键是我们没有去朝着那个方向努力。孟子认为成为尧舜一样的圣人，行仁政，都不难，只是人们不去做。实际上我们知道，对于一般人来说，这做起来是非常难的。那么，孟子在这儿想表达什么？孟子是要从理论上降低修身的难度。孔子时代当一个仁者非常难,孔子说颜回"三月不违仁,其余则日月至焉而已矣",做圣人就更不可能了。到了孟子这里难度降下来了。所以,我们当老师的经常说,每个孩子都能成才,都可以成就一番伟大的事业,就应该这样去引导孩子。孟子说我们都可以成为圣人,就得去做,你不去做怎么知道自己成不了圣人?

"徐行后长者谓之弟,疾行先长者谓之不弟。夫徐行者,岂人所不能哉?所不为也。尧舜之道,孝弟而已矣。子服尧之服,诵尧之言,行尧之行,是尧而已矣。子服桀之服,诵桀之言,行桀之行,是桀而已矣。""徐行"就是慢慢地走,慢慢地走在长者后面,你做不到吗?你能做到。慢慢地走,走在长者的后面这叫尊敬长者,尊敬年龄大的人,这叫悌。孝是对父母,悌是对兄长,你看,孝悌多简单!你穿上尧的衣服,说尧说过的话,做尧做过的事,你就是尧。你如果穿桀的衣服,说桀说过的话,做桀所做的事,你就真成了桀了。用老百姓的话说,你干人事你就算个人,你干禽兽的事你就是个禽兽。你做不到吗?你能做到的。

曹交一看孟子把话都说到这个份上来了,你如果再做不到,那不就是连提小鸡、穿衣服、说话都做不到吗?所以曹交说,我现在就去拜见邹国的国君,向他借个住处,希望留在邹国受业于孟子。孟子可能看出此人心并不诚,就说,尧舜之道就像大道一样,哪里都可以知晓,只怕人不肯去寻找。你回去自己努力吧,会有好多老师教你,我教不了你这个学生。所以孟子就婉拒了他。

这段话和《孟子·滕文公上》第一章的一句话完全一致。滕国也是离邹城非常近的小国,就是今天的滕州。滕文公还没有当国君的时候,"将之楚,过宋而见孟子",路过宋国见孟子,孟子"道性善,言必称尧舜"。孟子"言必称尧舜",和这里对曹交讲的意思是完全一致的。

12·3 公孙丑问曰:"高子曰,《小弁》,小人之诗也。"

孟子曰:"何以言之?"

曰:"怨。"

曰:"固哉,高叟之为诗也!有人于此,越人关弓而射之,则己谈笑而道之;无他,疏之也。其兄关弓而射之,则己垂涕泣而道之;无他,戚之也。《小弁》之怨,亲亲也。亲亲,仁也。固矣夫,高叟之为诗也!"

曰:"《凯风》何以不怨?"

曰:"《凯风》,亲之过小者也;《小弁》,亲之过大者也。亲之过大而不怨,是愈疏也;亲之过小而怨,是不可矶也。愈疏,不孝也;不可矶,亦不孝也。孔子曰:'舜其至孝矣,五十而慕。'"

这章引《诗》讲孝。公孙丑,孟子的高徒。公孙丑问老师,有个高老先生,他评论《小雅》的《小弁》诗是"小人之诗也",小人作的诗。"弁",在这里读 pán,意思是快乐。

《诗经》的诗篇分为风、雅、颂三部分,颂诗是庙堂之音,雅诗是宫廷贵族之音。高老先生说,《小弁》是小人作的诗,这是对这篇诗的否定。儒家以《诗》《书》《礼》《乐》教,老先生是在挑战儒家经典啊!《礼记》和《孔子家语》都讲六经之教。六经之教分两个层次,《诗》《书》《礼》《乐》,然后《周易》和《春秋》。儒家赖以成为主流价值观的基础是《诗》《书》《礼》《乐》,高老先生否定雅诗,就是质疑经典。

孟子说,"何以言之?"为什么这么讲呢?言外之意是必须和他辩一辩。所以我们读《孟子》要读出孟子的感情和气势来。公孙丑说,高先生说诗里有怨恨。这篇诗很长,我们不再引了。大意是:周幽王娶了申国的女子,就是后来的申后。申后生太子宜臼。幽王又得了褒姒,大家知道烽火戏诸侯的故事,还有千金一笑的成语,都与她有关系。褒姒生了伯服。幽王喜欢褒姒,爱屋及乌,就特别喜欢小儿子伯服。不但如此,幽王还把申后废黜了,把太子也废黜了,想让伯服接班。于是宜臼的师父,也就是太傅,作了这首诗,以叙其哀痛、悲切之情,表达废太子对亲人的无奈、失望与悲痛之情。

孟子说,高老先生解释《诗》未免太固陋了!如果有个越国人拉弓去射他,那么,他会笑着说这件事,这其实没有别的原因,只是因为越国人和他关系疏远,没有血缘关系。如果是自己人,比如他的兄长拉弓去射他,这个时候他再给别人念叨这件事,就会哭着说,我哥哥把我射伤了。孟子说,这其中的原因不是别的,就是因为是自己的哥哥,关系太近,反而伤心。《小弁》这篇诗里面所讲怨恨,恰恰是出于对亲人的爱护。孟子说,以亲人为亲,这叫亲亲;如果你不以亲人为亲,你就没把他当亲人看,缺乏仁的情感。所以,"亲亲,仁也"。爱亲是仁德的一个源头。你如果没有爱亲这种感情,你就不会有微词和怨恨。所以,对自己人给的伤害,难免会有小小的怨恨与微词。大家注意这一点,有时候亲人、好朋友给我们挖坑,我们可能会受不了,想不通。所以,孟子批评高老先生解释这篇诗太古板。人的感情就是这样,孟子早在两千多年前就告诉我们了。

公孙丑又问,《凯风》这首诗为什么没有怨恨之情呢?孟子答,《凯风》不怨,是由于亲人的过错小;《小弁》怨,是由于亲人过错大。父母的过错大,如果没有一点埋怨,就是对他们没有感情,是疏远他们的表现。父母的过错如果小就去怨恨,你就是受不了一点刺激。疏远是不孝,受不了一点刺激也是不孝。这句话是在强调,不埋怨大过错是疏远,怨恨小过错就犯戒了。所以,孟子引孔子的话,赞扬舜是最孝的人,到了五十岁还眷恋父母。

电视剧《康熙王朝》有一个情节,可以进一步论证这个问题。当皇子们在太和门外吵架的时候,康熙帝出来了,看到皇十四子和皇十三子打架,然后就骂皇十四子。皇十四子不服,顶撞了康熙帝。康熙帝拿出剑就要杀这个十四子,十四子胆子大,就不走,说,反正我是你生的,你生的你就杀了吧,命还给你。在这个危急时刻,怎么办?这么多的大臣,这么多的皇子,这么多人看着,皇帝的话说出来了,危机已经爆发。这时,大臣张廷玉说,十四爷,你真要陷皇帝于不义吗?然后让侍卫赶紧拉十四子离开。不杀,皇帝下不了台;杀,皇帝背一个杀子的恶名。所以,张廷玉的处理方式是最恰当的。既是父子,又是君臣,父子之怨已经发生,但如果怨铸成错,麻烦就大了。所以,处理问题的尺度很重要。

中国人有句老话,出自《孔子家语》,就是"树欲静而风不止,子欲养而亲不待"。我们年轻的时候都很忙,读书时没有时间经常回家;工作了要买房,娶妻生子;然后就是孩子上学,一直忙,没有时间去陪伴父母。当孩子考上大学,我们功成名就,职位高了,也有钱了,但是父母已经老了。你想带他们去国外转转,他们已经坐不了飞机了。你想给他们买好吃的,他们的牙口已经不行了。中央电视台有个公益广告,非常感人,我在课堂上给学生们播放过。开始是一个小学的场景,一个母亲领着儿子去上学;后来儿子上了初中,长成大小伙子,母亲给他系上一条围巾,看着他去上学……再后来,儿子娶妻,母亲给他布置新房;有了孩子了,母亲给他看孩子。母亲说,等你长大了我就享福了,等你结婚了我就享福了,等你工作了我就享福了。孙女说,奶奶,等我长大了你就享福了。我们可以算算,孙女长大的时候奶奶多大岁数了。其实,我们在外地工作的,每年回家过春节,待一个星期,或者待十天,和父母在一起的时间总共也没有多少小时。

孔子那句话我觉得非常感动人心。当你达到了一定条件的时候,你想做贡献已经没有机会了,"子欲养而亲不待"。所以,舜五十岁的时候,还能够陪伴父母,这是怎样的天伦之乐啊!中国人的幸福,首先是家庭的和乐,《中庸》引《诗经》"兄弟既翕,和乐且耽。宜尔室家,乐尔妻帑",就是讲家庭和睦。中国的文化一定是从家到国,我们说家国情怀,移孝作忠，家是最小的国，国是最大的家，然后再扩展到整个天下。《尚书·尧典》篇讲的"协和万邦"，根基就是家。

12·4 宋牼将之楚，孟子遇于石丘，曰："先生将何之？"

曰："吾闻秦楚构兵，我将见楚王说而罢之。楚王不悦，我将见秦王说而罢之。二王我将有所遇焉。"

曰："轲也请无问其详，愿闻其指。说之将何如？"

曰："我将言其不利也。"

曰："先生之志则大矣，先生之号则不可。先生以利说秦楚之王，秦楚之王悦于利，以罢三军之师，是三军之士乐罢而悦于利也。为人臣者怀利以事其君，为人子者怀利以事其父，为人弟者怀利以事其兄，是君臣、父子、兄弟终去仁义，怀利以相接，然而不亡者，未之有也。先生以仁义说秦楚之王，秦楚之王悦于仁义，而罢三军之师，是三军之士乐罢而悦于仁义也。为人臣者怀仁义以事其君，为人子者怀仁义以事其父，为人弟者怀仁义以事其兄，是君臣、父子、兄弟去利，怀仁义以相接也，然而不王者，未之有也。何必曰利？"

宋牼（kēng），宋国人，又名宋钘。《荀子·非十二子》"是墨翟、宋钘也"，杨倞注："《孟子》作'宋牼'。牼与钘同。"在战国的诸子百家里面，很多学者把他归为墨家。墨家学派主张和平。宋牼比墨子晚，是稷下先生之一。他游说诸侯国君，劝说寝兵，不要打仗。他听说秦和楚要打仗，就前往制止，在石丘这个地方遇到了孟子。孟子就问他，宋先生你去干什么？宋牼说，我听说秦、楚两国要打仗，前往劝说他们不要打仗。秦、楚国力雄厚，是当时的大国。宋牼想先游说楚王，楚王如果不喜欢他的主张，就去西方，找秦王游说。大家注意，墨家的这些人到处跑，没有人给他们出差费，但是他们依然热情高涨，乐于奉献，敢于牺牲。钱穆先生曾说，墨家之所以感动很多人，就是因为他们的这个敢于牺牲的精神。孟子说过，生命这么可贵，有比生命更可贵的，墨家在这方面得了很多人心。

《韩非子》记载，"世之显学，儒墨也"，儒家之后的显学就是墨家。而且在墨家的感召下，很多儒家弟子在孔子去世以后投向墨家。禽滑釐就是儒家弟子，后来改旗易帜，改换门庭，投了墨家，而且当了墨家头号弟子。墨家拉了很多人，一时间弟子遍天下。

宋牼的思想和墨家一样。跑这么远的路，为了谁？他就是为了实现他的思想主张。古人不考虑经济上的、身体上的这些利益。孟子接着问，"愿闻其指。说之将何如？"我们今天有个成语叫"愿闻其详"，是出自这里。你打算怎么劝说他们？不用把你要讲的话都讲出来，就说说要点吧。

宋牼说，我打算告诉国君交战不利的地方，也就是打仗有什么坏处。这是墨家的套路，有什么不好，《墨子》书里面记载得更详细。墨子说，打仗是不是都是青年人？是啊。是不是男子？是啊。谁种地？男子种，青年人种。那年轻男子死了以后还有人种地吗？所以墨子说，打仗既杀人，又不能种地，又不能使家庭团聚，你打仗干啥？国君说，我打仗得好处。

墨子反驳说,你得好处了,别人遭罪,那就是自私。所以墨子讲兼爱。宋牼说,我给他们讲打仗有哪些不好,他们就不打了。孟子说,那你就错了,方向偏了。

"先生之志则大矣,先生之号则不可。"先生的志向很大,要使两国息兵,不打仗,但是先生的说法欠妥。也就是说,你的目标没问题,做法有问题。"先生以利说秦楚之王,秦楚之王悦于利,以罢三军之师,是三军之士乐罢而悦于利也。"你用利益作为诱饵来游说秦、楚的君王,秦、楚的君王因为喜欢利而停止打仗,这样就使官兵们因为追求利才乐意停战。在这样的想法支配下,即使停战也会再打起来,和平是短暂的。因为他们的动机是为了捞好处,而不是出于真正的爱护和平。一旦好处没了,或者消耗完了,他们还会发动新的战争。

孟子批评宋牼说,在利益诱惑下的停战没有用,甚至会带来更大的危害。因为唯利是图的想法一旦蔓延开来,就收不住。"为人臣者怀利以事其君,为人子者怀利以事其父,为人弟者怀利以事其兄"。这段话和《孟子·梁惠王》讲义利之辨完全一致。如果人臣怀着功利的目的来侍奉君主,孩子怀着功利的目的去侍奉父亲,弟弟怀着功利的目的去侍奉兄长,那么,"君臣、父子、兄弟终去仁义,怀利以相接,然而不亡者,未之有也",一定会走向灭亡。《大学》里有一句话,"得众则得国,失众则失国",只有仁义才能得众,而不是以利。

《论语》里面讲"君子喻于义,小人喻于利",义利之辨是君子和小人的区别标识之一。君子和小人有很多的不同,"君子和而不同,小人同而不和""君子泰而不骄,小人骄而不泰"。现在我们的评价机制有些功利化,我们设的奖发给谁?发给学习成绩最好的学生。成绩最好的学生是不是品行各方面最好?不一定。科研成果最多的老师是不是就教书好,对学生好?不一定。这是应该思考的问题。

孔子讲恭、宽、信、敏、惠,"恭则不侮,宽则得众,信则人任焉,敏则有功,惠则足以使人"。恭就是礼,是恭敬。"惠则足以使人",就是你不能光让别人干活,不给恩惠,时间长了,人家就不干了。所以,要给人以恩惠。但是孔子一定把"恭"放在前面,把"惠"放在最后讲。儒家不是不讲利,而是一定不能把利作为目的,要把仁义作为目的。

孟子讲:"数罟不入洿池,鱼鳖不可胜食也;斧斤以时入山林,材木不可胜用也。"孟子在中国历史上第一个提出设立保税区的概念,第一个提出解决政府产能过剩的问题。所以,我们看,孟子讲利,讲的是大利,绝对不是一个人的小利,而是国家与大家的大利,大利就是仁义。所以有时候我们说忠孝不能两全,大忠就是大孝,看你怎么处理这个关系。

孟子把道义作为人的最高追求,一种价值的追求,一种精神的追求,一种不变的信仰。如果你把利放在前面,这就危险了,这只能是短暂的,只能是狭隘的,只能是局部的。所以这段话实际上和前面《梁惠王》篇的论述可以呼应,合而观之,更加清晰透彻地反映了孟子的义利观。

我们举一个现在环境的例子。为什么国家要下大力气治理环境,把生态文明建设作为我们社会主义建设的五个方面之一?经济发展了,空气却污染了。如果连呼吸新鲜空气都成了一个奢望,你的经济发展得再快,你再有钱,你的屋子装饰得再好有什么用?你都不敢出门,孩子都要停课,车辆都要限号。所以说,你以功利目的来发展经济,牺牲的是大利。

前几年的新农村改造,让农民上楼居住,拆掉原来的平房,看起来是好事,但是问题很多。老百姓的家园、古民居再也不存在了,你小时候玩耍的地方、小学校没有了,村里的大槐树砍掉了,多年不回乡的人回到家乡,找不到乡村的感觉,幼时的记忆只能是记忆了。看似给农民改善了居住条件,实际上,农民不仅仅失去了原来的宅院,而且失去了原来邻里之间茶余饭后聊天的愉悦,更严重的问题是,老年人,特别是行动不便的老年人,住在没有电梯的高楼上,只能望楼兴叹了。这样以利为目的的改造与发展,牺牲了不少百姓的幸福。

孟子以仁义为本,具有人性的光辉与永恒的价值。

12·5 孟子居邹,季任为任处守,以币交,受之而不报。处于平陆,储子为相,以币交,受之而不报。他日,由邹之任,见季子;由平陆之齐,不见储子。屋庐子喜曰:"连得间矣。"问曰:"夫子之任,见季子;之齐,不见储子,为其为相与?"

曰:"非也。《书》曰:'享多仪,仪不及物曰不享,惟不役志于享。'为其不成享也。"

屋庐子悦。或问之。屋庐子曰:"季子不得之邹,储子得之平陆。"

第五章的内容是礼尚往来的交往问题。孟子在邹国居住的时候,季任代理任国的国政,可能是代替国君行使权力。季任派人给孟子送礼物,也就是从今天的济宁任城到邹城来看孟子,带礼物来结交孟子。古代贵族阶层崇尚礼尚往来,礼尚往来与我们今天语义上的送礼不同。古代的礼是个媒介,君子之交一定有一个礼物,这个礼物不在于价值大小,它是一个礼仪形式。像孔子当年收学生,"自行束脩以上,吾未尝无诲焉"。有人说孔子办学是收学费的,还以此为今天的教育产业化找到一个古代的依据。十条干肉够他的学费吗!而且一学十几年、二十几年、三十几年。孔子收学费的说法显然是误解古人。

束脩就是见面礼,朱熹的《论语集注》说得很清楚。束脩是干肉,相当于我们现在的腊肉。古代没有冰箱,新鲜肉不能长时间保存,只能风干。十条干肉束成一捆,就是束脩。孔子说,你只要给我带个见面礼我就收你为学生。也有人说,孔子当年不收学费,他吃啥,喝啥?你以为圣贤的境界就像我们现在有些人想的吗?

古人交往的时候是有讲究的。他要结交某一位高人,拜访一位先生,一是要有人引见;二是他如果自己不来,会先送个东西过来,"以币交",有一个礼物作为媒介。季任想结交孟子,派人送来礼物,按照礼尚往来的原则,孟子应该还礼,但是孟子接受了季任的礼物,没有回礼。大家知道有一个成语叫"照单全收"。古代和民国时期的送礼有个讲究,我要给某某人送礼,自己不愿意去,就去礼品公司,比如百货大楼,选好商品,列个单子,然后礼品公司抬着这个礼和单子送到客人家中。收到礼品的人看到这个单子后,他会在这个单子上画钩,勾下来的就要,不勾的就要退回去,有些人全选,这叫照单全收。一般收到礼物以后你要回礼,但有的可能不认识对方,也可能没有合适的礼物,可以暂时不回。孟子当时收到季任的礼物就没有回礼。

孟子住在平陆的时候,接受另外一个人的礼物,做法就不一样了。平陆在今天山东汶上县,在曲阜西北。孟子居住在平陆的时候,储子担任齐国的国相,派人从齐国都城临淄大老远跑到汶上,送礼物来结交孟子。孟子接受了礼物也没有回礼。后来,孟子从邹国到任国,专程拜访了季子。他当时没有给季任回礼,却亲自前往拜访,这是更高规格的回礼。当孟子从平陆到了齐国,他没去看望储子,也没给他带礼物。孟子的弟子屋庐子高兴地说,我终于发现老师的过错了。学生轻易发现不了老师的错误,当发现了老师的错误时,屋庐子很兴奋,说:"连得间矣。""连"是屋庐子的名字,学生和老师对话时,自称名。

屋庐子问孟子:"夫子之任,见季子;之齐,不见储子,为其为相与?"老师,您到任国拜访了季子,到齐国却不去拜访储子,是不是因为储子他只是个国相?国相地位很高,但是和季子当时的地位来比要差一点,季子是代理国君。屋庐子不解,认为孟子对两人的态度不同,可能是因为两人的地位不同,故而问老师。孟子说不是这个原因,并引《尚书》进行解释。

屋庐子听了老师的解释,理解了老师的意思。孟子说,不是因为季任的地位高,储子的地位低。《尚书》里面说进献之礼,送礼不在于这个礼物是什么,在于这个礼节。如果这个礼节和礼物不相匹配,就不算是进献。因为送礼的人没有用心于进献之礼,他没用心考虑。我没去拜访储子,是因为他没有尽到进献的礼节。也就是说,储子给孟子送礼物的时候不符合他的身份。屋庐子听了很高兴。别人听说这个事,就问屋庐子,你老师怎么回事?屋庐子说,季子要代理任国的国政,不能亲自到邹城来,因为他没时间;但是储子是国相,他如果想结交孟子,可以亲自来。能亲自来却不来,光送个东西来,礼节不够。孟子看重的不是礼物,而是礼节,所以孟子更注重礼的精神实质。

我们今天送礼也是有讲究的,送什么礼物,怎么送,在什么时候送,还有送礼的时候你的表现,都很重要。我原来有一个同事,与领导一起吃饭的时候说,爱人单位发了大米,家里没人吃,送给领导吧。他这句话就有问题,家里没人吃的送给别人,不太妥当。那个领导可能也碍于面子,就说,既然你们不要,我就要吧。礼物如果精心选,用心送,其效果是不一样的。礼物不在大小,不在多少,而在于心意。送礼,代表一种心意,中国人讲礼轻人意重,就是这个意思。

12·6 淳于髡曰:"先名实者,为人也;后名实者,自为也。夫子在三卿之中,名实未加于上下而去之,仁者固如此乎?"

孟子曰:"居下位,不以贤事不肖者,伯夷也;五就汤,五就桀者,伊尹也;不恶污君,不辞小官者,柳下惠也。三子者不

同道,其趋一也。一者何也？曰,仁也。君子亦仁而已矣,何必同？"

曰:"鲁缪公之时,公仪子为政,子柳、子思为臣,鲁之削也滋甚。若是乎,贤者之无益于国也！"

曰:"虞不用百里奚而亡,秦穆公用之而霸。不用贤则亡,削何可得与？"

曰:"昔者王豹处于淇,而河西善讴；绵驹处于高唐,而齐右善歌；华周、杞梁之妻善哭其夫,而变国俗。有诸内,必形诸外。为其事而无其功者,髡未尝睹之也。是故无贤者也,有则髡必识之。"

曰:"孔子为鲁司寇,不用,从而祭,燔肉不至,不税冕而行。不知者以为为肉也,其知者以为为无礼也。乃孔子则欲以微罪行,不欲为苟去。君子之所为,众人固不识也。"

上一章出现了一位稷下先生宋牼,本章又出现了一位稷下先生淳于髡。"髡"读 kūn,不太好写,也不好认。淳于髡作为稷下先生,和孟子同时代,两人都在齐国的稷下学宫里坐而论道。齐国当年建的稷下学宫是中国最早的大学和科学院,在学宫里游学论道的学者称为稷下先生。齐国给予稷下先生优厚的待遇,包吃包住,还有俸禄。稷下学宫里的先生除了教书、做研究,还兼有国家智库的作用。

淳于髡和孟子都是稷下先生,所以他们彼此应该很熟悉。淳于髡说,"先名实者,为人也"。什么叫"先名实"？就是首先看重的是名誉功业,但看重功名不是为了自己的私利,而是为了救世济民,为了他人。"后名实者,自为也",就是轻视名誉功业的人是为了独善其身。这类人的做法是,做自己的事让别人去说吧,所以他们不在乎名誉、金钱与地位。淳于髡对孟子说,你位列齐国三卿,上无辅佐国君的声誉,下无救济百姓的功业,就这样辞职走了,仁德之人是这样的吗?淳于髡这话不好听啊!从这句话我们也可以看出,孟子在齐国的地位很高,已经位居三卿了。但是孟子并没有实权,从事功上说,没有多大作为,所以淳于髡说他既没有辅佐君王的好名声,又没有帮助百姓的实际功业,仅仅是坐而论道了。最后,既然无所作为,干脆还是离开好。

孟子在齐国其实过得很不开心。前面我们已经说过了,他给齐宣王提的很多建议都没有被采纳。孟子为人很直,说话直,做事直,还揭齐宣王的短。哪个统治者会喜欢这样的人?说什么也得想办法将他弄走嘛。一个是不愿意听,一个是不听拉倒,结果只能是一拍两散。

但是,孟子的这种做法,有些人并不能理解,比如淳于髡,就说风凉话给孟子听。孟子对他说,"居下位,不以贤事不肖",伯夷是这样的人;"五就汤,五就桀"的人是伊尹;"不恶污君,不辞小官"的人是柳下惠;"三子者不同道,其趋一也"。"一者何也?曰,仁也。君子亦仁而已矣,何必同?"孔子讲"君子和而不同,小人同而不和",墨家讲"尚同"。孟子对淳于髡的回应是说,君子的做法不同,但都围绕一个目标,相反,小人则是一味求同。

孟子说,居于下位的人,不以自己的贤才去侍奉不肖之人。伯夷就是这样的人。你这个国君不咋样,我不侍奉你。五次投靠汤,五次去给桀做官的人是伊尹。既能在贤君那儿做官,又能在昏君那儿做官,伊尹不简单啊。不厌恶污浊之君,不拒绝卑贱职位的人是柳下惠。柳下惠这个人,光着膀子的老百姓在他身边睡觉,就像同朝的大夫穿着朝服站在他身边一样,他不在乎。在柳下惠看来,管他什么污君、明君,你干你的,我干我的,我干好我的本职就可以了。

伯夷、伊尹、柳下惠三人的行为不相同,但是方向一致,有共同点。这个共同点就是"仁",仁德之人。孟子说,君子只要行仁就可以了,为什么做法要一样呢?行仁的方法有很多。"能近取譬,可谓仁之方也已",不是一定要做大官才能行仁,行仁的方法有很多,做到孝悌,帮助身边的人就是行仁。

讲到这个地方,我们说一下为什么儒家批评"同而不和"。"尚同"是墨子与墨家的主张。墨子的逻辑是,为什么大家会打仗?是因为没有爱心,思想不统一。如果思想统一了,那就没这个问题了。一个人有一个嘴巴,十个人有十种思想,一百个、一千个人有一百个、一千个脑子,如果都听一个人的,自上而下的政令畅通不就没问题了吗?要保证自上而下的同,一定要找一个善的源头,墨子找到了天。

当时很多人,特别是下层百姓认为,天是最好的,是善的源头。墨家借用了这种观念,设计出"尚同"的主张。上天会选一个最好的人当天子,天子选贤德之人当诸侯,然后依次逐级选拔。但是,这个设计的起点就出了问题,天子是世袭的,他不是天选出来的。源头错了,后面也就接连会出问题。

孟子讲"亦仁而已矣,何必同",淳于髡并不服气,接着说,战国时代,鲁国有个鲁缪公,"缪"通"穆"。鲁缪公执政的时候,公仪子主持国政,子柳和子思当辅政大臣,但是也没能阻止鲁国衰败的趋势。子思是孔子的孙子,按照孔家的辈分,是孔氏家族的三世祖。曲阜孔庙里有个家庙,家庙里面供着四个牌位:一世祖孔子,二世祖孔鲤,三世祖子思,四十三世祖孔仁玉。子思是三世祖,被称为述圣。

子思作为鲁缪公的臣,也得到了出土文献的证明。1993年在湖北荆门楚国墓地里出土的一批竹简,有一篇被命名为《鲁穆公问子思》的著作,里面记载了鲁穆公问子思,什么样的人是忠臣,子思回答说"恒称其君之恶者,可谓忠臣矣",经常说国君坏话的人是忠臣。可见,子思的性格是十分率直的。孟子的老师是子思的学生。司马迁说得非常清楚,孟子"受业子思之门人",子思有这样的性格,可能对后来的孟子也有影响。

淳于髡说,子思和子柳都是贤人,鲁缪公用他们做大臣,鲁国却日复一日削弱下来了。你看看,你不是说贤人、仁德之人很牛吗?那么,为什么鲁国任用贤人,国力反而日渐削弱?可见,贤人对于国家没有什么用处啊。

对于这个富有挑战性的问题,孟子同样轻松化解。他说:虞国当年不用百里奚亡国了;秦国用五张羊皮换来百里奚而委以重任,因此称霸。可见,不用贤人会导致灭亡,何止削弱啊!也就是说,鲁缪公时代,鲁国国力已经严重衰微,虽然用贤人,贤人努力发挥作用,支撑着国家不亡,然国运已衰,颓废局势不可挽回。如果不用贤人,早亡国了;用贤人还能够给你维持一些时间。虽然国力的衰微不是几个贤人能扭转的,但不用贤人更危险。

淳于髡仍然不甘示弱,继续发难:"昔者王豹处于淇,而河西善讴;绵驹处于高唐,而齐右善歌;华周、杞梁之妻善哭其夫,而变国俗。有诸内,必形诸外。为其事而无其功者,髡未尝睹之也。是故无贤者也,有则髡必识之。"在他看来,还是没有贤人呀。如果有贤人,其社会影响力是可以看得见的;现在没有看到,当然可以说没有。从前,歌唱家王豹住在淇水边,于是河西的人都喜欢唱歌;歌唱家绵驹住在高唐,齐国西部的人也善于唱歌;华周和杞梁的妻子善哭她们的丈夫,甚至改变了一国的风俗。孟姜女哭长城的故事就出自这里。杞梁之妻孟姜女是齐国之女。战国时代就有长城,齐国、赵国和秦国都有,但是两位的善哭并不是哭长城,而是华周、杞梁这两位齐国大臣战死了,其妻哭之,而且哭得非常悲痛。从此,齐国人也善哭了。

淳于髡认为,内心有什么就一定会显现在外边,做了某件事却没有什么功效,我还从没见过呢!当今之世没有贤人,如果有,我一定会知道。言外之意是,孟先生自称贤人,在我看来你不是贤人。你在齐国既没有什么功业,也没有什么名誉,你说你是贤人,怎么让人信服?淳于髡举这几个例子是讥讽孟子对齐国没有贡献。

孟子说:"孔子为鲁司寇,不用,从而祭,燔肉不至,不税冕而行。不知者以为为肉也,其知者以为为无礼也。乃孔子则欲以微罪行，不欲为苟去。君子之所为，众人固不识也。""税"通"脱"。孟子回复说，你是看不出来。你为什么看不出来？是因为你的境界不够啊。孔子当年做鲁国的大司寇时，随国君祭祀，祭肉没按礼仪分给他，孔子连衣帽也没有换下，祭完就走了。不了解孔子的人还以为他是因为没有分到祭肉，了解孔子的人都知道孔子是因为鲁君失礼，自己不被重用而离开的。孔子就是想担当点小罪名或者小误解而离开，不想随便离开父母之邦。一般人很难理解君子的作为，也就是说，我是君子，你是一般人。这就解决这个问题了——你之所以看不到，因为你是一般人。

所以我们从这方面来看，圣贤的境界是一般人无法理解的。有时候我们不必向每个人诉说我们的内心世界，知者自知之，不肖者你给他说了他也听不懂。所以孔子有句话，"中人以上，可以语上也；中人以下，不可以语上也"。

12·7 孟子曰："五霸者，三王之罪人也；今之诸侯，五霸之罪人也；今之大夫，今之诸侯之罪人也。天子适诸侯曰巡狩，诸侯朝于天子曰述职。春省耕而补不足，秋省敛而助不给。入其疆，土地辟，田野治，养老尊贤，俊杰在位，则有庆，庆以地。入其疆，土地荒芜，遗老失贤，掊克在位，则有让。一不朝，则贬其爵；再不朝，则削其地；三不朝，则六师移之。是故天子讨而不伐，诸侯伐而不讨。五霸者，搂诸侯以伐诸侯者也，故曰：五霸者，三王之罪人也。五霸，桓公为盛。葵丘之会诸侯，束牲、载书而不歃血。初命曰：'诛不孝，无易树子，无

以妾为妻。'再命曰:'尊贤育才,以彰有德。'三命曰:'敬老慈幼,无忘宾旅。'四命曰:'士无世官,官事无摄,取士必得,无专杀大夫。'五命曰:'无曲防,无遏籴,无有封而不告。'曰:'凡我同盟之人,既盟之后,言归于好。'今之诸侯,皆犯此五禁,故曰:今之诸侯,五霸之罪人也。长君之恶其罪小,逢君之恶其罪大。今之大夫,皆逢君之恶,故曰:今之大夫,今之诸侯之罪人也。"

本章是孟子对春秋战国时期君主的评价。孟子说:"五霸者,三王之罪人也;今之诸侯,五霸之罪人也;今之大夫,今之诸侯之罪人也。"这三句话点出了孟子的一个基本判断。春秋时期的五霸一般指齐桓公、宋襄公、晋文公、秦缪公、楚庄王,这五个霸主是三王的罪人。"三王"一般解释是夏禹、商汤与周代的文王,这里指三代。

"今之诸侯,五霸之罪人也;今之大夫,今之诸侯之罪人也。"战国时期的国君,对于春秋时期的五霸来说,是罪人;现在的大夫,对于现在的诸侯来说,也是有罪之人。孟子对当时时局的判断,对权贵的判断,对贵族的评价是负面的,这体现了儒家的现实主义批判精神。从春秋晚期到战国中期,这段历史的转型期,贵族体制逐渐开始瓦解。

西周时代制定了四层贵族体制,最顶层的是天子,天子只有一个人。天子下面是诸侯,叫国君,按照爵位有公、侯、伯、子、男五等,像鲁国的国君称"公",齐国的国君称"侯",地位不等。诸侯的下面是大夫。大夫与卿是一个级别,卿是天子身边的臣。第三层贵族合起来称为"卿大夫"。大夫下面就是士。士以下是庶民,庶民就是普通百姓了。周代的四层贵族等级制度的序列依据是宗法制度,就是按照血缘关系进行的秩序建构。

周朝的分封,是典型的封建。周天子封一个诸侯,到一个地方建一个国家,这就是封建。因此,西周是典型的封建制度。封建强调等级,没有等级就没有秩序了。所以后来儒家的那些思想,比如五伦思想,君臣、父子、兄弟这些次序的观念,都源于周代这种制度。这种制度有严格的分工,无论是天子还是诸侯,或是普通百姓,都有自己的分内之事。诸侯在自己的封疆之内做事情,不能越界。周代的时候,别说是老百姓了,诸侯都不能祭天,只有天子能祭天。到了战国时期,老百姓才祭天,这个最早是墨子提出来的,后来孟子把它吸收了过来。所以,孟子对周代以来统治者的一种批判,我们要辩证来看,这种批判既是对他们僭越礼制的否定,也是思想解放、文化繁荣的一种体现。不打破当时的这种制度,就不会出现后来的诸子百家争鸣。

孟子对三王、五霸与战国诸侯的评价,和孔子所讲的"天下有道,则礼乐征伐自天子出;天下无道,则礼乐征伐自诸侯出"的秩序是一样的。周代政权的垮掉,像多米诺骨牌一样,只要上边出了问题,接下来自上而下的倒掉就不可避免了。

周天子东迁洛阳,就意味着王权的衰落,从此,诸侯就再也不把天子放在眼里了。强大起来的诸侯开始带领其他诸侯,希望得到霸主的地位,组建一个"国际联盟",来代行周天子的权力。"诸夏"和"中国"在《左传》里面都出现了,中原的诸侯国叫"诸夏"。为什么他们称为夏?因为中国第一个王朝政权叫"夏",后来只要是占领了中原的政权都自称夏。

到了春秋时期,这些中原的诸侯国称为诸夏,"诸"是很多,他们都是同文同种。他们有宗庙,有车服礼器,和南蛮、北狄、西戎、东夷不一样。所以,面对蛮夷的进攻,他们要团结起来保卫中原的华夏文明。五霸的兴起,看起来是对周朝的天子力量的挑战,但客观上对当时中原国家的凝聚、华夏族的形成与民族融合做出了贡献。

"今之诸侯,五霸之罪人也"。到了战国时期,诸侯国君相比春秋时期的五霸又下降了一个档次,其功业和德行都不行了。五霸称霸,不只是为了个人获得霸主的名号,关键是要承担起霸主的责任。比如,北方的匈奴打过来了,齐桓公作为霸主带着其他诸侯的军队去保卫邢国、卫国,击退匈奴的进攻。但是齐国不要邢国、卫国的钱,也不要他们的粮食,打完以后就回去了。春秋时代的霸主还有贵族风范。

战国时期就不行了,战国诸侯之间打仗,不再是为了称霸,而是要称王;打仗的结果不是征服一个国,而是灭掉一个国。所以,战国时代战争的惨烈程度非春秋时期的争霸战争能比。我们还原到历史的本真来看历史的发展,会发现春秋战国之际的转型期发生了什么。为什么贵族既有的政权慢慢会垮掉?是老百姓抢的还是自己放弃的?这个非常重要。我们研究《左传》,就会发现贵族自己放弃政权,他们自己不要了。子夏说过,"仕而优则学,学而优则仕"。什么叫"仕而优则学"?在贵族时代的贵族家庭,子孙生下来就是要当官的,这叫世袭。当官要学知识与技术,不学无法执政,这就叫"仕而优则学"。从孔子时代慢慢开始发生一个变化,一个人没有高贵的血统,但是他只要想学,孔子给他一条出路。孔子和孟子完成了中国历史上最大的一个变革,就是使得有上进心的人能成为社会精英。这也是他们在中国历史上的一个重大的文化贡献。谁掌握这种文化权和话语权,谁就能跻身于社会上层,通过自己的努力改变自己的命运。

在当时社会新陈代谢的情况下,传统的贵族慢慢开始不知礼,不知礼还不学礼,学礼不敬礼,敬礼不能笃行之。所以《中庸》里面讲,"博学之,审问之,慎思之,明辨之,笃行之"。从"博学"到"笃行"中间有三个阶段,学得再多,你不会用,就僵化了,接不了地气。只有"博学之,审问之,慎思之,明辨之",才能"笃行之"。所以孔子就开创了这样一条道路。他的弟子有贵族,有老百姓,像孟僖子、南宫敬叔都是贵族,一起跟孔子学,老百姓也跟他学,一下子培养这么多的君子,给社会储备了大量的人才。这些人才到各个诸侯国,到大夫家里做家臣,推动了社会发展。

孟子讲"今之诸侯,五霸之罪人也;今之大夫,今之诸侯之罪人也",他们对以前的贵族发起了一个挑战,这个挑战我们也可以说是一种革命。从儒家的君臣秩序来看,这种挑战无疑是"以下犯上"。但是我们要思考这个"以下犯上"的原因是什么。

"天子适诸侯曰巡狩,诸侯朝于天子曰述职。"今天我们经常用"述职"这个词。"述职"是"述所职也",陈述你完成职守的情况,向单位领导和同事汇报。"天子适诸侯曰巡狩",天子要定期巡视,不是游山玩水,是看诸侯的工作完成得怎么样。"诸侯朝于天子曰述职",诸侯去朝见天子,汇报工作叫述职。

"春省耕而补不足,秋省敛而助不给。"春天巡狩的时候,看到老百姓的种子不够了,就赶快从国库里调拨种子,给老百姓补上。秋天巡狩的时候,看到老百姓收成不好,有蝗灾,有水旱灾害,无法过冬,就调拨赈灾粮,补不足。这才是居上位者、统治者应该做的事情。

"入其疆,土地辟,田野治,养老尊贤,俊杰在位,则有庆,庆以地。"进入诸侯的疆土,看到土地开辟得多,田野治理得好,养老尊贤,有才能的人居于位上,就要赏。"庆"是赏的意思。赏什么?给他增加土地。"入其疆,土地荒芜,遗老失贤,掊克在位,则有让。"如果天子到了一个诸侯国,看到土地荒废,全是草,老人被遗弃,年轻人不敬老,贤人没有受重用,一些贪官聚敛之人居于高位,这就要罚,削爵或减少他的土地。以上是天子巡狩应该做的。

诸侯要去朝见天子,去述职。"一不朝,则贬其爵",一次不去述职,爵位削一点。"再不朝,则削其地",第二次不去述职,减少他的土地。"三不朝,则六师移之",如果三次不去朝见,天子就会大兵压境。

"是故天子讨而不伐,诸侯伐而不讨。""讨"和"伐",我们今天连用为"讨伐",实际上在古代这两个字的意思是有区别的。"讨",不动用武力。"伐",动用武力。"五霸者,搂诸侯以伐诸侯者也,故曰:五霸者,三王之罪人也。"五霸是带着诸侯去讨伐其他诸侯。五霸之中,齐桓公有管仲等人的辅佐,霸业卓著。"葵丘之会诸侯,束牲、载书而不歃血。"葵丘在今河南商丘民权县境内,齐桓公召集诸侯在葵丘会盟是在公元前651年,距现在两千六百多年了。那是春秋时代第一次,也是规模最大的一次"国际联盟"会议。这次会议周襄王派使臣册封齐桓公为霸主,正式承认他的霸主地位。不杀牲,而是将牺牲捆起来,然后把盟书放在它背上,不歃血。歃血是把牺牲的血含在口中,或涂在嘴上,是古代的一种比较原始的宗教仪式,表明信守诺言。因为没有杀牲,所以没有歃血,没有把血涂在嘴上。

葵丘会盟的盟誓内容有五条:第一条,"诛不孝,无易树子,无以妾为妻"。不孝是大罪,不孝之人要被诛杀,不轻易改换已经立的世子(太子),不能把妾转为妻。第二条,"尊贤育才,以彰有德"。尊重贤才,培养有才德之人,表彰有功德的人。按今天的话说,评模范,评优秀,树立良好的社会风气。第三条,"敬老慈幼,无忘宾旅"。这一条盟约就把家庭内在的爱转移到社会上去了。尊敬老人,这个老人不是指家里的老人;爱护小孩,不认识的我们也要爱护。儒家的仁往外推,通过"义"道往外推。对于我们请来的客人、路上的商旅、不认识的人,我们都要给予关爱。

中国古代是熟人社会,熟人社会要有五伦关系来维系。五伦关系有三伦是家庭内部的:父子、兄弟、夫妻。除此之外,朋友是熟人，君臣也是熟人，所以中国古代是熟人社会。中国人相信亲情，相信朋友之谊。一旦这个社会伦理的根基动摇，全用法制来约束，那么，社会治理的成本就太高了，而且还很难做到。我们看，两千六百多年前的盟约中，已经开始有了从家庭之爱扩展到社会之爱的明确记载。

第四条，"士无世官，官事无摄，取士必得，无专杀大夫"。"士无世官"，官员不能世袭，这个规定在当时是个突破。春秋时代还是贵族统治的时代，贵族社会是世袭社会，要打破这种世袭，让有能力、有德行的人上来，这得需要多大的勇气！"官事无摄"，你可以兼职，但是不能太多，实际上是不希望你兼职。"取士必得，无专杀大夫"，"取士必得"，应是取士必得贤，以贤取士。有时候想找一个得力干将并不容易，一定要找到最可靠、最中用的人。"无专杀大夫"，诸侯不能随便杀大夫。如果大夫有罪，必须经天子同意后才可以用刑罚，更不能以私意私愤行诛戮之事。

第五条，"无曲防，无遏籴，无有封而不告"。"无曲防"，不得曲为堤防，私自拦截黄河水。河南民权这个地方是靠近黄河的。历史上黄河经常变道，但无论怎么变，它肯定是从陕西、山西流到河南，再流到山东，有时候从河北黄骅入海，有时候从山东东营入海，有时候从江苏连云港入海。古代，利用河水灌溉是非常重要的事。如果上游的国家把水截了，下游的国家就没法用了。山西截了，河南没法用；河南截了，山东没法用；所以就要进行水源的合理分配。这道盟约里就做了规定。

"无遏籴",不要遏制借贷。籴就是借,一般指借粮食。别的国家的粮食没了,出现灾荒,来找你们国家借。借的时候你不能不给,也不能抬高价,这是诸侯国之间的友善。"无有封而不告",不能隐瞒国家的大事而不告诉天子,大事一定要报天子。

孟子说,到了战国时期,诸侯皆犯此五禁,都不遵守这五道盟约了,所以说,"今之诸侯,五霸之罪人也"。

"长君之恶其罪小,逢君之恶其罪大。"什么叫"长君之恶"？国君有坏点子了,想做什么坏事,你就助长他。比如国君想裁撤某个官员,你就当着国君的面说这个官员的坏话,落井下石。孟子认为这个罪还不是最大的,"逢君之恶其罪大"。什么叫"逢君之恶"？"逢"是逢迎。国君的恶念还没冒头,你却启发他,给他出坏主意,这个罪要比助长国君之恶的罪大,因为你把国君往坏路上领。"今之大夫,皆逢君之恶",孟子认为,现在的大夫就是沿着这条坏的道路把国君往沟里带。所以说,"今之大夫,今之诸侯之罪人也"。

孟子论述的不断颓废的时局与孔子的论述是一致的。"礼乐征伐自诸侯出"的时代就是五霸时代。孔子说,"自诸侯出,盖十世希不失矣"。一世是三十年,十世就是三百年。"自大夫出,五世希不失矣。"公元前403年,韩、赵、魏三家大夫均被周天子册封为诸侯,从此三家分晋,政权"自大夫出"。五世也就是一百五十年。如果我们从公元前403年算,到秦始皇统一中国的公元前221年,这个时间跨度与孔子的预言很接近。

本章记载的关于葵丘盟约的资料非常宝贵,也反映了孟子的历史观。从这里,我们又一次感受到儒家非常坚定的历史文化优先意识,即时代越早越古朴,越优雅,所以儒家"信而好古"。赵岐《章指》言:"王道浸衰,转为罪人,孟子伤之,是以博思古法,匡时君也。"

12·8 鲁欲使慎子为将军。孟子曰:"不教民而用之,谓之殃民。殃民者,不容于尧舜之世。一战胜齐,遂有南阳,然且不可。"

慎子勃然不悦曰:"此则滑釐所不识也。"

曰:"吾明告子。天子之地方千里;不千里,不足以待诸侯。诸侯之地方百里;不百里,不足以守宗庙之典籍。周公之封于鲁,为方百里也;地非不足,而俭于百里。太公之封于齐也,亦为方百里也;地非不足也,而俭于百里。今鲁方百里者五,子以为有王者作,则鲁在所损乎,在所益乎?徒取诸彼以与此,然且仁者不为,况于杀人以求之乎?君子之事君也,务引其君以当道,志于仁而已。"

本章的慎子不是法家的慎到,是鲁国的将军慎滑(gǔ)釐。《文子》书中也提到鲁国要用慎子为将军。孟子说这个人不能用。为什么不能用?从下文来看,应该是慎子没有教化士兵。"不教民而用之,谓之殃民。殃民者,不容于尧舜之世。"老百姓不经过教化就让他做事,士兵不经过训练就让他打仗,这叫祸害老百姓。孔子说,"不教而杀谓之虐",老百姓如果没有被教化而犯了错误,被统治者杀了,这就是暴虐之政。

孟子给齐宣王反复讲过多次类似的例子。老百姓没饭吃了,做了出格的事,你不能怪老百姓,你要思考为什么老百姓在你的治理范围内没饭吃,负责任的应该是你,而不是老百姓。洪水来了,老百姓带着他的家眷、金银细软逃跑,你不能怪他,你应该怪官员。从这个意义上讲,孟子讲的性善论是一种责任,尤其是为政者的责任。你要有恻隐之心,不能看着老百姓受苦。如果看着老百姓受苦,无居处,无暖衣,无饱食,你心里面应该感到愧疚,感到痛,这就是恻隐之心。所以这个思想和孟子的仁政学说是一以贯之的,"不教民而用之",那是祸害人。

"殃民者,不容于尧舜之世。"尧舜治理下的天下,怎么能有这样的人出现?虽然慎子能带兵打仗,能够战胜齐国,占领南阳之地,但是,慎子还是不能当将军。慎子听了以后大怒,说:"此则滑釐所不识也。"滑釐是慎子的名字。滑釐说,我就搞不明白了,你为什么反对我当将军。孟子说,你不理解,我可以明确告诉你。"天子之地方千里;不千里,不足以待诸侯。"天子的地盘方圆一千里,如果不到一千里,他不能够接受诸侯的聘问,没有这个仪仗。"诸侯之地方百里;不百里,不足以守宗庙之典籍。"诸国的地盘方圆一百里,不到一百里不足以奉守宗庙的典籍。

"周公之封于鲁,为方百里也;地非不足,而俭于百里。太公之封于齐也,亦为方百里也,地非不足也,而俭于百里。"齐鲁两国分封的时候地盘有多大？孟子说，就一百里。其实鲁国和齐国的地盘都超过方圆百里。鲁国的地盘，南到邹城，北到泰山之阳，东到泗水，西到汶上，不止方圆一百里。齐国的面积就更大了。孟子在这里讲的是规矩，按规矩他们就是一百里。也可能在最初的时候就是给了一百里。朱熹说，"二公有大勋劳于天下，而其封国不过百里"，意思是说，周公、太公这么大的功劳，其封国都不过百里。可见，大家都要遵守一定的规制。

"今鲁方百里者五，子以为有王者作，则鲁在所损乎，在所益乎？"后来鲁国的地盘大了，开始是一百里，后来兼并了一些小国，扩大到了原来的五倍。你认为鲁国能够兴达王者之势吗？地盘这么大，对鲁国有好处还是有坏处呢？其带来的只能是大国的兼并浪潮，带头破坏规矩。

"徒取诸彼以与此，然且仁者不为，况于杀人以求之乎？""徒"，空手的意思。不杀人就获得地盘，仁者尚且不去做；你靠杀人获得一座城池，更不应该去做。"君子之事君也，务引其君以当道，志于仁而已。"你侍奉国君，不能把国君引向不正当的道路，要志于仁道，志于仁政。

联系上一章的"长君之恶""逢君之恶"，本章的慎子不是"长君之恶"就是"逢君之恶"。孟子通过对慎子的批评，进一步阐释了仁政主张。

12·9 孟子曰："今之事君者皆曰，'我能为君辟土地，充府库'。今之所谓良臣，古之所谓民贼也。君不乡道，不志于

仁，而求富之，是富桀也。'我能为君约与国，战必克。'今之所谓良臣，古之所谓民贼也。君不乡道，不志于仁，而求为之强战，是辅桀也。由今之道，无变今之俗，虽与之天下，不能一朝居也。"

孟子说："今之事君者曰，'我能为君辟土地，充府库'。"这就是慎子这些人的做法。"今之所谓良臣，古之所谓民贼也。"慎子这样的人在今天看来就是贤德之人，但是在古人看来是民贼。"君不乡道，不志于仁，而求富之，是富桀也。"如果国君的路数不对，不遵守仁德大道，不志于仁政，你帮他富起来，就是帮桀这样的人富起来。阳虎说："为富不仁矣，为仁不富矣。""为富不仁"最初的意思是用不正当的手段获得财富，也就是孔子视为浮云的"不义而富且贵"，现在我们一般理解为富人不行仁道。

"'我能为君约与国，战必克。'今之所谓良臣，古之所谓民贼也。"一个大臣可以邀集其他国家作为友好国或同盟国去打仗，并且一定能获胜。这样的大臣在今天看来是良臣。但是，这种现在所谓的良臣在古代就是民贼，是祸害老百姓的。"君不乡道，不志于仁，而求为之强战，是辅桀也。"一个是富桀，一个是辅桀；一个为坏人聚敛钱财，一个为坏人强大武力。这两种人到了战国时代都是良臣，但是以孟子的价值观与历史观来看，这两种人都是民贼。国家富强是历朝历代所追求的一个目标，关键是用什么手段来达到这个目标，孟子的信念就是实行仁政来获得富强。

"由今之道，无变今之俗，虽与之天下，不能一朝居也。"焦循《孟子正义》云："今之道犹云今之行。……一人行之，人人从之，则为俗。"按当今之世所行之事，如果不改变社会风俗，即使把整个天下给他，他一天也坐不住。

12·10 白圭曰："吾欲二十而取一，何如？"

孟子曰："子之道，貉道也。万室之国，一人陶，则可乎？"

曰："不可，器不足用也。"

曰："夫貉，五谷不生，惟黍生之。无城郭、宫室、宗庙、祭祀之礼，无诸侯币帛饔飧，无百官有司，故二十取一而足也。今居中国，去人伦，无君子，如之何其可也？陶以寡，且不可以为国，况无君子乎？欲轻之于尧舜之道者，大貉小貉也；欲重之于尧舜之道者，大桀小桀也。"

《孟子》书中有好几处谈到经济与土地分配问题，林业、农业、渔业、税收都谈到过。在早期儒家的几位圣人中，孟子对经济问题最关心。孟子讲仁政，仁政的落地就是要解决民生问题，解决温饱问题。

白圭是洛阳人，叫丹。这一章与下一章都是讲他与孟子的辩论。他说："吾欲二十而取一，何如？"他建议把税制改为二十取一，就是收取收成的二十分之一。孟子说，"子之道，貉道也"。貉，读 mò，通"貊"，在古代泛指北方的民族。朱熹认为貉为北方之国名。孟子说不可行，二十取一的税制是北方夷狄地区的做法，你要采取二十取一的税制，就是行夷狄之道。"万室之国,一人陶,则可乎?"一个有万室之家的大国,一个人做陶器是否可以供应上呢?白圭说,"不可,器不足用"。

孟子说:"夫貊,五谷不生,惟黍生之。"北方的夷狄之地,也就是蛮貊之地,处于高寒地带,很多粮食作物无法生长,勉强能长出大麦来。那个地区只能收二十分之一,收多了百姓交不起。此外,他们没有城郭、宫室、宗庙,无祭祀之礼,所以开支就少。还有,这些地区的官僚机构简单,也没有中原地区的待客、人情交往等方面的费用。所以,二十取一就足够用了。

"今居中国",你居住在中原地区,如果"去人伦,无君子,如之何其可也?"中原地区维持人情交往的开支用度远比夷狄之地多,因此,二十分之一的税收不够用。你是不是要废弃人伦和君子之道呢?这是不可以的。

"陶以寡,且不可以为国,况无君子乎?"陶器不够用,对于一个国家来说都不行,更何况没有君子之道,没有官吏、有司,没有宗庙祭祀呢?言外之意是,二十取一的税制在中原地区行不通。"欲轻之于尧舜之道者,大貊小貊也;欲重之于尧舜之道者,大桀小桀也。"如果你取得少,比尧舜时代规定的还少,就是夷狄之地的税制;如果你取得多,比尧舜时代规定的还多,就是暴敛,就是桀的税制。收多少合适呢?朱熹注中提到"什一而税,尧舜之道也"。孟子以尧舜为标准,大概是希望收十分之一,即采用尧舜之道——什一而税。赵岐《章指》言:"先王典礼,万世可遵,什一供贡,下富上尊。裔土简惰,二十而税,貉道有然,不足为贵,圭欲法之,孟子斥之以王制也。"

12·11 白圭曰:"丹之治水也愈于禹。"

孟子曰:"子过矣。禹之治水,水之道也,是故禹以四海为壑。今吾子以邻国为壑。水逆行谓之洚水,洚水者,洪水也,仁人之所恶也。吾子过矣。"

在上一章的辩论中,白圭被孟子批了一通。这一章,他试图以治水之功挽回面子。白圭自豪地说:"丹之治水也愈于禹。"他很不谦虚,觉得自己治水的功劳比大禹还高。孟子说:"子过矣。"孟子毫不客气地指出,你说话说过头了。大禹治水,按照水的规律,疏导洪水,把洪水引入大海。自古以来,治水都是关系国计民生的大事。如果大家去看都江堰,就能领略到当年李冰父子治水的功业。李冰修筑都江堰的指导思想是"深淘沙,低作堰"。深淘沙,把河床做低,不形成淤积;低作堰,堰越高越危险。只有深淘沙,才能低作堰。大禹治水,疏导洪水入大海,避免了堵截洪水在陆地上引发的危害。

"是故禹以四海为壑。今吾子以邻国为壑。""四海为壑"就是把大海作为水最终的去处。壑是大沟。你现在把邻国当成大沟壑,把坝筑得很高,一旦决口,就把邻国淹了。"水逆行谓之洚水,洚水者,洪水也,仁人之所恶也。吾子过矣。""洚"读 hóng,"洚水"即洪水。《滕文公下》6·9 章孟子引《书》曰"洚水警余",来赞颂禹治水之功。此处亦是以禹治水的功绩驳斥白圭。仁德之人就讨厌你这个做法。你这个做法是让水逆行,而不是顺着水的特性引导它往下流走。你是阻挡水,越阻越高,以至水流很大,形成洪水,造成危害。

此章看似论白圭治水,实则接着上一章批白圭治民之策——以邻为壑,不行仁政。

12·12 孟子曰:"君子不亮,恶乎执?"

"亮"通"原谅"的"谅",解释为诚信。"执"是执守,操守。这句话的意思是,君子不讲诚信,如何能有操守,如何能有坚守?就是说人要有信用,有定力。孟子有权变思想,也讲过君子有信。我们经常说"言必信,行必果",但是这句话并不是儒家的意思。《论语》的原话是"言必信,行必果,硁硁然,小人哉!"君子的信一定要符合义道,根据形势变化而做出相应的变化。什么是衡量标准?是义道。形势变了,事态发展了,你死守以前的诺言,那不是迂腐吗?

鲁国就出过这样迂腐的事件。《庄子》记载,鲁国的一个男子和一个女子约会,地点选择在桥底下的桥墩旁边。到了约定时间,女子没来,但是河水上涨,男子也不离开,他顺着桥墩往上爬。河水不断上涨,他就继续爬。当到了桥墩顶端,再也不能往上爬的时候,河水涨上来,就把他给淹死了。这不是傻子吗?这不叫讲信用。

所以这一章要结合孟子和孔子的整体思想来解读。儒家的诚信不是"言必信,行必果",说过的话算不算数,要根据后来的形势发展决定。所以,儒家的诚信是大信。

《中庸》里面讲"诚","诚"就是"实",不虚的意思。孔孟之乡经常说,你这个人做人很实在,实诚,就是《中庸》里的"诚"的原义。实在,指本来面目就是这样,不虚伪。后来我们把"诚"作为美德,和"信"连在了一块。

本章论诚信。无诚信之人,怎么能有操守!

12·13 鲁欲使乐正子为政。孟子曰:"吾闻之,喜而不寐。"

公孙丑曰:"乐正子强乎?"

曰:"否。"

"有知虑乎?"

曰:"否。"

"多闻识乎?"

曰:"否。"

"然则奚为喜而不寐?"

曰:"其为人也好善。"

"好善足乎?"

曰:"好善优于天下,而况鲁国乎?夫苟好善,则四海之内皆将轻千里而来告之以善;夫苟不好善,则人将曰:'訑訑,予既已知之矣。'訑訑之声音颜色,距人于千里之外。士止于千里之外,则谗谄面谀之人至矣。与谗谄面谀之人居,国欲治,可得乎?"

鲁国想请孟子的弟子乐正子做官。孟子说，我听说这件事之后，"喜而不寐"，高兴得睡不着觉。孟子的弟子做官的不多，孔子的弟子做官的不少。孔子的时代，从政的机会还是有的。无论是国君还是大夫，都希望能聘请孔子的弟子为政。鲁哀公与季康子都向孔子要过学生，孔子一般舍不得给他们。孔子的想法是修己安人、修己安百姓，前提就是修己、修身，修身修不好怎么安人？怎么安百姓？孔子不想弟子着急从政。所以，当鲁哀公与季康子向他要学生时，他说，就一个好学生颜回，但很可惜，已经死了。

到了孟子时代，情况变得更糟。看起来，各个国家都需要人才，天下"得士则昌，失士则亡"。孟子作为当时的名人，自然有人请去做官。孟子与滕文公关系很好，在滕文公当世子的时候就是好朋友。齐宣王也把孟子奉为上宾。梁惠王希望孟子可以带给魏国富国强兵的大计。当时，孟子带着弟子到处游说，到哪儿都有招待。但是，孟子弟子中当官的不多，估计孟子的学说不受诸侯待见，连弟子都受到了影响。这时候，乐正子要当官了，老师自然高兴得睡不着觉，弟子可以把老师的学术传播出去，把才干通过政治施展出去。

孟子过于激动的表现，引来了另外一个弟子的疑问。公孙丑连发三问："乐正子强乎？""有知虑乎？""多闻识乎？"孟子的回答都是"否"。公孙丑很不高兴，可能出于对乐正子的一点小嫉妒吧。作为同门师兄弟，公孙丑可能认为自己更应该去做官。在《孟子》七篇中，没有《乐正子》篇，却有《公孙丑》篇。乐正子既不果断，也无智谋，见识也不多，公孙丑问老师,您为什么高兴得睡不着觉?孟子回答说,乐正子有个优点,喜欢听取善言,好行善。总之,乐正子这个人品行好。古代选官,品行好是第一位的。公孙丑不解,继续问:"好善足乎?"他喜欢听善言、行善事就够了吗?言外之意,乐正子有没有治国的真本事?

孟子说:"好善优于天下,而况鲁国乎?"看来乐正子是在鲁国做的官。孟子认为,仅有好善这一点就足够了。喜欢听取善言,治理天下绰绰有余,何况是治理鲁国呢?如果喜欢听取善言,那么天下的人都会从千里之外把善言集中给他,天下的好人都会到这儿来投靠他。"夫苟不好善,则人将曰:'訑訑,予既已知之矣。'""訑"读 yí。赵岐注:"訑訑者,自足其智,不嗜善言之貌。"如果这人不好善言,不纳忠言,面对别人的进言,就会一副自满自足的样子说:訑訑!我早就知道了,不用你说。这种腔调和脸色就会把别人拒之于千里之外。士人在千里之外听说领导是这样的人,就会停下来,不敢前来。这时候,阿谀奉承的人就来了,小人就来了。小人来了,你这个国家还能治理好吗?当然是治理不好的。所以喜欢听善言,重用贤人,是领导优秀的品质。

"尊贤使能,俊杰在位,则天下之士皆悦,而愿立于其朝矣。"天下有本事的人都愿到你这儿来,如果你这个人没有肚量,不纳善言,阿谀奉承之风就会盛行。所以,这段话是讲用人的原则,到底是什么优先?一定是品行优先于才能。领导不用什么都会,但是领导要有纳善言的胸怀,千万不能说"訑訑"。

12·14 陈子曰:"古之君子何如则仕?"

孟子曰:"所就三,所去三。迎之致敬以有礼;言将行其言也,则就之。礼貌未衰,言弗行也,则去之。其次,虽未行其言也,迎之致敬以有礼,则就之。礼貌衰,则去之。其下,朝不食,夕不食,饥饿不能出门户,君闻之曰:'吾大者不能行其道,又不能从其言也,使饥饿于我土地,吾耻之。'周之,亦可受也,免死而已矣。"

本章论什么情况可以出仕。陈子,孟子的弟子陈臻。陈子问:"古之君子何如则仕?"孟子曰:"所就三,所去三。"古代的君子不是一味追求做官,什么时候做官,什么时候不做官,是有讲究的。儒家的出仕观和墨家的不一样,墨家一般不问情况,有机会就做官,没有机会找机会也要做官。《墨子·公孟》篇记载,墨家批评儒家说,现在的时代不一样了,不能再抱残守缺,应该积极主动寻找机会出来做官。儒家像钟一样,不敲不响,不要指望别人过来敲钟,过来请你,要主动出去寻找机会。孟子有点像墨子,但是他仍然坚守儒家的出仕观。"三就""三去"的论述,比孔子的出仕观更加灵活,又和墨家的主动出击有相似之处。但孟子的底色是儒家,因此,其出仕观不同于墨子。

孟子说,任职的情况有三种,离职的情况有三种。第一种情况,"迎之致敬以有礼;言将行其言也,则就之。礼貌未衰,言弗行也,则去之"。君主毕恭毕敬以礼相迎,按我说的话去实行,我就做这个官。这是对待士人的最高境界了,既有礼遇,又遵照士人的做法,实现政治理想和抱负,那当然是最好的境界了。如果礼遇没有衰减,仍是以礼相待,但是不能按照士人说的去做了,就辞掉官。当年,孔子就是这么做的。孔子当时劝鲁哀公不要接受齐国馈赠的女乐,国君没有采纳,但对孔子仍然以国相之礼待之。孔子一看,情况不对了,于是辞官不做,带着弟子开始周游列国了。

第二种情况是,"虽未行其言也,迎之致敬以有礼,则就之。礼貌衰,则去之"。虽然没有按他说的去做,但迎请时恭敬有礼就去任职,如果礼貌衰减了就辞去官职。孔子周游列国,到了卫国,卫国的国君亲迎,待以礼,国君夫人也待以礼,但是他说的话根本就得不到实行,这勉强也能接受。但是后来发现,连礼仪也做不到了,衣食的供应、待遇都没了,或在衰减,这时候就要离开了。这是第二种情况。

最差的是第三种情况:"其下,朝不食,夕不食,饥饿不能出门户,君闻之曰:'吾大者不能行其道,又不能从其言也,使饥饿于我土地,吾耻之。'周之,亦可受也,免死而已矣。"有位士人早晨没饭吃,晚上没饭吃,饿得走不动了,出不了门。国君听到这件事说,我作为国君,虽然不能按照士人指示的大道走,又不能采纳你的建议,但是如果士人在我的国土挨饿,我感到耻辱。这时候,国君委任这位饥饿的士人一个职位,以解决温饱问题。在这种情景下,这位士人可以接受职位,以免于饿死。

知识分子、士大夫、官员最好的任职情况就是第一种,国君以礼相待,自己又能实现自己的抱负。国君对你的待遇还是和以前一样,但是已经不听你的了,你的抱负实现不了,你可以走,这是第一种情况。第二种情况还凑合,先干着这个职位,再慢慢寻求机会。第三种情况,既没有礼仪,也没有待遇,实现不了自己的主张,只能免于饿死。一个人在一生之中可能会遇到各种情况,有的时候顺风顺水,有的时候艰难险阻,有的时候怀才不遇。儒家告诉我们要通权达变,不要怨天尤人,只要有本事,时机总会出现。儒家给了我们很多的启示,既有对现实的指导,又有对未来事业的规划,还有最后融入天地之间的理想抱负,告诉我们在"穷"和"达"的时候怎么处置,告诉我们"独善其身"的时候保存大道。赵岐《章指》言:"仕虽正道,亦有量宜。听言为上,礼貌次之,困而免死,斯为下矣。备此三科,亦无疑也。"

12·15 孟子曰:"舜发于畎亩之中,傅说举于版筑之间,胶鬲举于鱼盐之中,管夷吾举于士,孙叔敖举于海,百里奚举于市。故天将降大任于是人也,必先苦其心志,劳其筋骨,饿其体肤,空乏其身,行拂乱其所为,所以动心忍性,曾益其所不能。人恒过,然后能改;困于心,衡于虑,而后作;征于色,发于声,而后喻。入则无法家拂士,出则无敌国外患者,国恒亡。然后知生于忧患而死于安乐也。"

这一章诸位耳熟能详。舜躬耕于历山,就是今天的济南历山。傅说,武丁时代的筑城专家。胶鬲,殷之贤臣,遭纣之乱,隐遁经商,周文王从贩鱼盐的人中发现他,举为臣。管夷吾,齐桓公把他从狱中释放出来,举为国相。孙叔敖在海滨被楚庄王聘为令尹。百里奚在虢国不受重用,后来秦国用五张羊皮换他回来,委以重任。孟子举这些例子说明,这些功名显赫的大人物出身并不显贵,或者曾遭大难。言外之意是,只要有成就伟大理想的抱负,总有机会成功。

"天将降大任",天命赋予你大任,你能不能担当?也就是说,机遇来了,你能不能抓住?有人平常总抱怨没有机会,所以不去好好准备,当机会来了,即使把他放到位置上,他也待不住。所以,不管有没有机会,都要准备好。

"苦其心志,劳其筋骨,饿其体肤,空乏其身,行拂乱其所为,所以动心忍性,曾益其所不能。"这段话是讲要磨炼他的心智,劳累他的筋骨,使他穷困饥饿,行为受到扰乱,这样震动他的内心,锻炼他在逆境中的忍受能力。人不经历磨难,特别是心性没有经过历练,遇到事情就容易慌乱,不知道如何处置。这就是儒家的特殊教育观。心智、性情、品德的训练,一定要通过身体的强制,这是孟子告诉我们的。

现在我们有些家长疼爱孩子,特别是独生子女,更是不得了。不做家务,不会待人接物的孩子,到了社会上会吃亏。所以,在力所能及的条件下,一定要让孩子做些家务;家里来了客人,让孩子出来打招呼;让孩子养成一个规矩意识。历史上少林寺的僧人就是如此。为什么要让来学武的人先从挑水、劈柴、做饭做起,就是磨炼他们的心性,最后再教给真功夫。

劳作是道德心性修养的一个基础。有人说宋代儒家空谈道德,其实不是空谈,如果你说空谈,我认为你没有把书读透。

你看看朱熹讲《中庸》,"皆实学也",《中庸》是实实在在的实用之学。《大学》的最后一章讲"财聚则民散,财散则民聚",把财聚起来,人散了,把财散开,人来了,这是治国的大智慧啊!儒家讲修身、齐家、治国,一定有个磨炼心智的阶段。

"人恒过,然后能改"。儒家承认人会有过错,没过错不都是圣贤神人了吗!人有错,"勿惮改",不要怕改,改了就是好人。"困于心,衡于虑,而后作;征于色,发于声,而后喻。"一个人犯了错误,要改正才是,如果犯了错误不改才是真正的错。心志遭遇困境,没有思路,在这种情况下更要奋发有为,要把努力显示在容貌上、言语中,让人了解。

"入则无法家拂士,出则无敌国外患者,国恒亡。然后知生于忧患而死于安乐也。"一个国家内部如果没有严明的大臣和辅弼君主的贤士,国外没有势均力敌的制衡的外患威胁,国家就会灭亡。这样,我们就知道心有忧患,可以生存;安于享乐,终将灭亡。所以要有忧患意识,要有居安思危的观念。盛世更应该有忧患意识。哪一个危机、衰败之前不是繁华盛世?唐朝的安史之乱不就是从开元盛世走过去的吗?盛世要有危机感,要有忧患意识。

2016年是纪念长征胜利八十周年,很多单位组织重走长征路。我也随学院社会实践团重走了一段长征路。我们重走长征路是坐大巴车,当年红军是步行。我们有餐,住宾馆;红军是风餐露宿,缺衣少食。我们走草地,爬夹金山,走的是柏油路。当年红军面临前有堵截后有追兵的环境,是何等困苦。直到前几年,还有人在雪山上发现红军的尸体,几个战士抱成一团。试想,他们受的苦,我们谁受过?

今天我们弘扬长征精神,怎么弘扬?打江山难,守江山更难。孟子的忧患意识告诉我们,生活在和平年代更要居安思危,一个人,一个家,一个单位,一个地区,一个国,都要有这种忧患意识。所以,孟子的警言"生于忧患而死于安乐"堪称千古名句。

12·16 孟子曰:"教亦多术矣,予不屑之教诲也者,是亦教诲之而已矣。"

我们现在看最后一章,是关于教育的。孟子说:"教亦多术矣,予不屑之教诲也者,是亦教诲之而已矣。"孟子性格太直了。这种话容易得罪人,可孟子有"英气"。程颐说,孟子的英气是害事,就是说孟子容易得罪人。孔子"有教无类",你只要想学,拿一捆干肉,我都教。孟子不是这样。孟子对曹交说过,老师有很多,我不教你,你跟别人学吧;现在又说"教亦多术",教育的方法有很多,"予不屑之教诲",我不屑于教你,也是一种教育方法。你想当我的学生,我现在不教你。如果你因此知道耻辱,这也不失为一种教诲的方法,但是就怕你不觉悟。对于不觉悟的人,那真是不用教了。孟子率直的性情跃然纸上。孟子除了"得天下英才而教育之",还使"受教者"有耻感,这也是一种教育方法。

我们知道孟子有"四心"说:恻隐之心,羞恶之心,辞让之心,是非之心。恻隐之心是仁之端,羞恶之心是义之端,孟子非常强调义,耻对应的是义德。孟子在很多地方讲到耻,"无耻之耻,无耻矣",最无耻的行为就是不知道自己无耻。所以受教者内心的耻感,是奋发有为的上进心,是前进的基础动力,这就是我们经常说的教育中内因和外因的关系。孟子是一个大教育家,他的教育思想发展了孔子的教育思想。孔子论述过很多的教育思想,关于教育范围、教育对象、教育内容、教育方法、教育原则,还有课堂的教学形式,孟子都有,而且这些教育思想在今天都能用。

孟子的教育思想在孔子的教育思想基础之上又有发展,包括孟子讲到如何学外语,那就是一个适合于当今的教育思想。启发学生的耻感,他认为这个耻感是人和禽兽相区别的一个本质特征。"人之所以异于禽兽者几希",这个"几希"就是耻感,没有这个耻感就是禽兽,有这个耻感就是人。清代顾炎武说过,"朝廷有教化,则士人有廉耻;士人有廉耻,则天下有风俗"。反之,朝廷无教化,则士人无廉耻;士人无廉耻,则天下无风俗。这些思想都是孔孟思想的传承与发展。

我们简单总结一下《告子》篇。每个人都有善性,都有善的种子,都有善心,你不能因为有些人变坏了而质疑这个价值判断的正确性。每个人通过老师的教化、身体的训练和强制,都可以成就一番伟大的事业。无论求学也好,当官也好,与别人交往也好,你只要秉持善性、善行,就会游刃有余。

尽心上

李存山 解读

《孟子·尽心》篇是《孟子》七篇中的最后一篇,和前几篇一样,分为上篇和下篇。《尽心上》篇有四十六章,《尽心下》篇有三十八章,合计是八十四章,这是《孟子》七篇中章数最多的一篇。

我统计了一下,《孟子》前六篇的章数合计是一百七十六章。那么,《尽心》篇的八十四章约占《孟子》全书章数的三分之一。可见,《尽心》篇虽然是《孟子》七篇的最后一篇,但它是章数最多的一篇。

《孟子》书的章与章之间,有的有逻辑联系,但是大部分没有逻辑联系。就像杨伯峻先生在《孟子译注》中所说,《孟子》"各章的篇幅虽然比《论语》长,但各章间的联系并没有一定的逻辑关系;积章而成篇,篇名也只是撮取第一句的几个字,并无所取意。这都是和《论语》相同"的。

杨伯峻先生所说是中国古书的一个特点,就是在较早的时候,古书都是积章而成篇,每一篇的题目一般不是像我们现在写文章那样要先确定,而且古书往往是经过后人编纂的,把各章合在一起,往往就是以一篇的头几个字作为这一篇的篇名。像《论语》的《学而》篇,因为它前面是"学而时习之,不亦乐乎",所以那篇就起名叫《学而》。《孟子》七篇也有这样的特点。孔子是春秋末期的思想家,孟子是战国中期的思想家,其间隔了一百多年,但是《孟子》七篇仍然带有一些和《论语》相同的特色。汉代的赵岐说《孟子》是拟《论语》而作,这也有一定的道理。

《尽心》篇所讲的一些重要内容,大部分在前几篇都讲过了,而《尽心》篇又作了新的表述和思想意义的提升。我的理解是,《尽心》篇可能带有对前六篇的思想内容进行概括、总结、提升和补充的意义。以下我们主要就《尽心》篇的各个章节进行解读,因为有些内容与前几篇的思想内容有密切关系,所以也有必要联系前几篇的相关章节。这样,我们对《尽心》篇的解读,也具有"温故而知新"的意义。

13·1 孟子曰:"尽其心者,知其性也。知其性,则知天矣。存其心,养其性,所以事天也。夭寿不贰,修身以俟之,所以立命也。"

这是《尽心》篇的第一章,《尽心》篇的篇名就是取自这一章开头的"尽其心"。

这一章有四个核心范畴,就是"心""性""天""命"。这四个范畴不仅是这一章的核心范畴,而且就是孟子思想的核心范畴,甚至可以说,这四个范畴也是整个儒家文化、中国传统哲学的核心范畴。因为这四个范畴特别重要,所以我们对这一章也要多作一些解读。

什么是"尽心"呢?我理解这个"尽心"的"尽"字,就如同我们现在常说的你办事要"尽心尽力"的"尽"。孟子说的这个"尽心",意思也就是要充分发挥"心"的功能。你做事情的时候把心思完全用在这上面,尽量把你的"心"的功能发挥到极致,这就是"尽心"。你尽了心以后,把这件事情努力做好了,这就是尽力。所以,我想"尽心"并没有非常难懂的意思,"尽心"就是要充分发挥"心"的功能。

中国古代对"心"的理解和我们现在对"心"的理解有联系,但是也有不同。我们看一看中国古代对"心"是如何理解的。注释《孟子》的书,非常重要的一个是汉代赵岐的注,以后最通行的就是朱熹的《四书章句集注》,其中包括《孟子集注》,后来到了清代又有焦循的《孟子正义》。这些注释《孟子》的书各有特色,我认为其中最值得重视的还应是朱熹的《孟子集注》。朱熹在《孟子集注》中对这一章"心"的解释就是"心者,人之神明,所以具众理而应万事者也"。朱熹对《孟子》的注释,大部分可以说是符合《孟子》本文的原意,但是其中也带有宋代理学家的思想色彩。所以,我们在读朱熹的《孟子集注》的时候,也要注意这样一个特点。朱熹是宋代理学的集大成者,他在注释"四书"时,一方面力求表达"四书"的原意,另一方面也把理学的思想灌输到《四书章句集注》中。

朱熹说"心者,人之神明",这是古代对"心"的一般理解;但是说心"具众理而应万事者也",认为"心"里面包含了世界上一切的道理,这就带有了理学家的思想特点。说"心者,人之神明",就是说人的"心"具有"神明"的功能。"神明"的"神"具有神妙莫测的意思,在这里它是指人的精神。按现在的理解,"心"是知觉、思维的器官,而知觉、思维能够认识事物,这就是"神明"的"明"。"心"或者说"精神"是人类所独有的,人之所以区别于其他的物类,就是因为人有"心",有精神活动,而其他物类没有"心",只有人才有"心",有理性思维、道德观念、审美情趣等。

为什么只有人才有"心"呢?《礼记·礼运》篇讲到人与其他物类的不同,说"人者,其天地之德,阴阳之交,鬼神之会,五行之秀气也"。中国古代认为,人与万物都是天地所生的,天地合气而产生了人与万物。如《易传·系辞下》说:"天地絪缊,万物化醇;男女构精,万物化生。""天地絪缊"就是天地合气,说"男女构精,万物化生"就是说天地像父母一样,通过"合气""构精"而产生了人与万物。那么,人与万物都是天地所生的,为什么只有人才有"心"而与其他物类不同呢?中国古代认为这是因为人集合了天地之间最精华、最优秀的那部分"气",所以说是"五行之秀气"。中国古代认为气有阴阳,由阴阳分化出五行之气,人与万物都是阴阳五行之气聚合而成的。人在天地间独得其秀,集合了天地之间最精华、最优秀的那部分"气",所以人和其他的物类不同,最大的不同就是人有"心",有精神活动,有理性思维、道德观念和审美情趣等。

中国古代认为人是天地所生，人的这个"心"也是由天地所赋予的，是人"天生"所具有的功能。孟子之后的荀子也是这样认为，他在《荀子·天论》里面说："天职既立，天功既成，形具而神生。""天职""天功"就是指天的职分、功能，天把它的职分、功能发挥出来，于是有了人与万物；有了人的形体，于是也就产生了"心"的精神活动。

实际上到现在我们从科学上说仍有几大难题：第一个，宇宙是怎么产生的？第二个，生命是如何产生的？第三个，人的精神是如何产生的？这三大难题是哲学和科学至今仍然在探索、讨论的问题。人为什么有了精神？在地球上为什么有了生命？宇宙又是如何产生的？现在有大爆炸理论，从物理学上解释宇宙的产生，但它仍然不是一个很确定的问题。古代哲学有宇宙论解释宇宙的产生和演变，中国古代哲学在这方面有丰富的内容。而对于生命的产生、人的精神活动的产生，中国古代就是用天地合气的"精粗粹驳"来解释的。

我们看，到了宋代，理学的开山祖周敦颐在《太极图说》中如何讲。《太极图说》从"无极而太极"讲起，然后讲到"分阴分阳，两仪立焉"，这就是产生天地了，接着是分化出"五行""四时"，再往后就是"乾道成男，坤道成女，二气交感，化生万物"，这就是讲天地合气而产生万物。"万物生生，而变化无穷焉"，这是讲世界万物的复杂性。随后就是"惟人也，得其秀而最灵，形既生矣，神发知矣，五性感动而善恶分，万事出矣"。只有人是"得其秀而最灵"，也就是秉承了天地间最精华、最优秀的"气"，于是"形既生矣，神发知矣"，产生了人的精神,这与荀子说的"形具而神生"是一个意思。"五性"是指人所具有的"仁义礼智信"五常之性,而"五性感动"就是人的精神与外界事物相接触、相感应,这样就有了情感,有了善恶的区分,于是人间的"万事"也就产生了。《太极图说》的思想虽然复杂,但"形既生矣,神发知矣"是中国古代较为普遍的讲法。

下面我们看孟子是如何论"心"的。《告子上》篇有一段话:

> 公都子问曰:"钧是人也,或为大人,或为小人,何也?"孟子曰:"从其大体为大人,从其小体为小人。"曰:"钧是人也,或从其大体,或从其小体,何也?"曰:"耳目之官不思,而蔽于物;物交物,则引之而已矣。心之官则思,思则得之,不思则不得也。此天之所与我者。先立乎其大者,则其小者不能夺也,此为大人而已矣。"

公都子问:同样都是人,为什么有的是"大人",有的是"小人"呢?这里的"大人"和"小人"主要是从道德水平上进行评价,德行高的人就是"大人",不讲道德的人就是"小人"。

孟子回答:那些从其"大体"的就成为"大人",从其"小体"的就成为"小人"。

公都子又问:同样都是人,为什么有的从其"大体",有的从其"小体"呢?

孟子说:"耳目之官不思,而蔽于物;物交物,则引之而已矣。"这里的"耳目之官"就是指人的感觉器官。它们不是人的思维器官。因为"耳目之官不思",所以就容易被外物所引诱、蒙蔽。"物交物,则引之而已矣",人的感觉器官与外物相接触,二者交互作用,耳目之官就被外物所牵引,于是产生了人的物质欲望。如果对感官欲望不加以节制,只是追求声色美味等,那就是从其"小体",也就成为"小人"。"小体"就是指人的耳目等感觉器官。

与"小体"相区别的是"心",这是人的"大体",是人所区别于其他物类者。孟子说:"心之官则思,思则得之,不思则不得也。"心的官能是可以思维,而思维须发挥人的主体能动性——对外界事物的认识、对善恶观念的判断等,是"思则得之,不思则不得也"。人的这种思维能力是"天"所赋予的,所以孟子说"此天之所与我者"。那么,人应该如何对待这种"大体"与"小体"的关系呢?孟子说:"先立乎其大者,则其小者不能夺也,此为大人而已矣。"这也就是说,人要先把"心"的这种能够思维的主体能动性确立起来,先从其"大体",这样就不会被感官欲望牵着走,不会穷奢极欲,利令智昏。我们平常说的"利令智昏""利欲熏心",就是只追求感官欲望,贪图财利,以致被欲望冲昏了头脑,迷住了心窍,这就是人的"大体"被"小体"所"夺"了。如果我们先立大体,保持思维的理性和道德的操守,那就不会被"小体"所"夺",也就会成为孟子所说的"大人"。

在孟子看来,"心"这个"大体"是人所独有的,是人与其他物类最大的不同。若要真正成为一个人,就要"先立乎其大者",充分发挥"心"的理性思维和道德判断的功能,这就要"尽其心",成为"大人",而"大人"也可以说是真正名副其实的人。如果完全被感官欲望牵着走,只追求声色美味、升官发财,唯利是图,利令智昏,那就会成为"小人",而"小人"失掉了人之所以为人者,就"近于禽兽"了。

我们现在说"心"的功能主要是知、情、意。"知"就是有认知理性的功能,"情"就是产生情感的功能,"意"就是心之向往、意志的功能。中国古代也大致是这样的看法。孟子说"心之官则思","思"就是理性思维的功能,而在孟子的性善论中,"思"还有对人之性善,对人本有的道德意识获得自觉和理解的功能。情感,中国古代认为人有"七情",如《礼记·礼运》篇说:"何谓人情?喜、怒、哀、惧、爱、恶、欲七者,弗学而能。"这"七情"就是快乐、愤怒、悲哀、恐惧、爱好、厌恶、欲求。这七种情感不用学,人一生下来与各种不同的人和外物相接触、相感应,自然而然地就会产生各种不同的情感。意志,中国古代说"心之所之谓之志"。"所之"的"之"在这里是动词,往也;"心之所之"就是心的向往、志向。每个人都有自己独立的意志,这是他人所不能改变的。所以,孔子说:"三军可夺帅也,匹夫不可夺志也。"(《论语·子罕》)这是意志自由的思想,你有什么志向,想要做个什么样的人,这是你自己的选择,不是他人所能改变的。孔子说,"吾十有五而志于学"(《论语·为政》),这个"志于学"就是孔子以学习上古时期的经典、礼乐为志向。孔子又说:"志于道,据于德,依于仁,游于艺。"(《论语·述而》)这个"志于道"也是以得"道"

为人生的志向，所以"朝闻道，夕死可矣"（《论语·里仁》）。孟子主张，士人要高尚其"志"，如《尽心上》第三十三章说："王子垫问曰：'士何事？'孟子曰：'尚志。'"所谓"尚志"，就是高尚其志。在孟子看来，这个"志"就是志于仁义，士人应该把仁义作为自己的最高志向。

"士"作为中国古代的一个阶层，就是指读书人或现在所说的"知识分子"。他们在西周时期是贵族下层的官员，当时是"学在王官"，只有王朝的官员才能掌握学术知识。但是到了春秋时期，社会大变动，有相当一批有知识的官员失去了官职，流落到民间，也有相当一批庶人（就是平民）掌握了知识，这就是"学术下移"。这些民间的读书人或有知识的人就构成了"士"阶层，他们与农、工、商阶层并列，被称为"士农工商"四民。因为"士"阶层掌握了知识，有行政能力，所以一些"士"就被选拔做官，这就是孔子说的"学而优则仕"。原来的官员都是世袭的贵族，叫作"世卿世禄"，"世"就是父子相继，是世袭的意思。到了春秋时期，"学而优则仕"，学得好、能力强的士人可以被选拔做官，这比起官员世袭当然是社会的一大进步。孔子最先创立了民间的教育，推动了"士"阶层的发展，也为"士"阶层确立了应该有的价值取向。孔子说："士志于道，而耻恶衣恶食者，未足与议也！"（《论语·里仁》）"士而怀居，不足以为士矣！"（《论语·宪问》）"君子谋道不谋食。……君子忧道不忧贫。"（《论语·卫灵公》）在孔子的教育下，孔门弟子也大都有远大的胸怀、高尚的志向，如曾子所说："士，不可以不弘毅，任重而道远。仁以为己任，不亦重乎？死而后已，不亦远乎！"（《论语·泰伯》）孟子说的士人"尚志"，就是继承了孔子以及孔门弟子关于士人应该高尚其志的思想。

孟子说："尽其心者，知其性也。"下面我们主要讲这个"性"。

在孟子之前，孔子说过"性相近也，习相远也"（《论语·阳货》）。中国古代所说的"性"，就是相对于"习"而言的。"习"是指人后天的习染，在社会环境和个人行为中的变化，而"性"是指人生而即有或与生俱来的本性。所以，中国古代讲"性"，不同于我们现在所说的人的本质或本性是"社会关系的总和"。孔子说的"性相近也，习相远也"，就是说人一生下来的本性是相近的，都差不多，是后天的习染或习行使人产生了大的差距。孔子作为中国历史上开创了民间教育的伟大教育家，他主张"有教无类"，也就是无论哪个阶层、国度、族群的人都可以接受教育，而且都可以达到好的教育效果。当然，学得好还是学得坏，是往好处学还是往坏处学，这还取决于个人的努力和选择。因为孔子认为人皆可教，而且孔子也说过"人之生也直，罔之生也幸而免"（《论语·雍也》），"有能一日用其力于仁矣乎？我未见力不足者"（《论语·里仁》），所以我理解，孔子说的"性相近"应该是指人的向善或向好的方向发展的本性相近。

孔子之后，孟子明确提出了性善论，所谓"性善"就是说人一生下来都有善良的本性。这个善良的本性，按孟子所说，就是人皆有"四心"或"四端"。《公孙丑上》篇说："恻隐之心,仁之端也;羞恶之心,义之端也;辞让之心,礼之端也;是非之心,智之端也。"这里最重要的是"恻隐之心",孟子又称其为"不忍人之心",也就是不忍他人受到伤害的同情之心。孟子用"今人乍见孺子将入于井"作例证,当人们突然看到一个小孩将要掉到井里时,都会有"怵惕恻隐"即不忍这个小孩受到伤害的同情之心,这不是因为与这个小孩的父母有交情,也不是因为想在乡党朋友间得到好名声,更不是因为讨厌那种刺耳的声音,这是人自然而然就有的不忍他人受到伤害的同情之心。"仁者爱人",是普遍地爱人类所有的人,而"恻隐之心"就是普遍爱人的始端。孟子说:"无恻隐之心,非人也。"人的本性是有"恻隐之心"的,如果没有了"恻隐之心",就失掉了人的本性,那也就"非人",不是人了。

孟子说:"凡有四端于我者,知皆扩而充之矣,若火之始然,泉之始达。苟能充之,足以保四海;苟不充之,不足以事父母。"这段话要仔细推敲,深入理解。"凡有四端于我者,知皆扩而充之矣"。所以孟子认为人有"四端"还要扩充,这个"知"就是充分发挥"心之官则思"的功能,达到对人之性善的自觉、理解和扩充,像"火之始然(燃),泉之始达"一样,由"四端"顺而发展到"仁义礼智"四德。"苟能充之,足以保四海",这是说如果由"四端"扩充到四德,那就达到了"仁者无敌"的境界。"苟不充之,不足以事父母",如果不扩充,仅仅局限于"四端",那还是很不够的。所以严格地说,"四端"只是"仁义礼智"的发端,还不能说就是四德。

孟子认为,人都有善良的本性。这个善良的本性可以说就是人的"良知""良能"。在《尽心上》第十五章,孟子说,爱亲、敬长的孝悌之心就是人的"良知""良能"。

孟子的性善论,就是认为人天生有"四端"和孝悌之心,顺而发展,扩而充之,就是"仁义礼智"四德。孟子说"尽其心者,知其性也",就是充分发挥"心"的功能,对人之性善有所自觉、理解和扩充。这也包括"存其心,养其性"。达到对人之性善的自觉、理解,使人的善良本心不"放失",就是"存其心";涵养自身的性情,使人之性善得到扩充,就是"养其性"。

孟子说:"知其性,则知天矣。"下面我们主要讲孟子思想中的"天"。

孟子说"心之官则思","此天之所与我者"。同样,人之"性"乃是人生而即有、与生俱来的本性,它是人"天生"如此,也就是说它是"天"所赋予人的。相传孔子的孙子子思作《中庸》,而孟子曾经受教于"子思之门人"。孟子受到子思思想的影响,从子思到孟子,后人有"思孟学派"之称。《中庸》的第一句话就是"天命之谓性","性"是"天"所赋予人的,子思和孟子都是这样认为。实际上,中国古代大多数思想家也是持这样的看法。中国传统哲学的一个主题是"究天人之际",是从"天道"推衍出"人事"应该如何,即所谓"推天道以明人事"。因为"人性"是"天"所赋予人的,所以,人性论就成为沟通"天道"与"人道"的一个枢纽。

孔子虽然说过"性相近也,习相远也",但是可能很少讲"性与天道"的问题,以至于他的学生子贡说,对"性与天道","不可得而闻也"(《论语·公冶长》)。但是孔子"晚而喜

《易》",可能到了晚年就较重视"性与天道"的问题了。相传孔子所作的《易传》就是讲"明于天之道,而察于民之故"(《易传·系辞上》),如果《易传》不是孔子所作,那也应是受到孔子晚年思想的影响。

在孔子与孟子之间,留下的传世著作很少。但是在20世纪90年代,在湖北荆门的郭店古墓中出土了一批竹简,其中有些文献是我们以前没有见过的。据学者考证,郭店竹简下葬的年代是在战国中前期,其中的儒家文献当属孔子的学生"七十子"之后学的著作。在这些著作中,孔门后学较多讲到"性与天道"的问题。如其中的《性自命出》篇,就讲"性自命出,命自天降",这与《中庸》所说"天命之谓性"的思想是一致的。

儒家哲学形成"性与天道合一"的思想架构,可能较多受到老子哲学的影响。老子的《道德经》,其"道"就是"天道",其"德"就相当于"性",老子说"孔德之容,惟道是从"(《老子》第二十一章),这就是"性与天道合一"的思想。当然,在儒家文献中,也有更早的"性与天道合一"的思想渊源。如《诗经》里面的《烝民》有诗句:"天生烝民,有物有则。民之秉彝,好是懿德。"孟子在《告子上》篇引用过这几句诗,并且说:"孔子曰:'为此诗者,其知道乎!故有物必有则,民之秉夷也,故好是懿德。'"这里的"则"是规则,"夷"通"彝",是指常规,而"懿德"就是好的德性,它是"天"所赋予的。因此可以说,在《烝民》的诗句中已经蕴含了性善论思想的萌芽。

《中庸》说:"思知人,不可以不知天。"可见《中庸》认为

"知天"是很有必要的,但是"知天"的目的在于"知人"。对于如何"知天",《中庸》讲得并不明确。孟子说:"尽其心者,知其性也。知其性,则知天矣。"因为"心""性"都是"天"所赋予人的,所以孟子认为,"尽心"可以"知性",而"知性"则可以"知天"。这样,孟子就把"天"与"人"的距离拉近了,甚至可以说,孟子把具有超越性的"天"也置入人之内在的"心""性"中了。后来荀子说"善言天者必有征于人"(《荀子·性恶》),虽然荀子与孟子在对"性"和"天"的理解上有很大不同,但是两人在"知性"以"知天"的方法上有着一致性。

"天"在中国传统文化中的含义比较复杂,我们下面简略讲"天"的四种含义。

第一种含义是"主宰之天"。所谓"主宰之天"就带有最高的"神"的意思,中国古代所信仰的最高的神就是"天神",又被称为"上帝"。在中国上古文献《诗》《书》《易》中,所言"天"大多是"主宰之天"的意思,它主宰着世间万物。我们现在俗语说的"老天爷",也是"主宰之天"的意思。

中国古代所信仰的最高神,具有民本主义的特点。如《尚书·皋陶谟》说:"天聪明,自我民聪明;天明畏,自我民明威。"这里的"聪明"就是耳聪目明,"明威"就是赏罚。"天"是能够视听,而且能够进行赏罚的。"天聪明,自我民聪明",就是说"天"的视听是根据人民的视听;在周代的文献中就有"天视自我民视,天听自我民听"(《尚书·泰誓》),孟子在《万章上》篇引用了这句话。"天明畏,自我民明威",就是说"天"的赏罚是根据人民的意志进行赏罚;在周代的文献中也有"民之所欲,天必从之"(《尚书·泰誓》),意为人民的愿望是"天"所必然要服从的。"天"是有意志的最高神,但"天"的意志要服从于民的意志,这就是"民为神之主"的思想,是中国上古宗教文化中的民本主义的特点。

"主宰之天"的含义,在孔、孟的思想中仍然沿用。如孔子说的"获罪于天,无所祷也"(《论语·八佾》),此"天"就是"主宰之天"的意思。孟子在《万章上》篇讲到尧舜禅让,因为天下不是尧一个人的天下,而是天下人的天下,所以孟子强调舜接续了尧的帝位,不是尧的私相授予,而是"天与之,人与之",这里的"天"也是"主宰之天"的意思。

"天"的第二种含义是"义理之天"。这是指道德的根源,后来发展为指世界普遍的道理、规律和原则。《中庸》说的"天命之谓性",孟子说的"知其性,则知天",宋代理学家二程说的"天者,理也",主要指的就是"义理之天"。

"天"的第三种含义是"命运之天",也可以说是"时命之天"。我们现在一般讲的命运被"天"所决定,就是"命运之天"的意思。《论语·颜渊》篇记载子夏说:"商闻之矣:'死生有命,富贵在天。'"这里的"商闻之矣",有注解说可能是子夏听孔子说过,这种推测有一定的道理,因为"死生有命,富贵在天"的确符合孔子的思想。"死生有命,富贵在天",是说人的寿命长短,富贵或贫穷,是"天"所决定的,这不是出自"天"的赏善罚恶,而是道德中性的,是被一种个人所不能把握的外在力量所决定的。孔子还说过:"道之将行也与?命也;道之将废也与?命也。"(《论语·宪问》)这里说的"命"也是指

"命运之天"。孔子周游列国,付出了自己的努力,但是"道"之将行与不行并不是孔子的主观努力所决定的,而是被一种外在的力量所决定的,这就是"时命"或"天命"。

孟子也周游列国,也没有得到好的"时遇"。孟子说:"吾之不遇鲁侯,天也。"(《孟子·梁惠王下》)此"天"也是"时命之天"。孟子说:"莫之为而为者,天也;莫之致而至者,命也。"(《孟子·万章上》)这种道德中性的,可能是出自外在力量的偶然,而对个人又是一种无法改变的必然的力量,就是"命运之天"。

"天"的第四种含义就是"自然之天"。这里的"自然"带有我们现在所说"自然界"的意思,它就是指我们头顶上的"天"。孔子说:"天何言哉?四时行焉,百物生焉,天何言哉?"(《论语·阳货》)一般认为这里的"天"是指"自然之天"。《孟子·梁惠王上》说的"天油然作云,沛然下雨",当然也是指"自然之天"。我们头顶上的"天"是与"地"相对而言的,如《易传·系辞上》说的"天地变化,圣人效之",《系辞下》还把"天""地""人"并列,就是所谓"三才"。《孟子·公孙丑上》说:"其为气也,至大至刚,以直养而无害,则塞于天地之间。"与"地"相对而言的"天",一般是指"自然之天"。但是中国古代的"主宰之天"往往与"自然之天"也没有明确的界限。"天"之主宰义就是"上帝",与"上帝"相对而言的地之神就是"后土"。如《中庸》说:"郊社之礼,所以事上帝也。"朱熹注:"郊,祀天。社,祭地。不言后土者,省文也。"(《中庸章句》)因为"郊"礼是祭祀天或上帝,而"社"礼是祭祀地或后土,所以"郊社之礼"如果说全了,应该是"所以事上帝、后土也"。

中国古代所讲的"天",虽然大致分析起来有以上四种含义,但是中国古代对这四种含义往往没有明确的区分,这也是中国文化不将"上帝"与自然和人的生活世界相隔绝的特点。直到宋代的理学家程颐,他在回答"天与上帝之说如何"时也说:"以形体言之谓之天,以主宰言之谓之帝,以功用言之谓之鬼神,以妙用言之谓之神,以性情言之谓之乾。"(《程氏遗书》卷二十二上)这里的"以形体言之谓之天",主要是指"自然之天",而"以主宰言之谓之帝"又是指"主宰之天",二者只是言之的角度不同而已。二程又有"天者理也"之说,他们把"天"主要看作"义理之天"。因此,中国传统哲学讲的"天人"关系,意义是比较复杂的。至于孟子在这里说的"知其性,则知天",其"天"的意义主要是指"义理之天",但与"主宰之天"也有一定的联系。

孟子又说:"存其心,养其性,所以事天也。"什么是"存其心"?"存其心"就是保持、保有我们的本心,而不致失去我们的本心。人所本有的道德观念丧失了,所谓利欲熏心、道德沦丧,那就是"失其本心"。孟子说,人都有"四端"或"四心",即恻隐之心、羞恶之心、辞让之心和是非之心,这就是人的本心,人一生下来就有。但是人如果"从其小体",被耳目等感官欲望所引诱,那就会"蔽于物",利令智昏,使本心受到蒙蔽,也就"放失"了本心。

《告子上》篇说:"人有鸡犬放,则知求之;有放心,而不知求。学问之道无他,求其放心而已矣。"这个"放"就如放羊、放鸡犬的放,你把它们放出去,还要想着收回来。但是"从其小体"的"小人"把本心放失了,却不知道收回来。孟子说的"求其放心",就是要把放失的本心收回来,也就是要"存其心"。

如何"存其心",保持本心不放失呢?孟子说要"从其大体","先立乎其大者",确立"心之官则思"的主导地位,不要被感官欲望所蒙蔽。儒家不是禁欲主义者,但是主张"寡欲"或"节欲"。如孟子在《尽心下》第三十五章所说:"养心莫善于寡欲。其为人也寡欲,虽有不存焉者,寡矣。其为人也多欲,虽有存焉者,寡矣。""养心"就是存养人的本心善性。如何存养呢?最好的办法就是"寡欲",也就是先要"从其大体",确立"心"的主导地位,而对感官欲望有所节制,将欲望限制在一个寡少的限度内。孟子说,"其为人也寡欲",人的主观的物质欲望减少了,也就少受外物利益的引诱,纵使本心有所放失,也不会失去得太多。如果"其为人也多欲",那就会贪得无厌、欲壑难填,纵使本心有所保存,也是所存很少的。可见,感官欲望的多少与本心所存的多少,是一个反比例的关系。古人常把这种"寡欲"的精神状态描述为"淡泊"和"宁静",如诸葛亮在《诫子书》中就说"非澹泊无以明志,非宁静无以致远"。

孟子还说要"养其性",一个意义是说要使本来的善性不丢失,另一个意义是说本来的善性还要充养,即"扩而充之"。朱熹的《孟子集注》对"养"的注解是"顺而不害",也就是说,要顺着人的善性而使其充养、扩充,不要使感官欲望蒙蔽、戕害了它。孟子在《告子上》篇有"牛山之木"和"夜气"的比喻,孟子说"苟得其养,无物不长;苟失其养,无物不消"。牛山上的草木本来是美的,在正常情况下,"日夜之所息,雨露之所润",它们会不断生长。但是有人经常去砍伐它们,又有人在山上放牧牛羊,于是牛山上的草木就"失其养",山上就变得光秃秃的了。人的"仁义之心"、本有的善性也是这样,如果经常用感性欲望去遮蔽、戕害它,那就像牛山之木经常受到砍伐、放牧的伤害一样。孟子说,在"日夜之所息,平旦之气"的正常环境中,人的好恶情感都是相近的,但是有人"旦昼之所为",整天亟亟于追求私利,那么其"夜气"就不足以存,致使良心放失,也就离禽兽不远了。

　　人的本心、善性是"天"所赋予的,人还要发挥主体的能动性,要"存其心,养其性",以此来"事天"。这里的"事天"就是要服从天命或遵循天道,按照朱熹《孟子集注》的注释就是对天道或天理要"奉承而不违"。"天"赋予了人的本心、善性,同时也就赋予了人要"存其心,养其性",从而把道德意识付诸人际交往、社会实践的道德责任和义务。

　　孟子又说:"夭寿不贰,修身以俟之,所以立命也。"这里的"立命"之"命"和下一章讲的"莫非命也"之"命",都是讲的"命运之天"或"时命之天"的"命",也就是讲的"死生有命,富贵在天"的"命"。朱熹在《孟子集注》中注解《尽心上》第二章时说:"此章与上章盖一时之言,所以发其末句未尽之意。"所谓"末句"就是指的"夭寿不贰,修身以俟之,所以立命也"。

"夭寿不贰",朱熹在《集注》中说:"夭寿,命之短长也。贰,疑也。"这就是讲"死生有命",人的寿命长短是被"命"(命运或时命)所决定的,对此没有疑惑,没有三心二意。这样就可以专心致志地在道德方面修养身心,直到生命的终结。朱熹《集注》说:"不贰者,知天之至。修身以俟死,则事天以终身也。立命,谓全其天之所付,不以人为害之。"杨伯峻的《孟子译注》将这一句翻译成白话就是:"短命也好,长寿也好,我都不三心两意,只是培养身心,等待天命,这就是安身立命的方法。"

这里说的"命"是指命运、时命,它是道德中性的,不同于能够"赏善罚恶"的主宰之天或意志之天,也不同于作为性善之根源的义理之天。宋代的理学家把道德中性的命运、时命归于"气命",即它是被外界的"气"之运动的时运所决定的,而把作为性善之根源的"天命"(如《中庸》所说"天命之谓性")归于"理命"。后者符合理学家的"天者理也""性即理也"的思想。"气命"没有道德的含义,它是道德中性或非道德的,它不论性之善恶和行为的好坏,只是被"气"之运转的时命所决定,人的生死穷达只是"命该如此"。

在1993年湖北荆门郭店出土的竹简中,有一篇叫《穷达以时》。"穷"就是发展不顺利,"达"就是发展顺利;"穷"则贫贱,"达"则富贵。"穷达以时",这是说人的"穷"或"达"是被外界的时命所决定的。《穷达以时》篇说:"有天有人,天人有分。察天人之分,而知所行矣。"这里的"天"是指被外界的时命所决定,"人"是指由人的主观努力所决定。把这二者分辨清楚,人就可以"知所行",也就是知道应该在哪些方面付出自己的努力。此篇又说:"有其人,亡其世,虽贤弗行矣。苟有其世,何难之有哉?"这里的"世"是指外界社会环境的时机、时遇,相当于我们现在所说"时势造英雄"的"时势"。此篇认为,如果只有个人的主观努力,而没有遇到好的时机,那么即使是贤能之人,也做不成大事。如果遇到好的时机,那么做成大事有什么难的呢?我们知道,在尧之后舜做了天子,这是因为舜的德行高尚,一般是这样认为;但是《穷达以时》说这是因为"遇尧也",而"遇不遇,天也",也就是说,这是被"遇尧"的时机所决定的。可能也有和舜同样德行高尚的人,比如孔子就是德行很高尚的人,但是孔子在春秋时期就做不成天子,这也是被那时候的时机、时遇所决定的。孔子说"道"之行与不行"命也",这个"命"也是指的时机或时命。

应该如何对待这种"命"呢?《穷达以时》说:"动非为达也,故穷而不怨;隐非为名也,故莫之知而不吝。"意思是,君子的德行不是为了自己的发达富贵,所以即使穷困也没有怨言;君子的退隐也不是为了得到好的名声,所以不被世人所知也没有什么遗憾。这就如同孔子所说的"求仁而得仁,又何怨"(《论语·述而》),"人不知而不愠,不亦君子乎"(《论语·学而》)。这是说仁义道德有其本身的内在价值,而不是获取个人功利的工具价值。有了这样的道德境界,就可以"穷达以时,德行一也"。也就是说,尽管穷达是被外界的时命所决定的,但是君子的德行始终如一,不因穷达而改变。穷达是被"时命之天"所决定的,而德行要靠自身修养的努力来完成，《穷达以时》说的就是这种意义上"天人之分"。有了这样的认识，君子就"知所行"，更加"敦于反己"，更加专心致志于自身的德行修养。

孟子说的"夭寿不贰，修身以俟之，所以立命也"，"夭寿"与"穷达"在儒家思想中都被归于时命，即"命运之天"，而"修身"则是"敦于反己"的德行修养。"死生有命，富贵在天"，这一方面反映了个人的寿命长短、贫富穷达并不是全由个人的主观努力所决定的，另一方面也是儒家由此而淡化了对长寿、富贵的追求，对寿命长短、贫富穷达持一种淡泊达观的态度，从而更加专注于道德的修身，并积极承担起"仁者爱人""仁以为己任"的社会责任。

汉代的赵岐注《孟子》，对"命"有一个解释，他说"命有三名"，一种是"行善得善曰受命"，意思是你做了好事，然后得到好的结果，这是"受命"；第二种是"行善得恶曰遭命"，意思是你做了好事，却得到不好的结果，这就不能用神灵的"赏善罚恶"来解释，这就是"遭命"；第三种是"行恶得恶曰随命"，意思是你做了坏事，也得到坏的结果，这就是"随命"。神灵的"赏善罚恶""因果报应"可以解释第一种和第三种，但对于"行善得恶"不能解释。而在现实生活中的确有好人未得好报的情况，如孔子的弟子颜渊，在孔门弟子中德行第一，却早逝，而且"屡空"受穷，这就不能说是"善恶报应"，而应是道德中性的"死生有命，富贵在天"。赵岐说："惟顺受命为受其正也。""顺受命"就是孟子说的对"命"要"顺受其正"的态度。

儒家也有一种"劝善"的说法，如《易传》所说："积善之家,必有余庆;积不善之家,必有余殃。"在先秦时期,最强调鬼神能够"赏善罚恶"的是墨家。墨家批评儒家"以天为不明,以鬼为不灵",在墨家的十大命题中有"非命",也就是反对儒家讲命运或时命。墨家就特别强调鬼神的"赏善罚恶",因为墨家讲的"仁义"带有功利性,鬼神的"赏善罚恶"符合功利性的道德。墨家认为,不管什么人做了大事还是小事,也不管他藏在什么地方,他的势力有多大,"鬼神之明"都可以明察秋毫地对善恶行为进行赏罚。这的确有"劝善"的功能,但不能解释好人未得好报或坏人未得恶报等情况。

秦以后从道家和民间方士中发展出来的道教,有善恶报应的"承负说",也就是认为一个人的善恶行为会在他的后人或家族中得到报应。从印度传来的佛教,讲个体灵魂的"六道轮回""因果报应"。为了解释好人未得好报、恶人未得恶报的情况,佛教有"三报"之说:在此生得到报应,叫作"现报";在来生得到报应,叫作"生报";在以后的三生、四生等得到报应,就是"后报"。

"善恶报应"的思想的确有"劝善"的功能,在社会上也发生了较大的影响。儒家的"积善之家,必有余庆;积不善之家,必有余殃"的说法,也同样具有"善恶报应"的意义。但是儒家又有"君子以为文,而百姓以为神"的精英文化与世俗文化的划分。对于儒家的士人君子来说,仁义道德有其自身的内在价值,君子的德行不是为了求取功利性的"善报",不是把仁义道德视为谋取个人功利的工具价值。因此,"死生有命,富贵在天"的思想还应是儒家正统的思想,它一方面反映了个人的寿命长短、富贵贫贱等并不是全由个人的主观努力所决定的,另一方面,儒家也由此淡化了对长寿、富贵等的追求,而更加专注于道德的修身和为社会做出贡献。

13·2 孟子曰:"莫非命也,顺受其正。是故知命者,不立乎岩墙之下。尽其道而死者,正命也。桎梏死者,非正命也。"

如朱熹所说:"此章与上章盖一时之言,所以发其末句未尽之意。"

朱熹《孟子集注》对这一章的解释是:"人物之生,吉凶祸福,皆天所命。然惟莫之致而至者,乃为正命。故君子修身以俟之,所以顺受乎此也。""知正命,则不处危地以取覆压之祸。"这里的"吉凶祸福,皆天所命",是讲道德中性的"命运之天",而不是讲"善恶报应"。"莫之致而至",就是孟子在《万章上》说的"莫之为而为者,天也;莫之致而至者,命也"。朱熹说"惟莫之致而至者,乃为正命",就是说这个"命"是命运之"天"所决定了的,而不是人为所能改变的。"君子修身以俟之","修身"就是孟子说的"尽其道",这属于个人应该努力的道德修养。孟子说的"顺受其正",也就是前一章说的"修身以俟之"。

杨伯峻《孟子译注》对这一章前两句的白话翻译是:"无一不是命运,但顺理而行,所接受的便是正命;所以懂得命运的人不站在有倾倒危险的墙壁之下。"这里的"无一不是命运"应该有个限定,因为"莫非命也"是接着前一章的"夭寿不贰"句说的,所以这里的"无一"应该是指寿命长短、富贵贫贱,或朱熹说的"吉凶祸福"等。至于道德修身,则不应属于"命运"。

孟子说"顺受其正",这个"顺"确实有"顺理而行"的意思,也就是要顺从、依循人生的道理、规律。这包括属于个人主观努力的道德修身,也包括正确对待贫富穷达、生死寿夭等非个人所能决定的"命"。这种"顺受其正"的人生境界,在宋代理学家张载所作的《西铭》中有很好的体现。《西铭》说:"乾称父,坤称母,予兹藐焉乃混然中处。故天地之塞,吾其体;天地之帅,吾其性。"这表达了儒家的世界观和人性论。"乾称父,坤称母",源自《易传·说卦》所说:"乾,天也,故称乎父;坤,地也,故称乎母。"因为人与万物都是天地所生,天地就是人与万物共同的父母,所以说"民吾同胞,物吾与也",也就是说天下所有的人都是我的同胞兄弟,所有的物也都如同我的邻居或朋友。这种高尚的道德境界与孟子所说"亲亲而仁民,仁民而爱物"是一致的。《西铭》又说:"富贵福泽,将厚吾之生也;贫贱忧戚,庸玉汝于成也。存,吾顺事;没,吾宁也。"意思是,如果我的人生得到了富贵福泽,那就是"命"所安排的丰厚我的生活;如果我的人生处于贫贱忧戚,那就是"命"所安排的磨炼我的成长。我生存,就是我人生的顺事;我死了,就是我人生得到了安宁。这就是对富贵贫贱、生死寿夭等都采取一种豁然达观、"顺受其正"的态度。

很多宗教都是把生死问题作为人生的"终极关怀",而儒家对生死持一种豁然达观、顺受其正的态度。这一方面是因为儒家把生死寿夭归于不能由个人所决定的"命",另一方面也是因为儒家认为有比生死更重要的大事,此即道德的修身和为社会做出贡献。

孟子说:"知命者,不立乎岩墙之下。"这里的"知命"就是知道生死寿夭是被"命"所决定的,既然如此,对这个"命"就要"顺受其正",合理地生活,而不要胡作非为。如果有一面墙马上就要倒了,你却非要站在这危险的墙下,这就不是"知命",而是胡作非为。《尚书》里有一句"天作孽,犹可违;自作孽,不可活",孟子在《公孙丑上》也引了这句话。"天"有时候也"作孽",即造成自然灾害,如果应对合理,则可以避开,不致造成大的灾难;如果人自己作孽,那就是自己"找死"而不可活了。如果你非要立于危墙之下,那就是"自作孽,不可活"。"知命"者也要按照生活的规律或规则来行事,比如我们现在要遵守交通规则,如果你明明看到了红灯而非要去闯红灯,那么出了交通事故,死了就不是死于"正命"。

孟子说:"尽其道而死者,正命也。桎梏死者,非正命也。"杨伯峻《孟子译注》的译文是:"尽力行道而死的人所受的是正命,犯罪而死的人所受的不是正命。"桎梏就是披枷带锁。"正命"是要"尽其道而死",努力做好我们应该做的事,包括道德的修身,做合情合理合法的事。如果做了坏事,犯了罪,死在刑狱之中,那就像立于危墙之下一样,不是"正命",而是"自作孽,不可活"。

13·3 孟子曰:"求则得之,舍则失之,是求有益于得也,求在我者也。求之有道,得之有命,是求无益于得也,求在外者也。"

这一章仍然是讲"命",或者说是讲"穷达以时"意义上的"天人之分"。孟子说了两个方面,"求则得之,舍则失之,是求有益于得也,求在我者也",这是属于"人"应该有所作为而努力实现的方面;"求之有道,得之有命,是求无益于得也,求在外者也",这是属于非主观努力所能得到而由"天"(命)所决定的方面。

"求则得之"的"求",是指主观的欲求并付出自己的努力。"舍"与"求"相对而言,其意义就是舍弃。那么,哪些是我们应该"求"的,哪些是我们不应该"求"的呢?这就是一个理性判断和价值取向的问题。"求则得之,舍则失之,是求有益于得也",这从理性判断上说,是我们应该"求"而且在付出努力后可以得到的。孟子说的"求在我者",是确定了一个道德的价值取向,"在我者"是指我们自身的道德意识、道德素养、道德境界,这是被自我的道德修身所决定的。朱熹的《孟子集注》说:"在我者,谓仁义礼智,凡性之所有者。""性之所有"在孟子的思想中当然就是指性善,指"仁义礼智根于心",而这也就决定了我们应该如何按照我们的本性来生活,"思则得之,不思则不得也",我们应该"尽其心,知其性",对我们的本心性善有所自觉、理解和扩充,从而不断提高我们的道德素养、道德境界,这是取决于我们自己的。

"求之有道,得之有命,是求无益于得也,求在外者也。"这里的"求在外者",是相对于"求在我者"的道德的价值取向而言,就是指求取外在的个人功利。如朱熹的《孟子集注》所说:"在外者,谓富贵利达,凡外物皆是。"《集注》对"求之有道,得之有命"的解释是:"有道,言不可妄求。有命,则不可必得。""不可妄求",就是不应违背道德的原则,不可利令智昏、唯利是图。"得之有命",是说能否得到"富贵利达"等是被外在的"命"所决定的,虽然付出了自己的努力,但是"不可必得",不是我们必然所能得到的。因为"富贵利达"等是被"命"所决定的,是已"命定"了的,所以个人努力的追求,"是求无益于得也"。那么,结论就是我们应该"求在我者",在道德修身方面发挥道德主体的能动性,付出自己的主观努力,以提升自我的道德素养、道德境界。这也就是要"敦于反己",专心致志于自我的道德修养。儒家把"富贵利达"等归于"命",从理性判断上说,就是它"不可必得","是求无益于得也";从价值取向上说,就是淡化了对个人功利的追求,而把人生的志向、对价值的追求集中在道德的修养,以提升道德的境界。

孟子在《告子上》篇讲到"天爵"、"良贵"和"人爵",与这一章有密切的联系。孟子说:"有天爵者,有人爵者。仁义忠信,乐善不倦,此天爵也;公卿大夫,此人爵也。""天爵"就是天所赋予人的尊严、价值。朱熹《集注》说:"德义可尊,自然之贵也。"这是天所赋予人的,是人所生而固有的尊严、价值。"爵"本来是爵位,也就是"人爵"的意思。"人爵"是指人在社会中的官爵、职位,它是被君主或上级所授予的。"天爵"的职责是按照人之性善来行事,也就是要"仁义忠信,乐善不倦"。"人爵"就是由君主任命的"公卿大夫"等官爵、职位。

孟子说:"欲贵者,人之同心也。人人有贵于己者,弗思耳矣。人之所贵者,非良贵也。赵孟之所贵,赵孟能贱之。""贵"在中国古代有珍贵、富贵、尊贵等意思,它的抽象意义相当于我们现在所说哲学意义上的"价值"。"欲贵者,人之同心也",就是说每个人都希望自己有价值。"人人有贵于己者",是说每个人都有自身固有的价值,这就是天所赋予人的性善,是人的"天爵""良贵"。"思则得之,不思则不得也",如果你不"尽心",那就不知道人之固有的价值何在。人之所以"贵",就是因为人之性善,这是人所固有的价值,不是他人所能剥夺的。而"赵孟之所贵,赵孟能贱之"。赵孟是晋国的贵族,他掌握了晋国的权力,可以授予人爵位,这就是"人爵"。有了"人爵"当然就尊贵了,但是赵孟能使你尊贵,也能罢免你的爵位,这就是"赵孟能贱之"。"人爵"不是人所固有的,而是由他人所任免、决定的。如果你追求升官、富贵,那就是"求在外者";如果你秉承人之固有的性善,实现人之固有的价值,那就是"求在我者"。

孟子说:"古之人修其天爵,而人爵从之。"这是讲的上古时期的一种理想状况。朱熹的《集注》说:"修其天爵,以为吾分之所当然者耳。人爵从之,盖不待求之而自至也。""修其天爵"就是要履行人的本分,做人所应该做的事。如果你的道德境界、行政能力和学术水平达到了较高的程度,那么"人爵"也就随之而至。这不是人所刻意追求的,而是"命该如此"。

孟子又说:"今之人修其天爵,以要人爵;既得人爵,而弃其天爵,则惑之甚者也,终亦必亡而已矣。""修其天爵"就是提升自己的道德修养、行政能力和学术水平;但是"以要人爵",就是把升官、富贵作为一种人生的目的追求。这说明什么?说明他"修其天爵"的道德动机不纯,还是为了自己的私利。"既得人爵,而弃其天爵",就是在达到了升官、富贵的目的之后,就不再"修其天爵",把人生固有的价值、人所应该从事的道德修身和应该承担的社会责任都给抛弃了,这就是把"修其天爵"作为获得"人爵"的敲门砖。孟子认为这是"惑之甚者",其最终结果是自己的本心良知"放失",在人生的迷途上"人爵"也保不住,乃至身败名裂。

孟子说的这种现象,在中国古代并不鲜见,对于当今的官员也很有警戒意义。中国古代的官员,大多是通过荐举或科举而选拔上来的,应该说当官之前的素质也是不错的,但也有动机不纯的,把读书当作获取富贵的敲门砖,在当官之后就谋取私利,懈怠其职。比如在宋代范仲淹就批评当时的士人风气不正,"功名思苟得","仕者浮于职"。于是范仲淹就发起"庆历新政",首先是整饬吏治,然后是改革科举,兴办学校,砥砺士风。我们现在的官员,也有的曾经做过一些好事,但是后来就放松对自己的要求,"既得人爵,而弃其天爵",不重视自己的道德修养,把升官发财、富贵利达作为人生的追求,以权谋私,贪污腐败。我们现在的反腐败,一方面要注重制度建设,对官员要有监督制约机制,另一方面要使官员能够廉洁自律,确立一个道德高尚的人生价值取向,要"修其天爵","求在我者",而不要以谋取"人爵"为目的,"求在外者",只为了升官和保官。在这方面,孟子思想对于我们还是很有现实意义的。

13·4 孟子曰:"万物皆备于我矣。反身而诚,乐莫大焉。强恕而行,求仁莫近焉。"

这里说的"万物皆备于我",曾经被认为是一种主观唯心主义的思想。其实,这是一种道德境界,也就是"仁"的境界。什么是"仁"呢?在《论语》中,孔子的弟子经常问"仁",孔子也经常因材施教,在不同的情境下作出不同的回答,显示出"仁"的丰富涵义。我认为,"仁"也有一个最基本的核心的涵义,就是"仁者爱人"。《论语·颜渊》篇记载:"樊迟问仁,子曰:'爱人。'"这个"爱人"是以"孝悌""亲亲"为仁的本始,进而"老吾老,以及人之老;幼吾幼,以及人之幼",把推己及人的"忠恕之道"作为推行、实践"仁"的方法,乃至达到普遍的"爱人"。这个"爱人"也可以说就是"爱类",即爱人类所有的人。如《吕氏春秋·爱类》篇所说:"仁于他物,不仁于人,不得为仁。不仁于他物,独仁于人,犹若为仁。仁也者,仁乎其类者也。""仁乎其类"就是要爱人类所有的人。"仁者爱人"是"仁"的一个最基本的核心的涵义,而"仁"也可兼及"爱物"。孟子在《尽心上》第四十五章说:"君子之于物也,爱之而弗仁；于民也，仁之而弗亲。亲亲而仁民，仁民而爱物。"儒家是以"孝悌""亲亲"为仁之本始，以"仁者爱人"为仁之基本义，以"仁民而爱物"为仁之充分义。孟子说的"万物皆备于我"是在仁的充分意义上说的，这是仁的一个最高境界。后来宋代的理学家二程说"仁者以天地万物为一体，莫非己也"（《程氏遗书》卷二上），张载说"民吾同胞，物吾与也"（《西铭》），也是同样表达这样一种仁的最高境界。

孟子说："反身而诚，乐莫大焉。""反身"是对自身的反思，它相当于孔子说的"内自省"（《论语·里仁》），也相当于《穷达以时》篇"敦于反己"的"反己"，这包括对自我的道德意识和道德行为的反思。"诚"就是"真实无妄"。《中庸》说："诚者，天之道也；诚之者，人之道也。"朱熹的《中庸章句》注："诚者，真实无妄之谓，天理之本然也。诚之者，未能真实无妄，而欲其真实无妄之谓，人事之当然也。""诚之"的意思是说人要努力做到"真实无妄"。孟子在《离娄上》篇说："诚者，天之道也；思诚者，人之道也。"孟子把"诚之"改为"思诚"，体现了孟子对"心之官则思"的重视。"反身而诚"就是对自身的道德意识和道德行为的反思，确信其达到了"真实无妄"的程度。如果达到了这样一个道德境界，那就是"乐莫大焉"，是人生最大的快乐。

孟子又说："强恕而行，求仁莫近焉。""强"是强力、努力或尽心尽力的意思。而"恕"就是推己及人的"忠恕"。儒家文献讲到"忠恕"，有时候用"恕"的意思就代表了"忠恕"。如《中庸》说"忠恕违道不远"，后面紧接着说"施诸己而不愿，亦勿施于人"。后面的话本来是指"己所不欲,勿施于人"的"恕",但它实际上也包括了"忠"的意思,所以说"忠恕违道不远"。在《论语·里仁》篇,孔子说:"吾道一以贯之。"曾子说:"夫子之道,忠恕而已矣。""忠"就是"己欲立而立人,己欲达而达人"(《论语·雍也》),"恕"就是"己所不欲,勿施于人"(《论语·卫灵公》)。"忠恕之道"是行仁之方,也就是推行、实践仁的方法。孟子说"强恕而行,求仁莫近焉",就是努力按照"忠恕之道"来实行,这是践行仁爱的最切己的行之有效的方法。"忠恕之道"也就是《大学》里讲的"絜矩之道",它是用上下、前后、左右来比喻一切人际关系,都是要按照"己所不欲,勿施于人"来实行。朱熹说此道"所操者约,而所及者广,此平天下之要道也"。"所操者约"就是说它是道德的最基本的规律,"所及者广"就是说它是道德的最普遍的原则。

13·5 孟子曰:"行之而不著焉,习矣而不察焉,终身由之而不知其道者,众也。"

这里的"著"和"察"都是对人的认识而言。朱熹的《孟子集注》说:"著者,知之明;察者,识之精。"所谓"行之而不著焉,习矣而不察焉",就是说对人的习行没有明确的自觉和深刻的理解,乃至"终身由之而不知其道"。"道"就是人的习行所应该遵循的道德原则。"众"是指当时对人生之道还没有自觉和理解的一般的人。

《易传·系辞上》有一段话:"仁者见之谓之仁,知者见之谓之知,百姓日用而不知,故君子之道鲜矣!"对于人生之道的认识,也有"仁者见仁,智者见智"的不同,而大部分百姓往往是"日用而不知",这也就是孟子说的"终身由之而不知其道者,众也"。因为众人对于人生之道往往是"日用而不知",所以对"君子之道"能有明确认识和理解的就鲜见了。

13·6 孟子曰:"人不可以无耻。无耻之耻,无耻矣。"

《论语·子路》篇记载,"子贡问曰:'何如斯可谓之士矣?'子曰:'行己有耻;使于四方,不辱君命;可谓士矣。'"所谓"行己有耻",就是对自己的错误或不当行为有羞耻之心。孟子说:"羞恶之心,义之端也。"所谓"羞恶之心"也就是羞耻之心。人对自己不应当做的行为有羞耻之心,也就从内心不愿意做那些不应当做的事情,所以说这是"义之端也"。"义者宜也","义"就是人所应当做的。孟子说"人不可以无耻",因为"羞恶之心"是天所赋予人的"四端"之一,有此"四端"是人之所以为人者,"无羞恶之心,非人也",如果没有了羞耻之心,那就不是人了。"无耻之耻"相当于我们痛斥某些人"不知天下有羞耻二字",他们已不知道什么是羞耻,于是就胡作非为,做了许多坏事却恬不知耻,这些人就成为"无耻"之徒。

"无耻之耻",我认为后一个"耻"字可以解释为耻辱。如果一个人已经不知道羞耻,成了"无耻"之徒,那对于一个人来说实际上是最大的耻辱；而这样的人不知自己的耻辱，就是真正的"无耻"。

"无耻之耻，无耻矣"，在古代注疏中有不同的解释。如赵岐《注》解此句为："人能耻己之无所耻，是能改行从善之人，终身无复有耻辱之累矣。"朱熹的《集注》也引用了赵岐之说。这样解释的意思是，人有羞耻之心，以致不再做令人羞耻的事，他就是能够改过从善的人，这样的人也就终身没有耻辱了。焦循的《孟子正义》还引有一说："之犹适也，适则变矣。"按此来解释，"无耻之耻"就是由无羞耻之心改变为有羞耻之心，这样就没有耻辱了。杨伯峻《孟子译注》认为，"'之'字用作动词，有一定范围，一般'之'下的宾语多是地方、地位之词语，除了如在'遇观之否'等卜筮术语中'之'字后可不用地方、地位词语以外，极少见其他用法，因此不取"。这可以作为参考。

13·7 孟子曰："耻之于人大矣。为机变之巧者，无所用耻焉。不耻不若人，何若人有？"

因为羞耻之心是人之所以为人的"四端"之一，"无羞恶之心，非人也"，所以"耻之于人"是关系重大的。"为机变之巧者"，是指那些以机谋、权诈来损人利己的人。这些人"无所用耻"，也就是做了不应该做的、应该感到羞耻的事，但他们恬不知耻。"不耻不若人，何若人有"，是说做人就应该有个做人的样子，如果自己的行为远不如别人，自己却不感到羞耻,那怎么能赶得上别人呢？只有对自己的错误行为有了羞耻之心,才能"知耻近乎勇"(《中庸》),从而勇于改正自己的错误,走上正确的道路。

13·8 孟子曰:"古之贤王好善而忘势,古之贤士何独不然？乐其道而忘人之势。故王公不致敬尽礼,则不得亟见之。见且由不得亟,而况得而臣之乎？"

这一章是讲道德与权势的关系。"古之贤王"是指夏、商、周三代之王。他们既处于"王"的地位,也就有了最高的权势。但是他们"好善而忘势",也就是对道德的崇尚致使他们忘掉了自己的权势。古之贤王如此,古之贤士也同样如此,他们是"乐道"而忘了别人的权势。"好善"与"乐道"意思相近,但如孔子所说"好之者不如乐之者","乐道"是把道德作为人生的内在价值或最高价值,是真正以得到这种价值为"乐",在精神上有一种高尚的、发自内心深处的愉悦感。

"不得亟见之"的"亟",是屡次、多次的意思。如果王公大人不对有德的贤士"致敬尽礼",那么他们就不能多次见到这些贤士。连见都不能多见,何况让贤士屈尊为臣呢？孟子在这里设想了一种"德高于势",士人可以"以德抗势"的君臣关系。在《周易》的蛊卦爻辞中也有"不事王侯,高尚其事",《象传》云:"不事王侯,志可则也。""可则"是可以遵循、效法的意思。

当战国中期君主集权日益成为一种发展趋势时,孟子立定崇尚道德的立场,提出"德高于势"和"以德抗势"的思想,这是需要很大道德勇气的。

13·9 孟子谓宋勾践曰:"子好游乎?吾语子游。人知之亦嚣嚣,人不知亦嚣嚣。"

曰:"何如斯可以嚣嚣矣?"

曰:"尊德乐义,则可以嚣嚣矣。故士穷不失义,达不离道。穷不失义,故士得己焉;达不离道,故民不失望焉。古之人得志,泽加于民;不得志,修身见于世。穷则独善其身,达则兼善天下。"

这一章讲的"游",是指游说,也就是"周游列国"的"游"。孔子和孟子为了推行儒家的仁道,都曾周游列国,企图说服各诸侯国的君主能够按照仁道来治理国家,但是他们都没有成功。虽然如此,他们的周游列国并不因得失成败而改变志向,他们都有着"用之则行,舍之则藏","穷则独善其身,达则兼善天下"的高尚道德境界。

"宋勾践"是人名,姓宋名勾践。孟子对他说:你喜好游说吗?我就给你讲讲游说时应该有什么样的精神境界。"人知之亦嚣嚣,人不知亦嚣嚣。"这里的"嚣嚣",朱熹引赵岐《注》,是"自得无欲之貌"。所谓"自得无欲",就是超越了个人的功利之心。儒家的"道义之乐",就是一种超越了个人的功利之心,没有私欲,在道义上"自得""自足""自安""自乐"的精神境界。能够超越个人的功利之心,也就达到了一个较为高尚的精神境界。有一副对联:"事能知足心常惬,人到无求品自高。"佛、道二教中的一些高僧大德、闲人隐士也可以做到知足常乐,无欲清静。儒家的士人与之相同者是都可以达到"自得无欲"的境界,而与之所不同者是儒家通过"尊德乐义"而达到了这种境界。因为是"尊德乐义",所以儒家不仅是超越个人的功利之心,而且是"仁以为己任",有着对社会的责任感和忧患意识。"尊德"就是尊崇仁德,"乐义"就是以道义为乐。朱熹的《孟子集注》说:"乐之,则有以自安,而不殉乎外物之诱矣。"能够"乐义",也就达到了"仁者安仁"的境界,这就是把仁义作为"自得""自足""自安""自乐"的内在价值,而不是谋取功利的工具价值。能够"安仁""乐义",也就把仁义作为儒者的安身立命之地,无论贫富穷达,都"不改其乐","德行一也"。

孟子说:"故士穷不失义,达不离道。"事业上的穷达决定于外在的时机或机遇,无论是穷还是达,都不能改变内在的道义原则。朱熹《孟子集注》说,此句"言不以贫贱而移,不以富贵而淫,此尊德乐义见于行事之实也"。"穷不失义"就是孟子说的"贫贱不能移","达不离道"就是孟子说的"富贵不能淫"。无论穷达,都能坚持道德的信念、道德的操守,不为利欲所诱,也不为权势所屈(即孟子说的"威武不能屈"),这就是"大丈夫"的境界。

"穷不失义,故士得己焉;达不离道,故民不失望焉。古之人得志,泽加于民;不得志,修身见于世。穷则独善其身,达则兼善天下。"什么是"得己"?朱熹《孟子集注》说:"得己,言不失己也。""不失己"就是不忘自己的"本心",保持自己的"良贵",恪守道义的原则。"民不失望",就是君子"得志",在入仕为官的岗位上恪尽职守。"泽加于民",为民谋取福利,博施而济众。"得志,泽加于民",就是儒家对社会责任的担当意识,也就是曾子所说"仁以为己任"、范仲淹所说"先天下之忧而忧,后天下之乐而乐"的弘毅精神和高尚的道德情怀。

孔子在周游列国时曾经"在陈绝粮,从者病,莫能兴",所谓"莫能兴"就是情绪低落。随从的子路气愤地问孔子:"君子亦有穷乎?"孔子说:"君子固穷,小人穷斯滥矣。"(《论语·卫灵公》)"固穷"就是虽处于穷困而仍恪守道义的原则,也就是孟子所说"穷不失义"的意思。孔子也曾对颜渊说:"用之则行,舍之则藏,唯我与尔有是夫!"(《论语·述而》)"用之则行,舍之则藏",也就是孟子说的"穷则独善其身,达则兼善天下"。"穷达以时,德行一也",无论"用舍""穷达",孔、孟都高尚其志,为士人做出了"居仁由义"、恪守道义原则、坚持道德操守的人格典范。

13·10 孟子曰:"待文王而后兴者,凡民也。若夫豪杰之士,虽无文王犹兴。"

"兴"在这里是指精神振奋而奋发有为。本章的意思是,等待周文王这样的圣王出现才能奋发有为的人,是普通百姓。至于豪杰之士,即使没有文王这样的圣王出现也能奋发有为。

孟子生当战国中期,当时并没有周文王这样的圣王出现,而孟子正是"虽无文王犹兴"的豪杰之士。

13·11 孟子曰:"附之以韩、魏之家,如其自视欿然,则过人远矣。"

"附"是增益、增加的意思。"韩、魏之家"是指春秋时期晋国六卿中最富有也最有权势的两个家族。"欿然"是不自满的样子。本章的意思是,把韩、魏两家的财富都送给他,他也不看重这些财富,这种人的境界就已超越了个人功利,远超过平常人了。这也正如孔子所说:"不义而富且贵,于我如浮云。"君子不为富贵动其心,是因为有比富贵更高的对道义的价值追求。

13·12 孟子曰:"以佚道使民,虽劳不怨。以生道杀民,虽死不怨杀者。"

"以佚道使民",是说为了百姓生活的幸福安逸而使民从事劳役。这样,百姓虽然劳累也没有怨言。"以生道杀民",是说为了百姓生命的安全保障而杀掉那些不得不杀的罪人。这样,被杀的人就是罪有应得,虽然死了也不怨恨杀他的人。

13·13 孟子曰:"霸者之民,欢虞如也;王者之民,皞皞如也。杀之而不怨,利之而不庸,民日迁善而不知为之者。夫君

子所过者化,所存者神,上下与天地同流,岂曰小补之哉?"

"欢虞",同于"欢娱"。"皞皞",是胸怀宽广舒畅、悠然自得的样子。孟子提出"王霸之辨","霸者"是以力服人而称霸于诸侯者,"王者"是以德服人而称王于天下者。"霸者之民"欢喜快乐,是因为他们怀着利欲之心。"王者之民"胸怀宽广舒畅、悠然自得,是因为他们受到了良好的道德教化。对于"王者之民"来说,百姓虽然在必要时做出了牺牲,但是并没有怨言;虽然得到了好处,但也不用感恩酬谢;他们一天天在道德上取得进步,却不知是谁使他们如此。真正的君子,其所经过之处就能使人受到感化,其心中所存养的道德意识已经是出神入化,他们的精神境界是与天地上下一起流动,他们所做出的贡献难道仅仅是小有补益吗?孟子提出以德服人的"王道"政治,它的实现要靠一批具有高尚道德素养和精神境界的贤能君子,由他们的德行来感化、影响广大民众。

13·14 孟子曰:"仁言不如仁声之入人深也,善政不如善教之得民也。善政,民畏之;善教,民爱之。善政得民财,善教得民心。"

"仁言"是指仁爱的言辞,"仁声"是因为对仁爱的身体力行而获得好的声誉。对于深入感化人心而言,"仁言"当然不如"仁声"。"善政"是指好的行政命令,"善教"是指好的道德教化。对于得民心而言,"善政"不如"善教"。好的政令,使百姓畏惧而服从;好的教化,可以深得民心。孟子在这里讲的"仁言"与"仁声"的关系,涉及身教胜于言教的问题;"善政"与"善教"的关系,涉及是否真正以民为本的问题。"善教得民心",孟子提出"得民心者得天下",这在孟子思想中占有重要的地位。

13·15 孟子曰:"人之所不学而能者,其良能也;所不虑而知者,其良知也。孩提之童,无不知爱其亲者;及其长也,无不知敬其兄也。亲亲,仁也;敬长,义也。无他,达之天下也。"

朱熹的《孟子集注》说:"良者,本然之善也。"人的"本然之善"就是人所天生具有的善良本性。它不是后天习得的,所以说它是"不学而能""不虑而知"。孟子提出的"良知""良能"是孟子性善论的重要概念,后来也成为中国哲学、儒家文化的重要概念。

"孩提之童"是指两三岁可以提抱的幼儿,他们从小就知道爱自己的父母。等他们稍长大了,也知道尊敬自己的兄长。爱亲、敬长就是孝悌,这是人的"良知""良能"。"亲亲,仁也;敬长,义也。"我认为这句话可以理解为亲亲,仁之本也;敬长,义之本也。因为在《论语·学而》篇有子说:"孝弟也者,其为仁之本与!"孟子实际上认为,仅仅爱敬自己的亲人还是很不够的。在《梁惠王上》篇,孟子说:"老吾老,以及人之老;幼吾幼,以及人之幼。天下可运于掌。……故推恩足以保四海,不推恩无以保妻子。"如果只是"老吾老""幼吾幼",

那还只是停留在血缘情感。从"老吾老"到"以及人之老",从"幼吾幼"到"以及人之幼",这就是"推恩",从孝悌之心扩充到普遍的爱人。"推恩足以保四海,不推恩无以保妻子",可见孝悌之心的扩充也是很重要的。从爱亲、敬长扩充到"达之天下",这就是普遍爱人的"仁"了。

孟子的性善论,就是认为人天生有"恻隐之心""羞恶之心""辞让之心""是非之心"的四端,也有"无不知爱其亲""敬其长"的孝悌之心;将此顺而发展,如"火之始然,泉之始达",扩而充之,就是"仁义礼智"的四德。孟子说"尽其心者,知其性也",就是充分发挥"心之官则思"的功能,对人之性善有充分的自觉和理解。这也包括"存其心,养其性",达到对人之性善的充分自觉和理解,使人的善良本心不"放失",就是"存其心";涵养自身的性情,使人之性善得到扩充,就是"养其性"。

13·16 孟子曰:"舜之居深山之中,与木石居,与鹿豕游,其所以异于深山之野人者几希。及其闻一善言,见一善行,若决江河,沛然莫之能御也。"

在尧将帝位禅让给舜之前,舜躬耕于田亩。当时舜住在深山之中,与树木、山石等相处,与麋鹿、野猪等往来。他那时候和深山里的野人也差不多。但是,等到他听到一句善言,见到一种善行,他的善性就像决了口的江河,浩浩荡荡,没有什么力量可以阻挡。孟子曾说人之性善,其扩充就像"火之始然,泉之始达"一样。在本章孟子又说,舜的善性发挥出来"若决江河,沛然莫之能御"。可见,人之性善的扩充,既要发挥主体的能动性,也需要外在善言、善行的启发、诱导;性善的充分实现并不排除后天的教化、存养。

13·17 孟子曰:"无为其所不为,无欲其所不欲,如此而已矣。"

"无为其所不为",是说不要做不应该做的事。"无欲其所不欲",是说不要求不应该求的东西。"如此而已矣",是说人的一生无非就是要做应该做的事,求应该求的东西,而不要做不应该做的事,不去求不应该求的东西。而应该与不应该,正是人所必须做出价值判断、道德选择和对善的理念身体力行的问题。

13·18 孟子曰:"人之有德慧术知者,恒存乎疢疾。独孤臣孽子,其操心也危,其虑患也深,故达。"

"德慧术知",是指德行、智慧、道术和才智。"疢疾",是指灾病祸患。孟子指出,那些有德行、智慧、道术和才智的人,常常是历经祸患,克服了种种艰难困苦的人。"孤臣",是指被君主疏远、孤立的臣。"孽子",是指非嫡系所生的庶子。"操心也危",就是心里忧惧,故而谨慎。"虑患",相当于忧患。"达"就是通达事理。孤臣孽子因为心怀忧惧而行为谨慎，其对祸患能够深谋远虑，所以常能通达事理，胜过常人。

这一章可联系《告子下》的一段话来理解：

> 故天将降大任于是人也，必先苦其心志，劳其筋骨，饿其体肤，空乏其身，行拂乱其所为，所以动心忍性，曾益其所不能。

必经艰苦的磨炼，才能成就伟大的人格。

13·19 孟子曰："有事君人者，事是君则为容悦者也；有安社稷臣者，以安社稷为悦者也。有天民者，达可行于天下而后行之者也；有大人者，正己而物正者也。"

"事君人者"，就是事君之人。"安社稷臣者"，就是安社稷之臣。孟子在这里将事君之人与安社稷之臣相对而言，二者的差别在于：事君之人只是侍奉某个君主而求得他的喜欢，这就是事君邀宠的人，而安社稷之臣则是以安定国家社稷为自己的责任，并以此而心安喜悦的人。孟子在这里批评了那些只是取悦于某个君主的人，他所肯定的是那些能够治国安邦，将此作为自己的职责并以此为乐的人。孟子又说，"有天民者""有大人者"。所谓"天民"，是指那些先设想某事可通行于天下，然后推行此事的人。所谓"大人"，是指那些先端正自己的行为，然后影响他人，使他人的行为也归于正的人。由此可以看出，在孟子的思想中，为臣者不应只是忠于君，而更应忠于国、忠于民。

13·20 孟子曰:"君子有三乐,而王天下不与存焉。父母俱存,兄弟无故,一乐也。仰不愧于天,俯不怍于人,二乐也。得天下英才而教育之,三乐也。君子有三乐,而王天下不与存焉。"

这一章是讲君子之"乐"的道德境界。"乐"是一种真实的情感,一个人以什么为乐,最真实地反映了他对何种爱好和价值取向的追求。孔子说:"知之者不如好之者,好之者不如乐之者。"(《论语·雍也》)如果我们只是知道了儒家讲仁爱,这还只是停留在肤浅的知识层面,离真正的仁爱还差得远呢!孔子说"知之者不如好之者",只有爱好它,喜好它,比如我们现在说爱好体育,爱好音乐,爱好艺术,这才是对它有了较深的领会。"好之者不如乐之者",还有一个比爱好更强、更深的认同和感受,那就是"乐"了。如果以此为"乐",那才是真实地、切己地体验了它,认同它,而且真诚地去追求它。

那么,儒家以什么为"乐"呢?在《论语·述而》篇,孔子说:"饭疏食饮水,曲肱而枕之,乐亦在其中矣。"这种"乐"是相对于"富贵"而言的,所以孔子接着说"不义而富且贵,于我如浮云"。在《论语·雍也》篇,孔子称赞颜回:"贤哉,回也!一箪食,一瓢饮,在陋巷,人不堪其忧,回也不改其乐。"这就是后来宋明理学家津津乐道的"孔颜乐处"。他们的所"乐"何在?当然不是乐贫,而是相对于个人功利富贵而言的道德仁义。他们把道德仁义作为人生的内在价值或最高价值，就因已得到了这种价值而真切地有了一种精神上的"道义之乐"。有了这样的价值取向和"道义之乐"，他们就视富贵如浮云；虽然在穷困之中，而仍然"不改其乐"。

孟子所说"反身而诚，乐莫大焉"，也是这样的"道义之乐"。孟子又说"君子有三乐"，这"三乐"是："父母俱存，兄弟无故，一乐也"，即父母都健在，兄弟也没有什么灾病事故，这是一乐也，体现了孟子重视亲亲之情的价值取向；"仰不愧于天，俯不怍于人，二乐也"，这可以说是对"反身而诚，乐莫大焉"的另一种表述，俯仰无愧怍，只有身体力行、"反身而诚"才能做到；"得天下英才而教育之，三乐也"，教书育人，培养天下之英才，能使儒家的仁道学说后继有人，广为传播，这是以传道授业为"乐"。

孟子说："君子有三乐，而王天下不与存焉。""王天下"的意思就是统一天下而成为天下之王，这可以说是富贵已极了。但是孟子说，君子之所"乐"并不在这里。可见，孟子是真正把仁义道德作为人生的内在价值或最高价值，君子之所"乐"是道义上的自足之乐，即使能够"王天下"也不能动摇、改换这种"乐"所指向的人生最高价值。

13·21 孟子曰："广土众民，君子欲之，所乐不存焉。中天下而立，定四海之民，君子乐之，所性不存焉。君子所性，虽大行不加焉，虽穷居不损焉，分定故也。君子所性，仁义礼智根于心。其生色也，睟然见于面，盎于背，施于四体，四体不言而喻。"

"广土众民,君子欲之,所乐不存焉。"这一句和上一章的"君子有三乐,而王天下不与存焉",在文义上是相联系的。拥有广阔的国土、众多的国民,这与称王天下的意思相近,君子也愿意成就这样的事业,但是"所乐不存焉",这还是说君子把仁义道德作为人生的最高价值,即使称王天下也不能取代这样的价值取向。

"中天下而立,定四海之民,君子乐之,所性不存焉。"居于天下的中央,使天下的百姓能够安居乐业,这也是君子的一种"乐",但人所天生的本性不在这里。儒家实际上有两种"乐",一种是"孔颜乐处",在个人修身方面的"道义之乐";另一种是"与民同乐",在社会治理方面的"天下之乐"。后者如孟子在《梁惠王下》所说的"乐民之乐者,民亦乐其乐;忧民之忧者,民亦忧其忧。乐以天下,忧以天下"。本章所说"中天下而立,定四海之民,君子乐之",可以说就是"天下之乐"。这两种"乐"是相互联系的,如果从"内圣"与"外王"来讲,可以说"道义之乐"是儒家"内圣"方面的"乐",而"天下之乐"是儒家"外王"方面的"乐"。孟子在本章强调的是个人修身,也就是"内圣"方面的"乐"。对于个人修身来说,"存其心,养其性"是最重要的。虽然"中天下而立,定四海之民"也是君子的一种"乐",但是"所性不存焉",即人所天生的本性不在这里。

那么,什么是"君子所性"呢?孟子说:"君子所性,虽大行不加焉,虽穷居不损焉,分定故也。君子所性,仁义礼智根于心。其生色也,睟然见于面,盎于背,施于四体,四体不言而喻。"所谓"大行",犹如言事业获得大的成功,而"穷居"就是事业发展不顺利,陷于人生的穷困。"大行"和"穷居"连言,也就是"达"与"穷"。"君子所性"是天所赋予人的善性,它不会因人生事业的穷达而减损、增加,这就是"分定故也"。人之性善,皆有四端,所以说"仁义礼智根于心"。君子对人的性善有了充分的自觉和理解,"存其心,养其性",也就有了高尚的道德境界。这种道德境界不仅充盈于人的思想意识,而且表现在人的容貌和行为举止上。"睟然,清和润泽之貌。盎,丰厚盈溢之意。"(朱熹《孟子集注》)"其生色也",就是这种道德境界表现在人的容貌、举止上。"睟然见于面,盎于背",是说其容貌形体的敦厚和善;"施于四体,四体不言而喻",是说其行为举止都自然而然地表现出德行的素养。这种道德境界表现在人的容貌、举止上,就是古人所说的"圣贤气象"。

13·22 孟子曰:"伯夷辟纣,居北海之滨,闻文王作,兴曰:'盍归乎来,吾闻西伯善养老者。'太公辟纣,居东海之滨,闻文王作,兴曰:'盍归乎来,吾闻西伯善养老者。'天下有善养老,则仁人以为己归矣。五亩之宅,树墙下以桑,匹妇蚕之,则老者足以衣帛矣。五母鸡,二母彘,无失其时,老者足以无失肉矣。百亩之田,匹夫耕之,八口之家足以无饥矣。所谓西伯善养老者,制其田里,教之树畜,导其妻子使养其老。五十非帛不暖,七十非肉不饱。不暖不饱,谓之冻馁。文王之民无冻馁之老者,此之谓也。"

这一章是讲"仁政"。首先要解释几个人名。伯夷,在《公孙丑上》篇出现过,所谓"治则进,乱则退,伯夷也"。朱熹的《孟子集注》说,伯夷是"孤竹君之长子",他把可以继承的君位让给了弟弟,"避纣隐居,闻文王之德而归之"。纣,就是商纣王,是商王朝最后一个君王,一个暴君。伯夷为了躲避商纣王的暴政而隐居,他后来听闻周文王的德政而归于周。本章所说:"伯夷辟纣,居北海之滨,闻文王作,兴曰:'盍归乎来,吾闻西伯善养老者。'""盍"在古语中是何不的意思。"西伯"是周文王原来的称呼,在周武王灭纣后称之为"文王"。

"太公"就是姜太公,他后来帮助武王灭纣,是齐国的首封之侯。姜太公也是躲避商纣王的暴政而隐居,因听闻"西伯善养老"而归于周。孟子说:"天下有善养老,则仁人以为己归矣。""善养老"是周文王的德政,这也成为孟子"仁政"思想的重要内容。伯夷和太公都是因为听闻周文王"善养老"而归于周。孟子认为得民心者得天下,能够"善养老"就是得民心的一个重要方面。

周文王如何"善养老"呢?以下就是孟子讲的关于"仁政"的一些具体内容。他说:"五亩之宅,树墙下以桑,匹妇蚕之,则老者足以衣帛矣。五母鸡,二母彘,无失其时,老者足以无失肉矣。百亩之田,匹夫耕之,八口之家足以无饥矣。"这段话在《梁惠王上》篇已经讲过了,所谓"五亩之宅,树之以桑,五十者可以衣帛矣。鸡豚狗彘之畜,无失其时,七十者可以食肉矣。百亩之田,勿夺其时,数口之家可以无饥矣"。文字稍有异,意思是相同的。这是"仁政"的最基本的思想,所以孟子对此有所重复。"五亩之宅",相当于农民的宅基地。"百亩之田",就是实行井田制,如《滕文公上》篇说的:"方里而井,井九百亩,其中为公田。八家皆私百亩,同养公田。"

《梁惠王上》篇在"数口之家可以无饥矣"的后面说:"谨庠序之教,申之以孝悌之义,颁白者不负戴于道路矣。七十者衣帛食肉,黎民不饥不寒,然而不王者,未之有也。"这是在先解决人民的物质生活保障问题的基础上,实行道德教化,其中也有"善养老"的意思。

本章在"八口之家足以无饥矣"的后面说:"所谓西伯善养老者,制其田里,教之树畜,导其妻子使养其老。五十非帛不暖,七十非肉不饱。不暖不饱,谓之冻馁。文王之民无冻馁之老者,此之谓也。"这是接着前面的伯夷、太公听闻周文王"善养老"而说,所以本章所讲的"仁政"突出了"善养老"的意义,这也确实是"仁政"思想中的一个重要内容。

孟子在《梁惠王上》篇说:"是故明君制民之产,必使仰足以事父母,俯足以畜妻子,乐岁终身饱,凶年免于死亡;然后驱而之善,故民之从之也轻。"孟子所说的"制民之产",就是"仁政必自经界始",实行井田制,使人民"有恒产者有恒心"。"制民之产"的意义就是首先要解决人民的衣食温饱问题,使人民的物质生活得到保障,必使民众仰足以奉养父母,俯足以养顾妻子和儿女;"乐岁终身饱,凶年免于死亡",也就是在好的年成能够吃饱饭,遇到灾年了也不至于冻死饿死;"然后驱而之善,故民之从之也轻",也就是在人民的物质生活得到保障的基础上,实行道德教化,这样做起来比较容易。反之,如果人民的生活困顿,衣食问题解决不了,"仰不足以事父母,俯不足以畜妻子,乐岁终身苦,凶年不免于死亡",那么人们"惟救死而恐不赡,奚暇治礼义哉",哪里还有工夫去讲求道德礼义呢?因此,孟子强调使民"养生丧死无憾,王道之始也"。

13·23 孟子曰:"易其田畴,薄其税敛,民可使富也。食之以时,用之以礼,财不可胜用也。民非水火不生活,昏暮叩人之门户求水火,无弗与者,至足矣。圣人治天下,使有菽粟如水火。菽粟如水火,而民焉有不仁者乎?"

这一章也是讲"仁政",是讲在井田制下所能达到的效果。"易其田畴"的"易",赵岐《注》解释为"治也"。"易其田畴"是说在井田制下农民努力从事农业生产,精耕细作。"薄其税敛",也就是《滕文公上》篇讲的"取于民有制",轻劳役,薄税敛,在井田制下相当于收取九分之一的税赋。这样就"民可使富也"。"食之以时,用之以礼,财不可胜用也",是说按时食用,依礼消费,这样财物就可以用之不尽。后面说:"民非水火不生活,昏暮叩人之门户求水火,无弗与者,至足矣。圣人治天下,使有菽粟如水火。菽粟如水火,而民焉有不仁者乎?"水火是人们日常生活中离不开的,如果黄昏夜晚敲别人的门户来求水火,没有不给的,这是因为水火很充足。"圣王治天下",就是要使菽粟等粮食像水火一样充足。如果粮食能像水火一样充足,老百姓哪有不仁的呢?

孟子的仁政思想,就是以解决人们的衣食生活保障问题为基础,在这种前提下"谨庠序之教,申之以孝悌之义",进行道德教化。在这样的社会环境中,人所本有的性善就可以像"火之始然,泉之始达"一样,顺而发展到仁的境界。

在孔、孟之前,齐国的管仲曾经提出"仓廪实则知礼节,衣食足则知荣辱"(《管子·牧民》)。孔子在周游列国时也曾提出了先"富之"后"教之"的思想(《论语·子路》)。孟子的仁政思想也是主张要"先富后教",使百姓衣食富足是"王道之始",然后进行道德教化,这样"从之也轻"。

孟子与告子就人性问题进行辩论时,告子认为"人性之无分于善不善也,犹水之无分于东西也",孟子反驳告子说:"水信无分于东西,无分于上下乎?人性之善也,犹水之就下也。人无有不善,水无有不下。"人的本性本来都是善的,就像水总是往下流一样。但是,"今夫水,搏而跃之,可使过颡;激而行之,可使在山。是岂水之性哉?其势则然也。人之可使为不善,其性亦犹是也。"什么意思?水当然可以被引向东,也可以被引向西,但是水的本性应该是往下走的,如果你让它往高处走也可以,那你一定要给它一个外力。当你拍打水的时候,水可以溅到你的头上去;如果我们用抽水机抽水,它可以更往上走,还可以把水引到山上去。这是加给水的外力造成的。所以,"人之可使为不善",就像水往上面走一样,"其势则然也"。在一个不好的社会环境下,受外界恶劣形势的影响,人性就有可能向不好的方向发展。孟子的性善论包含着对不良社会环境的批判意识,而孟子的仁政思想就是要改变社会环境,首先使百姓的物质生活得到保障,然后进行道德教化,这样就可顺着人性向好的方向发展,从"四端"发展到"仁义礼智"四德。

13·24 孟子曰:"孔子登东山而小鲁,登太山而小天下。故观于海者难为水,游于圣人之门者难为言。观水有术,必观其澜。日月有明,容光必照焉。流水之为物也,不盈科不行。君子之志于道也,不成章不达。"

"东山"是指鲁国都城东门外的高山。"太山"即泰山。孔子登上了东山,便觉得鲁国变小了;登上了泰山,便觉得天下都变小了。因登高望远,而眼界开阔,喻指孔子的思想境界越来越高远广阔。因此,看过大海的人就很难被别的水所吸引,在圣人门下学习过的人就很难被别的言论所吸引。观赏水的方法是一定要观其波澜。日月的光芒,凡细小的空隙也能照到。流水这种东西,不充满坑洼就不再向前流动。君子的有志于道,不到一定的修养程度就不会通达事理。孟子在本章鼓励学者当志向高远,应以学习圣人为目标,持之以恒,循序渐进,不要半途而废。

13·25 孟子曰:"鸡鸣而起,孳孳为善者,舜之徒也;鸡鸣

而起,孳孳为利者,跖之徒也。欲知舜与跖之分,无他,利与善之间也。"

"孳孳"是努力不懈、勤勉的样子。那些清早起来就努力做善事的人,是属于舜一类的人;那些清早起来就孜孜于谋取私利的人,是属于跖一类的人。舜是道德高尚的圣贤,跖是传说中的大盗。孟子认为,舜和跖的区别,没有别的,只是追求利与善的不同而已。这里的"利"是指个人的私利,而"善"就是仁义道德。

13·26 孟子曰:"杨子取为我,拔一毛而利天下,不为也。墨子兼爱,摩顶放踵利天下,为之。子莫执中。执中为近之。执中无权,犹执一也。所恶执一者,为其贼道也,举一而废百也。"

杨子就是杨朱。墨子就是墨翟。孟子对杨、墨的批评已见于《滕文公下》篇:"圣王不作,诸侯放恣,处士横议,杨朱、墨翟之言盈天下;天下之言,不归杨则归墨。杨氏为我,是无君也;墨氏兼爱,是无父也。"孟子提出:"闲先圣之道,距杨、墨,放淫辞,邪说者不得作。"也就是要护卫先圣之道,拒斥杨、墨的思想,驱逐偏颇的言论,使邪说不再流行。本章继续对杨、墨展开批评。后人常说孟子"辟杨、墨",这里的"辟"是批驳的意思,而"距杨、墨"的"距"是拒斥的意思,这两字在这里的意思差不多。

"杨子取为我,拔一毛而利天下,不为也。"这里的"取"是主张的意思。这句话说的就是杨朱为己,以至于拔自己的一根汗毛而利天下也不肯做。"墨子兼爱,摩顶放踵利天下,为之。""摩顶放踵",意为摩秃头顶,走破脚跟,形容墨家为了利天下而艰苦卓绝、不惜牺牲自己的一切的精神。在孟子看来,杨朱为己,墨氏兼爱,未免走了利己与利他的两个极端。孟子批评"杨氏为我,是无君也;墨氏兼爱,是无父也",这是极而言之,未免用语过激,苛严过度了。因为"杨子取为我,拔一毛而利天下,不为也",所以他也就不愿意到君主的朝廷里当官做事,在这个意义上是"无君也"。墨子的"兼爱"是主张将自己的父母与他人的父母同等地爱之,这与儒家的以孝悌为仁之本是不同的;因为不讲以孝悌为本始,所以极而言之就是"无父"。现在分析起来,墨家队伍的主体可能是一批在外打工的工匠,他们更讲究"哥们儿义气",与儒家学说比起来,血缘宗族的情感就比较淡薄了。

除了杨朱和墨子这两个极端之外,孟子说"子莫执中"。子莫,据赵岐的《孟子注》,他是"鲁之贤人"。所谓"执中",大致相当于现在说的"折中"。孟子又说:"执中为近之。执中无权,犹执一也。所恶执一者,为其贼道也,举一而废百也。"这里说的"执中为近之",是说它近于儒家所讲的"中道"。但是"执中无权,犹执一也","权"是指权宜或权变,在这里是与"道"的原则性相对而言的灵活性,如果没有具体情况下的权宜和灵活性,那么"执中"就犹如"执一",也就不是真正的"中道"了。孟子说"所恶执一者,为其贼道也,举一而废百也",意思是,之所以厌恶"执一",是因为"执一"有害于"道",是用"一"废弃了"道"所蕴含的多种具体情况下的权宜和灵活性。因此,儒家的"中道"既要"执中",又要有多种具体情况下的"行权",是原则性与灵活性的具体的统一。

13·27 孟子曰:"饥者甘食,渴者甘饮,是未得饮食之正也,饥渴害之也。岂惟口腹有饥渴之害?人心亦皆有害。人能无以饥渴之害为心害,则不及人不为忧矣。"

饥饿的人觉得什么食物都好吃,口渴的人觉得什么水都好喝,这是没有尝到饮食的正味,其原因是饥不择食、渴不择饮,损害了口腹的正味。难道只有口腹会受到饥渴的损害吗?心同样也会受到损害。一个人能使心不受到饥渴那样的损害,那就不必因为不如别人而忧愁了。孟子在这里说的"人能无以饥渴之害为心害",是以"饥渴之害"比喻人对功利的追求遮蔽了人的道德意识,致使"本心"放失,所以孟子强调要"先立乎其大者",要"求放心",也就是先要挺立人的道德意识。有了这种道德意识,即使不如别人,与他人有差距,也会"知耻近乎勇",奋起追赶别人。

13·28 孟子曰:"柳下惠不以三公易其介。"

柳下惠是鲁国的大夫,孟子曾称赞他"不羞污君,不卑小官;进不隐贤,必以其道;遗佚而不怨,厄穷而不悯"(《孟子·

公孙丑上》),称其为"圣之和者也"(《孟子·万章下》)。"三公"是君主以下最高的官职。"介"是指独特的操守、耿介。孟子说,柳下惠不会因为身居三公的高位而改变他的操守、耿介。这也体现了孟子说的士人"尚志",大丈夫的"富贵不能淫"。

13·29 孟子曰:"有为者辟若掘井,掘井九轫而不及泉,犹为弃井也。"

"辟",同"譬"。"轫",通"仞"。赵岐《注》:"轫,八尺也。"或说"七尺曰仞"。孟子指出,有作为的人要持之以恒,不要半途而废,譬如打井,井挖得很深了但没有出水,那还是一口废井。

13·30 孟子曰:"尧舜,性之也;汤武,身之也;五霸,假之也。久假而不归,恶知其非有也?"

"尧舜,性之也",是说尧、舜的道德行为是出自本性的自然而为。"汤武,身之也",是说商汤王、周武王的道德行为是通过修身养性而身体力行。"五霸,假之也",是指春秋时期的"五霸"假借仁义而称霸。"久假而不归,恶知其非有也",是说如果假借久了仍不回归真实的仁义,那就不知道自己是真有还是假有了。孟子在这里讲了关于仁义道德的"性之"、"身之"和"假之"三个层次,"性之"的层次最高,"身之"的所用工夫也很实,至于"假之"就是打着仁义道德的旗号而流于虚伪了。

13·31 公孙丑曰:"伊尹曰,'予不狎于不顺'。放太甲于桐,民大悦。太甲贤,又反之,民大悦。贤者之为人臣也,其君不贤,则固可放与?"

孟子曰:"有伊尹之志,则可;无伊尹之志,则篡也。"

"予不狎于不顺",意为我不亲近那些违背德行的人。伊尹是商汤时期的贤臣。商汤的嫡长孙太甲继承王位后,因种种失德行为而被伊尹放逐到桐邑。伊尹此举得到民众的拥护。三年之后,太甲悔过自新,改邪归正,伊尹又使太甲返回国都,重新执政。伊尹此举又得到民众的拥护。公孙丑的问题是,贤人作为臣属,如果君主不好,就可以放逐他吗?孟子的回答是,有伊尹那样的志向,未尝不可如此;如果没有那样的志向,就是篡位了。孟子在这里讨论了历史上的一段特殊君臣关系,他没有把君位说得绝对不可侵犯,但强调了贤臣的举措一定要出于公心,得到民众的拥护。

13·32 公孙丑曰:"《诗》曰'不素餐兮',君子之不耕而食,何也?"

孟子曰:"君子居是国也,其君用之,则安富尊荣;其子弟从之,则孝弟忠信。'不素餐兮',孰大于是?"

"不素餐兮",出自《诗经·魏风·伐檀》,意思相当于现在说的不白吃饭。公孙丑问：君子不干农活，也来吃饭，这是为什么呢？孟子的回答是，君子居住在一个国家，国君任用他，就能使国家安定富足、尊贵荣耀；国君的子弟跟从他学习，就会孝悌忠信。不白吃饭，还有比这功劳更大的吗？孟子在这里讲了士人君子的贡献和作用，肯定了社会分工的合理性，意在使国君尊重士人贤臣。

公孙丑所疑惑的"君子之不耕而食"，当是受到战国时期农家学派许行思想的影响。《滕文公上》就记载了许行主张"贤者与民并耕而食"，孟子以"夫物之不齐，物之情也"，士、农、工、商有着社会分工的合理性，对许行的观点进行了批驳。

13·33 王子垫问曰："士何事？"

孟子曰："尚志。"

曰："何谓尚志？"

曰："仁义而已矣。杀一无罪，非仁也。非其有而取之，非义也。居恶在？仁是也。路恶在？义是也。居仁由义，大人之事备矣。"

王子垫是齐国的一个王子，他问孟子：士人应该如何做事？这里的"士"是作为中国古代的一个社会阶层，也就是指读书人，约略相当于现在所说的"知识分子"。孟子说，士人"尚志"。我们前面讲了，孔子最先创立了民间的教育，推动了"士"阶层的兴起，也为"士"阶层确立了应该有的价值取向。孟子所说的"尚志"就是继承了孔子以及孔门弟子关于士人应该如何的思想。

王子垫又问:"何谓尚志?"孟子的回答是:"仁义而已矣。"孟子明确地把士人"尚志"确定为崇尚仁义道德。"仁者爱人",如果伤害了一个人,甚至杀害了一个无罪的人,那当然就是"非仁"了。"义"就是正义,如果不是某个人应该有的东西,他却把这些东西窃夺过来,那当然就是"非义"了。"居恶在? 仁是也。路恶在? 义是也。"这里的"恶"通"何"。孟子把"仁"比喻为人可以安居的广厦,把"义"比喻为人可以通行的正路。如果能够"居仁由义",就是心中怀有仁的爱心,行为遵循义的正路,那么"大人"所应该做的就是如此了。

13·34 孟子曰:"仲子,不义与之齐国而弗受,人皆信之,是舍箪食豆羹之义也。人莫大焉亡亲戚、君臣、上下。以其小者信其大者,奚可哉?"

仲子,即《滕文公下》篇讲到的陈仲子,齐国人,以廉著称。孟子说,如果以不正当的方式把齐国送给陈仲子,他也不会接受,人们都相信这一点,但这不过是舍弃一箪饭、一碗汤的小义。人没有比失去亲戚、君臣、上下的人伦关系更大的事了。因为陈仲子的小节,就相信他的大节,怎么可以呢? 孟子在这里强调了人伦关系的重要,批评陈仲子的"避兄离母",认为他虽然有廉名,但只是小节小义。

关于对陈仲子"避兄离母"的批评,可参见《滕文公下》篇的第十章。

13·35 桃应问曰:"舜为天子,皋陶为士,瞽瞍杀人,则如之何?"

孟子曰:"执之而已矣。"

"然则舜不禁与?"

曰:"夫舜恶得而禁之?夫有所受之也。"

"然则舜如之何?"

曰:"舜视弃天下犹弃敝蹝也。窃负而逃,遵海滨而处,终身䜣然,乐而忘天下。"

桃应是孟子的弟子。他问孟子:舜做了天子,皋陶是执法的官员,如果舜的父亲瞽瞍杀了人,应该怎么办?孟子的回答是:皋陶逮捕他就是了。桃应问:那么,舜不阻止皋陶去逮捕瞽瞍吗?孟子回答:舜怎么能阻止呢?皋陶去逮捕瞽瞍是有法律根据的。桃应又问:皋陶逮捕了瞽瞍,舜又怎么办呢?孟子回答:舜把舍弃天子之位看得就像舍弃破鞋子一样。他将偷偷地背着父亲逃走,沿着海边住下来,一辈子都很快乐,把曾经做过天子的事都忘了。

孟子在这里有前后两种不同的态度。前一种态度是站在公职的角度说的,就是对杀了人的父亲应该依法逮捕,这体现了舜对法律的尊重。他虽然贵为天子,也不以权谋私、徇私枉法。后一种态度是站在父子人伦关系的角度说的,"视弃天下犹弃敝蹝也","窃负而逃",跑到一个王法管不到的海滨之处住下来,"终身䜣然,乐而忘天下"。这前后两种不同的态度,是被桃应之问前后设置了一个难以两全的困境所决定的。

《礼记·丧服四制》说:"门内之治,恩掩义;门外之治,义断恩。"设置这样一个困境,其目的是要强调公职正义与人伦亲情都是重要的,前一种态度体现了"门外之治,义断恩",后一种态度则体现了"门内之治,恩掩义"。至于在这两种态度之间如何找一个更加两全的方式,因为古今的社会情境已发生了很大的变化,所以处理的方式也会有所不同。可以肯定的是,儒家重视亲亲之情,以孝悌为仁之本始;同时也尊重法律,反对以权谋私。在不同的情境下,孔子也曾肯定春秋时期的叔向判他的弟弟有罪,称赞他的"治国制刑,不隐于亲",是"古之遗直也"(见《左传·昭公十四年》)。至于舜的"窃父而逃",因为古今的法律适用范围有所不同,所以对此也应作历史的、同情的理解。

13·36 孟子自范之齐,望见齐王之子,喟然叹曰:"居移气,养移体,大哉居乎!夫非尽人之子与?"

孟子曰:"王子宫室、车马、衣服多与人同,而王子若彼者,其居使之然也;况居天下之广居者乎?鲁君之宋,呼于垤泽之门。守者曰:'此非吾君也,何其声之似我君也?'此无他,居相似也。"

"范"是齐国的一个地名。"自范之齐"的"之"是动词用法,往的意思。"孟子自范之齐"就是孟子从范地到了齐国的都城。孟子望见齐王的儿子,感叹说:居处环境改变人的气质,生活的素养改变人的体貌。他不也是人的儿子吗?为什么他就显得和别人有所不同呢？

孟子又说：王子的住所、车马和衣服大多与人相同，而王子和别人不一样，这是他的居处环境使然；何况那些居天下之广居的人呢？有一次鲁国的君主到了宋国，在宋城东南的垤泽之门喊话。守城门的说：这不是我们的国君，可声音为什么如此像我们的国君呢？孟子说，这不是因为别的，就是因为他们的居处环境相似。

居处环境的确可以改变人的气质和体貌。孟子在本章不仅是说居处环境的重要，更有深意的是，他说："况居天下之广居者乎？"这里的"居天下之广居"，应与《滕文公下》篇说的"居天下之广居，立天下之正位，行天下之大道"相联系，这也就是孟子说的"居仁由义"。在内心深有道德素养的人，"其生色也，睟然见于面，盎于背，施于四体，四体不言而喻"；比起居处环境，一个人的道德素养对他的精神气象、形貌举止有更加深重的影响。

13·37 孟子曰："食而弗爱，豕交之也；爱而不敬，兽畜之也。恭敬者，币之未将者也。恭敬而无实，君子不可虚拘。"

古时候称猪为"豕"。"币"，狭义是指钱币，又在广义上泛指礼节交往的用品。孟子说，喂养而不爱，那就像养猪一样；爱护而不恭敬，那就像养牲口一样。恭敬之心，是在送上礼物之前就应具有。表面上恭敬而没有诚心实意，君子是不会被这种虚假的礼数所留住的。孟子在这里所说是针对战国时期的君主"养士"而言,批评当时的君主傲慢虚伪,并没有诚心实意地尊敬士人君子。孟子认为"德高于势",主张"以德抗势",对当时君主的傲慢虚伪是给予严厉批评的。

13·38 孟子曰:"形色,天性也;惟圣人然后可以践形。"

"形色"是指人的形体、容貌。"践形"意为把人的身体中所蕴含的精神气质充分展现出来。孟子认为,人的形体、容貌是天所赋予的,把其中所蕴含的精神气质充分展现出来,只有圣人才能做到。这也体现了孟子对人的身体的重视。孟子说:"夫志,气之帅也;气,体之充也。""志壹则动气,气壹则动志也。"(《孟子·公孙丑上》)在志与气、形与神之间,孟子认为是可以相互作用的。

在形与神或身体与精神的关系问题上,西方哲学的主流是讲形神二分;中国哲学的主流是讲形神统一,形是神的基础,神是形的主导,二者可以相互作用,是相互统一的。孟子说的"践形",实际上也包含着提高人的精神素质、道德修养的意思。

13·39 齐宣王欲短丧。公孙丑曰:"为期之丧,犹愈于已乎?"

孟子曰:"是犹或纾其兄之臂,子谓之姑徐徐云尔,亦教之孝弟而已矣。"

王子有其母死者,其傅为之请数月之丧。公孙丑曰:"若此者,何如也?"

曰:"是欲终之而不可得也。虽加一日愈于已,谓夫莫之禁而弗为者也。"

丧服之礼,父母去世之后应服三年之丧。孔子说:"子生三年,然后免于父母之怀。夫三年之丧,天下之通丧也。"(《论语·阳货》)"通丧"就是指对所有人都适用的丧礼。"期"在这里是一年的意思。"为期之丧",就是指服一年之丧。"齐宣王欲短丧",是说齐宣王要把为父母服的三年之丧缩短为一年。公孙丑问:为父母服丧一年,总比不服丧好吧?孟子作了一个比喻来回答:这就像有人扭住他哥哥的胳膊,你却对他说,姑且慢慢地扭。孟子显然对这种为父母"短丧"的方式不满。孟子说"亦教之孝弟而已矣",就是说,你应该教导他孝悌才对。因为孝悌之心是更为根本的,丧服之礼是对孝悌之心的一种表达。

据《仪礼·丧服》,丧服之礼有"父在为母期"的规定,就是在父亲还活着而母亲死了时,为母亲服丧的时间就不是三年而一年。"王子有其母死者,其傅为之请数月之丧",是说齐国有一个王子的母亲死了,按照"父在为母期"的规定,他只能为母亲服丧一年,而他的师傅教他可以为母亲多服几个月的丧。公孙丑问:像这样的情况应该如何呢?孟子回答:这是想服丧三年而又不可得。别说多服丧几个月,就是多服丧一天也比不服好。这是针对没有谁禁止他服丧而自己不肯服丧的人说的。虽然有"父在为母期"的规定,但是孟子肯定了可以本于人情而为母丧延长丧期。

从以上两条关于丧服之礼的讨论可以看出,孟子是尊重丧服礼制的,但他不是把丧服礼制视为外在的教条和绝对的规定,而是更看重人的内在的道德意识和情感,认为对丧服的规定可以随具体的人情而做适当的调整。我认为,"父在为母期"本来是当时历史条件下男女不平等的一个表现。如果"父在为母期",那么为什么没有"母在为父期"呢?孟子提出对"父在为母期"可以通融调适,将丧期延长至一年以上,这在当时是一种更符合人情的考虑。

13·40 孟子曰:"君子之所以教者五,有如时雨化之者,有成德者,有达财者,有答问者,有私淑艾者。此五者,君子之所以教也。"

孟子在这里提出了五种教育方式。"有如时雨化之者",就是在适当的时机,采取像及时雨"润物细无声"的教育方式。"有成德者",就是重在养成学生的思想品德的教育方式。"有达财者","财"在这里通"才",就是重在提升学生的才干的教育方式。"有答问者",就是答疑解惑的教育方式。"有私淑艾者",就是老师以身作则,为人表率,靠自己的学问品德而使人私下受益的教育方式。孟子说:"此五者,君子之所以教也。"这五种教育方式都是儒家所肯定的,而孔、孟往往是因材施教,针对不同学生的特点而采取不同的教育方式。

13·41 公孙丑曰:"道则高矣,美矣,宜若登天然,似不可及也。何不使彼为可几及而日孳孳也?"

孟子曰:"大匠不为拙工改废绳墨,羿不为拙射变其彀率。君子引而不发,跃如也。中道而立,能者从之。"

这是孟子与公孙丑师生之间关于儒家之"道"的原则性是否可以降低一些的对话。公孙丑说:儒家之道真是高啊,美啊,简直就像登天一样,似乎不可企及。为什么不让它变得有可能达到,好让人们每天去努力追求呢?孟子说:高明的工匠不会因笨拙的工人而改变或废弃绳墨规矩,羿这样的高明射手也不会因拙劣的射手而改变他开弓张弛的正确程度。君子教人就像教人射箭一样,张满了弓却不发箭,做出跃跃欲试的样子。他立于中道,有能力的人就跟从他。孟子在这里既强调了儒家之"道"的原则性是不可改变的,也指出了要有适当的教育方式,引导后学努力学习,积极向上。

13·42 孟子曰:"天下有道,以道殉身;天下无道,以身殉道;未闻以道殉乎人者也。"

"以道殉身",朱熹《孟子集注》释为"身出则道在必行"。此句的意思是,在"天下有道"时,君子要大有作为,努力弘扬"道"。孔子曾说:"人能弘道,非道弘人。"(《论语·卫灵公》)"以身殉道",朱熹《孟子集注》释为"道屈则身在必退,以死相从而不离也"。意思是,在"天下无道"

时,君子不免屈身隐退,而对"道"的恪守要至死不渝。"未闻以道殉乎人者也",意为没有听说过用"道"来屈从人的。朱熹《孟子集注》对"以道殉乎人"的解释是,"以道从人,妾妇之道"。古时的妾妇要一味顺从于丈夫,而孟子强调不能用"道"屈从于人,这有不能牺牲"道"的原则性来屈从于人之权势的意思。

13·43 公都子曰:"滕更之在门也,若在所礼,而不答,何也?"

孟子曰:"挟贵而问,挟贤而问,挟长而问,挟有勋劳而问,挟故而问,皆所不答也。滕更有二焉。"

滕更,据赵岐《注》,是滕国国君的弟弟,曾经向孟子问学。公都问:滕更在您门下时,像是应该以礼相待的人,您却不回答他的问题,这是为什么?孟子回答:倚仗着地位高贵来问,倚仗着才能来问,倚仗着年长来问,倚仗着有功劳来问,倚仗着有老交情来问,都是我所不愿回答的。在这五条中,滕更占了两条。朱熹《孟子集注》说:"君子虽诲人不倦,又恶夫意之不诚者。"学生应该虚心请教,如果态度傲慢、虚伪,那么老师是不愿意答其所问的。

13·44 孟子曰:"于不可已而已者,无所不已。于所厚者薄,无所不薄也。其进锐者,其退速。"

"已"在这里是停止、放弃的意思。"厚"和"薄"指待人接物的不同态度和行为方式。"锐"的本义是锐利,在这里是急剧、急速的意思。孟子说:对于不该停止的事情却停止了,那就没有什么是不可停止的。对于应该厚待的人却薄待了,那就没有什么人是不可薄待的。用心太过、急于冒进的人,他后退也快。孟子在这里讲的是行为举止、待人接物、进退快慢都要把握度,符合一定的行为规范,不可有所偏颇。

13·45 孟子曰:"君子之于物也,爱之而弗仁;于民也,仁之而弗亲。亲亲而仁民,仁民而爱物。"

这一章是孟子阐发儒家仁爱思想的一段重要表述。

孟子区分了"亲""民""物"三个层次。"君子之于物也,爱之而弗仁;于民也,仁之而弗亲。"这说明对于这三个层次的处理方式是有差等的。"亲亲"的第一个"亲",作动词,是亲爱的意思;第二个"亲",作名词,指自己的亲人,重在指自己的父母之亲。"仁民"的"仁",就是"仁者爱人"的"仁"。古代的"民"与"人"相通,但词义各有侧重,"人"一般是相对于物或神而言,"民"一般是相对于国家政权和执政者而言。孟子在这里将"仁民"与"亲亲""爱物"相对而言,这或许在特殊语境上与孟子所主张的"仁政""民为贵"思想相联系,即主要是对执政者提出道德要求。如果从一般的意义而言,"仁民"既然与"爱物"相对而言,那么"仁民"也就是"仁者爱人"的意思,而此处"爱人"就是普遍地爱人类所有的人。"爱物"与"仁民"相对而言,那么"爱物"就是爱自然界或世界上的万物。

孟子在这里讲了对"亲""民""物"三个层次有"亲""仁""爱"三种不同的对待方式,这主要是讲儒家的"爱有差等"。对于自己的亲人,特别是父母亲,因为有血缘情感,而且孝悌是仁之本始,所以亲亲之情和对待方式自然要"厚"于普遍的爱人;而"仁者爱人"是仁的基本义,"天地之生,人为贵",对人的爱当然要重于对物的爱。这也就是《吕氏春秋·爱类》篇所说的:"仁于他物,不仁于人,不得为仁。不仁于他物,独仁于人,犹若为仁。仁也者,仁乎其类者也。"近代的康有为在《论语注》中也说:"仁者无不爱,而爱同类之人为先。"所谓"仁者无不爱",当然是讲普遍的爱物;"而爱同类之人为先",就是讲爱人重于爱物。在《论语·乡党》里记载:"厩焚。子退朝,曰:'伤人乎?'不问马。"马厩失火了,孔子退朝回来,首先问伤人了吗,而没有问马如何。之所以如此,就是因为人的价值要重于马的价值,或者说人本身就是内在价值,人是目的,而不是工具价值,所以爱人要重于爱物。

如今谈到保护生态环境,我认为也应该如此。从生态伦理上讲,自然界的万物当然各有自然的价值,但是也要以爱人为先,如果脱离了爱人,那么生态环境的意义也就变得模糊不清,变得意义分歧或虚伪了。从保护生态环境的效果上说,只有先协调好人与人的关系,才能真正处理好人与自然的关系。在人与人的冲突或战争中,也不存在人与自然之间的和平。

孟子在本章用了"亲亲而仁民,仁民而爱物"的表述,这主要是讲仁爱精神的"爱有差等"。而对于"亲""仁""爱"的不同对待方式,不能离开语境而作机械的、截然二分的理解,并不是对"民"就不应该"亲",或对"民"只能是"仁"而不能是"爱"。实际上,儒家不仅讲"亲亲",也讲"亲民",如《大学》的三纲领里就有"亲民"。在《论语·颜渊》中,孔子回答樊迟的"仁"之问,就是"爱人"。孔子还说过"节用而爱人""君子学道则爱人"等。孟子也说"爱人不亲,反其仁""仁者爱人,有礼者敬人"等。儒家也有"爱民如子"之说。可见,在一定的语境下,"亲""仁""爱"是可以相通的。

"亲亲而仁民,仁民而爱物",虽然讲了三个层次,但统之都是儒家的仁爱精神。"亲亲""孝悌"是仁的本始,"仁民"或"仁者爱人"是仁的基本义,而由"爱人"达到泛爱万物,就是仁的充分义。后来张载在《西铭》中说"民吾同胞,物吾与也",这与孟子讲的是同一个境界。

13·46 孟子曰:"知者无不知也,当务之为急;仁者无不爱也,急亲贤之为务。尧舜之知而不遍物,急先务也;尧舜之仁不遍爱人,急亲贤也。不能三年之丧,而缌、小功之察;放饭流歠,而问无齿决,是之谓不知务。"

孟子在这里讲的是人的认知和处理事务的先后缓急问题。

"知者无不知也",这是认知的一种理想状态,可见儒家并不排斥任何知识。但是人的认知总有一定的局限,所以要

"当务之为急"。即使是"尧舜之知",也有一定的局限,而不是遍知一切的事物。所以,尧舜之知是"急先务也"。"仁者无不爱也",这就是仁者的普遍爱人,兼及爱物。但是作为具体的人,即使是"尧舜之仁",他们的道德行为所施及的范围也是有一定局限的,并不能施及所有的人。所以,尧舜作为圣王,他们是以"亲贤"为急务,因为只有选贤任能,"举直错诸枉,能使枉者直",才能使社会得到治理,人民得到幸福。

儒家一直重视君主的选贤任能,在《尚书·皋陶谟》中就有:"在知人,在安民。""知人则哲,能官人;安民则惠,黎民怀之。"这里的"知人"就是知人善任的意思。作为最高领导人来说,能够知人善任就是一个很大的智慧。"知人则哲",就是智或大智的意思。领导人只有知人善任,才能有良政善治,也才能"安民则惠,黎民怀之"。

在《论语·颜渊》中,樊迟问"知",孔子答以"知人",这有"智者知人"的普遍意义。但是樊迟"未达",没有理解,于是孔子就用"举直错诸枉,能使枉者直"来启发他。樊迟仍然"未达",出门后又问子夏,于是子夏又启发他:当舜执政时,提拔任用贤臣皋陶,这样就使"不仁者远矣";当商汤执政时,提拔任用贤臣伊尹,这样也使"不仁者远矣"。由此可见,"知人则哲"的思想对儒家学说是有深远影响的。这也很可以说明,尧舜之仁"急亲贤之为务"的重要。

孟子在本章是讲认知和政务的先后缓急问题,这在以后的儒家学说中一直受到重视。孟子又用丧服之礼和饮食之礼的例子对此予以说明。缌麻、小功是丧服之礼的两个等级。

古代的丧服之礼是根据血缘关系的亲疏来分为斩衰、齐衰、大功、小功、缌麻五个等级，服丧的时间长短分为三年、一年、九个月、五个月和三个月。"小功"是其中的第四个等级，即服丧五个月。"缌麻"是最后的第五个等级，即服丧三个月。孟子在本章说的"三年之丧"，是丧服中最重的，适用于父母之丧、臣对君之丧、妻对夫之丧等。如果对"三年之丧"不重视，却去讲究缌麻、小功之丧的细节，那就是"不知（要）务"了。

同样，饮食之礼最重要的是在长者尊者面前有礼貌，而"放饭流歠"是在长者尊者面前放肆地大口吃饭、大口喝汤，这是严重的失礼。饮食之礼中还有"濡肉齿决，干肉不齿决"（《礼记·曲礼》），就是说在吃湿肉的时候可以用牙咬断，而吃干肉的时候只可用手折断，然后放入口中，不可直接用牙咬断。相对于在长者尊者面前"放饭流歠"来说，吃干肉"不齿决"就属于饮食之礼中的细节。如果在长者尊者面前放肆地大吃大喝，严重失礼，却问吃干肉是否"齿决"的细节问题，那当然也是"不知（要）务"了。

尽心下

李存山 解读

14·1 孟子曰:"不仁哉,梁惠王也!仁者以其所爱,及其所不爱,不仁者以其所不爱,及其所爱。"

公孙丑曰:"何谓也?"

"梁惠王以土地之故,糜烂其民而战之,大败,将复之,恐不能胜,故驱其所爱子弟以殉之。是之谓以其所不爱,及其所爱也。"

《孟子》的第一篇就是《梁惠王》篇,孟子游说梁惠王实行仁政。仁政的人性论基础就是人皆有"不忍人之心",其发之为"不忍人之政"。本章说的"仁者以其所爱,及其所不爱",就是将人的亲亲之情、孝悌之心扩而充之,"老吾老,以及人之老;幼吾幼,以及人之幼",从而达到"仁民而爱物"。孟子以"不忍人之心"来启发梁惠王、齐宣王等实行仁政,他们却反其道而行之,对内不实行仁政,对外则穷兵黩武。他们在战争中失败的后果就是"不仁者以其所不爱,及其所爱"。这里的"其所不爱"是说梁惠王没有爱民之心,驱民打仗,祸害了百姓的生命;"及其所爱"是说这种祸害连带着把他所爱的亲近子弟也祸害了。

公孙丑问:为什么这样说?孟子回答:"梁惠王以土地之故,糜烂其民而战之,大败。"所谓"糜烂其民",就是摧残、祸害本国人民的生命。梁惠王为了争夺土地而发动战争,摧残了本国人民的生命,结果是大败而归。这就是"不仁者以其所不爱"。后面说的"将复之,恐不能胜,故驱其所爱子弟以殉之",就是祸害"及其所爱"。梁惠王也有亲亲之情,也爱自己的子弟,但是他打了败仗,为了报复敌国,又把自己的亲近子弟派上战场,结果使自己的子弟也战死了。孟子由此批评梁惠王不实行仁政,穷兵黩武,其恶果是既害民,又害及子弟。这就是"不仁者以其所不爱,及其所爱",与仁者的"以其所爱,及其所不爱"正相反对,背道而驰。

我听说在济南附近有一个魏太子墓,我想这或许就是在魏、齐战争中梁惠王太子的葬身之地,此可作为"不仁者以其所不爱,及其所爱"的一个物证。

14·2 孟子曰:"春秋无义战。彼善于此,则有之矣。征者,上伐下也,敌国不相征也。"

本章论"春秋无义战"。"春秋"是指春秋时期,也可理解为孔子所作的《春秋》经,在《春秋》经中记载了各诸侯国之间的战争,并用"春秋笔法"加以批判。"春秋无义战",就是在春秋时期没有正义的战争。"彼善于此,则有之矣",是说那一国的君主比这一国的君主要好一些,这种情况还是有的。但是总体说来,"春秋无义战",没有正义的战争,因为"征者,上伐下也,敌国不相征也"。这里的"敌国"是指同等级别的诸侯国。战争的征讨,应该是上级对下级的讨伐,而同等级别的诸侯国是不能互相征讨的,这是孟子判断"春秋无义战"的一条根据。

到了孟子所生活的战国中期,形势有了很大的变化,当时的周天子已经衰落至极,名存实亡,各诸侯国已经不再打着"尊王攘夷"的旗号,人们已经不再"尊周王"。当时七个战争强国之间的战争也更加残酷,这就是孟子在《离娄上》篇所说:"争地以战,杀人盈野;争城以战,杀人盈城。此所谓率土地而食人肉,罪不容于死!"鉴于战争给人民的生命、财产造成极大祸害,孟子从人道主义立场,鲜明地反对战争,提出了"善战者服上刑"。孟子在当时提出仁政思想,其中的一个历史背景就是孟子希望有诸侯国的国君采取"王道"而非"霸道"的方式,也就是"以德服人",而不是"以力服人",通过"以至仁伐至不仁",从而"仁者无敌",统一天下。

14·3 孟子曰:"尽信《书》,则不如无《书》。吾于《武成》,取二三策而已矣。仁人无敌于天下。以至仁伐至不仁,而何其血之流杵也!"

这里的《书》是指作为"五经"之一的《尚书》,《武成》是

《尚书》中的一篇。孟子说"尽信《书》,则不如无《书》",这句话也可以泛讲,有它的普遍意义。如果我们读一本书,对其中的内容完全相信,将每一句都当作真理,而没有自己的独立理解和判断,那就不如不读这本书。孟子在这里说的"书"是特指《尚书》,他读其中的《武成》篇,只是取它的两三根竹简而已。为什么呢?因为《武成》篇记载周武王伐纣,描写战争打得很残酷,以致"血之流杵",流血之多,把舂米或洗衣用的木头棒都漂起来了。孟子认为这不太可能。因为周武王率领的是仁义之师,"仁人无敌于天下",而且是"以至仁伐至不仁",周武王是最有仁心的君主,商纣王是最不仁的一个暴君,以最仁者征伐最不仁者,那应该是很顺利就把他打败了,怎么能够血流漂杵呢?

　　孟子对《武成》篇的记载产生怀疑,这有他特殊的仁政思想的理论背景。实际上,历史上的大规模战争,尤其是在改朝换代时发生的大规模战争,都是非常残酷的。《武成》篇对武王伐纣确实有"血流漂杵"的记载,后来汉代的王充也在《论衡》书里说:"夫《武成》之篇,言武王伐纣,血流浮杵,助战者多,故至血流如此。"《武成》篇属于《古文尚书》中的一篇,它在汉代以后失传,后来又出现的就属于"伪古文"。我们现在看到的《武成》篇仍然有"血流漂杵"的描写,但是在前面加上了"前徒倒戈,攻于后以北",这样就是说商纣王的前锋军队倒戈,和后面的军队打起来了,"血流漂杵"就和武王的军队没关系了。这当然是后人根据孟子的意思而对《武成》篇作了改撰。

14·4 孟子曰:"有人曰,'我善为陈,我善为战'。大罪也。国君好仁,天下无敌焉。南面而征,北狄怨;东面而征,西夷怨,曰:'奚为后我?'武王之伐殷也,革车三百两,虎贲三千人。王曰:'无畏!宁尔也,非敌百姓也。'若崩厥角稽首。征之为言正也,各欲正己也,焉用战?"

"我善为陈"的"陈",古通"阵","我善为陈"就是我善于布阵打仗。孟子明确地反对战争,他说,"善战者服上刑"。对于有人说我善于布阵,我善于打仗,孟子说这是"大罪也","大罪"就应该"服上刑"。孟子说:"国君好仁,天下无敌焉。"为什么呢?因为有仁爱之心的国君,实行仁政,不仅得到本国人民的拥戴,而且周围国家的人民在暴政下受害已深,也盼望着仁君去解救他们,这就是仁君"救民于水(深)火(热)之中"。他们盼望着王师的到来,"若大旱之望云霓也"。当王师到来之时,百姓就会"箪食壶浆",在竹篓里装着干粮,壶里盛着水,以欢迎王师。

本章所说"南面而征,北狄怨;东面而征,西夷怨,曰:'奚为后我?'"就是说,当王师征伐南面的蛮国时,北方狄国的百姓就有怨言;当王师征伐东面的夷国时,西方夷国的百姓就有怨言。他们埋怨的是:为什么把我们放在后面呢?这种争先恐后欢迎王师的状况,就真是"仁者无敌"了。

孟子又说:"武王之伐殷也,革车三百两,虎贲三千人。""两"就是辆。"虎贲"就是勇士。三百辆战车、三千名勇士,这就是周武王的兵力。见到商国的百姓,武王说:不要怕!我们是来解救你们的,不是来和老百姓打仗的。这样,商国的百姓就"若崩厥角稽首",也就是跪倒一大片,纷纷磕头。这还用得着打仗吗？孟子说:"征之为言正也,各欲正己也,焉用战？"这就是说,"征"的意思是"正",每个人都希望能端正自己,哪里还用得着打仗呢？孟子对于实行仁政就可以"仁者无敌"的设想,的确是很有道德理想主义的色彩。

14·5 孟子曰:"梓匠轮舆能与人规矩,不能使人巧。"

"梓"是指用来做家具或车具的梓树木材。"轮"是车轮。"舆"是车厢。"梓匠轮舆",就是指木匠以及专做车轮或车厢的车工。"规矩"最初是指匠人用的圆规和直角尺,所谓"没有规矩,不成方圆",后来发展为抽象的规矩准则之义。木匠和车工都有一套规矩准则,这是可以教给别人的,但是他们的灵活技巧没法教给别人。因为对规矩的运用是熟能生巧,也就是"师傅领进门,修行靠个人"。孟子所注重的道德修身和治国理政也是如此,虽然也有"规矩",但是还须发挥主体的能动性,在道德修身和治国理政的长期实践中不断积累经验,才能"运用之妙,存乎一心"。

14·6 孟子曰:"舜之饭糗茹草也,若将终身焉。及其为天子也,被袗衣,鼓琴,二女果,若固有之。"

"饭糗"之"饭",在这里作动词,即吃的意思。"糗"是名词,即做熟了的干粮、干饭。"茹草"指吃野菜。"袗衣"是华美的衣服。"果",在这里是女侍的意思。

舜在做天子之前,啃干粮,吃野菜,好像一辈子就是这么过的。等舜做了天子,他就穿着很讲究的衣服,弹着琴,有尧的两个女儿侍奉着,好像本来就有这些似的。舜的这种人生态度,就是不以贫贱富贵动其心,也就是孟子所说的"君子所性,虽大行不加焉,虽穷居不损焉,分定故也"。他之所以能"大行不加""穷居不损",是因为他抱定了仁义道德的信念,对于贫富穷达等都淡然处之,"顺受其正"。宋儒范仲淹在《岳阳楼记》中说的"不以物喜,不以己悲",所表达的也是这样一种高尚的精神境界。

14·7 孟子曰:"吾今而后知杀人亲之重也。杀人之父,人亦杀其父;杀人之兄,人亦杀其兄。然则非自杀之也,一间耳。"

这一章可能是孟子针对当时的一个血亲复仇事件而发的感慨。我从今以后更知道了杀害他人之亲的严重后果了。杀了别人的父亲,别人也会杀自己的父亲;杀了别人的兄长,别人也会杀自己的兄长。这样,虽然不是自己杀了父亲、兄长,但也只是与此相差不远。"一间耳"就是一点儿间隔,相差不远。

儒家以孝悌为仁之本,其"推恩"就是"老吾老,以及人之老;幼吾幼,以及人之幼","推恩足以保四海,不推恩无以保妻子"。如果只是停留在亲亲之情,对他人之老、幼没有爱心,甚至伤害他人之老、幼,那么反过来也会伤害自己的亲人。因此,真正的孝悌要扩充到"泛爱众",能够爱敬他人之亲,这样他人也会爱敬自己的亲人。如果只爱自己的亲人,那就如后来程颐在与杨时讨论《西铭》时所说,"分殊之蔽,私胜而失仁",只有"分立而推理一"才是"仁之方也"。

14·8 孟子曰:"古之为关也,将以御暴;今之为关也,将以为暴。"

"关"是关卡。孟子说,古时候设立关卡,是为了防御暴行;现在设立关卡,是为了制造暴行。这是抨击当时的各诸侯国设立关卡,横征暴敛,施害于民。在孟子的仁政思想中有"关市讥而不征"(《孟子·梁惠王下》),朱熹的《孟子集注》说:"讥,察也。征,税也。""讥而不征"就是只查验而不征税,这应是针对当时的各诸侯国设关"以为暴"而说的。

14·9 孟子曰:"身不行道,不行于妻子;使人不以道,不能行于妻子。"

本章强调修身、齐家要以修身为本,以身作则,身修然后家齐,如《大学》所说,"身不修,不可以齐其家"。孟子说,如果自身不遵行道,那也就不可能使妻子和儿女遵行道;如果不按照道来使唤外人,那也就连妻子和儿女也使唤不了。后一点是讲对待外人和对待家人要内外一致。

14·10 孟子曰：“周于利者，凶年不能杀；周于德者，邪世不能乱。”

"周"在这里是周遍、充足的意思。财利充足的人，在灾荒之年也不会饿死；德行充沛的人，在邪恶的乱世也能坚持操守，不受迷惑。孔子说的"君子固穷，小人穷斯滥矣"，孟子说的"士穷不失义""穷则独善其身"，当就是本章说的"周于德者，邪世不能乱"。

14·11 孟子曰："好名之人，能让千乘之国。苟非其人，箪食豆羹见于色。"

"好名之人"是指内心没有实德而沽名钓誉的人。这种人为了得到好的名声，可以把有千辆兵车之国的君位让给别人。据《战国策·燕策一》，燕王哙为了得到"让天下之名"就曾干过这样的事。但是如果他本来不是那种内心有谦让品德的人，那么因为一箪饭、一盆汤也会显出贪争的神色。孟子在这里讲的是要有实心实德，也就是道德之"诚"，"真实无妄"。有了内在道德的诚心，才能表里如一、德行一贯。

14·12 孟子曰："不信仁贤，则国空虚；无礼义，则上下乱；无政事，则财用不足。"

孟子的治国理政思想，除了要求君主"以不忍人之心，行不忍人之政"，还要求君主尚贤使能，"贵德而尊士"，使"贤者在位，能者在职"，"明其政刑"(《孟子·公孙丑上》)。孟子在讲到"仁者无不爱"时也说"急亲贤之为务"(《孟子·尽心上》)。本章指出，如果不信任仁贤之士，国家的人才就会空虚；如果没有礼义的道德规范，国家的上下关系就会混乱；如果没有好的治国措施，国家的财用就会不足。可见，信任仁贤之士、重视礼义规范、使政事清明，也是治国理政的三个要素。

14·13 孟子曰："不仁而得国者，有之矣；不仁而得天下，未之有也。"

在战国时期，法家提出了"驱民耕战"，富国强兵，靠强大的经济实力和军事暴力来攻打各国，统一天下。这就是孟子说的"以力服人"的"霸道"。战国中期，法家治国的优势还没有太显示出来，孟子提出了以实行仁政而得民心，"仁者无敌"，靠"以德服人"的"王道"来统一天下。孟子说"不仁而得国者，有之矣"，这里的"国"是指诸侯国，当时的诸侯国君已经纷纷称"王"，有的诸侯国吞并了其他诸侯国，他们确实是"不仁而得国者"。孟子又说"不仁而得天下，未之有也"，在孟子看来，不仁者即便可以得国，但是若想"得天下"，实现统一中国的大业，那是不可能的。

孟子在《离娄上》篇说："得天下有道：得其民，斯得天下矣。得其民有道：得其心，斯得民矣。得其心有道：所欲与之聚之,所恶勿施,尔也。"这是说,若要得民心,就要"民之所欲,皆为致之","民之所恶,则勿施于民",充分满足人民的需求,不要干违背民心的事情,"先富后教",实行仁政,从而得到人民的拥护,"仁者无敌","得民心者得天下"。

由于中国历史进程的局限性,孟子的仁政思想在当时并没有得到实行,孟子所设想的用"以德服人"的"王道"来统一天下在当时也没有能得到实现,孟子在游说各诸侯国君时也不免被讥为"迂远而阔于事情"。相反,在战国中后期是法家思想得势,秦始皇最终是靠"耕战"的经济实力和军事实力统一了天下。尽管如此,孟子的仁政思想在中国历史上仍发挥了长远的积极的作用。尤其是随着历史车轮的前行,孟子的仁政思想在当今更具有了重要的现实意义。仁政思想中的以民为本、重视民生、共同富裕、崇尚道德等精神,是我们现在应该传承和弘扬的优秀文化传统。

14·14 孟子曰:"民为贵,社稷次之,君为轻。是故,得乎丘民而为天子,得乎天子为诸侯,得乎诸侯为大夫。诸侯危社稷,则变置。牺牲既成,粢盛既洁,祭祀以时,然而旱干水溢,则变置社稷。"

孟子的仁政思想,其道德基础最重要的是"仁者爱人"和"以民为本"的思想。民本思想在中国文化中有着悠久的传统,而其最鲜明的一个表述就是孟子所说的"民为贵,社稷次之,君为轻"。在中国古代,以什么为"贵",就是表示以什么为最有价值。比如《论语》中说"礼之用,和为贵",就是说礼的运用是以和谐为最有价值。《孝经》引孔子的话说"天地之性,人为贵",就是说在天地所生的人与万物中,人是最有价值的。《吕氏春秋·不二》篇说"孔子贵仁",就是说孔子是以仁爱为最有价值。孟子在这里说的"民为贵,社稷次之,君为轻",就是说相对于社稷和君主而言,人民是最有价值的。在中国古代,"人"和"民"是既有联系又有所区别的两个概念,一般来说,"人"是相对于神和物而言,"民"是相对于国家政权和执政者而言。"仁者爱人"的"人"包括了"民",而"民"又是相对于国家政权和君主来讲的。在"民为贵"之后是"社稷次之","社稷"本是国家祭祀的土谷之神,它又成为国家政权的一个象征。"君"虽然是最高的执政者,但是与人民和社稷相比,"君为轻",君主的价值要次于人民和国家政权的价值。这就是"民贵君轻",儒家文化的民本思想高于王权主义。

本章"是故"后面的话,就是孟子对"民为贵,社稷次之,君为轻"的解释。"得乎丘民而为天子,得乎天子为诸侯,得乎诸侯为大夫",这是讲的"民为贵"。"丘民"的意思是众民或田野之民,实际就是指普通的老百姓。"得乎丘民而为天子",因为人民是国家、社会的价值主体,所以"得民心者得天下",孟子说的"不仁而得天下,未之有也",讲的也是这个意思。如果不得民心,而是只得到天子的青睐,那么他只能当诸侯。如果更次一等,他只是被诸侯国君所看重,那么他只能当大夫。由此也就体现了"民为贵"。

"诸侯危社稷,则变置。"孟子在《万章下》篇讲到齐宣王"请问贵戚之卿",孟子说:"君有大过则谏,反覆之而不听,则易位。"君主有错误,臣下要去谏阻他,如果多次谏阻他,他还是不听,照样坚持自己的错误,这就危及了社稷国家的安全,那怎么办?对于同姓的"贵戚之卿"来说,就要改换君主,也就是"易位"或"变置"。这可以说明与社稷相比,君主的价值要"轻"。

后面又说:"牺牲既成,粢盛既洁,祭祀以时,然而旱干水溢,则变置社稷。""牺牲既成"是用牲畜来祭祀社稷之神,"粢盛既洁"是用谷物来祭祀社稷之神。对社稷之神都按时祭祀了,礼节都非常周到,社稷之神就应该保佑人民的生活安康,但是仍然有旱灾和水灾,这就是社稷之神保佑百姓的职责没有尽到,那就要"变置社稷",把祭坛上的土谷社稷之神换一换。这说明与"民为贵"相比,社稷的价值要"次之"。

在孟子之后,荀子也有一段话很重要。他说:"天之生民,非为君也;天之立君,以为民也。"(《荀子·大略》)意思是,天生下老百姓,不是为君主而生的;天立了君主,是为民而立的。为了谁,就是以谁为价值主体。说天之立君是为民而立,这就是以人民为国家、社会的价值主体。孟子说的"民为贵,社稷次之,君为轻",也是以人民为国家、社会的价值主体。因为人民是国家、社会的价值主体,所以"民为贵",人民是最有价值的。

崇尚道德和以民为本是中国文化的优秀传统,也可以说是中国文化的最重要的核心价值。崇尚道德和以民为本,这两条从孔子的"祖述尧舜,宪章文武"就已经奠定了。孔子所编纂的《尚书》,是以《尧典》为首篇。《尧典》记载:帝尧"克明俊德,以亲九族;九族既睦,平章百姓;百姓昭明,协和万邦。黎民于变时雍"。"克明俊德"当然就是崇尚道德,重视个人的修身,和后面的"以亲九族""平章百姓""协和万邦"连在一起,就是后来《大学》所讲的"修身、齐家、治国、平天下"。"黎民于变时雍"的"时"是善,"雍"就是和。通过"修、齐、治、平",儒家所要达到的目标就是社会的普遍的道德和谐。

《尚书·皋陶谟》篇记载帝舜和皋陶、大禹讨论政务,皋陶说:"天聪明,自我民聪明;天明畏,自我民明威。"意思是,天的"聪明"是根据人民的视听来视听,天的"明威"是根据人民的意志进行赏罚。后来在《尚书》的周代文献中就有"天视自我民视,天听自我民听""民之所欲,天必从之"。"天"就如同我们现在说的"老天爷",他的视听是根据人民的视听,人民的向往、欲求,老天爷是一定要服从的。老天爷是服从于老百姓的,这就是"民为神之主"的思想。

到了春秋时期,《左传》中就记载:"夫民,神之主也,是以圣王先成民而后致力于神。""国将兴,听于民;将亡,听于神。神,聪明正直而壹者也,依人而行。"中国文化有对"神"的信仰,但是并不急于去敬神,因为民是神之主,执政者要"先成民而后致力于神";神是听老百姓的,"依人而行",你得到了老百姓的拥护,神才会保佑你。国家要兴旺,就要先"听于民";如果执政者离开民而"听于神",那么国家就要灭亡了。

孔子和孟子都继承了中国自上古以来的民本思想。孔子把"博施于民而能济众"作为比"仁"还要高的"圣"的境界（《论语·雍也》）。孔子主张"因民之所利而利之"（《论语·尧曰》），为政要先"富之"后"教之"（《论语·子路》）。孔子在讲到尧、舜、禹之间的禅让时引用了尧对舜说的话："天之历数在尔躬，允执其中。四海困穷，天禄永终。"舜亦以此命禹。（《论语·尧曰》）意思是，执政者必须持守中道，如果四海之民困穷，那么执政者的权位俸禄也就永远终结了。使四海之民免于困穷，是执政者当然的责任。孟子更为鲜明地提出了"民为贵，社稷次之，君为轻"，提出"以不忍人之心，行不忍人之政"，这是对以前民本思想的继承和发展。

如何评价儒家的民本思想？在我看来，首先是"天民一致"，也就是"天视自我民视，天听自我民听"，"民之所欲，天必从之"。在民心、民意之上，并没有一个更高的所谓"天道合法性"。如果把"天"和"民"分开，另讲一套"上帝信仰""天道合法性"，那就不是儒家思想了。其次是"民为贵"，"天之立君，以为民也"，人民是国家、社会的价值主体，在儒家思想中民本主义高于王权主义。再次是传统的民本思想与君主制结合在一起，所以它并不是近现代意义的作为一种政治体制的民主。因为人民是国家、社会的价值主体，"天下为主，君为客"，如果我们吸取秦以后君主集权制的历史经验教训，那么应该说从民本走向民主符合中国文化发展的逻辑。

14·15 孟子曰："圣人，百世之师也，伯夷、柳下惠是也。

故闻伯夷之风者,顽夫廉,懦夫有立志;闻柳下惠之风者,薄夫敦,鄙夫宽。奋乎百世之上,百世之下,闻者莫不兴起也。非圣人而能若是乎?而况于亲炙之者乎?"

本章称赞伯夷、柳下惠是可以作为"百世之师"的圣人。对伯夷、柳下惠的称赞,前已见于《万章下》篇,其中说:"伯夷,目不视恶色,耳不听恶声。非其君不事,非其民不使。治则进,乱则退。……故闻伯夷之风者,顽夫廉,懦夫有立志。""柳下惠不羞污君,不辞小官。进不隐贤,必以其道。遗佚而不怨,厄穷而不悯。与乡人处,由由然不忍去也。……故闻柳下惠之风者,鄙夫宽,薄夫敦。"本章省略了称赞伯夷、柳下惠高风亮节的一些具体内容,而直接肯定伯夷的风操可以感化贪婪者变得廉洁,懦弱者立定志向,柳下惠的风操可以感化刻薄者变得厚道,偏狭者变得心胸宽广。

孟子又说:"奋乎百世之上,百世之下,闻者莫不兴起也。非圣人而能若是乎?而况于亲炙之者乎?"这是强调圣人的强大而深远的感召力。"百世之上,百世之下",这里的"上""下"相当于前、后。圣人在百世之前奋发有为,使百世之后的人闻其风而莫不感发兴起。如果不是圣人,能有这样的感召力吗?何况那些亲身受到圣人熏陶的人呢?

孟子在《万章下》篇说:"伯夷,圣之清者也;伊尹,圣之任者也;柳下惠,圣之和者也;孔子,圣之时者也。孔子之谓集大成。"孟子"私淑"于孔子,他最景仰的圣人也是孔子。伯夷之清,伊尹之任,柳下惠之和,都已包含在孔子的"圣之时者"

中,所以孔子是"集大成",是"至圣"。

14·16 孟子曰:"仁也者,人也。合而言之,道也。"

"仁也者,人也",可以理解为"仁"是人之所以为人者。或者说,"仁"的意思就是使人成为真正的人。"仁"与"人"合而言之,就是人所应该践行的"道"。孟子在《告子上》篇说:"仁,人心也;义,人路也。"人之有"心",这也是人之所以为人者,而人心的本质就是人性善,人应该有"仁"的道德意识。

本章论仁:仁是人之所以为人的内心本有和应有的仁的道德意识,人追求、实践仁的过程就是人所当行的道。

14·17 孟子曰:"孔子之去鲁,曰:'迟迟吾行也,去父母国之道也。'去齐,接淅而行,去他国之道也。"

"迟迟"是走得很缓慢的样子。"淅"是拟声词,模拟微风、细雨、落叶的声音。"接淅"在这里是指行色匆匆、步履不停的样子。孔子在离开鲁国的时候,说:"我们慢慢走吧,这是走的离开父母之邦的路。"孔子在离开齐国的时候,就走得比较匆忙,这是走的离开别国的路。这说明,孔子对于作为生身之地、父母之邦的鲁国有着眷恋的情感,他要以徐行的方式把这种情感表达出来。

《万章下》篇有:"孔子之去齐,接淅而行;去鲁,曰:'迟迟吾行也,去父母国之道也。'可以速而速,可以久而久,可以处而处,可以仕而仕,孔子也。"这是用孔子"去齐"和"去鲁"的不同方式,来说明孔子在行事的速与慢、仕与隐等方面都能做得符合中道,与时偕行,恰到好处。

14·18 孟子曰:"君子之厄于陈蔡之间,无上下之交也。"

这里说的"君子"是指孔子以及随他周游列国的弟子。"厄",即困厄、困顿。孔子一行在周游列国时被困在陈国和蔡国之间,这是因为"无上下之交"。"上下"在这里是指陈、蔡两国的君臣。"无上下之交",就是孔子一行在陈、蔡两国没有遇到可以交往、交流、互通声气的君臣。

14·19 貉稽曰:"稽大不理于口。"
孟子曰:"无伤也。士憎兹多口。《诗》云:'忧心悄悄,愠于群小。'孔子也。'肆不殄厥愠,亦不陨厥问。'文王也。"

"貉稽"是人名,姓貉名稽,其生平不详。"稽大不理于口"的"稽",是貉稽的自称。"不理于口",就是不顺于口,意为口碑不好。貉稽说:我被别人说得很坏。孟子说:没关系,无伤于你。士人憎恶那些多嘴多舌的人。后面所引的两段诗,其一是"忧心悄悄,愠于群小",出自《诗经·邶风·柏舟》,大意是,忧心沉沉,惹得一些小人怨恨;其二是"肆不殄厥愠,亦不陨厥问",出自《诗经·大雅·绵》,大意是,不能消泯别人的怨恨,但也无伤于自己的名声。孟子认为,前一段诗说的状况,适合于孔子;后一段诗说的状况,适合于周文王。

本章旨在告诫士人,不必在意流言蜚语,因为士人总不免遭到别人的非议。士人所应该做的就是坚持自己的道德操守,走自己的正路。

14·20 孟子曰:"贤者以其昭昭使人昭昭,今以其昏昏使人昭昭。"

"昭昭"是心里清楚明白。"昏昏"是心里糊里糊涂。贤明的人是先使自己清楚明白,然后教导别人,使别人也能清楚明白;如今是有些教导别人的人,自己糊里糊涂,却想使别人清楚明白。这是强调,教人者首先要使自己明白,然后才能去教人。在历史上和现实中,"以其昏昏"而教人的人是很多的,而由这些人去教人,"使人昭昭"当然是不可能的。

14·21 孟子谓高子曰:"山径之蹊间,介然用之而成路;为间不用,则茅塞之矣。今茅塞子之心矣。"

高子,在《告子下》篇出现过,赵岐《注》说他是"齐人也,尝学于孟子,乡道而未明,去而学于他术"。这是一个曾学于孟子,但半途而废,又转学他术的人。"山径之蹊间",指山坡上的小窄路。"介然"是心志和行为专一,坚持不懈。"为间"是间隔不久。"茅"就是茅草。

孟子对高子说：山坡上的小窄路，经常被人们走，就成了较宽的路；如果隔段时间不走了，那就会有茅草生出，堵塞了路。你现在就是被"茅草"堵塞了心智。这是批评高子用心不专一，中断了学业，以致心智之明被他物所蒙蔽堵塞了。

14·22 高子曰："禹之声尚文王之声。"

孟子曰："何以言之？"

曰："以追蠡。"

曰："是奚足哉？城门之轨，两马之力与？"

"尚"在这里是超过、高于的意思。"追蠡"，指乐钟的钟纽将要磨断的样子。"两马"，有的解释是一车两马，其意不通，按"两"通"辆"，"辆马"当就是车马。

高子说：夏禹的音乐胜过周文王的音乐。孟子问：有什么根据这样说呢？高子说：因为夏禹所传乐钟的钟纽都要磨断了。孟子说：这如何足以证明呢？城门下的车辙那么深，难道是车马的力量造成的吗？实际上，城门下的车轨深，是因为通过的车辆多、时间久了而形成的。夏禹比周文王早一千年，夏禹所传乐钟的钟纽将要磨断了，也是因为时间久了，而不能证明禹之乐胜过文王之乐。

本章是讲，论点要有相应的充足的证据，如果证据不相应，那就是伪证。

14·23 齐饥。陈臻曰:"国人皆以夫子将复为发棠,殆不可复?"

孟子曰:"是为冯妇也。晋人有冯妇者,善搏虎,卒为善士。则之野,有众逐虎。虎负隅,莫之敢撄。望见冯妇,趋而迎之。冯妇攘臂下车。众皆悦之,其为士者笑之。"

本章记孟子与弟子陈臻的一次对话。"夫子"即陈臻对孟子的尊称。"发棠"是说在齐国的棠邑开仓发粮。冯妇,晋国人,姓冯名妇,以善于打虎闻名。

齐国发生了饥荒,陈臻对孟子说:国人都以为您会再次请求齐王打开棠邑的粮仓赈灾,恐怕不会再这么做了吧?孟子说:再这么做就成为冯妇了。晋国有个叫冯妇的人,善于打虎,后来成为善士,不再打虎了。有一次他去野外,许多人在追逐一只老虎,老虎背靠山脚,没有人敢靠近。人们望见冯妇,便跑上去迎接。冯妇就捋起袖子,伸出胳膊,走下车来去打虎。大家都很高兴,士人却讥笑他。士人所讥笑的是冯妇旧习未改,重操旧业。

齐国以前发生灾荒,孟子劝齐王开仓赈灾。这次人们又想让孟子向齐王进言,孟子用冯妇的故事,表示自己不会再向齐王进言了。朱熹的《孟子集注》说:"疑此时齐王已不能用孟子,而孟子亦将去矣,故其言如此。"孟子不再劝说齐王开仓赈灾,应是已认定齐王的贪婪,再劝说也不会有什么效果。

14·24 孟子曰:"口之于味也,目之于色也,耳之于声也,

鼻之于臭也，四肢之于安佚也，性也，有命焉，君子不谓性也。仁之于父子也，义之于君臣也，礼之于宾主也，智之于贤者也，圣人之于天道也，命也，有性焉，君子不谓命也。"

这一章如果是初读，就会觉得不好理解，甚至会认为孟子对人性的看法有矛盾。"口之于味也，目之于色也，耳之于声也，鼻之于臭也，四肢之于安佚也"，孟子明明说这些是"性也"，但是为什么孟子又说"有命焉，君子不谓性也"？

我们看朱熹的《孟子集注》，在这一章引用了二程的一段话："五者之欲，性也。然有分，不能皆如其愿，则是命也。不可谓我性之所有，而求必得之也。"这里说的"五者之欲"，就是说的人的眼、耳、鼻、舌、身五种感官的欲望。说"五者之欲，性也"，就是说这五种感官的欲望也是人所生而即有的，这些可以说是人的"小体"之性，是人的感性欲望或生物属性。这些欲望的满足程度如何，都有一定的"品节限制"，"不能皆如其愿"。这个有"品节限制"，"不能皆如其愿"，不是求之所必得的，也就是"求之有道，得之有命"的"命"。虽然它也是人所生而即有的，但是君子"不谓性也"，也就是不把它当作人的本质属性，而是将它归于"求之有道"、不可妄求的"命"。

后面讲的"仁之于父子也，义之于君臣也，礼之于宾主也，智之于贤者也，圣人之于天道也"，孟子说是"命也，有性焉，君子不谓命也"，这些是人的"大体"，也就是"心"所具有的道德属性。因为它是天所赋予的，所以也可以说它是"命"，这是"天命之谓性"意义上的"命"。这个天所"命"予人的道德属性,是人之所以为人者,也就是人所区别于其他物类的本质属性。而人的这个本质属性的实现,还要靠人发挥道德主体的自觉性和能动性,也就是孔子说的"为仁由己",孟子说的"思则得之,不思则不得也",因此,君子不把这些看作"莫之致而至"的"命"。

从这一章可以看出,孟子对于什么是"性",什么是"命",也是做出了理性判断和价值选择的。孟子并不是只看到人有道德属性的"性善",而是也指出人有与生俱来的感性欲望,在人性中也有所谓"幽暗意识"的方面。但是孟子把人之所以为人者,即人之区别于其他物类的,属于人之"大体"的道德属性,作为人的本质属性。这也就是孟子说的"人之所以异于禽兽者几希"(《孟子·离娄下》),孟子是把人与禽兽相区别的那个"几希"的道德属性作为人的本质属性。通过性善论,孟子为儒家的仁义道德奠定了人性论的理论基础,论证了只有仁义道德是符合、顺应人性发展的,由此也启发人们的道德自觉和自律,引导执政者从"不忍人之心"发之以"不忍人之政"。如果只追求感性欲望,追求富贵利达,"饱食暖衣,逸居而无教",那也就违反了人性,失去了人之所以为人者,而"近于禽兽"了。

14·25 浩生不害问曰:"乐正子何人也?"

孟子曰:"善人也,信人也。"

"何谓善?何谓信?"

曰:"可欲之谓善,有诸己之谓信,充实之谓美,充实而有光辉之谓大,大而化之之谓圣,圣而不可知之之谓神。乐正子,二之中、四之下也。"

浩生不害,齐国人,姓浩生,名不害。他问孟子:乐正子是什么样的人?乐正子就是孟子的弟子乐正克。孟子回答浩生不害:乐正子是善人、可信的人。浩生不害又问:什么是善?什么是信?孟子回答:可以使人格高尚而求之于己的就是善,在自己的内心实有之、表里如一、言行一致的就是信,力行其善、精神很充实的就是美,充实而有光辉表现出来的就是大,大而能够感化四方之人的就是圣,圣而不可知之的就是神。乐正子是处在二之中、四之下的位置。所谓"二之中"是说乐正子处在"善"与"信"二者之中,"四之下"是说乐正子处在"美""大""圣""神"四者之下。

14·26 孟子曰:"逃墨必归于杨,逃杨必归于儒。归,斯受之而已矣。今之与杨、墨辩者,如追放豚,既入其苙,又从而招之。"

儒、墨两家都是战国时期的"显学",杨朱的思想在当时也很有影响。所谓"逃墨必归于杨,逃杨必归于儒",是讲儒、墨、杨这三家在人员上的互动,从墨家一派出来的一定归于杨朱一派,从杨朱一派出来的一定回到儒家来。这里所说的"必",也不一定都是如此,但表达了孟子对儒家学说的"中道"更能得到多数人认可的自信。对于归入儒家的原来杨、墨的门徒,孟子说,"归,斯受之而已矣"。这里的"受"就是接受、容纳。

孟子又说:"今之与杨、墨辩者,如追放豚,既入其苙,又从而招之。""放豚"就是放失了的猪。"苙"是畜圈。"招",罥也,意为用绳索捆绑、束缚。这句话的意思是,如今与杨、墨门徒辩论的人,就好像是在追赶放失了的猪一样,对那些已经进了猪圈的,还要把它们的脚捆上。孟子不赞成这种狭隘、偏激的方式,而主张对脱离杨、墨学派的人采取宽容接纳的态度,这也表现了孟子对儒家学说的自信。

14·27 孟子曰:"有布缕之征,粟米之征,力役之征。君子用其一,缓其二。用其二而民有殍,用其三而父子离。"

"布缕"就是布与线,这里泛指棉丝织物。"征"就是国家征收赋税、徭役。孟子说:有征收布帛的赋税,有征收谷米的赋税,还有征发劳役的赋税。君子治国应该只征用其中的一项,另两项就缓行不用。如果同时征用两项赋税,百姓就会有饿死的;如果同时征用三项,百姓就会父子相离、家破人亡。在孟子的仁政思想中包括"薄其税敛""取于民有制",这就是针对当时各诸侯国的繁重赋税、横征暴敛而讲的。轻徭薄赋,这也是以后的儒家一直贯彻的对统治者的吁求。

14·28 孟子曰:"诸侯之宝三,土地、人民、政事。宝珠玉

者,殃必及身。"

战国时期的七个诸侯大国,即齐、楚、燕、韩、赵、魏、秦,他们是七个战争强国,所谓"战国"的本来意思就是战争强国。这些战争强国的国君所看重的就是三件事:"土地、人民、政事。"有了土地就可以发展农业,增强国家的经济实力;有了人民就可以扩大兵源,和经济实力结合在一起,就成为强大的军事实力;经济实力和军事实力的提升,以及它们被用于对外的兼并战争,就需要国家管理,这就是政事。七个战争强国是靠这三件事强大起来的,这些是他们的"宝"。如果诸侯国君不知时务,不重视这三件事,只是贪婪地把珠宝玉器等当作宝贝,那"殃必及身"。从春秋时期到战国时期,许多诸侯国都灭亡了,不知时务、贪图小利应是他们灭亡的重要原因。

前面14·1章讲的"梁惠王以土地之故,糜烂其民而战之",就是梁惠王为了争夺土地而发动战争,这是属于各诸侯国君的"大欲"。战争是经济实力和军事实力的较量,梁惠王不爱其民,得不到人民的拥护,又有战争指挥上的重大失误,其结果就是"糜烂其民",而且害及子弟,这就是"以其所不爱,及其所爱"。

在《梁惠王上》篇,齐宣王说:"将以求吾所大欲也。"孟子说:"王之所大欲,可知已。欲辟土地,朝秦楚,莅中国,而抚四夷也。以若所为,求若所欲,犹缘木而求鱼也。"当时的各诸侯国君,他们的"大欲"就是要开疆拓土,让其他的诸侯国君都到本国来朝觐,居于天下之中央,安抚四夷,称霸天下。

孟子说，如果不实行仁政，只是穷兵黩武，"以若所为"，要想实现那个"大欲"，就像"缘木而求鱼"一样。

孟子说："今王发政施仁，使天下仕者皆欲立于王之朝，耕者皆欲耕于王之野，商贾皆欲藏于王之市，行旅皆欲出于王之涂，天下之欲疾其君者，皆欲赴诉于王。其若是，孰能御之！"孟子所说"发政施仁"就是实行"仁政"，这样就可使天下做官的人都愿意到你朝来做官，那些种田的人都愿意在你的治下来种田，那些做买卖的人都愿意到你管理的市镇来经商，那些出门在外的人都愿意在你国的道路上旅行，那些在其他诸侯国受到君主不公正待遇的人也都愿意到你这里来投诉冤屈。如果是这样的话，谁能够来抵御你呢？这就是"保民而王，莫之能御也"，天下归仁，得民心者得天下。

14·29 盆成括仕于齐。孟子曰："死矣，盆成括！"

盆成括见杀，门人问曰："夫子何以知其将见杀？"

曰："其为人也小有才，未闻君子之大道也，则足以杀其躯而已矣。"

盆成括，姓盆成，名括，曾经想跟孟子学习，但是没有学成而离去。他到齐国去做官，孟子说：盆成括要死了！后来盆成括果然被杀，门人问孟子：您怎么知道他要被杀呢？孟子回答：他小有才气，但是不知道君子的大道，那就足以引起杀身之祸。孟子在这里强调，君子之大道是士人的立身之本，如果只凭着一点儿小聪明，就锋芒毕露，急功近利，那就会处于危险之中,引来杀身之祸。

14·30 孟子之滕,馆于上宫。有业屦于牖上,馆人求之弗得。或问之曰:"若是乎从者之廋也?"
曰:"子以是为窃屦来与?"
曰:"殆非也。"
"夫予之设科也,往者不追,来者不拒。苟以是心至,斯受之而已矣。"

"之"是往的意思。"上宫"指滕国的楼馆,上等的宾舍。"业屦"是没有编织完的草鞋。"牖"是窗户或窗台。"廋"是藏匿。"夫予",原作"夫子",据赵岐《注》改,"夫"是发语词,"予"是孟子的自称。如果作"夫子",那么以下的话是馆人接着所说。现按前一种解释。"设科"是开设课程。

孟子到了滕国,住在上宫。宾舍的人把一双没有编完的草鞋放在窗台上,结果找不到了。有人问孟子:这是您的随从弟子把它藏起来了吧?孟子说:你以为我们是为了偷草鞋而来的吗?那人说:大概不是的。孟子说:我开设课程,对于学生离去的不追问,来学的不拒绝。只要是有诚心来学,我就接纳他们。

本章表达了孟子对学生"往者不追,来者不拒"的态度。学生有诚心来学,绝不会做偷窃草鞋的卑鄙事情。

14·31 孟子曰:"人皆有所不忍,达之于其所忍,仁也;人皆有所不为,达之于其所为,义也。人能充无欲害人之心,而仁不可胜用也;人能充无穿逾之心,而义不可胜用也;人能充无受尔汝之实,无所往而不为义也。士未可以言而言,是以言餂之也;可以言而不言,是以不言餂之也,是皆穿逾之类也。"

"人皆有所不忍",就是人皆有"恻隐之心",或称"不忍人之心",这是"仁之端也"。这种始端还有一定的局限性,还没有达到普遍的"爱人",它所没有达到的就是"其所忍"。孟子说"人皆有所不忍,达之于其所忍,仁也",就是说人都有"不忍人"的爱心,将此爱心扩而充之,达于其所不爱,也就是达到普遍的"爱人",这就是"仁"了。"人皆有所不为,达之于其所为,义也",就是说人都有羞耻之心,这是"义之端也",人所羞于做的事情,就是"有所不为",将此扩而充之,达于"其所为",也就是羞于做那些以前"有所为"但本不该做的事情,这就是"义"了。

"无欲害人之心",也是指"不忍人之心"。"穿逾"是穿洞跳墙,一般指偷盗行为。"尔"和"汝"都是第二人称代词,古代的尊长称呼卑幼时用"尔"或"汝",如果用在平辈之间,则是对对方的轻视。"无受尔汝之实",意为在实际言行上不受别人的轻视,这也是"羞恶之心"的一种表现。"人能充无欲害人之心,而仁不可胜用也;人能充无穿逾之心,而义不可胜用也;人能充无受尔汝之实,无所往而不为义也。"意思就是,人能够扩充不愿害人之心,仁就用不尽了;人能扩充不愿穿洞跳墙之心,义就用不尽了;人能扩充不致引起别人轻蔑的言行,就不管到哪里都会合乎义了。

"士未可以言而言,是以言餂之也;可以言而不言,是以不言餂之也,是皆穿逾之类也。""餂"的本义是取,在这里有不正当诱取的意思。这段话的意思是,对于士人不可以言谈的却与之言谈了,这是用言谈套取别人的想法;可以言谈的却不与之言谈,这是用沉默套取别人的想法。这些都属于穿洞跳墙一类的行为。

本章的重点是讲"恻隐之心"和"羞恶之心"的扩充。孟子指出,将"不忍"扩充到"所忍"就是仁,将"不为"扩充到"所为"就是义。只要将人所本有的性善扩而充之,仁、义就是用不尽的。孟子还把应该如何与士人交往,是该言谈还是不该言谈,提升到义与不义的高度。

14·32 孟子曰:"言近而指远者,善言也;守约而施博者,善道也。君子之言也,不下带而道存焉;君子之守,修其身而天下平。人病舍其田而芸人之田,所求于人者重,而所以自任者轻。"

"指"通"旨",即意旨或主旨。孟子说"言近而指远者,善言也",意为言语浅近而意旨深远,这是善于言说。"守约而施博者,善道也",意为操守简约而施行广博,这是善于弘道。"带"指腰带,"不下带"比喻注意眼前常见的事。"君子之言也,不下带而道存焉",与前一句"言近而指远者,善言也"相匹配,君子之言浅近明白,注意眼前常见的事,而"道"在其中,这就是意旨深远,"善言也"。《中庸》说"君子之道,辟如行远必自迩,辟如登高必自卑",与孟子所说意义相近。"君子之守,修其身而天下平",与前一句"守约而施博者,善道也"相匹配,"修其身"就是操守简约,"平天下"就是施行广博,这是"善道也"。

孟子又说:"人病舍其田而芸人之田,所求于人者重,而所以自任者轻。"这里的"舍"是舍弃;"芸"通"耘",耕耘。有些人的毛病是放弃自己的田不种,却去耕耘别人的田,这是所求于别人的太重,而自己所承担的太轻。孟子用这个比喻来说明,君子应该以"修其身"为本,按照《大学》所说就是:"身修而后家齐,家齐而后国治,国治而后天下平。自天子以至于庶人,壹是皆以修身为本。其本乱而末治者否矣。"

14·33 孟子曰:"尧舜,性者也;汤武,反之也。动容周旋中礼者,盛德之至也。哭死而哀,非为生者也。经德不回,非以干禄也。言语必信,非以正行也。君子行法,以俟命而已矣。"

"尧舜,性者也;汤武,反之也"和《尽心上》篇说的"尧舜,性之也;汤武,身之也"意思相同。"性者也"是说尧舜出自本性地行仁义。"反之也"是说商汤王、周武王通过修身回复本性而力行仁义,与"身之也"义同。

"动容周旋中礼者,盛德之至也",是说像尧、舜、汤、武那样,举动仪容和应对进退都符合礼,那是德性的最高表现。

"哭死而哀,非为生者也",是说哭死者而悲哀,不是做给生者看的。

"经德不回,非以干禄也",是说遵从道德而不违背礼,这不是为了求取官职俸禄。

"言语必信,非以正行也",是说言语必守信用,这不是为了让人知道自己的行为端正。

"君子行法,以俟命而已矣",是说君子依规矩法度行事,至于其成败得失则"顺受其正",尽人事以待天命而已。

"经德不回""言语必信""君子行法"等,都体现了孟子把道德作为个人修身的内在价值,这也正是《穷达以时》篇说的"动非为达也","隐非为名也","穷达以时,德行一也"。

14·34 孟子曰:"说大人,则藐之,勿视其巍巍然。堂高数仞,榱题数尺,我得志,弗为也。食前方丈,侍妾数百人,我得志,弗为也。般乐饮酒,驱骋田猎,后车千乘,我得志,弗为也。在彼者,皆我所不为也;在我者,皆古之制也,吾何畏彼哉?"

"说大人",这里是指游说诸侯国的国君和权贵。"榱题"是屋檐下的椽子头,这里借指屋檐。"方丈"是一丈见方。"般乐"是演奏盛大的音乐。孟子说,我在游说那些王公大人的时候,藐视他们,不把他们高高在上的样子放在眼里。殿堂几丈高,屋檐几尺宽,如果我得志,并不追求这些。吃饭时摆着一丈见方的各种食物,侍奉的姬妾有好几百,如果我得志,并不追求这些。饮酒作乐,驰骋打猎,跟随的车子有上千辆,如果我得志,并不追求这些。他们所干的,都不是我所干的;我所干的,都符合古代的制度,我为什么要畏惧他们呢?从孟子所说,可见当时统治者的荒淫奢侈,而孟子高尚其志,挺立一介寒士的傲骨而蔑视他们,这正是"富贵不能淫,贫贱不能移,威武不能屈"的"大丈夫"精神。

14·35 孟子曰:"养心莫善于寡欲。其为人也寡欲,虽有不存焉者,寡矣。其为人也多欲,虽有存焉者,寡矣。"

"养心"就是存养人的本心善性。如何存养呢?最好的办法就是"寡欲",也就是先要"从其大体",确立"心"的主导地位,而对感官欲望有所节制,将欲望限制在寡少。孟子说,"其为人也寡欲",那么本心即便有所放失,也不会失去很多。"其为人也多欲",那么本心即便有所保存,也是所存很少的。可见,感官欲望的多少与本心所存的多少,有一个反比例的关系。

14·36 曾晳嗜羊枣,而曾子不忍食羊枣。公孙丑问曰:"脍炙与羊枣孰美?"

孟子曰:"脍炙哉!"

公孙丑曰:"然则曾子何为食脍炙而不食羊枣?"

曰:"脍炙所同也,羊枣所独也。讳名不讳姓,姓所同也,名所独也。"

曾晳是曾子的父亲。"羊枣"即黑枣,因形状、色泽似羊屎,故称羊枣。"脍炙"是烤肉。曾晳喜欢吃羊枣,而曾子在父亲死后不忍吃羊枣。公孙丑问孟子:烤肉和羊枣哪个更好吃?孟子说:烤肉啊!公孙丑又问:那么,曾子为什么吃烤肉而不吃羊枣?孟子说:烤肉是人所同爱吃的,而羊枣是曾晳一个人所爱吃的。这就像父母之名应该避讳,人的姓却不避讳,因为姓是许多人所同的,而名是一个人独有的。

关于"曾子不忍食羊枣",朱熹的《孟子集注》说:"曾子以父嗜之,父殁之后,食必思亲,故不忍食也。"这是曾子大孝的一种表现。

14·37 万章问曰:"孔子在陈曰,'盍归乎来!吾党之小子狂简,进取,不忘其初'。孔子在陈,何思鲁之狂士?"

孟子曰:"孔子'不得中道而与之,必也狂狷乎!狂者进取,狷者有所不为也'。孔子岂不欲中道哉?不可必得,故思其次也。"

"敢问何如斯可谓狂矣?"

曰:"如琴张、曾晳、牧皮者,孔子之所谓狂矣。"

"何以谓之狂也?"

曰:"其志嘐嘐然,曰'古之人,古之人'。夷考其行,而不掩焉者也。狂者又不可得,欲得不屑不洁之士而与之,是狷也,是又其次也。孔子曰:'过我门而不入我室,我不憾焉者,其惟乡原乎!乡原,德之贼也。'"

曰:"何如斯可谓之乡原矣?"

曰:"'何以是嘐嘐也?言不顾行,行不顾言,则曰古之人,古之人。''行何为踽踽凉凉?生斯世也,为斯世也,善斯可矣。'阉然媚于世也者,是乡原也。"

万子曰:"一乡皆称原人焉,无所往而不为原人,孔子以为德之贼,何哉?"

曰:"非之无举也,刺之无刺也,同乎流俗,合乎污世,居之似忠信,行之似廉洁,众皆悦之,自以为是,而不可与入尧舜之道,故曰'德之贼'也。孔子曰:'恶似而非者:恶莠,恐其乱苗也;恶佞,恐其乱义也;恶利口,恐其乱信也;恶郑声,恐其乱乐也;恶紫,恐其乱朱也;恶乡原,恐其乱德也。'君子反经而已矣。经正,则庶民兴;庶民兴,斯无邪慝矣。"

这一章连续记载了孟子与万章的几段对话,涉及孔子对中道、狂、狷和乡愿四种人格的评价。

"党"犹如言"乡",古代以五家为邻,五邻为里,五百家为党。"狂简"是志向高远而处事疏阔。"狂狷",狂指志向高远的人,狷指拘谨自守的人。孔子曾说:"不得中行而与之,必也狂狷乎!狂者进取,狷者有所不为也。"(《论语·子路》)在本章的开始,万章问孟子:孔子在陈国的时候说,何不回去呢!我家乡的那些学生们志大而狂放,进取而不忘本。孔子在陈国,为什么思念鲁国的那些狂放之人呢?孟子回答:孔子说过,找不着守中道的人交往,那就只能找狂者和狷者了。狂者是勇于进取,狷者是有所不为。孔子难道不想要守中道的人吗?不一定能得到,所以就求其次了。

万章又问:什么样的人是狂者呢?孟子回答:像琴张、曾晳、牧皮等人,就是孔子所说的狂者。这里说的琴张、曾晳、牧皮,都应是指孔子的学生。

万章又问:为什么称他们是狂者呢?在孟子对此问的答语中,"嘐嘐"是形容志大而言夸;"乡原"即乡愿,指在乡里貌似谨厚,而实际与流俗合污的人。孟子的回答是:那些狂者是志大而言夸,嘴上说着古人呀,古人呀,但是一考察他们的实际行为,却和他们说的对不上。如果这些狂者也不可得,那就和不屑于做坏事的人交往,他们是狷介之士,是又次一等了。孔子说:经过我家大门而不进我屋里的人,我不和这些人交往,一点儿也不遗憾,这些人就只是乡愿啊!乡愿者,就是贼害道德的人。

万章又问:什么样的人可以叫作乡愿呢?在孟子下面的答话中,"踽踽凉凉"是孤单冷清的样子,"阉然"是曲意逢迎的样子。孟子的回答是:这些人批评狂者,干吗要这么志向大、口气大呢?说话顾不上行为,行为与说话也不符,却念叨什么古人呀,古人呀。他们又批评狷者,干吗这么落落寡合呢?生在这个世上,为这个世界做点儿事,只要过得去就行了。那些曲意逢迎、献媚讨好的人,就是乡愿。

万章又问:一乡人都说他是老好人,走到哪里都说他是老好人,孔子却说他是德之贼,为什么呢?孟子回答:这些人,你反对他们,却举不出他们有什么大错;你批评他们,却没有什么可批评的。他们只是和不良的社会风气同流合污,为人好像忠信,行为好像廉洁,大家都喜欢他们,自己也认为不错,但实际上与尧舜之道格格不入,所以说他们是"德之贼"。孔子说过,厌恶那些似是而非的东西:厌恶田间的杂草,怕它把禾苗搞乱了;厌恶巧言令色,怕它把道义搞乱了;厌恶夸夸其谈,怕它把诚信搞乱了;厌恶郑国的乐曲,怕它把雅乐搞乱了;厌恶紫色,怕它把红色搞乱了;厌恶乡愿,怕他们把德行搞乱了。君子不过是回归正道。回到了正道,百姓就会振作起来;百姓振作起来,也就没有邪恶了。

孔子、孟子都高度肯定了守中道的人,其次是狂者和狷者。他们最厌恶的是那些四面讨人喜欢、八面玲珑的人。

14·38 孟子曰:"由尧舜至于汤,五百有余岁,若禹、皋陶,则见而知之;若汤,则闻而知之。由汤至于文王,五百有余岁,若伊尹、莱朱,则见而知之;若文王,则闻而知之。由文王至于孔子,五百有余岁,若太公望、散宜生,则见而知之;若孔子,则闻而知之。由孔子而来至于今,百有余岁,去圣人之世若此其未远也,近圣人之居若此其甚也,然而无有乎尔,则亦无有乎尔!"

这是《尽心下》的最后一章,也是《孟子》全书的最后一章。将这一章作为《孟子》全书的结束,其深远意义是讲儒家的"道统"。孟子追溯前圣,从尧舜到孔子,讲了三个"五百有余岁"。

"由尧舜至于汤,五百有余岁,若禹、皋陶,则见而知之;若汤,则闻而知之。"禹、皋陶是尧、舜的贤臣,他们对尧舜之道是"见而知之";五百多年后的商汤,对尧舜之道是"闻而知之"。

"由汤至于文王,五百有余岁,若伊尹、莱朱,则见而知之;若文王,则闻而知之。"伊尹、莱朱是商汤的贤臣,他们对汤所传之道是"见而知之";五百多年后的周文王,对汤所传之道是"闻而知之"。

"由文王至于孔子,五百有余岁,若太公望、散宜生,则见而知之;若孔子,则闻而知之。"太公望就是吕尚,又称姜子牙。太公望、散宜生是周文王的贤臣,对文王所传之道是"见而知之";五百多年后的孔子,对文王所传之道是"闻而知之"。

在讲了三个"五百有余岁"之后,孟子感慨:"由孔子而来至于今,百有余岁,去圣人之世若此其未远也,近圣人之居若此其甚也,然而无有乎尔,则亦无有乎尔!"从春秋末年的孔子到战国中期的孟子,其间有一百多年,离孔圣所生活的年代不算远,孟子所处的邹城离孔圣的故乡曲阜又很近,但是没有继承人了,竟然没有继承人了!

孟子在这里历述了儒家的"道统",这个"道统"就是尧、舜、禹、汤、文王、武王、周公,直到孔子的"道"之相传的系统。孟子在这里所发的感慨,实际上是孟子对自我的一个期许,他自觉地要承担起传承和弘扬孔子思想的重任。

讲到儒家的道统思想,我们需要联系《论语》的最后一篇,即《尧曰》篇。在这一篇的篇首记载了尧、舜、禹之间的传授,"尧曰:'咨!尔舜!天之历数在尔躬,允执其中。四海困穷,天禄永终。'舜亦以命禹"。翻译成现代汉语就是,尧在让位给舜的时候说:啧啧!你这位舜!上天的大命已经落到你的身上了,你要诚实地持守中道。如果天下的百姓都陷于困苦贫穷,那么上天给你的禄位也就永远地终结了。后来舜在让位给禹的时候,也说了同样的话。此后,《尧曰》篇又记述了商汤在征伐夏桀的时候如何说,以及周武王在征伐商纣王的时候如何说。后人对这一篇讲的内容很重视,认为其中蕴含了儒家道统思想的微言大义。朱熹的《论语集注》就引杨氏曰:"《论语》之书,皆圣人微言,而其徒传守之,以明斯道者也。故于终篇,具载尧舜咨命之言,汤武誓师之意,与夫施诸政事者,以明圣学之所传者,一于是而已。所以著明二十篇之大旨也。《孟子》于终篇,亦历叙尧、舜、汤、文、孔子相承之次,皆此意也。"这就把《论语》的最后一篇和《孟子》一书的最后一章联系起来,认为孔、孟在最后都是讲了儒家的道统。

尧对舜说,你要"允执其中",就是要信守中道,这是自尧以来的传统。孟子之所以要"距杨墨",就是认为"杨氏为我""墨氏兼爱",他们走了两个极端。而儒家则要信守中道,这个中道是"无过无不及"的中庸之道,它是儒家的智慧和理想,也是儒家处理问题的一个方法。尧对舜又说,"四海困穷,天禄永终",这体现了自尧舜以来的民本思想。尧和舜都是天所命的天子,他们的责任是要治理天下,使四海之民都能生活安定幸福。如果"四海困穷",老百姓的生活都非常困苦,那么天子就没有尽到责任,他们的"天禄"也就要永远终结了。《论语》的最后一篇讲到尧、舜、禹、汤、武王的传承,实际上也就表明孔子接续了尧、舜、禹、汤、武王的道统。

《孟子》的最后一章也讲尧、舜、禹、汤、文王、孔子之间的传承,有"见而知之",有"闻而知之"等。在孔子之后,"百有余岁,去圣人之世若此其未远也,近圣人之居若此其甚也",孟子慨叹"无有乎尔,则亦无有乎尔",这既可以说是孟子的一种谦辞,又可以说是孟子自觉地要继承孔子所传道统的一种宣示。

我们看《公孙丑下》篇的一段对话:

> 孟子去齐。充虞路问曰:"夫子若有不豫色然。前日虞闻诸夫子曰:'君子不怨天,不尤人。'"
> 曰:"彼一时,此一时也。五百年必有王者兴,其间必有名世者。由周而来,七百有余岁矣。以其数,则过矣;以其时考之,则可矣。夫天未欲平治天下也;如欲平治天下,当今之世,舍我其谁也?吾何为不豫哉!"

"孟子去齐",就是孟子游说齐王没有成功,于是离开齐国。充虞是孟子的弟子,他问孟子,"夫子若有不豫色然",就是您看着有点儿不高兴的样子。您不是说过"君子不怨天,不尤人"吗?在《论语·宪问》里,孔子也曾说过"不怨天,不尤人"。孟子的回答是"彼一时,此一时也"。"彼一时"就是指孟子在说"君子不怨天,不尤人"的时候,在那时候孟子所要表达的是君子的"乐天知命"的境界。"此一时也"就是孟子在当下的"若有不豫色",面有忧色。他想到了一个新问题,即"五百年必有王者兴",在周文王、武王和周公之后,至今已经七百多年了,"以其时考之",已经超过了五百年,为什么还没有新的"王者兴"呢?孔子那时候没有"王者兴",到了孟子的时候为什么还没有"王者兴"呢?这就是孟子在当时"若有不豫色"的原因。但是,孟子又说:"夫天未欲平治天下也;如欲平治天下,当今之世,舍我其谁也?吾何为不豫哉!"孟子认为,没有"王者兴"说明"天未欲平治天下也",这毕竟是由"天命"所决定的。如果天要"平治天下",那么"当今之世",除了我还有谁呢?因为孟子已经"尽人事",而在是否有"王者兴"的问题上又要"听天命",所以孟子说"吾何为不豫哉"。朱熹的《孟子集注》说:"孟子虽若有不豫然者,而实未尝不豫也。盖圣贤忧世之志,乐天之诚,有并行而不悖者,于此见矣。"尽管能不能"平治天下"还要取决于天的命数,但孟子说"如欲平治天下,当今之世,舍我其谁也",这正表达了孟子对于承担社会历史责任的高度期许和自信,表达了孟子"仁以为己任"的弘毅精神和浩然胸怀。

《孟子》书的最后一章,和《论语》的最后一篇一样,都表达了儒家道统的传承。如朱熹《孟子集注》所说:"故于篇终,历序群圣之统,而终之以此,所以明其传之有在,而又以俟后圣于无穷也,其指深哉!"通过孔、孟的阐发,以及后儒的解释,就形成了儒家的道统序列,这个序列就是从尧、舜、禹、汤、文王、武王、周公传至孔子,由孔子传至孟子。这种道统思想在儒学史上占有非常重要的地位,它对于后来的儒家发展产生了深远的影响。特别是在中国文化形成儒、释、道三教并立的格局之后,如何保持儒家思想的主流地位,道统思想更具有重要的意义。如唐朝时期的韩愈,他在《原道》一文中明确肯定儒家所传之道就是仁义之道:"斯道也……尧以是传之舜,舜以是传之禹,禹以是传之汤,汤以是传之文、武、周公,文、武、周公传之孔子,孔子传之孟轲。轲之死,不得其传焉。"其实,在孟子死后,儒家思想也有新的发展,如战国后期有荀子,东汉时期有扬雄等,但是在韩愈看来,"荀与扬也,择焉而不精,语焉而不详"。反过来说,孟子思想就是"择焉而精""语焉而详",孟子思想在儒学史上的确占有重要的地位。因为在孟子死后,儒家的道统"不得其传",所以这也激励着后儒承担起接续儒家道统的重任,并且超越汉唐,使儒家的思想理论能有新的创造性发展。因此,学术界普遍把韩愈作为唐宋儒学复兴或新儒学兴起的一个开端。

儒家的道统序列,除了从尧、舜讲起,后来到了宋代又普遍从伏羲开始讲。我们看朱熹在《大学章句序》里说:"此伏羲、神农、黄帝、尧、舜所以继天立极……"为什么从伏羲开始讲呢?因为《周易》是儒家的"六经"之首,《周易》的《易传》相传是孔子所作,《易传》的《系辞下》说:"古者包牺氏之王天下也,仰则观象于天,俯则观法于地,观鸟兽之文,与地之宜,近取诸身,远取诸物,于是始作八卦……包牺氏没,神农氏作,斫木为耜,揉木为耒,耒耨之利,以教天下……神农氏没,黄帝、尧、舜氏作,通其变,使民不倦,神而化之,使民宜之。《易》,穷则变,变则通,通则久。是以自天祐之,吉无不利。黄帝、尧、舜垂衣裳而天下治。"这里的"包牺氏"就是伏羲氏,在伏羲氏始作八卦之后又讲到了神农氏和黄帝、尧、舜。这样,儒家的道统序列就从伏羲开始讲,经神农、黄帝到尧、舜,然后是大禹、商汤、周文王、周武王、周公、孔子和孟子。

宋代的理学家也认为,儒家的道统在孟子之后就失传了。比如二程兄弟,在程颢去世之后,程颐写了一篇《明道先生墓表》,其中说:"周公没,圣人之道不行;孟轲死,圣人之学不传。道不行,百世无善治;学不传,千载无真儒。……先生生千四百年之后,得不传之学于遗经,志将以斯道觉斯民。"按程颐所说,儒家的道统在孟子之后就失传了,直到一千四百年之后程颢才又接续了孟子之后已失传的儒家道统。这就是宋代理学家的继承孔、孟,超越汉唐。他们在思想理论上也确有新的创造,建构了以"理、气、心、性"为核心范畴的新儒学思想体系,实现了儒学的复兴,保障了在宋、元、明、清四代的儒、释、道三教格局中儒学仍处于主流的地位。

从上面所讲的可知,在《论语》的最后一篇和《孟子》的最后一章,孔子和孟子都讲到儒家道统的传承,这在中国历史上发生了非常重要的影响。后来历代的儒学大家受其影响,都有一种传承儒道的担当精神,一种"仁以为己任"的社会责任感,一种高尚的道德情操,这对于儒家思想一直居于中国文化的主干或主流的地位、对于中国文化长久的持续性的发展是有非常重要的意义的。

中国文化在世界文明史上占有非常独特的地位,它是古代文明中唯一一个没有中断发展的文化。世界四大古文明,包括古埃及、古巴比伦、古印度和古中国文明,其中的古埃及、古巴比伦和古印度文明后来都中断了，只有中国文化持续数千年发展而没有中断。中国文化之所以能如此，一定有它内在的原因，用《诗经》里的话来说就是"何其久也，必有以也"。中国文化为什么能传承这么久而没有中断呢？这一定有它的一个内在的精神基础、一个生生不息的文化发展的动力。这个精神基础和文化发展的动力也就是中国文化的优秀传统。对这个优秀传统的文字表述可能有不同，但是历代人们也有一个基本的共识，就是认为中国文化的优秀传统是从尧舜以来，或者说从伏羲、神农、黄帝以来就已逐渐形成了。孔子"祖述尧舜，宪章文武"，自觉地传承和发展了这个优秀传统，在孔子之后出现了曾子、子思和孟子，战国后期出现了荀子，到了汉代有董仲舒、扬雄等，到了唐朝有孔颖达、韩愈等，到宋代以下又有程、朱、陆、王等，一直持续不绝，代有传人，儒家思想也一直与时俱进，持续发展。

西方文化在古希腊创造了一个高峰，但是以后中断了，被古罗马文化所取代；在古罗马文化中又创造了一个高峰，但是以后又中断了，被基督教文化所取代。所以，西方文化是长于进取而不善于持守。与之相比，中国文化从上古时期的伏羲、神农、黄帝以至于尧、舜、禹、夏、商、周，是持续性的发展。到了春秋时期，虽然是所谓"礼崩乐坏""诸侯力政"的一个天下大乱的时期，但是在文化上诸子百家争鸣，都是"务为治者也"，至秦终于实现了国家的统一。秦以后先是法家的"以法为教，以吏为师"，后来主要是独尊儒术，儒、道互补。魏晋以后从印度传来的佛教曾经兴盛一时，在佛教的影响下也出现了中国本土的道教,于是中国文化形成了儒、释、道三教并举的格局。唐朝的时候是儒、释、道三教并举,但我们看唐朝的《贞观政要》,唐太宗李世民还是主要用儒家的思想来治国理政。经唐末和五代十国之乱,宋朝虽然尊崇儒术,但是佛、道二教对士人也有很大的影响,当时有"儒门淡薄"之说,范仲淹也曾说当时是"孔子甘寂默,六经无光辉"。范仲淹是怀着"以天下为己任"的精神而复兴儒学,推行庆历新政,在他的影响下,"宋初三先生"即胡瑗、孙复和石介,以及理学家周敦颐、张载和二程,都为儒学的复兴做出了重要的贡献,朱熹则集宋代理学之大成。宋代新儒学的兴起,使儒家思想在儒、释、道三教并举的格局中仍占有主流的地位,佛、道二教就不再相争了,中国文化的儒、释、道三教格局达到了一个基本的平衡,这也与儒家道统思想的传承有着密切的关系。过去我们对儒家的道统思想评价不高,比如说我们评价韩愈的道统思想就认为它比较浅薄。现在看来,儒家的道统思想对于儒学的发展、对于中国文化的发展还是有非常重要的意义的,而且至今它也有重要的现实意义。

　　孟子在儒家道统的传承中起到了继往开来、光前裕后的重要作用。他继承了孔子的思想,而又开拓了以后儒家思想的发展。他光耀自尧舜以来一直到孔子的优秀文化传统,而又对后世儒学的发展做出了非常重要的贡献。因此,孟子的思想的确在儒学思想史上占有非常重要的地位。孟子明确提出了性善论,提出了士人的"尚志"的道德境界,提出了"穷则独善其身,达则兼善天下"的个人修身和济世利民的道德原则,高扬了"富贵不能淫,贫贱不能移,威武不能屈"的"大丈夫"精神;他以"平治天下,当今之世,舍我其谁"的雄伟气魄和高度的社会责任感,提出了仁政思想、王霸之辨,鲜明地表达了"民为贵,社稷次之,君为轻"的民本思想等。这些都成为儒家的正统思想,可以说是儒家思想的核心价值。

孔子说:"殷因于夏礼,所损益可知也;周因于殷礼,所损益可知也。其或继周者,虽百世可知也。"(《论语·为政》)孔子说的"因"就是相因继承,可以说就是中国文化发展的"常道",这个"常道"在表现形式上可以说就是儒家道统的传承和弘扬。孔子说的"损益"就是减损和增益,就是中国文化的与时俱进,随着历史的发展而有所减损、有所增益的文化发展的变革性、时代性和阶段性。那么,从内容上说,哪些是儒家文化的"常道"呢?在我看来,这还要从孔子的"祖述尧舜,宪章文武"说起,那些先秦儒家要讲、秦以后儒家也要讲的一以贯之、始终坚持、具有根本的普遍意义的道理、原则、理想或理念是儒家文化的"常道"。以此为判据,儒家文化的"常道"可以说是:崇尚道德、以民为本、仁爱精神、忠恕之道、和谐社会。当然,习近平总书记提出的"讲仁爱、重民本、守诚信、崇正义、尚和合、求大同",这六条也更精辟地表达了中国文化的"常道"。这些是中国文化的核心价值,是我们应该传承和弘扬的优秀文化传统。

在1840年之后,我们又遇到了一个"数千年来未有之变局",从而也就出现了一些新的情况。这个"变局"从大的方面说,主要有四个方面的变化:其一是在社会经济方面,我们从以农为主的社会已经发展到了一个以工商为主的社会；其二是在政治制度方面，我们从君主制已经发展到了人民代表大会制；其三是在教育制度方面，我们从服务于君主制的科举制已经转变为服务于社会多种需要的现代教育制度；其四是在思想观念方面，我们从经学的"权威真理"的思维方式已经转变为广义的"哲学"或"学术"的思维方式。这四个方面的变化，虽然还存在着许多问题，但是要想变回去，已经不可能了。中国文化"旧邦新命"，一方面要协调、适应这四个方面的变化，另一方面也要转化或优化这四个方面所出现的问题。在这个大变局中，我们要有传承和弘扬中华优秀传统文化的自觉意识，也要与时俱进，使中国传统文化与当代社会相适应，与现代文明相协调，这就是要实现中华优秀传统文化的创造性转化和创新性发展，从而实现中华民族的伟大复兴。